QUO VADIS, EUROPA?

CONTRACORRENTE

ANTÓNIO JOSÉ AVELÃS NUNES

QUO VADIS, EUROPA?

São Paulo

2016

Copyright © EDITORA CONTRACORRENTE

Rua Dr. Cândido Espinheira, 560 | 3º andar
São Paulo – SP – Brasil | CEP 05004 000
www.editoracontracorrente.com.br
contato@editoracontracorrente.com.br

Editores

Camila Almeida Janela Valim
Gustavo Marinho de Carvalho
Rafael Valim

Conselho Editorial

Augusto Neves Dal Pozzo
(Pontifícia Universidade Católica de São Paulo – PUC/SP)

Daniel Wunder Hachem
(Universidade Federal do Paraná - UFPR)

Emerson Gabardo
(Universidade Federal do Paraná - UFPR)

Gilberto Bercovici
(Universidade de São Paulo - USP)

Heleno Taveira Torres
(Universidade de São Paulo - USP)

Jaime Rodríguez-Arana Muñoz
(Universidade de La Coruña – Espanha)

Pablo Ángel Gutiérrez Colantuono
(Universidade Nacional de Comahue – Argentina)

Pedro Serrano
(Pontifícia Universidade Católica de São Paulo – PUC/SP)

Silvio Luís Ferreira da Rocha
(Pontifícia Universidade Católica de São Paulo – PUC/SP)

Equipe editorial

Carolina Ressurreição (revisão)
Denise Dearo (design gráfico)
Mariela Santos Valim (capa)

Dados Internacionais de Catalogação na Publicação (CIP)
(Câmara Brasileira do Livro, SP, Brasil)

N972   NUNES, António José Avelãs.

Quo Vadis, Europa? | António José Avelãs Nunes – São Paulo: Editora Contracorrente, 2016.

ISBN: 978-85-69220-07-7

Inclui bibliografia

1. Direito. 2. Direito Constitucional. 3. Economia. 4. Geografia. 5. Ciência Política. 6. Sociologia.

CDU - 346.1

Impresso no Brasil
Printed in Brazil

SUMÁRIO

AS AGRURAS DO HOMEM NO ESTADO ENDIVIDADO – Prof. Fernando Facury Scaff 7

SÓ DUAS PALAVRAS 15

I.   O MOVIMENTO FEDERALISTA EUROPEU...................... 19

II.   DO TRATADO DE ROMA À 'CONSTITUIÇÃO EUROPEIA' 25

III. A 'EUROPA' CONSTRUÍDA "À PORTA FECHADA" 39

IV. A SOCIAL-DEMOCRACIA EUROPEIA CONVERTEU-SE AO NEOLIBERALISMO 47

V.   OS 'MERCADOS' GOVERNAM A 'EUROPA' 73

VI. A 'EUROPA' NÃO É UM ESPAÇO SOLIDÁRIO.................. 95

VII. O TRATADO DE MAASTRICHT: O 'MODELO SOCIAL EUROPEU' EM CAUSA 119

VIII. A UEM: O "FRACASSO DE UMA FANTASIA" 127

IX. A 'EUROPA' E A CRISE. A CRISE DA EUROPA................. 145

X.   O TRATADO ORÇAMENTAL: UM "GOLPE DE ESTADO EUROPEU" 159

XI. O PACTO PARA O CRESCIMENTO E EMPREGO E O PACTO DE RESPONSABILIDADE DE HOLLANDE 175

ANTÓNIO JOSÉ AVELÃS NUNES

XII.   O *EURO ALEMÃO* É UMA AMEAÇA PARA A EUROPA   183

XIII.   A "REVOLUÇÃO CONSERVADORA" E AS POLÍTICAS DE AUSTERIDADE   193

XIV.   AS *POLÍTICAS DE AUSTERIDADE* SÃO INIMIGAS DA DEMOCRACIA   211

XV.   A MIRAGEM DAS *EURO-OBRIGAÇÕES*   233

XVI.   A PROMESSA DE UM *IMPOSTO SOBRE AS TRANSA-ÇÕES FINANCEIRAS*   239

XVII.   A *UNIÃO BANCÁRIA*   247

XVIII. A FALSIDADE DA SOLUÇÃO FEDERALISTA   261

XIX.   O PRINCÍPIO MALDITO DA REESTRUTURAÇÃO DA DÍVIDA SOBERANA   279

XX.   A HIPÓTESE DA SAÍDA DO EURO   297

XXI.   'PROBLEMA GREGO' OU 'PROBLEMA ALEMÃO'?   311

XXII.   A 'EUROPA' ESTÁ TODA ERRADA, É PRECISO PASSÁ-LA A LIMPO   345

REFERÊNCIAS BIBLIOGRÁFICAS   353

ÍNDICE DE ASSUNTOS   361

AS AGRURAS DO HOMEM NO ESTADO ENDIVIDADO

Fernando Facury Scaff[*]

1. *Para onde vais, Europa?* A despeito da questão apresentada no título ser formulada apenas a respeito do continente europeu, penso que podemos considerá-la universal, para os dias que correm.

2. Há quem acredite que, através do pagamento de tributos, o homem saiu de sua condição de servo e se transformou em cidadão.

Antes, haveria um *Estado Patrimonial*, em que o homem não possuía liberdade, sendo um *servo da gleba*, vinculado à terra que cultivava para seu amo, dono e senhor. O pagamento das corveias e das talhas era feito em trabalho ou em produtos, não havendo nenhuma autonomia ou reconhecimento de direitos entre as partes envolvidas. Apenas subordinação e subjugação de um homem pelo outro, fruto do sistema econômico estratificado existente. Um pagava porque era de um *status* inferior e o outro recebia porque era de um *status* superior. Não havia nenhuma relação jurídica que obrigasse o uso

---

[*] Professor da Universidade de São Paulo. Livre-docente e Doutor em Direito pela USP. Professor da Universidade Federal do Pará. Advogado. Sócio do escritório Silveira, Athias, Soriano de Mello, Guimarães, Pinheiro e Scaff – Advogados.

desses recursos em prol do bem de todos, ou que se caracterizasse como uma fórmula de reconhecimento de autonomia pessoal daqueles que pagavam.

As relações sociais eram assim "porque sempre haviam sido desse jeito". Os homens, em qualquer posição que estivessem nesse contexto, não conseguiam se ver de outro modo que não fosse aquele.

O Estado era o Rei, como na célebre frase de Luiz XIV, avô do guilhotinado Luiz XVI – o que bem demonstra a mudança que iria ocorrer. E, como Rei, recebia recursos pagos por seus vassalos, justamente por serem vassalos, e ele ser seu soberano.

3. Após várias revoluções burguesas em que este segmento social se insurgiu contra o estado de coisas acima brevemente esboçado, foi sendo criado, paulatinamente, um sistema em que as pessoas pagariam um valor em dinheiro, de forma periódica, desde que tivesse por substrato uma situação que revelasse capacidade econômica para pagamento, e, suprema necessidade, essa obrigação de pagar fosse autorizada pelo Parlamento – que supostamente seria eleito e representaria todo o povo. Essa fórmula revolucionária foi o *tributo*, que apartou o patrimônio do Rei daquele que seria o patrimônio do Estado. Surge daí o *Estado Fiscal,* no qual a figura do tributo aparece como o *preço da civilização*. Mediante o recebimento de tributos, que todas as pessoas devem pagar, o Estado se obriga a prestar serviços públicos em prol da sociedade. Desta maneira, ultrapassa-se a fase histórica anterior, surgindo direitos e deveres recíprocos entre as partes envolvidas.

A estratégia então vigente era que as receitas arrecadadas em um dado período fossem suficientes para cobrir as despesas necessárias dentro do período correspondente, havendo assim um *orçamento equilibrado*. Dessa forma, cada Estado deveria viver com o montante que tivesse sido autorizado a arrecadar de tributos por parte de seus cidadãos.

Claro que remanesciam problemas, pois uns pagavam mais do que outros, e, muitas vezes, se constatava que existiam aqueles que nada pagavam, muito embora tivessem expressivos signos de riqueza que admitiriam o suporte de carga tributária. E, mais ainda, as receitas públicas administradas pelos governos nem sempre focavam no interesse de toda a sociedade, sendo mais frequente o foco nos interesses do segmento burguês na sociedade, que, afinal, fez as revoluções que desembocaram nesse modelo de Estado. Não estava na pauta de análise desse Estado a redução das desigualdades sociais e regionais, pois servia muito mais como suporte para o desenvolvimento de relações econômicas desiguais que eram mantidas e se potencializavam. O Estado, nessas situações, se revelava muito mais um fiador da manutenção das desigualdades que um instrumento para sua ultrapassagem.

4. Desde meados do século XX a dinâmica do *Estado Fiscal* foi acelerada. Após a Segunda Guerra Mundial, acentuaram-se as características da sociedade de consumo, *espetacularizada*, onde a produção em massa de bens e serviços e o desenvolvimento de mecanismos de *marketing* geravam cada mais um desejo de consumo no seio da sociedade, como condição de bem estar. Tornou-se mais importante *ter* bens do que *ser* uma pessoa com autonomia e independência. Aliás, em muitos casos, a exteriorização da posse desses bens se tornou mais importante do que sua pertença – ter mais carros, mais roupas, mais computadores de última geração, mais objetos suntuários, mais tudo. E o *efeito de imitação* generalizou este tipo de comportamento. Isso impactou fortemente as necessidades públicas, pois onde havia um patamar mínimo de prestações civilizatórias a serem concedidas pelo Estado, passou-se a exigir cada vez mais suporte para essa disputa inglória entre pessoas, empresas, sociedades e países. Afinal, mais *desejos privados* geram mais *necessidades públicas* a serem custeadas por todos.

Ocorre que essa *sociedade desejante* tem um foco absolutamente individualizado, onde não se reconhece *o outro,* logo, a ideia de se pensar a sociedade como um todo, onde agimos e interagimos coletivamente, foi deixada de lado. O *desejo* é algo individual, e implica em se ter tudo que se quer, sem leis, regras ou limites, a qualquer tempo e hora. Não há cunho social no desejo, apenas o "eu quero".

Essa *sociedade desejante*, fortemente individualizada, quer obter prestações civilizacionais de forma cada vez mais rápida, porém não tolera a ideia de aumentar a carga tributária. *Mais estradas, escolas, hospitais, transporte público, lazer, teatros, segurança...*, era preciso ter tudo isso *agora, já, para que os atuais membros dessa sociedade gozassem desse novo patamar de vida,* não sendo possível aguardar a formação de *poupança pública* para fazer frente a tantos desejos. Aumentar a poupança da sociedade para satisfazer a esse novo patamar de necessidades públicas implicaria na modificação de hábitos econômicos, sendo uma tarefa de longo prazo. Como proceder à isso de forma acelerada?

A fórmula encontrada foi a da intensificação do *endividamento público*, através do qual se obtém recursos *agora*, para pagamento *futuro*. É em razão dessa troca entre *gasto público atual*, mediante recursos hauridos por empréstimos, e o *comprometimento de renda futura* para seu pagamento, que se costuma dizer que *empréstimos são tributos antecipados*, ou seja, comprometem os tributos que serão arrecadados pelas futuras gerações para pagamento dos gastos realizados pela atual geração. Isso ocorreu em todos os países da chamada *civilização ocidental*.

Surge daí o *Estado Endividado*, que nos leva ao debate sobre *sustentabilidade orçamentária*, que congrega não apenas as usuais categorias de *receita* e *gasto* públicos, acrescendo a do *crédito público* e o debate sobre a *qualidade* do gasto.

5. O fato é que o *capital não tem fronteiras*, e o *Estado Endividado* é uma realidade nos dias que correm. A crise europeia relatada por Avelãs Nunes nesta obra, e a crise brasileira desta segunda década do século XXI, demonstram que não se trata de um fenômeno isolado. Trata-se da decadência de um modelo adotado pelos países ocidentais, baseado no financiamento do Estado através do *capital financeiro*, que submete as decisões de Estado à sua lógica e sistema de apropriação de excedentes.

Se antes, durante o Estado Patrimonial, a crise era decorrente de um déficit de cidadania, e durante o Estado Fiscal a crise era de legitimidade entre o que era arrecadado de todos e usado em prol de alguns, agora, durante esta fase *desejante* da sociedade atual, o *Estado Endividado* gera crises pela apropriação dos excedentes, subordinando até mesmo o capitalismo industrial, o comercial e o agrário às determinações do capitalismo financeiro – além dos trabalhadores, claro. A *mais valia* se tornou mais diáfana que o ar. Está embutida em tudo que consumimos, e não apenas

QUO VADIS, EUROPA?

na extração das relações de produção, entre capital e trabalho. Sujeitamo-nos, todos, ao papel de pagadores de juros das promessas civilizatórias de uma sociedade *desejante*.

Os desequilíbrios socioeconômicos permanecem, dentro e fora das fronteiras nacionais, em face da acumulação histórica do capital e de sua completa globalização. Os fatos se aceleram e todos pagamos em favor de alguns poucos. Isso ocorre mesmo na União Europeia, que se pretende uma *constelação pós-nacional*, mas que se configura em uma sociedade sem povo nem cultura comuns – qual a identidade entre um cidadão português e um cidadão alemão, além de terem nascido no mesmo continente, aglomerado geopolítico? Parece claro que não existe um *povo europeu*, o que bem demonstra o *déficit democrático* das tentativas de coordenação política em torno de uma Constituição Europeia, como ensina Avelãs Nunes nesta obra. Sendo assim, em prol de quem está sendo construída esta estrutura política? A resposta dada por Avelãs revela o capitalismo financeiro como o grande artífice desse movimento.

Consoante Avelãs, por toda parte se ouve falar de "*reformas estruturais, de regras de ouro, da independência dos bancos centrais, da reforma do estado, de finanças sãs, da necessária reforma do estado social, do papel insubstituível das agências reguladoras independentes, dos benefícios da concertação social, da flexibilização do mercado de trabalho, da necessidade de 'libertar' a ação política do controlo do Tribunal Constitucional*". Isso desaguou no *Tratado sobre Estabilidade, Coordenação e Governação na União Econômica e Monetária* (TECG), assinado em Bruxelas em 2 de março de 2012, conhecido como *Tratado Orçamental*, que, nas palavras de Avelãs, se caracteriza como um novo "pacto colonial", aprofundando as diferenças sócioeconômicas entre os países da eurozona.

E a resposta a esta indagação, segundo o Autor, é sempre a mesma: "o absurdo *argumento TINA* (There Is No Alternative) de que *não há alternativa* ao mercado, ao capitalismo e ao neoliberalismo, um 'argumento' que é uma ofensa à nossa inteligência e à nossa liberdade".

Além da estrita análise europeia, isso pode ser perquirido ao longo do globo em diversos graus. A esperança de uma sociedade mais livre, justa e solidária se dissolve no ar que nos sufoca, transformando-se em uma miragem no deserto.

Antes, durante o Estado Patrimonial, o enfeudamento se dava entre pessoas, suserano e vassalo. Hoje, no Estado Endividado, o enfeudamento ocorre entre países, subordinando os mais pobres aos mais ricos, sob o pálio do capital financeiro, retirando a essência de sua soberania. Se antes haviam pessoas de 1ª e de 2ª classe, hoje existem países de 1ª e de 2ª classe. A dominação não mais ocorre de forma direta, entre pessoas, mas de maneira difusa, entre a população de diferentes países – os que permanecerão usufruindo das benesses de um Estado Social às custas daqueles que terão que sair pela porta dos fundos desse sistema. Ao invés de redimir o homem, o sistema atual agrava o problema, com a minoria subjugando a maioria das populações, que só terão a miragem como válvula de escape para alcançar as promessas civilizatórias da modernidade.

6. Exposta a situação acima, existe algo que possa ser feito? Uma longa caminhada começa com o primeiro passo, como nos lega a sabedoria taoísta. Logo, o primeiro passo é desvelar a situação posta, a fim de que a possamos compreender e tomar posição frente à ela. Aqui se insere o texto de Avelãs Nunes, que desnuda a situação europeia, e nos dá lições para compreender a mecânica financeira que assola aquele continente e nos permite analisar o que se passa em *terra brasilis* e no mundo.

Quem é Avelãs Nunes, que nos guiará por este caminho? Trata-se de um renomado autor já conhecido do público brasileiro. Desde sua tese de doutorado em Economia Política na Universidade de Coimbra, Portugal, intitulada na versão comercial como *Industrialização e Desenvolvimento*, se debruçou sobre o processo de desenvolvimento econômico do Brasil, e, a partir daí, nunca deixou de estar presente na doutrina brasileira. Para além da sua tese de doutoramento, vários livros seus estão editados no Brasil, dentre eles *O Direito de Exclusão de Sócios nas Sociedades Comerciais, Neoliberalismo e Direitos Humanos, Os Tribunais e o Direito à Saúde, O Estado Capitalista e as Suas Máscaras,* dentre outros de sua vasta bibliografia.

Sua relação com o Brasil não se resume à circulação de sua obra entre nós, nem mesmo por suas menções sobre o Brasil em vários de seus livros, ou pelos inúmeros amigos que aqui possui, amigos que, em 2009, por ocasião da sua Jubilação, lhe ofereceram um *Liber Amicorum*. Em 1986 foi agraciado pelo Presidente da República com a Ordem do Rio Branco; em 1999 recebeu da Associação dos Advogados de Minas Gerais a Comenda "Professor Gerson Boson", como "personalidade de destaque no ano de 1998", pelos "relevantes serviços prestados à causa pública e ao aprimoramento das instituições democráticas e jurídicas"; é Professor *Honoris Causa* da Faculdade de Direito da Universidade Federal de Alagoas; é Doutor *Honoris Causa* pela Faculdade de Direito da Universidade Federal do Paraná; é Doutor *Honoris Causa* da Faculdade de Direito da Universidade Federal da Paraíba. E, mediante convite do Ministério da Educação do Brasil, participou, em 2001, em 2004 e em 2007, como observador estrangeiro nos trabalhos da Comissão de Avaliação Trienal dos Cursos de Pós-Graduação em Direito (Mestrado e Doutorado), pela CAPES (Coordenação de Aperfeiçoamento de Pessoal de Ensino Superior).

Entre 1996 a 2000, durante dois mandatos, António Avelãs Nunes foi eleito Presidente do Conselho Diretivo da Faculdade de Direito da Universidade de Coimbra, universidade de que foi Vice-Reitor entre 2003 e 2009.

Atualmente é Vice-Presidente da Direção do Instituto de Direito Comparado Luso-Brasileiro e Membro Honorário da Academia Brasileira de Letras Jurídicas, além de ativo escritor de sábias letras jurídicas, como se pode verificar pelas que constam deste livro.

7. Após a compreensão, a ação como próximo passo. Por isso é importantíssimo este livro que tenho a honra de prefaciar, a fim de que possamos nos dar conta do que está acontecendo no mundo, desvendado por Avelãs. Aparentemente ele escreve sobre a Europa, mas, na verdade, fala sobre o mundo atual. Seu conterrâneo Fernando Pessoa[1] escreveu:

---

[1] Alberto Caeiro, *O Guardador de Rebanhos,* VII.

"Da minha aldeia vejo quanto da terra se pode ver do Universo...
Por isso a minha aldeia é tão grande como outra terra qualquer,
Porque eu sou do tamanho do que vejo
E não do tamanho da minha altura..."

Avelãs fala a partir de sua aldeia, mas ela é tão grande quanto outra terra qualquer. Tão grande como o mundo.

Quo vadis, mundo? – esse é o título verdadeiro desta obra, como poderá ser conferido no texto.

Boa leitura. Espero que, compreendendo a realidade, possamos dar os próximos passos e passar à ação, para mudar o estado de coisas aqui exposto, atualmente presente em toda a civilização ocidental.

E não há tempo a perder. Porque "quem sabe faz a hora, não espera acontecer" (Geraldo Vandré). "Porque quem espera nunca alcança" (Chico Buarque).

São Paulo, setembro de 2015

SÓ DUAS PALAVRAS

Devo à amizade do meu Colega Gilberto Bercovici e à amizade e coragem do Editor (o meu Colega Rafael Valim) o privilégio de editar no Brasil este estudo sobre a Europa deste nosso tempo e deste nosso mundo. A ambos agradeço penhoradamente.

Quem escreve regularmente (por gosto, por dever de ofício ou por imperativo de cidadania) sabe que, em regra, passamos a vida a escrever, se não as mesmas coisas, pelo menos sobre as mesmas coisas. E muitos dos que se dão à escrita sabem também que, quase sempre, aquilo que escrevemos já foi alguma vez escrito por outrem, ainda que sob forma diversa ou em contexto diferente.

É claro que eu não fujo à regra. A minha preocupação é a de tentar entender o que se passa à minha volta. Para isso, procuro estudar os problemas em pauta, 'conversando' com outros autores, trazendo à 'conversa' aqueles que podem confortar-me com as suas ideias, mas não dispensando aqueles que, por partirem de premissas diferentes das minhas e por pensarem de modo diferente, me obrigam a trabalhar mais e a refletir mais aturadamente, na esperança de poder encontrar argumentos que possam anular os dos meus 'opositores'.

Este é o meu processo de trabalho. E, logo que chego a alguma conclusão, sinto uma necessidade enorme (talvez por uma espécie de dever moral e cívico) de passar ao papel as minhas ideias, para as oferecer à crítica (sem ela não progredimos) e para (presunção minha, talvez) tentar ajudar a refletir quem saiba menos do que eu e para estimular a reflexão daqueles que têm mais capacidades e melhores condições do que eu para avançar no conhecimento das matérias estudadas.

Os textos que agora se publicam surgiram assim e constituem o resultado do estudo de (e da reflexão sobre) problemas que me preocupam há anos, e já foram apresentados, com redações diferentes e com diferente enquadramento, em colóquios, em revistas e até em livros, nomeadamente em Portugal.

Resta-me esperar que o livro possa ser útil, porque isto é o melhor que sempre desejo para os meus livros.

António Avelãs Nunes

"O neoliberalismo é a expressão ideológica da ditadura do grande capital financeiro"

"O neoliberalismo não é compatível com um estado democrático"
(Wolfgang Streeck)

"O estado capitalista está incondicionalmente ao serviço do crime sistêmico"

"Os cidadãos dizem não à Europa porque recusam a Europa como ela é".
(Jacques Chirac)

A Europa atual carateriza-se por "um grande poder e pouca legitimidade do lado do capital e dos estados, um pequeno poder e uma elevada legitimidade do lado daqueles que protestam"
(Ulrich Beck)

"A integração europeia transformou-se numa catástrofe política e econômica"
(Wolfgang Streeck)

"A Europa alemã viola as condições fundamentais de uma sociedade europeia na qual valha a pena viver"
(Ulrich Beck)

Apercebi-me da "possibilidade real do fracasso do projeto europeu"
(Jürgen Habermas)

"A Alemanha destruiu-se – a si e à ordem europeia – duas vezes no século XX. Seria ao mesmo tempo trágico e irônico que uma Alemanha restaurada trouxesse a ruína da ordem europeia pela terceira vez"
(Joschka Fisher)

I
O MOVIMENTO FEDERALISTA EUROPEU

1.1. O ideal pan-europeu não é uma questão recente. Há quem fale do *mito da Europa*. E há quem vá buscar as origens da ideia de Europa à Idade Média. Outros recuam até ao século XVIII.[2] Se ficarmos pelo século XIX, poderemos referenciar a *Liga Internacional da Paz e da Liberdade*, organização pacifista fundada em 1867, em Berna, por Charles Lemmonier. Esta organização publicou em 1869 um Manifesto em que defendia a criação dos *Estados Unidos da Europa*, projeto que teve a oposição de Karl Marx, porque ele escapava à ação da Associação Internacional dos Trabalhadores e porque o internacionalismo não devia confinar-se à escala europeia. Os movimentos revolucionários que marcaram a Europa em 1848 foram também frequentemente animados pelos ideais do pacifismo e de uma federação europeia.[3]

Na Europa contemporânea, o pan-europeísmo afirma-se entre as duas guerras mundiais do século XX, período durante o qual surgiram

---

[2]Ver SALAIS, Robert. *Le Viol de l'Europe:* Enquête sur la disparition d'une idée, Paris: PUF, 2013.

[3]Ver ROBERT, Anne-Cécile, "Golpe de estado ideológico na Europa", em *Le Monde Diplomatique,* Ed. Port., nov/2004 p. 18 e SARRE, Georges. *L'Europe contre la Gauche.* Paris: Eyrolles, 2005, pp. 91-108.

ANTÓNIO JOSÉ AVELÃS NUNES

propostas várias no sentido da organização de cartéis e da celebração de acordos com vista a uma gestão conjunta dos setores do carvão e do aço.

A partir de 1922 (ano em que publicou um livro intitulado *Pan-Europa*) Richard Coudenhove-Kalergi inspirou e animou um forte movimento com vista à criação dos *Estados Unidos da Europa*, do qual excluía a Rússia (por ser um país euro-asiático) e o Reino Unido (por ser um império intercontinental). O objetivo era o de evitar o domínio militar soviético e o domínio econômico dos EUA e do império britânico.

Deste movimento resultaria a criação em Viena (1923) da *União Pan-Europeia*, de que foi primeiro presidente o Prêmio Nobel da Paz Aristide Briand. O projeto visava, em última instância, a *cooperação pacífica entre estados soberanos*, objetivo que justificou a adesão de várias personalidades democráticas da cultura europeia (v.g. Thomas Mann, Einstein, Picasso, Appolinaire, Rilke, Saint-John Perse).

O objetivo da Paz animou Briand (então Ministro dos Negócios Estrangeiros da França) a conseguir (1925) a assinatura do Tratado de Locarno, entre a França e a Alemanha, tratado que reduziu as indenizações de guerra a pagar pela Alemanha e permitiu a adesão deste país à Sociedade das Nações.

Em 1929, o mesmo Briand defendeu, perante a Assembleia Geral da Sociedade das Nações, a organização da Europa em *moldes federais*, com a criação de um *mercado comum* e a adoção de *políticas comuns* no domínio das comunicações, do emprego e da cooperação intelectual, que permitissem elevar o nível de bem-estar humano dos povos da Europa. Apresentado no contexto da grave crise econômica que assolava a Europa e o mundo, este projeto − que teve o apoio de várias entidades patronais − não contou com o apoio dos sindicatos e dos partidos da esquerda (incluindo a SFIO de Léon Blum), receosos de que tal não passasse de uma tentativa de racionalização internacional ao serviço dos interesses do capital.

Ao lado desta ideia federalista, outros projetos com o mesmo objetivo de promoção da Paz preferiam a organização da Europa em moldes confederais, respeitando a soberania nacional dos estados europeus.

O MOVIMENTO FEDERALISTA EUROPEU

Em fevereiro de 1930, Coudenhove-Kalergi e a *União Pan-Europeia* propuseram em Berlim a criação dos *Estados Federais da Europa*. Embora proclamando a salvaguarda da soberania dos estados europeus, o projeto previa a criação de órgãos federais (Conselho Federal, Tribunal de Justiça Federal, Chancelaria Federal), um sistema financeiro próprio, bem como a consagração da *cidadania europeia*, a par da cidadania nacional.

1.2. Durante a 2ª Guerra Mundial, o movimento com vista à unidade europeia visando a Paz como objetivo último não abrandou. Em 1941 Altiero Spinelli e Ernesto Rossi publicaram o Manifesto *Por uma Europa Livre e Unida*, escrito no exílio na Ilha de Ventonese. A tese central era a de que o estado-nação estava inevitavelmente associado ao nacionalismo e à guerra, acreditando os autores do Manifesto que o federalismo evitaria a guerra e enfraqueceria as forças reacionárias. Spinelli fundou depois o *Movimento Federalista Europeu*, que viria a aderir à *União Europeia dos Federalistas*, criada em 1946.

Em 1942, a ideia federalista aparece no programa do clandestino Partido Socialista Belga, conhecendo-se projetos idênticos na Holanda. Em 1943, já a residir nos EUA, Kalergi publica um projeto de *Constituição Federal Europeia*. Em 1944, constitui-se a *união aduaneira* entre a Bélgica, a Holanda e o Luxemburgo (Benelux).

Com a previsão do final da Guerra, os EUA e o RU decidiram que era necessário redesenhar a Europa, para a transformar em instrumento de contenção do comunismo, e chegaram a planear uma *União Federal Europeia* sob o seu comando. Em 1946 Churchill fala em Fulton da "cortina de ferro" e, em setembro desse mesmo ano, fala em Zurique dos *Estados Unidos da Europa*. Mas o movimento por ele animado, o *United Europe Movement* (lançado em 1947), apontava para a cooperação entre os estados europeus, rejeitando a solução federalista.

Alguns, como a *Liga Europeia de Cooperação Econômica* (em que pontificava Paul Van Zeeland), limitavam-se à cooperação econômica através da abertura dos mercados.

No final de 1946, na esteira do pensamento proudhoniano, surgiu o projeto da *União Europeia de Federalistas*, visando a redução da soberania dos estados nacionais e o estabelecimento de um governo federal europeu. Em meados deste mesmo ano, surgiu o *Movimento para os Estados Unidos Socialistas da Europa*.

Percebeu-se que o projeto europeu estava a ser colocado ao serviço de objetivos estratégicos diferentes do projeto de paz na Europa que animara o movimento pan-europeu entre as duas guerras e mesmo durante a 2ª Guerra Mundial e que mobilizara personalidades e forças políticas da esquerda europeia. Washington e Londres chegaram a pensar numa *cidadania comum anglo-americana*, como base de um império anglófono. Neste contexto, a Europa seria remetida ao papel de satélite, integrando com o império anglófono uma zona de livre comércio, impermeável à influência comunista.

Com a guerra fria, as coisas mudaram também neste plano. Os EUA passaram a desempenhar um papel importante na orientação do movimento pan-europeu. A CIA e os serviços secretos britânicos foram financiando várias iniciativas, algumas das quais chegaram a equacionar a existência de uma moeda única europeia. Em 1947, por iniciativa do Senador Fullbright, a Câmara dos Representantes votou uma moção de apoio aos *Estados Unidos da Europa* e o Congresso americano chegou a exigir que os candidatos aos benefícios do Plano Marshall participassem desta "organização".

Em maio de 1948, mais de 800 delegados oriundos do movimento associativo, com muitas personalidades da esquerda e ligadas às organizações de defesa da Paz, reuniram-se no *Congresso Federalista da Haia*, para discutir o futuro da Europa. Mas o ambiente da guerra fria começava a marcar decisivamente a vida política na Europa e no mundo.

A execução do *Plano Marshall* (1948) obrigou à criação da OECE (Organização Europeia de Cooperação Econômica), e trouxe consigo uma visão de conjunto dos problemas econômicos dos países europeus que ficaram sob a órbita do capitalismo, a necessidade de 'planificação' dos investimentos e do desenvolvimento econômico e social, a coordenação dos interesses dos países beneficiários do Plano Marshall nos setores estratégicos que tinham originado duas guerras mundiais no século XX.

Em janeiro de 1949, por sugestão britânica, cria-se nos EUA o *Comitê Norte-Americano para a Europa Unida*, com vista a marginalizar as iniciativas de Coudenhove-Kalergi, fiéis ao espírito inicial de Paz. Os seus dirigentes (entre os quais Allen Dulles) eram todos altos funcionários da CIA, antigos e futuros diretores da Agência.

Em abril de 1949 foi criada a OTAN, sob a liderança americana.

Em agosto deste ano, porém, a URSS ensaiou com êxito a sua primeira bomba atômica. Dividido o mundo entre duas potências nucleares, os EUA decidem secundarizar o papel do RU como 'sócio privilegiado' no governo do mundo capitalista. O seu papel ficou reduzido ao de um dos vários países da Europa, em cujas estruturas vem desempenhando, até hoje, na opinião de muitos observadores, o papel de 'cavalo de Tróia' dos interesses norte-americanos.

Em 8 de maio de 1950, no 5º aniversário da rendição da Alemanha nazi, foi criada, por proposta da França, a *Comunidade Europeia do Carvão e do Aço* (CECA), colocando sob uma autoridade comum a gestão destes dois materiais estratégicos, em sintonia com os objetivos de Paz defendidos por Kalergi e pelos movimentos que animou.

Pouco depois, à margem dos projetos pan-europeistas surgidos entre as duas guerras, os EUA conseguiram que fosse assinado em Paris (15 de fevereiro de 1951) o Tratado que criou a *Comunidade Europeia de Defesa*. Este projeto falhou porque o voto de gaulistas e comunistas impediu a sua ratificação pela Assembleia Nacional francesa.

II
DO TRATADO DE ROMA À 'CONSTITUIÇÃO EUROPEIA'

2.1. Em 25 de março de 1957 foi assinado o Tratado de Roma, que criou a *Comunidade Econômica Europeia*, simultaneamente com a criação da *Comunidade Europeia da Energia Atômica* (Euratom), a terceira das comunidades europeias.

Num tempo em que o conjunto das multinacionais americanas na Europa era por muitos considerado a segunda (ou terceira) potência econômica à escala mundial, parece óbvio o interesse dos EUA na constituição do então vulgarmente chamado *Mercado Comum* (a CEE). Mas uma certa corrente de pensamento considerou (ou propagandeou) a CEE como *a resposta europeia ao desafio americano,* ideia que até hoje vem acompanhando a propaganda da 'Europa'.[4]

---

[4] Cfr. SERVAN-SCHREIBER, Jean Jacques. *Le Défi Américain*. Paris: Denoël, 1967 (trad. port., *América:* Desafio ao Futuro. Lisboa: Livraria Bertrand, 1968). Em 1959 viria a constituir-se a EFTA (*European Free Trade Association*). Liderada pelo RU (e integrando também a Áustria, a Dinamarca, a Noruega, Portugal, a Suécia e a Suíça), era uma organização que pretendia constituir tão só uma *zona de comércio livre* para *produtos industriais* (que não era sequer uma *união aduaneira*), afastando, ao contrário da CEE, qualquer projeto de *integração política*, até porque alguns dos seus membros eram países neutrais (Áustria, Suécia e Suíça) e Portugal continuava a viver sob uma ditadura

ANTÓNIO JOSÉ AVELÃS NUNES

Dos seis países iniciais (França, Alemanha, Itália, Holanda, Bélgica e Luxemburgo), a CEE passa para nove membros em 1973 (adesão do RU, Irlanda e Dinamarca) e para dez em 1981 (com a entrada da Grécia). Em 1986, foi a vez de Portugal e da Espanha, seguindo-se, em 1995, a Áustria, a Finlândia e a Suécia; finalmente, em 2004 a União Europeia passou a 25 membros (com a entrada de Chipre, Eslováquia, Eslovênia, Estônia, Hungria, Letônia, Lituânia, Malta, Polônia e República Checa). Seguiram-se a Bulgária, a Romênia e a Croácia. Entretanto, decorrem negociações com a Sérvia e continua de pé o projeto de integração da Turquia.

Com o decurso dos anos, o Tratado de Roma foi sendo alterado: em 1986, pelo *Ato Único Europeu* (que veio promover a implantação efetiva, até 31 de dezembro de 1992, do mercado interno único de mercadorias, capitais, serviços e pessoas); em 1992, pelo *Tratado de Maastricht*, que criou a União Europeia (UE), juntamente com a União Econômica e Monetária (UEM), o Sistema Europeu de Bancos Centrais, o Banco Central Europeu (BCE) e o euro (hoje moeda única de 19 países da eurozona); em 1997, pelo *Tratado de Amesterdã* (que tentou a definição de uma estratégia não vinculativa no domínio do emprego); ainda em 1997, os estados da zona euro estabeleceram o *Pacto de Estabilidade e Crescimento* (que veio enfeudar a política monetária e a política orçamental a rigorosos critérios monetaristas, sacrificando todos os outros objetivos econômicos e sociais das políticas públicas ao objetivo primordial da estabilidade monetária); em 2000, pelo *Tratado de Nice* (que reorganizou os poderes políticos no seio da UE, tendo em vista o futuro alargamento); à margem deste Tratado foi aprovada a *Carta dos Direitos Fundamentais*, objeto de mera declaração política, porque o RU se opôs a que ela fosse incorporada no Tratado e dotada de força jurídica vinculativa.

No Conselho de Laeken (dezembro de 2001) os Chefes de Estado e de Governo decidiram convocar uma *Convenção sobre o futuro da*

---

fascista, com a 'bênção' dos EUA e das 'democracias' europeias (o que, apesar de tudo, para salvar as aparências, dificultava, bem como à Espanha, a entrada na CEE).

DO TRATADO DE ROMA À 'CONSTITUIÇÃO EUROPEIA'

Europa, cometendo-lhe a tarefa de refletir sobre "uma melhor repartição e definição das competências no seio da UE", sobre "a simplificação dos instrumentos", a "legitimidade democrática e a transparência das instituições". A Declaração de Laeken proclamava que "o documento final poderá conter várias opções", deixando em aberto o problema da adoção de um "texto constitucional", no quadro de um processo de simplificação dos Tratados anteriores, que codificasse num texto único os pontos fundamentais consagrados nos Tratados e na jurisprudência comunitária.

Além do Presidente (Valéry Giscard d'Estaing) e dos Vice-Presidentes (Giuliano Amato e Jean-Luc Dehaene), designados pelos Chefes de Estado e de Governo dos países da UE, os restantes membros desta 'Convenção' eram representantes dos estados-membros, membros da Comissão Europeia, representantes do Parlamento Europeu e dos parlamentos nacionais. Eram, ao todo, 105 pessoas, todas escolhidas, tanto quanto sei, por serem favoráveis ao projeto de uma *Constituição Europeia*, sendo que nenhuma delas foi *eleita* para uma qualquer assembleia com poder constituinte à escala europeia.

Não faltou quem denunciasse o intuito mistificador do nome *Convenção* atribuído a este grupo de trabalho, gesto que pretendeu evocar importantes momentos constituintes da História muito presentes na cultura democrática europeia, como a *Convenção* saída da Revolução Francesa e a *Convenção de Filadélfia*, que aprovou a Constituição americana. Mas esta 'Convenção' resultante do Conselho Europeu de Laeken não recebeu nenhum mandato constituinte (quem poderia conferir-lho?), e creio que ninguém defendeu estar tal 'Convenção' investida de poderes constituintes.[5]

O que é certo é que esta *Convenção* parece ter-se 'convencido' de que era mesmo uma assembleia constituinte e resolveu apresentar uma proposta de *Constituição Europeia*. Em 29 de outubro de foi assinado em Roma o *Tratado que Estabelece uma Constituição para a Europa* (TECE).

---

[5] A não ser, porventura, os próprios 'convencidos', como já ouvi designar, ironicamente, os participantes nos trabalhos da 'Convenção'.

Só que, em virtude do veto resultante dos referendos realizados em 2005 na França e na Holanda, o TECE não foi ratificado por todos os estados-membros da UE e a 'Constituição Europeia' morreu de 'morte matada', não chegando a entrar em vigor. Viria ser substituído, à socapa, pelo chamado *Tratado de Lisboa*, assinado em dezembro de 2007.

Até agora, o edifício da 'Europa neoliberal' foi acrescentado pelo chamado *Tratado Orçamental* (março de 2012).

2.2. No plano teórico, a problemática de uma constituição europeia (de um constitucionalismo europeu ou de um Direito Constitucional Europeu) já se discutia há alguns anos. Para a opinião pública e no plano político-ideológico, porém, a questão ganhou importância no contexto que fica brevemente resumido.

Poderá dizer-se que o processo de integração europeia assenta, até hoje, numa lógica confederal, i.e., tem sido obra dos estados nacionais soberanos, que têm construído o edifício comunitário com base em tratados internacionais válidos apenas porque ratificados nos termos previstos na Constituição de cada um dos estados-membros, que detêm, em conjunto, o poder de alterar esses Tratados.

No discurso político, na jurisprudência do TJCE e na doutrina, tem já algumas décadas a tese segundo a qual, em sentido material, já existe uma Constituição Europeia (segundo alguns desde o Tratado de Roma).[6]

O Primeiro Presidente da Comissão Europeia, Walter Hallstein, defendeu que o Tratado de Roma era "o primeiro elemento de uma Constituição da Europa". Alguns anos depois, o TJCE qualificou os Tratados como a "carta constitucional de uma comunidade de direito"

---

[6] Ver mais informações em MOURA RAMOS, Rui de. "O projecto de Tratado que Estabelece Uma Constituição para a Europa". *In: Temas de Integração*, n.s 15-16, pp. 274-275, 2003. e em CUNHA, Paulo Ferreira da. *Novo Direito Constitucional Europeu*. Coimbra: Livraria Almedina, 2005.pp. 23-24.

DO TRATADO DE ROMA À 'CONSTITUIÇÃO EUROPEIA'

e foi consagrando a ideia da supremacia do ordenamento jurídico comunitário sobre o direito ordinário dos estados-membros, na esfera de competência da CEE/UE. Alguns dirão mesmo que, no estádio atual, o ordenamento jurídico comunitário é um *ordenamento jurídico supranacional*, vendo a UE como uma forma organizativa e uma comunidade jurídica que vai além da mera estrutura confederativa.

A UE constitui uma comunidade de direito dotada de órgãos próprios, com o poder de criar normas jurídicas que se aplicam não apenas aos estados-membros mas também, em certos casos, diretamente aos cidadãos europeus, relativamente aos quais o TJUE pode fazer valer direitos e obrigações consagrados nos Tratados ou na legislação comunitária.

Os Tratados criaram instituições supranacionais (algumas tipicamente federais, como o BCE), com poderes que se impõem aos próprios estados-membros e aos seus cidadãos e atribuem a estas instituições a competência necessária para prosseguir objetivos comuns dos estados-membros.

Neste sentido, dir-se-á que, com a interpretação que delas foi 'impondo' o TJCE, este conjunto de normas que regula as relações entre a União e os estados-membros, bem como certos direitos e deveres dos cidadãos comunitários, se aproxima das constituições dos estados federais.

Importa, porém, não esquecer que os princípios referidos, embora integrando o chamado *acquis communautaire*, não têm consagração expressa no texto dos Tratados e que tem sido pacífica a ideia de que a prevalência do direito comunitário sobre os direitos nacionais só vale dentro dos limites das transferências de soberania outorgadas pelos estados-membros através de tratados internacionais.

O debate animou-se na Europa quando começou a circular no discurso político dominante e nos meios de comunicação de massa que veiculam as ideias dominantes a expressão *Constituição Europeia* para designar o documento a aprovar na 'Convenção' instituída em Laeken.

A 'Convenção' foi apresentada como um esquema de trabalho aberto à participação dos cidadãos europeus. E é certo que se verificou

29

um grau de publicidade e de abertura superior ao que em regra carateriza o processo de discussão e de redação dos tratados internacionais. Mas é indiscutível que a Convenção não promoveu e/ou não conseguiu um debate amplo e sem barreiras acerca do que estava em causa, ficando longe do debate democrático que as circunstâncias exigiam a quem desde cedo se propôs elaborar um projeto de Constituição Europeia.

Com efeito, o *Praesidium* da Convenção interpretou o mandato que recebera em Laeken no sentido de elaborar uma Constituição com texto único, sem opções. E a verdade é que, cerca de um ano e meio depois, o texto da 'Constituição Europeia' viria a ser aprovado *por consenso*, uma estranha forma de decisão que anulou as discordâncias entre os seus membros, algumas das quais foram chegando ao conhecimento público.[7]

O mesmo método de fuga ao confronto de ideias e de projetos foi adotado pela CIG (Conferência Inter-Governamental), por pressão da Alemanha e da França, cujos dirigentes vieram a público defender que o texto saído da Convenção deveria ser aprovado tal como estava, para evitar abrir um processo de discussão que não se sabia quando acabava nem como acabava. O que era um simples projeto transformou-se numa 'proposta irrecusável'...

Após a assinatura do Tratado (24 de outubro de 2004), o NÃO à ratificação foi identificado com o caos;[8] o SIM foi considerado como a

---

[7] Um deputado ao Parlamento Europeu que participou nos trabalhos da Convenção declarou: "Na Convenção não houve votação, ainda que nós, os seus membros, tenhamos apresentado 5000 emendas à Constituição. O *Praesidium*, (...) que não tinha representantes de todos os países, decidiu qual era a vontade da Convenção, e a isso chamou-se consenso. Como na Convenção havia uma sobre-representação dos federalistas, o consenso foi o seu, mas não era unânime. (...) Na reunião de encerramento, basicamente só intervieram os representantes dos grandes países". (Cfr. LOPES, Agostinho. "Em defesa da Constituição da República e do nosso futuro colectivo: Não!". *In: Avante!*, 25 de maio de 2005. p. 14).

[8] Num programa televisivo, afirmou Daniel Cohn Bendit: "Se dissermos *não* a esta Constituição, imobilizamos a França e a Alemanha" (cfr. *Le Monde Diplomatique* Ed. Port., maio de 2005). Disse-se com frequência que votar NÃO seria um *comportamento irracional*. Assim sendo, o cúmulo da irracionalidade foi organizar um referendo em que

DO TRATADO DE ROMA À 'CONSTITUIÇÃO EUROPEIA'

fonte de onde jorra o leite e o mel.[9] Os defensores do NÃO foram tratados pelos fiéis do "pensamento único euro-beato"[10] como hereges anti -europeus (a nova forma da velha *traição à pátria*, de triste memória em outras circunstâncias históricas).[11] Os estados nacionais chamados a ratificá-lo foram objeto de clara chantagem: os que não ratificassem a Constituição ficariam à margem da História, afastados do 'paraíso europeu', isolados econômica e politicamente, condenados ao *ghetto* dos sem futuro. Mais uma vez, a política do *fait accompli*, que tem caraterizado o processo de integração europeia, tão ao gosto de todos os construtores de impérios.

Houve quem defendesse que, com o debate sobre a Constituição Europeia, se encerrava um ciclo de construção da Europa, "o ciclo da mentira política institucionalizada, da hipocrisia, do ilusionismo e da abdicação generalizada da vontade".[12] Infelizmente, a 'Europa' continua a ser o reino da mentira política, da hipocrisia, do ilusionismo, da anti-democracia.

---

se propôs às pessoas que votassem, livremente, SIM ou NÃO, sabendo que uma das duas respostas possíveis era irracional.

[9] O tom panegírico foi idêntico ao utilizado, na época, pelos defensores das soluções consagradas no Tratado de Maastricht. O Ministro da Economia e das Finanças do Governo francês viu-se obrigado a propor aos seus companheiros de um debate televisivo (todos defensores do SIM) que não imitassem os "beatos idólatras da Europa, que dizem que a Europa é um reino da abundância", que não repetissem "o que se fez na altura de Maastricht, porque aquilo foi verdadeiramente caricatural" (cfr. *Le Monde Diplomatique*, Ed. Port., maio de 2005).

[10] A expressão é de GÉNÉREUX, Jacques. *Manuel Critique du Parfait Européen*. Paris: Seuil, 2005 p. 15.

[11] "Não respeito os defensores do NÃO ao Tratado Constitucional que se dizem pró-europeus", afirmava Michel Rocard em *Le Monde*, 22 de Setembro de 2004.
Já em 1979 J.-P. Chevènement falava de "um verdadeiro terrorismo ideológico exercido em nome da Europa" (*apud* SARRE, Georges. *L'Europe contre la Gauche*. Paris: Eyrolles, 2005, p. 129).
Reagindo com veemência, alguns dissidentes do partido socialista francês defenderam então que "a Europa se transformou no *jocker* de uma esquerda sem projeto nem reflexão", uma "esquerda que não tem outro projeto para além da construção europeia, a *Europa*", uma esquerda que, para ser credível e não assustar os mercados, defende e pratica "uma política ainda mais à direita do que a *direita*". Cfr. SARRE, Georges. *L'Europe contre la Gauche*. Paris: Eyrolles, 2005, pp. 165-169.

[12] Assim, SARRE, Georges. *L'Europe contre la Gauche*. Paris: Eyrolles, 2005, p. 14.

2.3. Tem-se discutido muito a questão de saber se, juridicamente, faz sentido falar-se de *Constituição Europeia*. Entre os que rejeitam esta ideia, destacam-se os que sustentam que uma Constituição só pode ser o resultado de um *poder constituinte* e este só pode residir num povo que se assuma como comunidade de destino que se exprime através do sufrágio universal.[13]

E a verdade é que ninguém admite a existência de um *povo europeu*, organizado em um *estado europeu*. Talvez por isso ninguém propôs até hoje a realização de eleições europeias ou de um referendo europeu. A UE não é um estado europeu e os povos da Europa e os cidadãos europeus não se assumem como membros de uma comunidade política europeia.

Dentro desta lógica, não existindo um povo europeu, não existe um poder constituinte europeu e não pode, por isso, existir uma verdadeira Constituição Europeia. Nem a Convenção giscardiana nem mesmo a CIG podem proclamar, à semelhança do que fizeram os constituintes de Filadélfia: *Nós o povo da União Europeia...*

Os defensores deste ponto de vista sustentam que o *Tratado que estabelece uma Constituição para a Europa* (TECE) não passou disso mesmo: um *tratado internacional*, um instrumento de *direito internacional*, que não pode confundir-se com uma Constituição, que é um ato de *direito nacional*, fruto de um *poder originário do povo soberano*, que para o efeito elege uma Assembleia Constituinte. Porque se tratava de um tratado internacional, ele teve de ser ratificado por cada um dos estados-membros, nos termos da respetiva Constituição. E, sendo um tratado, ele teve de reconhecer o direito de cada um dos estados-membros a retirar-se da União, direito que não se verifica, em regra, nas constituições dos estados federais.

Argumenta-se, por outro lado, que, não existindo um *povo europeu*, a UE não pode invocar uma *legitimidade originária*. São os estados-membros que a legitimam ao ratificarem os Tratados, como acontece com todos os tratados internacionais.

---

[13] Cfr. MIRANDA, Jorge. "Sobre a chamada Constituição Europeia", em *Público*, 2 de julho de 2003.

DO TRATADO DE ROMA À 'CONSTITUIÇÃO EUROPEIA'

Por isso muitos foram os que contestaram o abuso da proclamação do art. I-1º-1 do TECE, nos termos do qual a Constituição Europeia "é inspirada na vontade dos cidadãos e dos Estados da Europa". Se o texto resultasse da vontade dos cidadãos não deveria chamar-se Tratado e não careceria de qualquer ratificação pelos estados-membros. A UE continua a ser uma *união de estados*, não uma união (ou uma comunidade) de cidadãos. Relativamente ao *povo soberano*, um qualquer sistema normativo heteronomamente determinado carece sempre de legitimidade política, exatamente porque ele representa a negação do *princípio da autodeterminação*, pressuposto essencial dos textos constitucionais.

A preocupação de afirmar o seu projeto como uma verdadeira Constituição, como documento fundante e constituinte, levou mesmo os membros da *Convenção* a falsear a história, inscrevendo neste art. I-1º-1 que "A presente Constituição (...) estabelece a União Europeia". Como se todos não soubéssemos que a UE existe desde 1992 (Tratado de Maastricht).

Neste mesmo artigo os autores do projeto viriam, porém, a negar o que se diz no início dele, ao proclamar que *são os estados-membros que atribuem competências à União Europeia para atingirem os seus objetivos comuns*, cabendo à União coordenar as políticas dos estados-membros que visam atingir esses objetivos e exercer em moldes comunitários as competências que eles lhe atribuem (não para prosseguir *objetivos próprios da União*, mas para prosseguir os *objetivos comuns definidos pelos estados-membros através de tratados internacionais*).

2.4. É diferente a opinião das elites europeias dominantes. Invoca-se por vezes o famoso dito atribuído a Jacques Delors de que a UE é um OPNI (*objeto político não identificado*, tão OPNI, ironizam alguns, que até parece disponível para aceitar a Turquia no seu seio, alargando a 'Europa' até aos confins da Ásia...). Por outras palavras: o que se pretende afirmar é que a UE é um facto político novo e representa um novo caminho de organização política. De tal forma que se assume como uma entidade política *sem fronteiras territoriais definidas* e *sem um povo determinado*, "aberta a todos os Estados europeus que respeitem os seus valores e se comprometam a promovê-los em comum" (art. I-1º-2 TECE).

Esta entidade política nova não pode ser analisada e estruturada com base nos conceitos clássicos, próprios de um tempo que não é este tempo da pós-modernidade. A Europa de Westfália já não existe – argumenta-se –, pelo que não pode encaixar-se a nova realidade europeia nas categorias tradicionais, que fizeram o seu tempo mas esgotaram o seu prazo de validade. Este OPNI pode ser perfeitamente dotado de uma Constituição que não se identifica com as constituições normais dos velhos estados nacionais (uma espécie de dinossauros fora do seu tempo), uma constituição que representa uma nova forma de normatividade, que pode ser uma *constituição europeia* mesmo sem existir um *povo europeu*, cabendo este poder constituinte aos *povos da Europa*.[14]

Entre os que não rejeitam, à partida, a ideia de uma Constituição Europeia, há os que defendem que esta não pode resultar, de todo o modo, de um tratado internacional, i. e., não pode assentar a sua legitimidade 'constituinte' na legitimidade transferida pelos estados nacionais que integram a UE. É imperioso pôr em marcha um "autêntico processo constituinte democrático", de modo a que ele possa articular-se com "uma conferência dos povos europeus", que "defina a identidade europeia e estabeleça os limites da Europa".[15]

---

[14] No Brasil, esta tese foi defendida por PAGLIARINI, A. Coutinho (*A Constituição como signo:* Da superação dos dogmas do estado nacional. Rio de Janeiro: Editora Lumen Juris, 2005. XXIX): "Com a Constituição Europeia se inaugura formalmente o constitucionalismo pós-nacional, deixando para trás os dogmas de uma modernidade obsoleta: o Estado nacional, a soberania e o poder constituinte". Na doutrina portuguesa, poderemos remeter para FERREIRA DA CUNHA, Paulo. (*Novo Direito Constitucional Europeu*. Coimbra: Livraria Almedina, 2005. pp. 37, 160-162 e 177ss), que considera a CE, "de pleno direito, uma Constituição", embora seja "uma Constituição que, em muitos aspetos, rompe com os cânones consagrados", que "se afasta dos procedimentos de constitucionalização tidos por *normais*". A legitimidade do processo constitucional resulta, a seu ver, do facto de estarmos perante "um fenómeno revolucionário" e de *a revolução ser fonte de direito*, mesmo tratando-se de uma "revolução subtil e pacífica como a presente".

[15] Cfr. ARAÚJO, J. A. Estévez, "Constitución Europea y mutación del espacio jurídico-político". *In: Boletim de Ciências Económicas,* Faculdade de Direito de Coimbra, Vol.

DO TRATADO DE ROMA À 'CONSTITUIÇÃO EUROPEIA'

Teoricamente, todos os universitários e todos os intelectuais concordarão com o ponto de vista de que a vida não pára em obediência aos conceitos históricos elaborados em certa época. O processo da História faz o seu curso e não se 'preocupa' com a ultrapassagem e o descrédito de velhos conceitos. As categorias teóricas é que têm de acompanhar a vida e não o contrário.

Mas todos concordaremos também em que não é possível construir a realidade e moldar a vida a partir de modernos e sofisticados quadros conceituais, na atitude dos que pensam que, se a vida não está em concordância com a teoria, tanto pior para a vida. E conhecemos bem os custos elevados que têm sido impostos à humanidade por todos os voluntarismos que têm querido aprisionar a História, fazendo-a avançar ou fazendo-a recuar em nome de uma ideia.

Do mesmo modo, parece perigosa a lógica dos que afastam a ideia do referendo para circunstâncias como a da aprovação (ratificação) da Constituição Europeia, com o argumento de que o povo não tem preparação para entender o que está em causa nem tem capacidade para perspetivar o futuro. Perante os resultados dos referendos na França e na Holanda, alguns lamentaram o "basismo" do recurso ao referendo (tanto mais que os parlamentos destes países aprovaram a Constituição Europeia por maiorias confortáveis, tal como aconteceu na Alemanha, apesar de os estudos de opinião indicarem que uma grande maioria dos alemães teriam votado NÃO se tivesse sido pedido o seu voto), insinuando que, se esperássemos pela vontade do povo, a história nunca avançaria.

É perigoso este raciocínio, que foi sempre o de todos os *salvadores da pátria* e dos mais ambiciosos *salvadores do mundo...* E é falacioso

---

XLVII, pp. 181-202, 2004, . Cfr. também GÉNÉREUX, Jacques. *Manuel Critique du Parfait Européen*. Paris: Seuil, 2005, especialmente pp. 45-64. Em Portugal, FERREIRA DA CUNHA, Paulo (*Novo Direito Constitucional Europeu*. Coimbra: Livraria Almedina, 2005.p. 50) defende que o ideal teria sido a convocação de "uma Convenção Constitucional, Assembleia Constituinte, ou Parlamento Europeu com poderes constituintes, a que acresceria uma outra instância, também diretamente eleita de preferência, que representaria paritariamente os Estados".

fundamentá-lo com a invocação dos princípios da *democracia representativa*: se os povos elegem os parlamentos e estes os governos, para quê regressar ao povo? O que parece inquestionável – e é imperioso levar a sério estes sinais – é que a democracia representativa ficou em causa depois destes dois referendos. Como é que, em questões tão essenciais, os representantes eleitos podem estar tão distantes daqueles que representam? Na França, a Assembleia Nacional e o Senado, em reunião conjunta, aprovaram a CE por maioria de 92%. Na Holanda (onde apenas 23 dos 150 deputados eram contra a ratificação do TECE), os partidos do Governo e o maior partido da oposição estiveram juntos na campanha pelo SIM. Pelo menos metade dos seus eleitores não os acompanharam. Estarão os partidos políticos a cumprir o papel que a própria "Constituição Europeia" lhes atribui (art. II-72º-2), o de contribuírem para a expressão da vontade política dos cidadãos da União?

Elucidativa é a resposta do Presidente Jacques Chirac, a 33 jovens (selecionados) que com ele debateram na TV a problemática da Constituição Europeia e que levantaram um monte de dúvidas e objeções: "Não vos compreendo!". No entanto, nos grandes *media* franceses não faltou quem se esforçasse por explicar os pontos de vista do Presidente francês. Para além dos que já foram designados por 'jornalistas dominantes', 72% dos convidados para os programas televisivos sobre a CE eram favoráveis ao voto SIM no referendo.

Esta discussão sobre a problemática da 'constituição europeia' foi mais um episódio a ilustrar que alguma coisa vai mal no reino da democracia representativa: os eleitos não compreendem os seus eleitores e atuam contra a vontade, contra os interesses e contra os valores destes. Poderemos continuar a falar de democracia?

Fica de pé uma questão fundamental: será que este novo conceito de constituição sob o qual se quer apresentar e legitimar a 'Constituição Europeia' está conforme a realidade atual dos estados e dos povos que integram a União Europeia? Do meu ponto de vista, a 'provocação' de se querer (não ingenuamente, nem por puras exigências de coerência ou de modernidade teórica) chamar *Constituição*

DO TRATADO DE ROMA À 'CONSTITUIÇÃO EUROPEIA'

Europeia a este novo Tratado foi um dos fatores que, consciente ou inconscientemente, pesou de forma significativa na rejeição que o seu texto sofreu. Os povos interessados neste processo talvez não compreendam como é que *países independentes*, por mais solidários que sejam, podem ter uma constituição comum.

III

A 'EUROPA' CONSTRUÍDA "À PORTA FECHADA"

3.1. Poderá ter sido bem intencionada a ideia que presidiu à criação da primeira das comunidades europeias, a CECA, que, ao colocar sob uma autoridade comum o 'governo' do carvão e do aço, procurava evitar que os conflitos de interesses à volta destes materiais estratégicos (nomeadamente entre a Alemanha e a França) condenassem os povos da Europa a uma nova guerra.

Mas a História mudou quando se começou a pensar no *mercado comum*, dando início ao processo que levaria ao *Tratado de Roma* (1957) e à criação da *Comunidade Econômica Europeia* (CEE). Vivia-se então o período áureo do keynesianismo e das políticas keynesianas, mas a verdade é que, por mais estranho que pareça, a filosofia e a estrutura da CEE foram profundamente marcadas pelas concepções liberais em matéria de política econômica.

Passada a fase da CECA, o projeto do *mercado comum* visou pôr de pé uma estrutura econômico-política que esvaziasse o 'perigo' de vitória eleitoral dos partidos comunistas na Itália e na França e que, no ambiente próprio daqueles tempos de guerra fria, servisse de tampão à influência da URSS. Por isso (e também porque as empresas americanas

39

instaladas na Europa representavam então a 3ª economia mundial) os EUA apostaram no projeto 'Europa'.

Hoje, estudos vários mostram que os tecnocratas que prepararam os dossiês que orientaram os Chefes de Estado e de Governo dos seis países fundadores do *Mercado Comum* tinham perfeita consciência de que a opção pelo liberalismo nas relações entre os estados-membros do *mercado comum* arrastava consigo a adoção de soluções liberais no plano interno de cada estado.

Chegado o momento do votar o Tratado de Roma, Pierre Mendès-France foi um dos poucos deputados que acompanharam os comunistas franceses no voto contra a ratificação do Tratado, voto que, com rara clarividência, justificou nestes termos: "O projeto do mercado comum, tal como nos é apresentado, baseia-se no liberalismo clássico do século XIX, segundo o qual a concorrência pura e simples regula todos os problemas. A abdicação de uma democracia pode assumir duas formas, seja a de uma ditadura interna que entrega todos os poderes a um homem 'providencial', seja a delegação dos seus poderes a uma autoridade exterior, que, em nome da técnica, exercerá na realidade o poder político, pois em nome de uma economia sã chega-se facilmente à imposição de uma política monetária, orçamental, social, em suma, uma política, no sentido mais amplo do termo, nacional e internacional".[16]

Desde o início do processo, os críticos do Tratado de Roma deram-se conta de que o "espírito do mercado comum" acabaria por privar os estados-membros dos meios e das competências indispensáveis para assegurar o controlo da economia pelo poder político democrático. Talvez por isso, Mendès-France defendeu na Assembleia Nacional francesa (janeiro de 1957) que o projeto de criação do mercado comum europeu devia ser acompanhado da exigência da "igualização dos encargos e da generalização rápida dos benefícios sociais de todos os países do mercado comum".[17]

---

[16] Cfr. ATTAC. *'Constitution' Européenne:* Ils se sont dit Oui. Paris: Mille et Une Nuits, 2005. p. 7.

[17] Ver *Journal Officiel de la Republique Française*, 19 de janeiro de 1957, p. 159-166.

A 'EUROPA' CONSTRUÍDA "À PORTA FECHADA"

Como hoje é evidente, a história da 'Europa' desde o Tratado de Roma até à União Europeia confirma plenamente estes receios e previsões: o processo de integração europeia seguiu o caminho contrário ao apontado pelo então deputado radical. O "espírito do mercado comum" acabou por conduzir à "abdicação da democracia".

Embora admitindo a livre circulação de pessoas (sempre condicionada...), as *liberdades de circulação de serviços, de mercadorias e de capitais*, bem como a *liberdade de estabelecimento*, foram sempre assumidas e proclamadas como as *verdadeiras liberdades fundamentais*. A 'falecida' Constituição Europeia consagrava isto mesmo no art. I-4º, sob a epígrafe *liberdades fundamentais*. Após a derrota do 'projeto constitucional' e para evitar o escândalo de se proclamarem como *liberdades fundamentais* estas *liberdades do capital* e não as que normalmente integram a tábua dos *direitos, liberdades e garantias* das pessoas, os construtores da 'Europa' resolveram retirar este texto do Tratado de Lisboa. Mas nós sabemos — porque eles não se cansam de o afirmar em todos os tons — que esta é apenas uma mudança cosmética *para europeu ver*. Na essência, tudo continua na mesma: aquelas *liberdades do capital* são mesmo as *liberdades fundamentais* que contam nesta *Europa do capital*.

Todos os promotores do projeto 'Europa' tiveram a consciência (incluindo os dirigentes socialistas) de que a 'Europa' liberal que começavam a pôr de pé iria ferir de morte a *Europa social*.[18] Nestas condições, a 'morte' da *Europa social* para dar vida à *Europa do capital* terá de considerar-se um crime cometido com *dolo* (pelo menos com *dolo eventual*).

Com a vitória da *contra-revolução monetarista*, em meados da década de 1970, o vírus neoliberal foi sendo inoculado em doses letais nos sucessivos tratados estruturantes da 'Europa', fazendo da UE aquilo que ela é hoje, sem disfarce: a *Europa do capital*, o mais elaborado paraíso do neoliberalismo, que vem matando a *Europa social*.

---

[18] DENORD, François; SCHWARTZ, Antoine. "Desde os anos 50 que cheira a oligarquia". *In*: Le Monde Diplomatique, Ed. Port., julho/2009) citam um deputado socialista francês (André Phillip): "Eu, socialista, preferiria ter uma Europa liberal a não a ter de todo".

As desculpas de 'inocência' ou de 'ingenuidade' (inaceitáveis no plano da ação e da responsabilidade políticas, sobretudo quando a crítica lembra os perigos que se correm) acabaram com a aprovação do *Tratado de Maastricht*, que alterou profundamente a "natureza ideológica da comunidade": esta passou a ser dirigida segundo princípios "ultraconservadores", privando os estados-membros de autonomia em matéria de política monetária, cambial e orçamental e pondo em causa abertamente o chamado *modelo social europeu*.

No que me diz respeito, sinto-me confortado nas críticas que venho fazendo há anos à cedência da social-democracia europeia ao ideário neoliberal por ver que, em livro recente, João Ferreira do Amaral não poupa nas palavras com que responsabiliza os socialistas europeus (incluindo o PS português) por terem construído este *mundo maastrichtiano*: "a culpa de o Tratado ter sido aprovado cabe por inteiro aos partidos socialistas europeus", porque "não estiveram à altura da situação e aprovaram sem reservas o Tratado de Maastricht" [como agora, digo eu, aprovaram o *Tratado Orçamental*, que aperta ainda mais o colete de forças maastrichtiano]. "Este desvio para a direita por parte do socialismo europeu (...) − continua o Professor do ISEG − foi dos maiores erros que os socialistas poderiam ter cometido. O Tratado de Maastricht atacava o modelo social europeu e não dava margem para os partidos socialistas ou social-democratas prosseguirem políticas informadas pelos valores que tradicionalmente defendiam".[19]

Os arquitetos da 'Europa' sempre souberam que as *liberdades fundamentais* de que falo atrás, junto com as *regras comuns em matéria de concorrência* e o regime das *ajudas do estado* às empresas implicavam o abatimento das soberanias nacionais.[20] A consciência disto mesmo torna hoje inequívoco que o desenho da CEE significou, deste ponto de vista, uma primeira vitória do liberalismo alemão sobre o intervencionismo francês, construído no após-guerra (forte setor empresarial do estado,

---

[19] Ver AMARAL, João Ferreira do. *Porque devemos sair do euro: O divórcio necessário para tirar Portugal da crise*. Lisboa: Lua de Papel, 2013.pp. 99/100.

[20] Cfr. DENORD, François. "Desde 1958, a 'reforma' pela Europa". *In: Le Monde Diplomatique*, Ed. Port., novembro de 2007.

planificação pública da economia e sistema público de segurança social). O liberalismo consagrado no Tratado fundador de 1957 não era ainda o neoliberalismo (à moda de Hayek e de Friedman). Era uma espécie de *liberalismo do possível*. Mas é inequívoco que o projeto 'Europa' "apresentou-se desde o primeiro dia como uma máquina para liberalizar".[21]

3.2. Desde o *Tratado de Roma* que o processo de integração europeia decorreu sem a participação democrática dos cidadãos e dos povos da Europa nos processos de discussão e de decisão: a *Europa dos negócios* foi construída em segredo (como convém aos negócios), "à porta fechada", "ignorando sempre a população", como sublinha Habermas.[22]

Por isso, o chamado *défice democrático* vem sendo denunciado como vício estrutural (uma espécie de 'pecado original') do processo de construção da 'Europa': "a história da construção europeia é, como sabemos, também a história do seu défice democrático". Construída, nos seus pontos essenciais, em função dos interesses do *Big Business*, contra os interesses dos povos europeus, esta 'Europa' é tudo menos um espaço solidário, tudo menos uma entidade que respeite a *vontade dos cidadãos*, a *dignidade dos povos* da Europa e a *igualdade* entre os estados-membros soberanos.[23]

A história desta *Europa do capital* mostra, com efeito, que ela assentou sempre numa atitude de *reserva mental* (escamoteando aos povos da Europa o verdadeiro significado da cada passo dado), numa política dos 'pequenos passos', numa *política do facto consumado* (há quem fale de *método Monnet*), na "mentira política institucionalizada, na hipocrisia, no ilusionismo e na abdicação generalizada da vontade".[24] Nunca (ou muito

---

[21] Cfr. CASSEN, Bernard. "Ressurreição da 'Constituição' Europeia". *In:* Le Monde Diplomatique, Ed. Port., dezembro de 2007.

[22] Cfr HABERMAS, Jürgen. *Um Ensaio sobre a Constituição da Europa*. Lisboa: Edições 70, 2012. pp. 66 e 167.

[23] Para mais desenvolvimentos, ver o meu livro *A Constituição Europeia:* A Constitucionalização do Neoliberalismo. Coimbr/São Paulo: Coimbra Editora/, Editora Revista dos Tribunais,2006/2007..

[24] Cfr. GÉNÉREUX, Jacques. *Manuel Critique du Parfait Européen*. Paris: Seuil, 2005. p. 14.

raramente) foi dada a palavra ao povo, com o argumento de que o povo não percebe o que está em causa e não tem capacidade para perspetivar o futuro, insinuando estes 'déspotas pseudo-iluminados' que, se certas decisões (as mais importantes para a vida dos povos) ficassem dependentes da vontade popular, a História nunca avançaria.

Pura ilusão ou lamentável ignorância. Esquecem que o motor da História não são as façanhas 'iluminadas' de alguns 'eleitos'. O motor da História é a *luta de classes* (di-lo o *Manifesto Comunista*: "a história da humanidade até aos nossos dias é a história da luta de classes"). Esquecem que "quem construiu Tebas das sete portas" (socorro-me do famoso poema de Brecht) não foram os reis de que falam os livros, mas "aqueles que arrastaram os blocos de pedra". Esquecem que quem faz a História, citando agora Miguel Torga, é o povo "que nunca traiu, o que dá esperança, o das revoluções populares, o que trabalha dia e noite sem esmorecer, o que acaba por ter sempre a última palavra nos acontecimentos, o do arado e do remo, o que não cabe nas crônicas".

3.3. As debilidades da democracia interna na 'Europa' já tinham ficado claras quando a Alemanha ignorou a opinião largamente dominante no seio da Comunidade Europeia, estimulando e financiando a saída da Croácia e da Eslovénia da Federação Iugoslava e reconhecendo, unilateralmente, a independência da Croácia.

A democracia representativa foi posta à prova por ocasião da invasão do Iraque. Os estudos de opinião mostraram que cerca de 80% dos cidadãos do RU e da Espanha eram contrários à invasão do Iraque (uma verdadeira guerra contra o povo iraquiano). Os governos destes dois países (um trabalhista, outro conservador) resolveram, porém, fazer o contrário do que queriam os seus povos. E tiveram o apoio do Parlamento inglês e das Cortes espanholas. Merece crédito uma democracia representativa que ignora a vontade dos povos, em questões tão fundamentais como a da paz e da guerra? Merece ela a qualificação de democracia?

A mesma democracia representativa ficou em xeque quando se tratou de fazer aprovar a chamada *Constituição Europeia* (CE). Na França,

A 'EUROPA' CONSTRUÍDA "À PORTA FECHADA"

como na Holanda, os partidos no governo e os principais partidos da oposição (neste caso, partidos socialistas) aprovaram nos respetivos parlamentos, por larguíssima maioria, o texto da dita 'Constituição' e estiveram juntos na campanha a favor do SIM, por ocasião dos referendos realizados em 2005 em ambos os países. Mas o povo francês e o povo holandês desautorizaram os seus parlamentos, votando NÃO.

Conhecido o resultado do referendo sobre a chamada *Constituição Europeia*, o Presidente Jacques Chirac teve o bom senso de afirmar: "os cidadãos dizem não à Europa porque recusam a Europa como ela é".[25] O respeito pela vontade dos povos imporia que se arrepiasse caminho e se começasse a construir uma Europa diferente da que tinha sido construída até então. Em vez disso, os dirigentes europeus continuaram afanosamente a sua 'cruzada', dando corpo a uma 'Europa' que os seus cidadãos não querem.

A aprovação do *Tratado de Lisboa* (dezembro de 2007) foi mais um passo a confirmar, escandalosamente, o *défice democrático* de todo o processo de construção europeia. A imposição deste tratado é a confissão solene de que os seus construtores querem impor "a Europa como ela é", ainda que contra a vontade dos povos europeus. Como todos os dirigentes europeus proclamaram, este novo Tratado só deixou de se chamar 'constituição', mantendo tudo o que era a essência da 'falecida' *Constituição Europeia*, tanto no que se refere à estrutura dos poderes políticos como no que tange às questões econômicas, financeiras e sociais.

O conteúdo deste Tratado, por sua vez, traduz a vontade dos interesses dominantes de pôr termo a quaisquer veleidades de vida democrática no seio da UE. Bem vistas as coisas, este Tratado (um *travesti* da Constituição Europeia) visou consagrar o novo peso (o novo poderio) da nova *Grande Alemanha*, que se apresentou já acompanhada dos países da Europa Central e de leste que integram a sua zona de influência quase privativa e passaram a integrar a UE e, pouco depois, a *Eurozona*. Com efeito, o *Tratado de Lisboa* veio acentuar a *inter-governamentalização* da UE, que a crise acentuou e que o *Tratado Orçamental* 'constitucionalizou'

---

[25] Ver *Le Monde Diplomatique*, Ed. Port., julho de 2005.

(ele, que foi apresentado como um *tratado inter-governamental*). Ora, por força dos pesos diferentes dos votos atribuídos a cada estado-membro, a inter-governamentalização significa o domínio dos países grandes (*Deutschland über Alles!*) sobre os pequenos (que já tinham perdido o direito de veto – a igualdade entre os estados-membros não passa de conversa fiada, que ninguém leva a sério), e o apagamento progressivo das instâncias políticas comunitárias (a Comissão Europeia e o Parlamento Europeu, apesar do aparente aumento dos poderes do PE).

Como veremos à frente, a *democracia representativa* foi gravemente menosprezada quando 'deuses invisíveis' puseram na rua o Primeiro-Ministro grego Georges Papandreou e colocaram em seu lugar uma "junta civil" presidida pelo banqueiro Lucas Papademus e fizeram o mesmo na Itália, correndo com Silvio Berlusconi para entregar o governo a outro banqueiro, Mario Monti (que, como Papademus, nem sequer tinha sido eleito deputado). E foi de novo enxovalhada pelos *credores* da Grécia, que obrigaram o Parlamento grego o 'votar de cruz' (sem sequer ter tempo para ler o que ia votar...) o *diktat* por eles imposto, obrigando-o a revogar medidas que há pouco tinha aprovado e a aprovar legislação que o priva de competências próprias.

IV

A SOCIAL-DEMOCRACIA EUROPEIA CONVERTEU-SE AO NEOLIBERALISMO

4.1. O *paraíso neoliberal* em que se transformou a UE tem sido pintado em tons cor de rosa (como costumam ser os sonhos lindos...), legitimado por exotéricas construções teóricas e difundido nas academias e nos meios de comunicação social pelos 'intelectuais orgânicos' do pensamento único, com o fervor de verdadeiros apóstolos da ideologia dominante.

O que atrás fica dito alimenta a minha ideia de que é urgente arejar esta Europa construída "à porta fechada", deixando entrar por ela adentro a vontade dos povos da Europa, escorraçando os guardiões do templo neoliberal. Mas a tendência dominante da social-democracia europeia continua a comportar-se como uma verdadeira "esquerda choramingas",[26] a 'esquerda' que lamenta, com uma lágrima ao canto

---

[26] A expressão *esquerda choramingas* é de Frédéric Lordon ("A desglobalização e os seus inimigos". *In: Le Monde Diplomatique*, Ed. Port., agosto de 2011), para caraterizar uma 'esquerda' que, segundo o autor, não está interessada em pôr em causa o que diz ser uma consequência *inevitável* da 'globalização': "a concorrência falseada entre economias com *standards* salariais abissalmente diferentes; a ameaça permanente de deslocalização; o constrangimento acionista que exige rentabilidades financeiras sem limites, de tal forma que a sua combinação opera uma compressão constante dos rendimentos salariais;

do olho, o desemprego, a precariedade, as desigualdades e a exclusão social, mas que se recusa a identificar as suas causas estruturais, para não ter de as combater, levando tudo à conta da *globalização incontornável* (talvez a "globalização feliz" de que tanto se falou há uns anos atrás...), alguns acusando mesmo de "reacionária" qualquer ideia de *desglobalização*, i.e., de desmantelamento do império do grande capital financeiro.[27]

Durante anos, mesmo depois da constituição de alguns partidos comunistas em países da Europa ocidental, os partidos da Internacional Socialista recusaram por várias vezes, nomeadamente na França e na Alemanha, participar em *governos da burguesia*.

Entretanto, os tempos mudaram, e, como bem sabia o nosso Camões, *mudam-se os tempos, mudam-se as vontades...* Os socialistas cansaram-se de lutar, fora do aparelho do estado, pelos interesses dos trabalhadores e pela construção do socialismo. Seduzidos pelos encantos do poder, decidiram que era tempo de 'assumir as suas responsabilidades', de 'fazer política a sério', política 'ao mais alto nível'. Depois, inebriados pelo poder, deixaram-se 'envenenar' pelas 'drogas' com que os gurus do neoliberalismo os foram 'viciando', até ficarem dependentes delas.

Um momento marcante desta 'evolução' foi sem dúvida o Congresso do Partido Social Democrata Alemão (SPD), realizado em Bad Godesberg, em 1959, que aprovou o novo programa do partido, no qual não figura qualquer referência a nacionalizações e se proclama que

---

o desenvolvimento do endividamento crónico das famílias que isso origina; a liberdade absoluta do sistema financeiro para desenvolver as suas operações especulativas desestabilizadoras, neste caso a partir de dívidas contraídas pelas famílias (como no caso dos *subprime*); o sequestro dos poderes públicos, instados a socorrer instituições financeiras enfraquecidas pelas crises recorrentes; o pagamento do custo macroeconômico destas crises pelos desempregados e ainda o seu custo para as finanças públicas pago pelos contribuintes, pelos utilizadores de serviços, pelos funcionários públicos e pelos pensionistas; a subtração aos cidadãos de qualquer forma de controlo da política econômica, agora regulada unicamente pelas exigências dos credores internacionais, seja qual for o preço a pagar pelos corpos sociais; a transferência da gestão da política monetária para uma instituição independente, fora de qualquer controlo político".

[27] Assim Pascal Lamy, em *Le Monde*, 1 de Julho de 2011.

a propriedade privada merece a proteção da sociedade, desde que não impeça a realização da *justiça social*.[28]

Para quem entenda que o socialismo não pode deixar de incluir, no seu núcleo essencial, a eliminação dos rendimentos não provenientes do trabalho (o que pressupõe a apropriação social dos principais meios de produção), esta opção dos partidos socialistas e sociais-democratas europeus "apenas significa – como sublinhava, há anos, Teixeira Ribeiro[29] – que tais partidos desistiram de implantar um sistema econômico socialista". Na verdade, como o mesmo professor enfatiza, "o socialismo de economia capitalista", "o socialismo dos partidos socialistas (também chamados, em vários países, partidos sociais-democratas e partidos trabalhistas) não se diferencia substancialmente do capitalismo dos partidos capitalistas, uma vez que uns e outros se propõem alcançar em economia capitalista os mesmos objetivos: desenvolvimento econômico e justiça social".[30]

A preocupação fundamental dos partidos socialistas e sociais-democratas passou então a ser a de ganhar 'respeitabilidade'. E, talvez convencidos de que, nas condições da época, o respeito pelo *deus mercado* era uma condição de 'respeitabilidade' política para poderem 'fazer política a sério', proclamaram, com 'grande sentido de estado', a sua 'vocação governamental', a sua disponibilidade e a sua capacidade para 'assumir as suas responsabilidades' (*responsabilidades de estado...*) de assegurar a *gestão leal do capitalismo*, sem pôr em causa o próprio sistema. E instalaram-se comodamente nesta nova postura, confortados pela sua 'fé' nas virtudes da "concorrência livre e não falseada" e da "economia social de mercado" (ou "economia de mercado regulado"),

---

[28] Há quem – dentro do campo social-democrata – recue alguns anos, defendendo que "o SPD deixou de ter ambições genuinamente revolucionárias o mais tardar em 1914, se é que de facto alguma vez as teve" (JUDT, Tony, *Pós Guerra*: História da Europa desde 1945. Trad. port., Lisboa: Edições 70, 2007. p. 316).

[29] Cfr. TEIXEIRA RIBEIRO, José Joaquim. *Sobre o Socialismo*. Coimbra: Coimbra Editora, 1991. p. 57.

[30] Cfr. TEIXEIRA RIBEIRO, José Joaquim. *Sobre o Socialismo*. Coimbra: Coimbra Editora, 1991. p. 5.

'aliviados' pela 'crença' de que *não há alternativa* (Thatcher *dixit*) ao mercado e ao capitalismo.

Nos anos 50 e 60 do século XX os socialistas e sociais-democratas europeus consideravam-se gravemente ofendidos e reagiam violentamente quando, à sua esquerda, comunistas e outros os acusavam de *gestores leais do capitalismo*.[31] Hoje, os equívocos de há meio século desapareceram: a social-democracia europeia não quer mais do que *gerir lealmente o capitalismo*. A ofensa, agora, é classificá-los como *neoliberais*, epíteto que eles rejeitam, apesar de ser notória a sua submissão ao neoliberalismo 'codificado' no *consenso de Washington* (aceitando a 'morte' de Keynes e do *consenso keynesiano*) e de ser notória a inspiração neoliberal de muitas das políticas que praticam quando têm responsabilidades de governo.

Conscientes do passo que deram, os socialistas europeus procuram fazer passar a ideia de que continuam a ser socialistas, proclamando que são *defensores do capitalismo* na esfera da produção, mas *são socialistas* no que toca à distribuição do rendimento.

Para além da contradição nos termos (como pode ser socialista quem defende o capitalismo como modo de produção?), creio que esta doutrina social-democrata representa uma equação teórica e política tão difícil de resolver como a da *quadratura do círculo*. Com efeito, sabemos, desde os fisiocratas, que as estruturas de distribuição do rendimento e da riqueza não podem considerar-se separadas das estruturas e das relações sociais da produção. Por outras palavras: a estrutura de classes da sociedade e as relações de produção que lhe são inerentes são os fatores determinantes da distribuição da riqueza e do rendimento. A lógica da distribuição não pode ser antagónica da lógica inerente às relações de produção capitalistas. Como é óbvio, não se pode defender o capitalismo na esfera da produção e o socialismo na esfera da distribuição.

---

[31] Em Portugal, já depois de promulgada a Constituição de 1976, era frequente ouvir-se os seus dirigentes afirmarem que, para eles, a social-democracia não era um fim em si mesmo, mas apenas um meio para chegar ao socialismo. Nas paredes e muros viam-se inscrições como estas: *PPD – Pela Democracia e pelo Socialismo*. E o PPD (hoje PPD/PSD) não era (nem é) membro da Internacional Socialista.

A SOCIAL-DEMOCRACIA EUROPEIA CONVERTEU-SE AO NEOLIBERALISMO

No quadro da chamada *economia social de mercado*, o *socialismo democrático* passou a identificar-se com o "socialismo do possível" [32] ou com o *capitalismo possível* nas (ou o *capitalismo exigido* pelas) circunstâncias do tempo, um *tempo de compromissos*, em que o capitalismo teve de mudar alguma coisa para manter tudo na mesma, limitando-se, como bem observa Henri Janne, a "transformar os fins maiores do socialismo em meios de realizar outros fins, isto é, a manutenção do lucro, da iniciativa privada, dos grupos privilegiados".[33]

No âmbito da social-democracia europeia (por obra de vários autores, com destaque para Jan Tinbergen) desenvolveu-se a chamada *teoria da convergência dos sistemas*, empenhada em mostrar que o sistema econômico e social dominante nos 'países ocidentais' já não era o capitalismo, mas um *sistema misto* que integrara já muitos *elementos de socialismo,* segundo alguns um sistema mais próximo do socialismo do que do capitalismo. Tudo para concluir que deixara de fazer sentido falar do (e lutar pelo) socialismo como alternativa ao capitalismo.

Após o desmoronamento da União Soviética e da comunidade socialista, os neoliberais de todos os matizes convenceram-se, mais uma vez, de que o capitalismo é o *fim da história*. A vitória da "contra-revolução monetarista" abriu o caminho ao reino do *deus-mercado* e o capitalismo assumiu, sem disfarce, a sua matriz de *civilização das desigualdades*. Avolumaram-se as ameaças do *fascismo de mercado* e do *fascismo amigável*, de que falavam já, no início dos anos 1980, Paul Samuelson e Bertram Gross.

O neoliberalismo consolidou-se como ideologia dominante. E o neoliberalismo não é o produto inventado por uns quantos 'filósofos' que não têm mais nada em que pensar. O neoliberalismo não existe fora do capitalismo, antes corresponde a uma "nova fase na evolução do capitalismo" (Duménil/Lévy). O neoliberalismo traduz o reencontro do capitalismo consigo mesmo, depois de limpar os cremes das máscaras que foi construindo para se disfarçar. O neoliberalismo é a ideologia do

---

[32] É este o título de um livro coordenado por François Mitterrand (Paris: Seuil, 1970).

[33] Cfr. JANNE, Henri. *Le Temps de Changement*. Paris: Marabout, 1971. p. 218.

51

capitalismo 'vencedor', mais uma vez convencido da sua eternidade, convencido de que não tem de aceitar 'compromissos' com os trabalhadores, convencido de que pode regressar impunemente ao 'modelo' puro e duro do capitalismo 'selvagem' dos séculos XVIII/XIX, e convencido de que pode permitir ao capital todas as liberdades, incluindo as que matam as liberdades dos que vivem do rendimento do seu trabalho. O neoliberalismo é o capitalismo na sua essência de sistema assente na exploração do trabalho assalariado, na maximização do lucro, no agravamento das desigualdades. O neoliberalismo é a expressão ideológica da supremacia do capital financeiro sobre o capital produtivo, supremacia construída e consolidada com base na ação do estado capitalista, que é hoje, visivelmente, a *ditadura do grande capital financeiro*.

4.2. Prosseguindo um processo iniciado em finais do século XIX, o movimento social-democrata abandonou também, em meados do século passado, a tese (incômoda para quem quer 'construir' o socialismo através da atuação do *estado capitalista*) de que o estado é sempre, nas sociedades de classes, um *estado de classe*, deixando para trás não só Marx, mas os grandes clássicos do século XVIII. Basta recordar os fisiocratas, para quem o estado era o *estado dos proprietários*. E recordar Adam Smith: o estado foi instituído logo que surgiram (e porque surgiram) "propriedades valiosas e vastas"; foi "instituído com vista à segurança da propriedade", com vista "à defesa dos ricos em prejuízo dos pobres"; foi instituído para garantir aquele "grau de autoridade e subordinação" sem o qual não é possível manter o *status quo*.

Como salienta um dos seus teóricos em Portugal, ao longo do século XX a "esquerda democrática (…) mudou radicalmente de atitude face ao estado": abandonou a "posição libertária de querer destruí-lo [ao estado capitalista], como dominação e fator de dominação burguesa" e proclamou uma mudança na "arquitetura institucional do estado", transformando-o em um "espaço de integração social e intervenção política para as organizações vinculadas ao movimento operário". No novo programa do socialismo reformista, o estado (o *estado capitalista*, porque é dele que estamos a falar) passou a ser considerado como "comunidade política nacional", como "espaço de pertença de toda a

A SOCIAL-DEMOCRACIA EUROPEIA CONVERTEU-SE AO NEOLIBERALISMO

coletividade", como "expressão da comunidade política nacional", como "representação política de toda a sociedade".[34]

Segundo este modo de ver, o estado seria algo parecido com um clube onde todos os cidadãos poderiam entrar, se para isso tivessem os votos suficientes dos cidadãos-eleitores. Sem querer analisar aqui a questão do condicionamento das votações pela *ideologia dominante*, cuja produção é rigorosamente controlada pelo núcleo duro das classes dominantes,[35] lembrarei apenas o que se passa na 'grande democracia americana': há décadas que vêm sendo eleitos para a Presidência dos EUA os candidatos que conseguem reunir mais fundos para a campanha eleitoral, sendo público que esses fundos provêm, em larguíssima medida, do *Big Business*.[36]

---

[34] As transcrições são de SANTOS SILVA, Augusto. *Os valores da esquerda democrática:* Vinte teses oferecidas ao escrutínio público. Coimbra: Almedina, 2010. pp. 22, 32-34, 38.

[35] No entanto, como é sabido, foi a consciência disto mesmo que, a certa altura, levou a burguesia dominante a deixar de ver no *sufrágio universal* uma ameaça de *revolução permanente*, passando a considerá-lo um instrumento de integração, de anestesia e de prevenção da contestação revolucionária. Alguns, à direita, chegam a defender o *voto obrigatório* (o *voto pela arreata*).

[36] Os dados divulgados relativamente às eleições realizadas nos EUA em novembro de 2012 fazem destas eleições as mais caras da história: seis mil milhões de dólares, a maior parte provenientes de empresas e de "grupos de cidadãos" abrigados em ComitêComitês de Ação Política (*Super PAC's*). Agências especializadas estimam que 91 pessoas terão adiantado 60,5% destas verbas, sendo 25% delas de origem incerta (Cfr. *Avante!*, 8 de novembro de 2012). As eleições americanas são, como se vê, um negócio escuro, sem o mínimo de transparência.

As mesmas agências calculam que a contribuição destas *Super PAC's* aumentou 400% desde 2008, por efeito de uma decisão do Supremo Tribunal Federal dos EUA (janeiro de 2010) que veio impedir a limitação das verbas angariadas através deste expediente. Invocando a liberdade de expressão, o STF veio autorizar as empresas e os lobbistas a aumentar sem restrições as suas contribuições financeiras para apoiar as campanhas eleitorais dos 'seus' candidatos (nas últimas eleições presidenciais, calcula-se que 80% dos 'donativos' foram feitos por 200 'doadores' muito ricos). Tudo em nome da "liberdade de expressão"! Pois bem. Reagindo a esta "completa legitimação da corrupção ilimitada", um grupo de cidadãos pôs a circular uma petição solicitando aos dirigentes de todos os estados americanos que emendem a Constituição dos EUA, "a fim de declarar expressamente que as multinacionais não são o povo, que elas não têm os mesmos direitos que o povo e que o dinheiro não constitui uma forma de liberdade

É óbvio que nenhum candidato ou nenhum partido que se apresente como representante dos interesses dos trabalhadores consegue entrar neste *estado-para-todos*, porque é o dinheiro que comanda e garante a eleição do Presidente e a eleição dos Representantes e dos Senadores. E todos sabemos que não há almoços grátis... O direito a participar no estado transformou-se num 'bem' que tem de se 'comprar' no mercado, e este 'mercado', como todos os outros, é controlado pelo grande capital. Como em todos os mercados (em que a *soberania do consumidor* não decide nada), também neste 'mercado dos votos' a *soberania do*

---

de expressão". E a verdade é que, mesmo num país como os EUA, em fevereiro de 2012, o texto já tinha obtido a aprovação de centenas de conselhos municipais (incluindo os de Los Angeles e de Nova Iorque) e do Senado do Novo México. (Informações colhidas em *Le Monde Diplomatique*, Ed. Port., abril de 2012 e em STIGLITZ, Joseph E. *O Preço da Desigualdade*. Trad. port., Lisboa: Bertrand, 2013. pp. 16, 20, 42, 44, 111, 191ss, 203-214, 416).

Este 'negócio eleitoral' (o financiamento dos partidos e das campanhas eleitorais de deputados, senadores e presidentes) é o caldo de cultura onde nasce e se desenvolve a *grande corrupção*, que se vem confirmando como uma *doença sistêmica* das sociedades capitalistas. A corrupção por esta via é potenciada nos países de regime presidencialista e naqueles cujos sistemas eleitorais assentam nos círculos que elegem um só deputado ou que permitem que, de entre os candidatos do mesmo partido, sejam eleitos os mais votados (porque, nestes casos, não são apenas os partidos que lutam uns contra os outros, são também os candidatos de cada partido a lutar uns contra os outros).

Não admira, por isso, que o sistema político dos EUA assente cada vez mais, como sublinha Joseph Stiglitz, no princípio "um dólar, um voto", passando à história o princípio democrático "uma pessoa, um voto". E, se é certo que "os mercados são modelados pela política", porque "as políticas determinam as regras do jogo econômico", não é menos certo que, nos países capitalistas, "o campo do jogo está inclinado para os 1% do topo", porque "as regras do jogo político também são moldadas por esses 1%". O Prêmio Nobel da Economia de 2001 conhece bem o sistema por dentro (ele foi economista-chefe do Banco Mundial e Presidente do Conselho de Assessores Econômicos do Presidente Clinton), e não tem dúvidas em afirmar que "os mercados financeiros conseguem o que querem. Podem existir eleições livres, mas, dado o modo como são apresentadas aos eleitores, não existe uma verdadeira escolha nas questões que realmente interessam, as questões da economia". As eleições são mais um *negócio* em que vêm apostando fortemente aqueles que controlam os mercados, aqueles que são, verdadeiramente, 'os mercados'.

Sem utilizar as categorias e a linguagem do marxismo, este livro de Joseph Stiglitz deixa muito claro que o estado capitalista é hoje a *ditadura do grande capital financeiro*, uma ditadura de *rendistas*, que recorrem sistematicamente a práticas que classifica de "depravação moral" (é o que venho designando por *capitalismo do crime sistêmico*). O

A SOCIAL-DEMOCRACIA EUROPEIA CONVERTEU-SE AO NEOLIBERALISMO

cidadão não passa de pura fantasia.[37] Joschka Fisher é capaz de ter razão: "ninguém pode fazer política contra os mercados".[38] Porque *são os mercados que comandam a política.*

A referida teoria do estado, se não é a *negação da existência de classes sociais*, é, pelo menos, a defesa da *colaboração de classes* no seio de um estado que se assume como a "representação política de toda a sociedade". Assim como a "sociedade" substitui as classes, também o estado se apresenta como uma entidade (uma espécie de 'árbitro') *acima das classes* e dos *interesses de classe*. Foi esta visão da sociedade e do estado que abriu caminho ao 'compromisso' da *concertação social* entre *parceiros sociais*, com

---

'sistema' recorre, aliás, a expedientes vários para afastar os pobres do sufrágio eleitoral. Nos últimos anos, as eleições presidenciais nos EUA não têm mobilizado mais do que 57% dos eleitores, e a afluência às urnas nas eleições para o Congresso não vai além de 37,5%, sendo de salientar que só 20% dos jovens exercem o direito de voto. É uma falsa democracia, que não tem a confiança dos cidadãos eleitores, uma 'democracia' em que os 'representantes do povo' são pagos pelo grande capital (que financia os custos obscenos das campanhas eleitorais – nas últimas eleições realizadas nos EUA, Democratas e Republicanos receberam do 1% mais rico a parte de leão dos milhares de milhões de dólares que gastaram na campanha), são eleitos pelos ricos e usam os seus poderes para moldar o sistema económico em benefício dos muito ricos, dos que vivem de *rendas* (*rendas* monopolistas, *rendas* da corrupção, *rendas* da fraude fiscal e de outras práticas criminosas, como a *lavagem de dinheiro sujo*, para além das *rendas legais*, oferecidas e protegidas pela legislação aprovada 'democraticamente' no Congresso). Para garantir estas votações 'democráticas', só os grandes do sistema financeiro mantêm ao seu serviço, em permanência, um *lobbista* por cada dois membros do Congresso, sabendo-se que, em momentos especiais, quando estão em causa leis importantes, chegam a mobilizar um exército de *lobbistas* cinco vezes superior aos membros do Congresso. Nesta *guerra de classes*, a violência não tem limites: esta *ditadura* não tem nada que ver com a *democracia real*. Ver, em especial, o cap. 2 (*Rent-seeking* e a formação de uma sociedade desigual) e o cap. 4 (Democracia em perigo) do livro de Joseph Stiglitz.

[37] Esta questão é, aliás, tão antiga como as eleições nas sociedades capitalistas. Por volta de 1832, um candidato ao Parlamento britânico calculava ter de gastar, numa única eleição, entre dez mil e vinte mil libras (uma fortuna!). E numa publicação da época escrevia-se: "Não há no reino meia dúzia de localidades em que um homem honesto, de competência e de carácter reconhecidos possa esperar vencer outro que esteja preparado para despender uma fortuna para o conseguir" (informação colhida em MORTON, A. L.; TATE, George. *O movimento operário britânico*. Trad. port., Lisboa: Seara Nova, 1968. p. 80-81).

[38] Citado por BECK, Ulrich. *A Europa Alemã*: De Maquiavel a "Merkievel": Estratégias de Poder na Crise do Euro. Trad. port., Lisboa: Edições 70, 2013. p. 58.

o estado, *neutro, acima das classes* (substituídas pelos *parceiros sociais*) a arbitrar a *concertação*, em busca do *bem comum* (*a bem da nação*, segundo a expressão canônica do Portugal fascista).

Na minha perspetiva, esta concepção da sociedade e do estado é uma das razões que facilitou o envenenamento da social-democracia europeia pelo neoliberalismo (cuja 'filosofia' alimentou todo o processo de construção europeia), tornando-a incapaz de fazer a crítica deste capitalismo da era da *globalização neoliberal*, sob a invocação de que *não há alternativa*, 'argumento' irracional, ofensivo da nossa inteligência e da nossa liberdade, que tem alimentado a *cultura do medo* difundida nos grandes meios de comunicação social pelos defensores da *inevitabilidade* das políticas (políticas do *capitalismo de casino* e do *crime sistêmico*) que conduziram à crise, pelos defensores das *políticas de austeridade*, absurdas e suicidas, que estão a agravar a crise, pelos defensores da *inevitabilidade da globalização neoliberal* e da *inevitabilidade* do *fim do estado social*, pelos defensores da *morte da política* (porque os mercados governam o mundo).

Não posso partilhar esta visão do estado, sobretudo num tempo, como aquele que vivemos, em que a atuação do *estado capitalista* como *estado de classe* se afirma, todos os dias, aos olhos de toda a gente que não fecha os olhos à realidade. A predominância do grande capital financeiro traduz-se no sacrifício não só dos direitos que os trabalhadores e as suas organizações foram conquistando ao longo de séculos de lutas, mas também dos interesses de grandes camadas da pequena e média burguesia ligada às atividades produtivas.

E não posso esquecer que o *estado capitalista* já foi *estado liberal* (negando, durante longo tempo, a liberdade de organização dos trabalhadores em sindicatos e o sufrágio universal, ou suspendendo-o quando lhe convinha), foi *estado fascista*, foi *estado social*, do mesmo modo que agora é *estado regulador* ou *estado garantidor*, asfixiando e esvaziando o *estado social*, sacrificado à garantia das *rendas* (verdadeiras *rendas feudais*) do grande capital financeiro, único beneficiário deste recentíssimo *capitalismo sem risco e sem falências*, o *capitalismo do crime sistêmico*.

4.3. Segundo um seu ilustre colaborador e biógrafo, Mitterrand confessava, em 1983, estar "dividido entre duas ambições, a da construção

A SOCIAL-DEMOCRACIA EUROPEIA CONVERTEU-SE AO NEOLIBERALISMO

da Europa e a da justiça social".[39] Era o reconhecimento de que a *justiça social não tinha lugar na 'Europa'* em construção desde 1957. E, como é sabido, Mitterrand optou pela construção da 'Europa', sacrificando a justiça social. Esta tem sido, desde o início do processo de integração europeia, a opção dos partidos socialistas e sociais-democratas europeus.

Alguns anos mais tarde, logo a seguir à queda do Muro de Berlim (9 de novembro de 1989), Michel Rocard (que foi Primeiro-Ministro de Mitterrand) reconhecia, com grande frieza e convicção absoluta – seguindo, afinal, a lição de Mitterrand –, que "as regras do jogo do capitalismo internacional impedem qualquer política social audaciosa", aceitando que, "para fazer a Europa, é preciso assumir as regras deste jogo cruel". Para fazer a Europa, é, pois, necessário, segundo este destacado dirigente socialista, assumir as regras deste "jogo cruel" [as regras do jogo impostas pelo dito *capitalismo internacional*], vergando-se à lógica implacável da *mercadização* da economia e da vida, "feita pela Europa, graças à Europa e por causa da Europa", como reconhece Pascal Lamy, outro alto dirigente socialista, então Diretor-Geral da OMC.[40]

São confissões que significam a abdicação da política e da cidadania e a aceitação do fatalismo thatcheriano de que *não há alternativa ao mercado*, como se o mercado fosse o deus único que governa o mundo e a vida de cada um de nós. Esta a ideia expressa na expressiva síntese de Joschka Fisher atrás referida: "ninguém pode fazer política contra os mercados". Louve-se a franqueza da confissão. Mas ela significa o reconhecimento de que *a soberania reside nos mercados* e a capitulação perante os especuladores e os agentes do *crime sistêmico*. Ela representa a aceitação da *morte da política* (da morte da cidadania, da liberdade e da democracia), sacrificadas à vontade e ao poder do grande capital financeiro especulador e às *leis dos mercados*, como se estas fossem a constituição das constituições. *Mercados über alles!*

---

[39] *Apud* ATTALI, Jacques. *Verbatim I*. Paris: Fayard, 1993. p. 399.

[40] Citações colhidas em HALIMI, Serge. "As promessas do Não". *In: Le Monde Diplomatique*, Ed. Port., p.3, junho de 2005,.

Este entendimento – que corresponde à posição oficial do Partido Socialista Francês – justifica o desespero de vários ex-dirigentes deste partido, que, durante o período de debate público que antecedeu o referendo sobre o projeto de 'Constituição Europeia', vieram dizer verdades que, antes, só seriam de esperar de pessoas situadas à esquerda do PS.

Um exemplo apenas: Jacques Généreux (um socialista que fez campanha pelo NÃO à Constituição Europeia) não hesitou em escrever que se ela fosse aprovada, "só as políticas de direita e conformes à lógica liberal seriam constitucionais".[41] Ora, apesar da não aprovação da famosa 'Constituição', a verdade é que o novo *Tratado de Lisboa* não mudou nada do que de essencial ela consagrava e já estava nos Tratados anteriores, no que concerne às questões fundamentais da construção europeia: as questões econômicas, financeiras e sociais. Daí que os povos dos países que integram a União Europeia continuem presos na teia urdida pelos centros produtores da ideologia neoliberal.

Confissões como as que atrás refiro traduzem, em boa verdade, o pensamento hoje dominante na social-democracia europeia, que relega as 'preocupações sociais' para o plano dos sonhos impossíveis, falando delas como quem exibe uma velha jóia de família, umas vezes envergonhadamente, outras vezes apenas para efeitos publicitários, para calar a (má) consciência e 'ganhar o céu'. Quando falam a sério, os dirigentes socialistas acreditam que não há nada de relevante a fazer, no que toca à justiça social, no quadro de políticas públicas que não querem pôr em causa as *regras do jogo do capitalismo internacional*, ditadas pela *ideologia neoliberal dominante*.

4.4. Foi certamente o entendimento do estado como um "espaço de integração social e intervenção política para as organizações vinculadas ao movimento operário" e como "representação política de toda a sociedade"[42] que levou o chanceler social-democrata alemão Gerhard Schröder (que, com inteira justiça, ganhou direito ao título de "camarada

---

[41] Cfr. *Libération*, 9 de outubro de 2003.

[42] Cfr. SANTOS SILVA, Augusto. *Os valores da esquerda democrática: Vinte teses oferecidas ao escrutínio público*. Coimbra: Almedina, 2010. pp. 22, 32-34, 38.

A SOCIAL-DEMOCRACIA EUROPEIA CONVERTEU-SE AO NEOLIBERALISMO

dos patrões") a organizar e a levar à prática um plano para condenar os trabalhadores alemães a condições de trabalho sem direitos e com baixos salários, a famosa *Agenda 2010*.

Invocando as diferentes condições das relações de trabalho na ex-RDA e na ex-RFA, a *Agenda 2010* (oportunisticamente 'justificada' com os custos da reunificação e a diminuição da taxa de crescimento do PIB por força da destruição do aparelho produtivo da antiga RDA) jogou com as diferenças salariais entre as 'duas Alemanhas' para conseguir desarmar os sindicatos e impor a todos os trabalhadores níveis mais baixos de salários e de direitos sociais, com base em um conjunto de medidas que visavam a redução dos custos da mão-de-obra alemã.

A *contratação coletiva* representou a primeira brecha introduzida no *contratualismo*, uma das traves-mestras da ideologia liberal, segundo a qual todas as questões da vida (nomeadamente as 'relações industriais') deveriam ser resolvidas através de *contratos* livremente celebrados *entre indivíduos* livres e iguais em direitos. E os liberais de todos os tempos e de todos os matizes nunca lhe perdoaram esta 'má ação'.

E a OIT (fundada em 1919, um tempo de compromisso) mostrou que ela tem sido o instrumento mais eficiente à disposição dos trabalhadores na sua luta para obter uma parte dos ganhos da produtividade, muito mais eficiente do que as chamadas *políticas de redistribuição do rendimento* de inspiração keynesiana (e os representantes dos interesses do capital sabem isso).

Daí que, há mais de trinta anos, perante as preocupações resultantes da comprovação da *baixa tendencial da taxa média de lucro*, e aproveitando a correlação de forças favorável ao capital (potenciada pela mundialização dos mercados de trabalho), uma das linhas fundamentais das *políticas de classe* apostadas em garantir o aumento da parte do capital na riqueza produzida assente na tentativa de esvaziamento da *contratação coletiva*.

A Alemanha integrou-se assim, pela mão dos sociais-democratas, na senda destas políticas, porque uma das apostas fortes da *Agenda 2010* é a da substituição dos *contratos coletivos* por *acordos de empresa* (forma hábil de dividir e isolar os trabalhadores e de reduzir a capacidade negocial dos sindicatos).

Em 2008, os contratos coletivos de trabalho integravam apenas os trabalhadores de 40% das empresas alemãs, questão tanto mais relevante quando sabemos que só em finais de 2013 foi incluído no acordo de governo entre os democratas-cristãos e o partido social-democrata um ponto que abriu caminho à fixação de um *salário mínimo nacional* de 8,5 euros/hora, que começou a ser aplicado em janeiro de 2015, após um período transitório de dois anos.[43]

Para além do Japão, a Alemanha foi o único país do mundo em que a despesa pública diminuiu entre 1998 e 2007. Mas esta 'modernização' custou à Alemanha, entre 1999 (data do lançamento do euro) e 2007, as mais baixas taxas de crescimento da zona euro (junto com a Itália) e a criação de menos empregos do que a França, a Espanha e a Itália; a Alemanha foi também o país da OCDE em que os salários progrediram mais lentamente, no período entre 2000 e 2009; nas duas últimas décadas, a produtividade aumentou na Alemanha cerca de 25%, mas os salários reais mantiveram-se inalterados.[44]

Na sequência dessa política, o *trabalho temporário* foi arvorado em categoria autônoma de relação de trabalho, e cerca de 35% dos trabalhadores

---

[43] Os cálculos oficiais estimam que este salário mínimo (1445 euros mensais para uma jornada completa) vai beneficiar 3,7 milhões de trabalhadores com horário completo, que atualmente ganham menos. Perante esta realidade, o *Bundesbank* não se coibiu de defender publicamente que a entrada em vigor do salário mínimo garantido por lei pode constituir um "risco significativo para o emprego".

O debate sobre a criação de um salário mínimo europeu já esteve na mesa no âmbito da Confederação Europeia de Sindicatos. Apesar de todos reconhecerem que tal medida seria uma barreira forte à prática do *dumping social* e seria um aliado de peso na luta pela harmonização salarial por cima (em vez do *nivelamento por baixo* prosseguido há anos pelas instâncias comunitárias e pelos governos de inspiração neoliberal), o entendimento não tem sido fácil no seio da CES, em parte devido às diferentes estruturas remuneratórias existentes nos países da UE. Seis países da UE continuam fora deste modelo. Mas é claro que este é um ponto que não tem lugar nas 'reformas estruturais' sempre na ordem do dia e sempre declaradas incompletas.

[44] Ver, da OIT, o Relatório sobre *Políticas Salariais em Tempos de Crise*, novembro de 2011, e o *Relatório Mundial sobre Salários 2012-2013*, VI/VII, dezembro de 2012.

alemães trabalham hoje em regime de *trabalho precário* (40%, no que se refere às mulheres, a quem se destinam cerca de 70% dos postos de trabalho nestas condições). Ao mesmo tempo, abriu-se caminho aos chamados *mini-empregos* (empregos flexíveis, com horários de trabalho incompletos e com salários muito baixos, entre 300 e 400 euros mensais, que contemplavam cerca de 5 milhões de trabalhadores alemães), de tal forma que, em 2008, 28% dos trabalhadores alemães trabalhavam nestes setores de baixos salários, situação que indicia muito desemprego disfarçado e um grande número de *pobres que trabalham*, estimando-se que cerca de 11,5 milhões de trabalhadores alemães vivam abaixo do limiar da pobreza (o limiar calculado para a Alemanha, claro).[45]

---

[45] Dados colhidos em *El País*, 4 de janeiro de 2011 e em *Avante!*, 13 de janeiro de 2011. Nestas condições, compreende-se que a esperança de vida da grande maioria dos alemães (as pessoas com rendimentos inferiores a 3/4 do rendimento médio) tenha diminuído de 77,5 anos em 2001 para 75,5 anos em 2010; nos estados da antiga República Democrática da Alemanha, esta baixa foi ainda mais acentuada: de 77,9 anos para 74,1 anos (dados oficiais anunciados no Parlamento alemão, segundo os jornais de 15 de dezembro de 2011). Um estudo realizado no RU em 2009 mostra que a população russa viu diminuir cerca de cinco anos a sua esperança de vida entre 1991 e 1994 (quantos mortos evitáveis em tão pouco tempo!) e conclui que o fenômeno observado resulta diretamente das "estratégias postas em prática na passagem do comunismo ao capitalismo". Cfr. STUCKLER, David; KING, Lawrence; MCKEE, Martin. "The Privatisation and the Causes of the Post-Communism Mortality Crisis: a Crossnational Analysis". *In*: *The Lancet*, Vol. 373, janeiro de 2009 (referência colhida em *Le Monde Diplomatique*, Ed. Port., janeiro de 2012, p. 13). Em geral, os especialistas consideram a evolução da esperança média de vida um índice mais adequado do nível de vida e do bem-estar das populações do que os índices que se baseiam nas estatísticas do PIB ou do rendimento. É importante, por isso mesmo, termos uma ideia do que passa num país como os EUA, onde a ideologia neoliberal é quase uma 'religião oficial do estado'. Socorro-me de informações colhidas em STIGLITZ, Joseph E. *O Preço da Desigualdade*. Trad. port., Lisboa: Bertrand, 2013. pp. 12/13 e 73-77. A esperança média de vida dos mais pobres (sobretudo as mulheres) tem vindo a decrescer nos últimos anos, ocupando os EUA o último lugar entre os países desenvolvidos. Sabendo que a esperança de vida dos mais pobres é 10% inferior à dos 1% do topo, os EUA ocupavam, em 2009, o 40º lugar, atrás de Cuba (que estava à frente dos EUA também no que se refere à taxa de mortalidade infantil, outro índice relevante do nível de bem-estar e de justiça social). São dados que ganham sentido à luz das condições de vida miseráveis de milhões de americanos. Em 2011, dados oficiais indicam que um em cada sete americanos dependem de ajudas do estado para satisfazer as suas necessidades básicas. E mostram que o número de famílias a viver em situação de *pobreza extrema* (dois dólares diários ou menos por pessoa) duplicou entre 1996 e 2011, cifrando-se neste último ano em 1,5 milhões de famílias, sendo que 1/4 das crianças americanas vivem em situação de pobreza. Só a *violência* de uma sociedade tão desigual e tão desumana como esta permite

Para além de ser inadmissível no seio de um espaço em que vários países partilham a mesma moeda, tal estratégia é uma estratégia desumana e absurda, porque, como é evidente, as economias europeias nunca poderão concorrer com os salários praticados nos vários 'paraísos laborais' existentes no mercado mundial da força de trabalho.

Como se vê, esta política foi um desastre. Mas a verdade é que, no *Forum Econômico Mundial* (Davos, 2005), Gerhard Schröder vangloriou-se do êxito da sua política, anunciando aos senhores do mundo a proeza de ter criado "todo um setor do mercado de trabalho onde os salários são baixos" e de ter modificado "o sistema de subsídios de desemprego a fim de criar fortes incentivos ao trabalho". E em 2009 uma personalidade influente do SPD alemão afirmava que "o desenvolvimento de um setor de baixos salários não é prova do fracasso da *Agenda 2010*, mas do seu sucesso".[46]

4.5. Mas a *Agenda 2010* foi também uma *estratégia exportadora* idêntica à do que poderemos chamar o *modelo chinês*: "crescer com base nas exportações, potenciadas pela baixa dos salários reais."[47] Sabendo que as *estratégias exportadoras* permitem que se retire a procura interna da equação (os clientes vivem no estrangeiro, não são os trabalhadores do país exportador), a Alemanha procurou ganhar 'competitividade' também em matéria de salários e de custos do trabalho em geral, com o objetivo de conseguir exportar mais para os seus parceiros do que aquilo que deles importa.

Trata-se de uma 'habilidade' de serôdio *neo-mercantilismo*, orientada para consolidar a posição da Alemanha como potência exportadora, em especial no quadro da UE e, sobretudo, da *Eurozona*. O resultado (previsível) foi o desequilíbrio das estruturas produtivas e do comércio

---

compreender que os EUA tenham a taxa de encarceramento mais elevada do mundo: um em cada cem americanos adultos estão na cadeia (2,3 milhões de pessoas, recrutadas entre os menos instruídos, os mais pobres, as minorias étnicas, os desempregados).

[46] Citações colhidas em TREECK, Till Van, "Vitória de Pirro para a economia alemã". *In: Le Monde Diplomatique*, Ed. Port., p. 10, setembro de 2010.

[47] Cfr. CASTELLS, Manuel. *A quién sirve el euro?* Disponível em http://viva.org.co/cajavirtual/sve/articulo 14.html

A SOCIAL-DEMOCRACIA EUROPEIA CONVERTEU-SE AO NEOLIBERALISMO

no interior da zona euro e a redução significativa da procura global à escala da UE, o que condenou a economia europeia como um todo a um período de crescimento anémico (que culminou na crise atual) e provocou défices comerciais crescentes nos países 'parceiros' da Alemanha, 'empurrando-os' para a adoção de idênticas políticas de *arrocho salarial*.

O 'êxito' da estratégia exportadora alemã traduziu-se em saldos positivos da sua balança comercial com os demais países da zona euro (invertendo uma situação de saldos negativos antes da entrada em circulação do *deutsche euro*), tendo como contrapartida os saldos negativos da maioria dos seus parceiros da moeda única. Uma parte daqueles saldos tem alimentado a exportação de capitais a partir da Alemanha, quer através de investimentos diretos nos países da zona euro que constituem o 'espaço vital' do capitalismo alemão, quer através de crédito concedido pelos bancos alemães aos estados, às instituições financeiras e às empresas não-financeiras destes mesmos países (os irresponsáveis 'esbanjadores' do sul, especialistas na arte de viver bem sem trabalhar...).

Por outro lado, a *estratégia exportadora* da Alemanha, ao sacrificar os salários e os direitos sociais dos trabalhadores alemães, reduziu fortemente o mercado interno alemão, 'secando' uma fatia importante da procura potencial de bens e serviços produzidos pelas restantes economias europeias.

O *euro alemão* foi um instrumento poderoso ao serviço desta estratégia, que contraria em absoluto a filosofia orientadora da integração europeia, põe em causa a coesão social no seio da sociedade alemã e no seio da UE e ameaça a estabilidade da frágil UEM, fortemente afetada pelas suas consequências. Com base nela, a Alemanha 'exportou' os seus déficit externos para os países mais fracos que com ela partilham a mesma moeda. E esta 'exportação' foi a mola impulsionadora da *dívida externa* (*dívida pública* e *dívida privada*) de vários países da zona do euro, em especial os 'países do sul'.[48]

---

[48] No que diz respeito a Portugal, o montante da *dívida externa* era ainda, em 2000, inferior a 50% do PIB. A partir desta data, em resultado da adesão ao euro, a *dívida externa* portuguesa começou a subir, em termos de percentagem do PIB: em 2007

Por outro lado, essa política conduz a uma contribuição da Alemanha para a procura europeia global muito inferior ao seu peso na economia da zona euro, provocando défices comerciais cada vez maiores dos parceiros europeus da Alemanha, obrigados a *endividar-se* para pagar os bens que a Alemanha precisa de exportar.

O respeito pelos Tratados estruturantes da UE e pelas 'regras do jogo' no seio de um espaço com a mesma moeda deveria levar a Alemanha a adotar medidas capazes de aumentar o rendimento disponível dos alemães, para permitir que o aumento da procura interna na Alemanha oferecesse mercados aos demais países da Europa. Só assim os 'parceiros' da Alemanha na zona euro poderiam pagar, sem se endividarem, os bens que a Alemanha lhes vende (e precisa de vender, porque uma percentagem elevada das exportações alemãs destina-se ao mercado comunitário). Na ausência de tais medidas, os 'parceiros' da Alemanha na zona euro foram 'condenados' a 'financiar' os excedentes da Alemanha, passando de *parceiros* a *devedores*.

A verdade, porém, é que a Alemanha faz gala de não cumprir os Tratados, nada fazendo para anular (ou reduzir) os excedentes da sua balança comercial e das contas públicas (7% do PIB). Ao contrário: vem reforçando os seus saldos positivos à custa dos défices comerciais, dos défices orçamentais e da dívida externa (pública e privada) dos *países do sul*, aos quais prega sermões sobre a necessidade de cumprir, custe o que custar, as normas dos Tratados (as que convêm à Alemanha) e as exigências da *troika*. Têm razão, por isso mesmo, todos aqueles que entendem que "a mania da austeridade de Angela Merkel está a destruir a Europa".[49]

Apesar desta situação escandalosa, foi preciso esperar até meados de novembro de 2013 para que o Presidente da Comissão Europeia

---

situava-se ainda abaixo de 70% do PIB (67/68%, sensivelmente ao nível do que passava na Alemanha), mas em 2008 a nossa dívida externa, medida em percentagem do PIB (71,6%), era a mais elevada da zona euro.

[49] Assim, o semanário inglês *New Statesman*, julho de 2012 (*Apud* FERNANDES, Jorge Almeida. "Temos razões para detestar Merkel?". *In: Público*, p. 22-24, 11 de agosto de 2012).

A SOCIAL-DEMOCRACIA EUROPEIA CONVERTEU-SE AO NEOLIBERALISMO

viesse (finalmente!) anunciar que a Comissão iria abrir um procedimento para averiguar a situação de incumprimento dos Tratados por parte da Alemanha. Sintomaticamente, esta medida só foi anunciada depois de a Administração americana ter vindo a público 'acusar' a Alemanha de estar a prejudicar a economia europeia e a economia mundial. Até então, apesar de ver a Europa a ser destruída a cada dia que passa, a Comissão Europeia esqueceu-se por completo do seu papel de garante do cumprimento dos Tratados. De todo o modo, o espetáculo do Presidente da Comissão Europeia (que as televisões transmitiram) a anunciar aquele procedimento foi verdadeiramente deprimente. Quem o ouviu e viu não pode deixar de concluir que o Presidente da Comissão Europeia subiu ao palco apenas *para europeu ver* (depois da intervenção pública dos EUA, seria escandaloso não fazer o seu 'número'). Mas o que os europeus viram foi um 'capataz' embaraçado, receoso e comprometido, a dizer ao 'patrão' que aquilo não era para levar a sério, e a garantir que a Europa precisava era de muitas 'alemanhas'. Parece óbvio que tudo se vai passar como a Alemanha quiser. Mas parece óbvio também que os povos europeus não precisam das 'alemanhas' que, de forma contumaz, não cumprem os Tratados que impõem aos outros. É claro que do anúncio à execução vai todo um mundo, o dito procedimento não produziu qualquer resultado, e a Alemanha não mudou a sua política nem uma vírgula…

A generalização da 'solução alemã' a toda a Europa provocou (e continua a provocar) efeitos dramáticos nas economias dos países europeus e na economia mundial: a economia europeia como um todo entrou em depressão e o mercado europeu encurtou significativamente, como era de esperar. E como as exportações dos países da Eurozona se destinam em grande parte aos parceiros comunitários, será inevitável a quebra generalizada das exportações da UE, o que agravará ainda mais a depressão e o desemprego em todos os países da União. E é claro que uma crise generalizada na Europa (que é o maior bloco comercial do mundo) constitui uma ameaça séria de contaminação de toda a economia mundial.

Num Relatório da OIT do início de 2012 pode ler-se: "a política de deflação salarial [levada a cabo pela Alemanha] não apenas reduziu o consumo (que, na Alemanha, entre 1995 e 2001, ficou um ponto abaixo do resto da zona euro), mas conduziu também a um aumento das desigualdades de rendimentos a um ritmo nunca antes registado, nem mesmo durante o período que se seguiu à unificação".

O Relatório em causa sublinha a seguir que "os países da zona euro em dificuldades não puderam utilizar a via das exportações para compensar a debilidade da sua procura interna, porque as respetivas indústrias não puderam contar com uma procura alemã mais forte". Por isso é que, segundo este Relatório, "vai ficando cada vez mais claro que a melhoria da competitividade dos exportadores alemães [com base na política de redução dos salários reais] é a causa estrutural das dificuldades da zona euro nos últimos anos". E como, neste quadro, "os outros estados-membros tendem cada vez mais a ver numa política de deflação salarial ainda mais dura a solução para os seus problemas de falta de competitividade", impõe-se esta conclusão da OIT: "a nível europeu, a estratégia adotada pela Alemanha criou as condições para um marasmo econômico prolongado".

A 'fé' na tese do *empobrecimento salvador* tem 'empurrado' os países do euro para a adoção de políticas de redução dos salários reais e de desmantelamento do estado social, na esperança de recuperar a sua competitividade relativamente à Alemanha. O resultado está à vista, sem surpresas: a diminuição do consumo; a quebra da produção; a falência em série de pequenas e médias empresas; o aumento do défice público e da dívida externa; o aumento do desemprego; o aumento da pobreza; a dificuldade crescente para se sair da situação de pobreza, que atinge um número de pessoas cada vez maior; o aumento, que tem vindo a acentuar-se, do número dos *pobres que trabalham*, mesmo em países ricos como a França; o *empobrecimento* de povos inteiros. [50] Deve acrescentar-se o agravamento das desigualdades em quase todos os países da UE e o aprofundamento do fosso entre os *países do norte* e os chamados *países do sul*.

---

[50] Ver ANDRESS, Hans-Jürgen; LOHMANN, Henning (eds.). *The working poor in Europe*: employment, poverty and globalization. Edward Elgar, 2008.

A SOCIAL-DEMOCRACIA EUROPEIA CONVERTEU-SE AO NEOLIBERALISMO

4.6. Vale a pena deixar aqui um apontamento sobre um outro ponto relacionado com o papel do estado no quadro do capitalismo. Parece que os defensores da ideologia dominante quererem fazer passar a ideia de que a redução do estado a uma espécie de *estado mínimo* é uma das caraterísticas do neoliberalismo. A meu ver, porém, o neoliberalismo não pode confundir-se com um qualquer regresso ao *laisser-faire* e aos 'mercados livres' (mercados de concorrência pura e perfeita), que dispensam a 'intervenção' do estado na economia, mercados que nunca existiram nem hão-de existir, porque são apenas modelos teóricos.

Enquanto ideologia que visa reverter em sentido favorável ao grande capital financeiro a correlação de forças entre o capital e o trabalho, o neoliberalismo não é uma ideologia libertária, que dispensa o estado. Nas sociedades de classes em que vivemos, o capitalismo pressupõe sempre a existência do *estado capitalista*. E o neoliberalismo e o *projeto político* por ele veiculado exige, como todos podemos observar nos tempos que correm, um forte *estado de classe*, capaz de prosseguir objetivos ambiciosos, só alcançáveis através de políticas econômicas e sociais particularmente violentas, agora designadas por *políticas de austeridade*.

Num livro de 1994, Andrew Gamble mostrou isto mesmo, com base na análise da experiência do thatcherismo: "a Nova Direita acredita que para salvar a sociedade livre e a economia livre é necessário restaurar a autoridade do estado. (...) A doutrina-chave da Nova Direita e do projeto político que ela inspirou é a economia livre e o estado forte", capaz de "restaurar a autoridade a todos os níveis da sociedade" e dar combate aos *inimigos externos* ("enemies without") e aos *inimigos internos* ("enemies within").[51]

Foram as instituições do poder político (o *poder político de classe*, a *ditadura do grande capital financeiro*: os estados nacionais e as organizações internacionais dominadas pelo capital financeiro e pelos seus estados) que construíram, pedra a pedra, o 'império' do *capitalismo neoliberal* (o

---

[51] Ver GAMBLE, Andrew, *The Free Economy and The Strong State*: The Politics of Thatcherism .2ª ed. Londres: Macmillan, 1994. pp. 35 e 63-68 (todo o capítulo 2).

capitalismo de casino, o *capitalismo sem risco e sem falências*, o *capitalismo do crime sistêmico*), assente nos seguintes pilares: *liberdade absoluta de circulação de capitais* à escala mundial (a 'mãe' de todas as *liberdades do capital*); *desregulação* de todos os mercados (em especial os mercados financeiros), entregues ao "dinheiro organizado", comandado pelos especuladores (os 'padrinhos' do *crime sistêmico, a sida [aids] da economia mundial*); liberdade plena de criação de *produtos financeiros derivados* (as "armas financeiras de destruição maciça" de que fala Warren Buffet); imposição do dogma da *independência dos bancos centrais*, que se traduziu na 'privatização' dos estados nacionais, dependentes dos 'mercados' (como as famílias ou as empresas) para o seu próprio financiamento (para o financiamento das políticas públicas); privatização do setor público empresarial, incluindo os serviços públicos (até a água!) e as empresas estratégicas que são o verdadeiro suporte da soberania nacional; aplicação de sistemas fiscais que favoreçem os ricos e sufocam os pobres.

Só um *estado forte* (incompatível com um estado democrático) poderia ter criado as condições que permitiram dispensar o *compromisso* dos tempos do estado social keynesiano, substituindo-o pela *violência* do *estado neoliberal* (estado regulador e estado garantidor), que se vem abatendo sobre os trabalhadores, com o objetivo de transferir para o capital os ganhos da produtividade, violência que se tem traduzido: no desmantelamento do estado social e no 'confisco' dos direitos econômicos, sociais e culturais dos trabalhadores (que muitas constituições consagram como *direitos fundamentais dos trabalhadores*); na desregulamentação das relações laborais; na 'guerra' contra os sindicatos;[52] no esvaziamento da

---

[52] A política anti-sindical foi iniciada, no Reino Unido, no início da década de 1960, pelo governo trabalhista de Harold Wilson, tendo prosseguido com o governo conservador de Edward Heath e depois com os governos trabalhistas de Harold Wilson e de James Callaghan, dez anos antes da era Thatcher, que lhe acrescentou o verniz e a violência neoliberais. (Cfr. MÉSZÁROS, István, *O Século XX:* Socialismo ou Barbárie?. Trad. bras. São Paulo: Boitempo, 2006. p. 95). Mas esta guerra contra os sindicatos (acusados pela Srª Thatcher de *inimigos internos*, por quererem "destruir o estado") ganhou novo fôlego no final da década de 1970 (por alturas da 2ª *crise do petróleo*), sendo os seus episódios mais dramáticos a destruição do sindicato dos controladores aéreos pela Administração Reagan (1981) e a vitória do Governo Thatcher sobre o lendário sindicato dos mineiros britânico (1984).

contratação coletiva (que mostrou ser, como a OIT evidenciou, um instrumento de redistribuição do rendimento em sentido favorável aos trabalhadores mais eficaz do que as políticas de redistribuição de inspiração keynesiana).

Em livro recente, Wolfgang Streeck recorda que "já ficou várias vezes demonstrado que o neoliberalismo necessita de um *estado forte* que consiga travar as exigências sociais e, em especial, sindicais de interferência no livre jogo das forças do mercado" e analisa criticamente o processo em curso de *esvaziamento da democracia* como "uma imunização do mercado a correções democráticas".

Na sua ótica, esta imunização pode ser levada a cabo "através da abolição da democracia segundo o modelo chileno dos anos 1970" [opção que entende não estar disponível atualmente], ou então "através de uma reeducação neoliberal dos cidadãos" [promovida pelo que designa "relações públicas capitalistas", as grandes centrais de produção e difusão da ideologia neoliberal].

E logo explicita quais os caminhos que estão a ser percorridos para conseguir "a eliminação da tensão entre capitalismo e democracia, assim como a consagração de um *primado duradouro do mercado sobre a política*" [os itálicos são meus. *AN*]: "'reformas' das instituições político-econômicas, através da transição para uma política econômica baseada num conjunto de *regras*, para *bancos centrais independentes* e para uma *política orçamental imune aos resultados eleitorais*; através da transferência das decisões político-econômicas para *autoridades reguladoras* e para *grupos de 'peritos'*, assim como dos *travões ao endividamento* consagrados nas constituições, aos quais os estados e as suas políticas se devem vincular juridicamente durante décadas, se não *para sempre*". O "primado duradouro do mercado sobre a política" passa ainda por outros caminhos: "os estados do capitalismo avançado devem ser reestruturados de forma a merecerem duradouramente a confiança dos detentores e dos gestores do capital, garantindo, de forma credível, através de programas políticos consagrados institucionalmente, que não irão intervir na 'economia' – ou, caso intervenham, que só irão fazê-lo para impor e defender a *justiça de mercado* na forma de uma remuneração adequada dos investimentos de capitais. Para tal – conclui o autor –, é necessário *neutralizar a democracia*, entendida no sentido da *democracia social* do capitalismo democrático do período pós-guerra, assim como levar por diante e concluir a liberalização no sentido da *liberalização hayekiana*, isto é, como *imunização do capitalismo contra intervenções da democracia de massas*".

Tem razão Wolgang Streeck: "o neoliberalismo não é compatível com um *estado democrático*, se entendermos por democracia um regime que intervém, em nome dos seus cidadãos e através do poder público, na distribuição dos bens econômicos resultantes do funcionamento do mercado".[53]

É uma longa transcrição, que me pareceu pertinente registar aqui, porque vejo nela a síntese de pontos de vista que venho defendendo há anos em outros escritos.

A reflexão de Wolfgang Streeck ajuda-nos a perceber o que está em causa quando as vozes 'dominantes' falam de *reformas estruturais*, de *regras de ouro*, da *independência dos bancos centrais*, da *reforma do estado*, de *finanças sãs*, da necessária reforma do *estado social*, do papel insubstituível das *agências reguladoras independentes*, dos benefícios da *concertação social*, da *flexibilização* do mercado de trabalho, da necessidade de *'libertar' a ação política do controlo do Tribunal Constitucional*.

E alerta-nos também para outro ponto: estas soluções 'brandas' (apesar de 'musculadas' e até violentas) só serão prosseguidas se "o modelo chileno dos anos 1970" não ficar disponível para o grande capital financeiro. Se as condições o permitirem (ou o impuserem, por não ser possível continuar o aprofundamento da exploração dos trabalhadores através dos referidos métodos 'reformistas' do "capitalismo democrático do pós-guerra"), o estado capitalista pode vestir-se e armar-se de novo como *estado fascista*, sem as máscaras que atualmente utiliza.

A *crise da democracia* como resultado da crise do capitalismo e da sua incidência na 'Europa' quimicamente dependente das drogas

---

[53] Cfr. STREECK, Wolfgang. *Tempo Comprado*: A Crise Adiada do Capitalismo Democrático. Trad. port. Lisboa: Conjuntura Actual Editora, 2013. pp. 59-66 e 91-105.

neoliberais tem sido posta em relevo por outros autores, entre os quais destaco Ulrich Beck.

Segundo este destacado sociólogo alemão, "os governantes [governos e parlamentos] votam a favor da austeridade, as populações votam contra".

Os governos adotam um "socialismo de estado para os ricos e os bancos" e aplicam as receitas do "neoliberalismo para a classe média e os pobres".

Os governos impõem "um sistema gerador de tanta desigualdade e injustiça, que imputa, escandalosamente, aos grupos mais fracos os custos resultantes de um sistema financeiro que ficou descontrolado", e "uma política que salva bancos com quantias de dinheiro inimagináveis, mas desperdiça o futuro das gerações jovens".

A situação atual na Europa – conclui Beck – carateriza-se pela "assimetria entre poder e legitimidade. Um grande poder e pouca legitimidade do lado do capital e dos estados, um pequeno poder e uma elevada legitimidade do lado daqueles que protestam".[54]

É um diagnóstico certeiro este: o estado [o estado capitalista] é o *estado do capital*. E é também um diagnóstico preocupante, porque, se o poder do estado carece de legitimidade, está em causa a democracia, ficando a nu a *ditadura* que permite ao capital sem legitimidade submeter os que, apesar de terem *elevada legitimidade*, têm um *pequeno poder*. Esta é, a meu ver, a situação em que vivemos. A crise do capitalismo pôs em evidência a natureza de classe do estado: o estado capitalista é hoje a *ditadura do grande capital financeiro*.

---

[54] Cfr. BECK, Ulrich. *A Europa Alemã*: De Maquiavel a "Merkievel": Estratégias de Poder na Crise do Euro. Trad. port., Lisboa: Edições 70, 2013. p. 20/21, 27 e 110.

V

OS 'MERCADOS' GOVERNAM A 'EUROPA'

5.1. No início de 2010 veio a público a notícia de que, no meio do maior segredo (como convém aos negócios...), o banco americano *Goldman Sachs* tinha ajudado, ainda antes da presente crise, o Governo grego (conservador) a obter crédito no valor de milhares de milhões de euros.

O mesmo banco 'aconselhou' depois o mesmo Governo sobre os 'truques' de engenharia financeira necessários para falsificar as suas contas e enganar as autoridades comunitárias. Por estes sábios conselhos e serviços aquele banco terá cobrado 300 milhões de euros (pagos pelo povo grego, claro, que não entrou no negócio) e ganhou ainda muito dinheiro com os contratos de seguro de incumprimento da dívida grega, que recomendava aos clientes que convencia a emprestar dinheiro à Grécia a juros convidativos.[55]

O capital financeiro e os seus servidores ganharam fortunas com estas manobras, mas a Grécia endividou-se e o povo grego, vítima da

---

[55] Indicações colhidas em HALIMI, Serge. "O crime compensa". *In: Le Monde Diplomatique*, Ed. Port., março de 2010.

fraude, é agora acusado de ter cometido o 'pecado' de viver acima das suas posses e condenado pelos 'mercados' a 'penitências' infernais.

Os chamados 'mercados' estão aqui retratados de corpo inteiro. Quando estas manobras vieram a público, a Sr³ Angela Merkel comentou, com ar 'angelical' ("merkiavélico", diria Ulrich Beck), que seria "vergonhoso" que "os bancos, que já nos levaram à beira do precipício, tivessem igualmente participado na fabricação das estatísticas orçamentais da Grécia". Tudo 'encenado', apenas para a fotografia e para alemão ver, ouvir e votar...

A verdade é que participaram. A verdade é que burlaram a União Europeia. E é verdade que tudo isto é *vergonhoso*. Mas nada disto é novo. É *o pão nosso de cada dia* neste *reino do neoliberalismo*, neste *mundo sem vergonha*, neste capitalismo alicerçado no *crime sistêmico*.

E o crime compensa. Pelos serviços prestados, o *boss* do *Goldman Sachs* recebeu, nesse ano, um prêmio de nove milhões de dólares. E o senhor Mario Draghi, que era o vice-presidente do *Goldman Sachs* para a Europa (e que, nessa qualidade, foi o responsável direto por aqueles 'negócios' com o Governo grego), é hoje o Presidente do Banco Central Europeu, com o indispensável voto favorável da Sr³ Merkel (acompanhado pelo voto favorável dos deputados socialistas no Parlamento Europeu). Certamente pelos relevantes serviços prestados ao capital financeiro e pelo respeito que demonstrou pela União Europeia, que passou a 'servir' a mais alto nível, com a mesma devoção pelo interesse público e com o mesmo respeito pelas instituições comunitárias...

5.2. A presença do grande capital financeiro no 'governo' da *Europa do capital* tornou-se indisfarçável com a nomeação (em 2012) de Lucas Papademus como Primeiro-Ministro da Grécia e de Mario Monti como Primeiro-Ministro da Itália. Nem um nem outro foram eleitos para os parlamentos dos seus países, e muito menos foram eleitos pelo povo para exercerem as funções que lhes foram cometidas. São ambos *banqueiros*, nomeados pelos seus 'patrões' para esta 'comissão de serviço' na vida política.

OS 'MERCADOS' GOVERNAM A 'EUROPA'

Mario Monti foi assessor do *Goldman Sachs* quando Mario Dragui era seu Diretor para a Europa, durante o período em que o banco americano orientou (regiamente pago) a 'batota' feita pelo Governo grego. Não deixa de ser simbólico o facto de Mario Monti ostentar também no seu currículo a atividade como *conselheiro da Coca-Cola*.

Tal como Mario Draghi (que foi Diretor Executivo do Banco Mundial entre 1985 e 1990 e Governador do Banco de Itália, depois de, na qualidade de Diretor do *Goldman Sachs*, ter ajudado o Governo grego a ludibriar as autoridades da UE), Lucas Papademus colaborou, como Governador do Banco Central da Grécia, na falsificação das contas públicas deste país. Ele e Mario Monti pertencem à *Comissão Trilateral*. [56]

É inequívoco que os governos chefiados por Papademus e por Monti foram *governos de banqueiros*, apresentados como *governos de técnicos*, como se não fosse completamente absurdo admitir que pode haver uma *solução técnica* para problemas que são, essencialmente, *problemas políticos*. A verdade é que, não sendo *juntas militares*, eles foram verdadeiras *juntas civis* (Serge Halimi), constituídas à margem das regras do jogo democrático, humilhando os povos da Grécia e da Itália e traduzindo a menoridade da política e a negação da democracia.[57]

Estes episódios pouco honrosos para a Europa vieram tornar claro que quem manda nesta *Europa do capital* são os 'mercados', os banqueiros, os especuladores, os donos do *Goldman Sachs* e os senhores da *Comissão Trilateral*, com a colaboração das *troikas* e dos *troikos*

---

[56] O presidente desta prestimosa instituição é o britânico Peter Sutherland, que já foi administrador do Goldman Sachs e também Comissário Europeu; o vice-presidente é o antigo Ministro checo da Economia, Vladimir Dlouhr, atualmente conselheiro do Goldman Sachs para a Europa Oriental. Eu não quero acreditar em bruxas, *pero que las hay, hay*.... Que o diga Anders Fogh Rasmussen, que passou de Primeiro-Ministro da Dinamarca para Secretário-Geral da OTAN, e os créditos que acumulou pelos seus bons serviços prestados permitiram a sua promoção ao cargo de conselheiro do Goldman Sachs. Cá se fazem, cá se pagam...

[57] Não é de estranhar, por isso mesmo, que do Governo Papademus tivessem feito parte 'técnicos' pertencentes a um partido político de extrema-direita, impedido de participar em quaisquer governos desde a queda da ditadura militar na Grécia, em 1974.

75

de serviço na burocracia de Bruxelas e nos governos da generalidade dos estados-membros.

À escala europeia, o *império do capital financeiro* é reconhecido por Philippe Legrain (um belga que é professor de Economia numa Universidade inglesa e que foi conselheiro do Presidente da Comissão Europeia Durão Barroso), quando diz que "os Governos identificam os bancos como campeões nacionais a proteger", "colocando os interesses dos bancos à frente dos interesses dos cidadãos" e quando fala de "uma relação quase corrupta entre bancos e políticos: muitos políticos seniores ou trabalharam em bancos ou esperam trabalhar depois". As políticas de combate à crise – entende Legrain – foram impostas sobretudo pelo "poder político dos bancos franceses e alemães". Quem viveu as coisas por dentro sabe do que fala. [58]

Os 'mercados' têm rosto, como se vê. Estes são alguns dos rostos dos 'mercados', alguns dos 'mercadores' que trabalham para os especuladores, para aqueles que são *a sida [aids] da economia mundial*, que especulam contra o euro atacando os estados-membros mais fracos da Eurozona, e que, como 'governantes', se dedicam às tarefas de combater a crise que eles próprios desencadearam e que alimentam todos os dias.[59]

---

[58] Ver *Público*, 11 de maio de 2014.

[59] Um retrato mais completo dos rostos dos mercados financeiros pode ver-se em GEUENS, Geoffrey. "Os mercados financeiros têm rosto". *In: Le Monde Diplomatique*, Ed. Port., maio de 2012. A verdade é que nos conselhos de administração do restrito clube de bancos, companhias de seguros, fundos de pensões, fundos de investimento e outras instituições financeiras que controlam metade de todo o capital cotado em bolsa à escala mundial sentam-se muitos antigos governantes (primeiros-ministros, chanceleres, ministros) de vários países europeus, não apenas conservadores, mas também socialistas, sociais-democratas e trabalhistas. Todos colaboram nos 'negócios' do grande capital financeiro, todos estão ao serviço do *crime sistémico*.

Foi muito falada, há anos, a passagem direta do social-democrata Gerhard Schröder de Chanceler da Alemanha para o conselho de administração da *Gazprom*, empresa com a qual tinha celebrado, naquela sua anterior qualidade, um importante contrato de fornecimento de gás. Mas outros antigos primeiros-ministros participam neste 'negócio': Jean-Luc Dehaene (Bélgica) é consultor do banco *Dexi*; Giuliano Amato (Itália) é consultor do *Deutsche Bank*; Tony Blair (RU) é consultor do *J. P. Morgan* (cfr. HALIMI, Serge, "Balanço para preparar uma reconquista". *In: Le Monde Diplomatique*, Ed. Port., maio de 2013.).

OS 'MERCADOS' GOVERNAM A 'EUROPA'

É o reino tentacular dos *conglomerados financeiros*, verdadeiras *holdings* do *crime sistémico*: 'jogos de casino', especulação à margem das leis, evasão e fraude fiscais, tráfico de droga, de armas e de mulheres, tudo à

Em 2009, ficou célebre a confissão de Sarkozy (*Le Point*, 3 de Julho de 2009): "Quando vejo os milhões que Clinton ganha, imagino que possa fazer o mesmo. Fico no cargo cinco anos e depois vou ganhar dinheiro, como Clinton". O exercício do mais alto cargo político é encarado, sem pudor, como um 'investimento' que garante muito dinheiro fácil no futuro! Razão tem o super-lobbista Jack Abramoff quando 'teoriza' nestes termos: "A melhor forma de uma empresa corromper um homem político é convencê-lo da perspectiva de um emprego futuro que lhe garantirá uma mina de dinheiro".

A verdade é que, segundo Ibrahim Ward (WARD, Ibrahim. "Tony Blair, Ltda". *In*: *Le Monde Diplomatique* (ed. bras.), p. 11, dezembro de 2012, de onde retirei a citação anterior), Bill Clinton ganhou, no ano seguinte à sua saída da Casa Branca, 16 milhões de dólares em conferências e artigos de jornal. Mais recentemente, os jornais anunciaram que esta atividade 'produtiva' rendeu ao casal Clinton, em 2014, a módica quantia de 25 milhões de dólares.

Outro grande 'empresário' desta mesma indústria é Tony Blair, que criou, para o efeito, uma série de 'empresas', com diversos figurinos. Uma delas é a *Tony Blair Associates*, que se propõe "oferecer, numa ótica comercial, conselhos estratégicos sobre as tendências políticas e económicas e sobre a reforma dos estados". Todos produtos altamente sofisticados, com grande valor acrescentado, fruto da mais apurada tecnologia..., que atraem clientes como o JP Morgan, a seguradora Zurich Financial Services, o Governo do Kuwait, o fundo de investimentos Mubadala (Abu Dhabi) e várias outras instituições financeiras e estados, "com predileção pelos oligarcas e cleptocratas do Médio Oriente, África e ex-União Soviética". Ibrahim Ward relata um dos muitos negócios altamente rentáveis deste político-empresário, realizado na segunda metade de 2012. Contratado para 'facilitar' o êxito de uma oferta pública de aquisição da Glencore (um dos gigantes mundiais no campo das matérias-primas) sobre uma empresa mineira propriedade do fundo soberano Qatar Holding, Tony Blair telefonou de imediato ao seu amigo Primeiro-Ministro do Qatar (administrador do Qatar Holding) e acertou com ele uma reunião em Londres entre as duas partes interessadas. Após três horas de reunião, o negócio ficou fechado e Blair terá cobrado um milhão e duzentos mil euros. Nada mau: 400 mil euros por hora...

À sua escala, Portugal também está representado neste clube seleto. O antigo Primeiro-Ministro do PS José Sócrates foi nomeado, pouco tempo depois de ter saído do Governo, conselheiro para os negócios da América Latina da multinacional suíça da indústria farmacêutica Octapharma, com a qual o seu governo tinha feito negócios de milhões de euros por ajuste direto.

Não há muito, foi a vez de Anders Fogh Rasmussen, ex-Primeiro-Ministro da Dinamarca e ex-Secretário-Geral da OTAN, mesmo antes de ter sido contratado como conselheiro do Goldman Sachs, constituir uma empresa de consultoria (a Rasmussen Global) e vender os seus serviços como conferencista por um mínimo de 40 mil euros por conferência (isto é que é falar...).

sombra desses santuários do capitalismo moderno que são os *paraísos fiscais*, que acolhem valores que representam cerca de 30% do PIB mundial. É muito dinheiro, que foge aos impostos e que faz falta para pagar tudo aquilo que nos dizem ter de acabar por não ser financeiramente sustentável.

Eles são *a sida [aids] da economia mundial*. Mas são eles que mandam em todos os Chirac, em todas as Merkel, em todos os Sarkozy, em todos os Hollande, e em todos os Obama. São eles os verdadeiros 'ministros' da *igreja neoliberal*, cujos dogmas orientam a política das potências capitalistas dominantes, com particular realce para a UE, manietada pela camisa-de-forças em que os seus construtores a encerraram. Mas é bom que tenhamos a consciência de que estes 'paraísos' não são uma criação da natureza. São criações do grande capital financeiro e dos seus estados. Podem ser facilmente destruídos se os povos do mundo quiserem. E não faltam razões para isso, porque eles são os santuários do *crime sistêmico*, mantidos pelo poder político (o estado capitalista e as agências e instâncias internacionais) que pôs de pé, reforçou e sustenta as estruturas que permitiram e mantêm de pé o *capitalismo do crime sistêmico*. 5.3. Na reunião de Londres (abril de 2009), o G20 considerou "as grandes falhas no setor financeiro" como as "causas fundamentais da crise".

A própria Comissão Europeia atribuiu às instituições financeiras "comportamentos particularmente arriscados", em razão dos quais "o setor financeiro é considerado o grande responsável pela ocorrência e pela envergadura da crise e seus efeitos negativos nos níveis de endividamento público à escala mundial" (*Comunicação* sobre "A Tributação do Sistema Financeiro", de 7 de outubro de 2010).

Em fevereiro de 2011 o Parlamento Europeu reconheceu publicamente (*Relatório Podimata*) que o comportamento irresponsável da banca "agravou e acelerou a crise orçamental e da dívida" e acarretou "um ônus inesperado dos orçamentos públicos, comprometendo perigosamente a criação de emprego, o financiamento do estado-providência e a concretização dos objetivos climáticos e ambientais", sublinhando, por outro lado, que o setor financeiro está sub-tributado e não tem

OS 'MERCADOS' GOVERNAM A 'EUROPA'

dado qualquer contributo para pagar a crise, cujos custos têm sido suportados essencialmente pelos contribuintes.

A Comissão voltou ao tema em 28 de setembro de 2011, na *Proposta de Diretiva do Conselho Sobre um Sistema Comum de Imposto Sobre as Transações Financeiras*, onde sustenta que "o setor financeiro desempenhou um papel fundamental no desencadeamento da crise, enquanto os estados e os cidadãos europeus, na retaguarda, arcaram com os custos".

No final de 2011, foi a vez de o todo-poderoso ministro das Finanças alemão reconhecer que "a cupidez e a procura de lucros cada vez mais elevados nos mercados de capitais" têm "responsabilidade na crise bancária e econômica, e depois na crise de países inteiros, com a qual estamos confrontados desde 2008".[60]

Já muita gente o sabia. Mas é importante vermos estes altos responsáveis reconhecer que cabe ao capital financeiro a responsabilidade da crise econômica e social que está a pôr em causa a soberania e a independência de alguns países europeus e o bem-estar e a dignidade dos seus povos. Os dirigentes dos 'países dominantes' sabem muito bem onde nasce o rio das nossas desgraças, porque eles estão entre os que alimentam o caudal desse rio de águas turvas. Por isso não se extrai nenhuma consequência daquele diagnóstico, apesar de a honestidade intelectual e política exigir que se fizesse pagar a crise aos que são responsáveis por ela, defendendo os povos europeus da *cupidez* dos especuladores. Ao invés, inventam-se razões para culpar as vítimas das suas próprias desgraças e castigam-se os 'povos do sul' com violentíssimos *programas de austeridade*, 'penitências' para expiar 'pecados' que não cometeram. Simultaneamente, obrigam-se os estados 'endividados' a endividar-se ainda mais, para que o capital financeiro possa receber os seus créditos e possa continuar a especular, para ganhar "lucros cada vez mais elevados", à custa dos salários, dos direitos e da dignidade dos trabalhadores e da soberania desses estados-membros da UE. É o *crime sistêmico*, o crime perfeito

---

[60] Segundo *Les Échos*, 16 de dezembro de 2011.

e impune, apesar de toda a gente saber quem são os 'criminosos' e quem os protege.[61]

O ministro Schäuble conhece certamente muito bem a história do sistema bancário alemão, recheada de episódios de corrupção e de gestão danosa. Talvez a *cupidez* dos bancos alemães tenha tido alguma responsabilidade na crise bancária que também afetou a Alemanha, cujos contribuintes tiveram de pagar, entre 2008 e 2012, segundo dados da Comissão Europeia, 646 mil milhões de euros para salvar bancos alemães à beira da falência, o que faz da Alemanha o país que mais gastou, a seguir ao Reino Unido, para não deixar falir bancos irresponsáveis (ou criminosos), mas *too big to fail*.[62]

O Ministro das Finanças alemão deve saber que a *cupidez* é um 'pecado', mas tem sido um dos pregadores mais inflamados na difusão da tese de que a (inventada) crise da *dívida soberana dos povos do sul* é fruto do 'pecado' dos *povos do sul*, povos preguiçosos que se habituaram a viver sem trabalhar, e que, por isso mesmo, têm de ser 'castigados' com duras 'penitências', para expiarem os seus 'pecados'. Esquece aquilo que sabe muito bem: que a crise que está a afetar países inteiros é, em grande parte, fruto da *cupidez e da procura de lucros* por parte dos *bancos-vampiros* que comandam a economia e a política na generalidade do mundo capitalista; que o grosso da despesa que endividou os estados periféricos do sul da Europa (e mesmo países ricos como os EUA) representa o custo da salvação dos ativos dos muito ricos do topo e da banca arruinada pelos 'jogos de casino'.[63]

---

[61] Como os clássicos são sempre refrescantes, não resisto a transcrever aqui um trecho do Padre António Vieira (*Sermão do Bom Ladrão*), nosso contemporâneo: "Não são ladrões apenas os que cortam as bolsas. Os ladrões que mais merecem este título são aqueles a quem os reis encomendam os exércitos e as legiões, ou o governo das províncias, ou a administração das cidades, os quais, pela manha ou pela força, roubam e despojam os povos. Os outros ladrões roubam um homem, estes roubam cidades e reinos; os outros furtam correndo risco, estes furtam sem temor nem perigo. Os outros, se furtam, são enforcados; mas estes furtam e enforcam".

[62] Dados colhidos em *Público*, 25 de agosto de 2013.

[63] Cfr. BLYTH, Mark. *Austeridade*: A História de uma Ideia Perigosa. Trad. port. Lisboa: Quetzal, 2013. p. 35.

OS 'MERCADOS' GOVERNAM A 'EUROPA'

A "paixão europeia pela austeridade" de que fala Paul Krugman (ou a "fixação europeia na austeridade" a que se refere Mark Blyth) alimenta-se desta 'teologia' perversa.

Ela ajuda também a compreender a razão por que foi 'inventada' a *crise das dívidas soberanas*, que é, em boa verdade, uma invenção para mascarar a *crise bancária* que obrigou os estados a endividar-se para salvar os bancos, uma crise que é, como Mark Blyth pôs em evidência, "uma crise transmutada e bem camuflada da banca", é "uma crise bancária habilmente e sobretudo politicamente transformada numa crise do setor público".[64]

Ela explica que o preço desta crise não esteja a ser pago pelos contribuintes alemães (que só pagaram para tapar os buracos do seu próprio sistema bancário), mas pelos 'colonizados' *povos do sul*. Malhas que o império tece...

Ela explica também a razão por que, quando se tratou de 'ajudar' os *povos do sul* em dificuldade, a Alemanha e a UE, comandada pela Alemanha, lhes tenham emprestado dinheiro a taxas de juro agiotas. Sabemos que o BCE tem ganho milhares de milhões de euros nos negócios com os títulos da dívida pública dos *países do sul*. Em 2012, o BCE aceitou devolver à Grécia mais de três mil milhões de euros que tinha ganho em operações sobre títulos da dívida pública grega. E a Alemanha aproveitou igualmente a crise resultante da *cupidez dos bancos* para ganhar dinheiro à custa dos *povos do sul*. Até finais de 2012, a Alemanha tinha ganho, com os negócios sobre a dívida soberana dos *povos do sul*, 41 mil milhões de euros.[65] Um estudo mais recente (divulgado

---

[64] Cfr. BLYTH, Mark. *Austeridade*: A História de uma Ideia Perigosa. Trad. port. Lisboa: Quetzal, 2013. p. 21-28 e 37. Trata-se de uma crise que pode suscitar, à escala europeia, um problema sem solução ao nível de cada estado nacional (e sem solução também ao nível da UE, tal como ela existe depois de Maastricht). Basta recordar que só os três maiores bancos franceses têm ativos de valor sensivelmente igual a 2,5 vezes o PIB da França (nos EUA, o valor total dos ativos de todo o sistema financeiro corresponde a cerca de 120% do PIB americano). Estes bancos não podem ser resgatados por qualquer país e dificilmente podem ser resgatados pela União Europeia.

[65] *Expresso*, 24 de agosto de 2013. É claro que tanto o BCE como a Alemanha ganharam também (muito) dinheiro com os empréstimos a Portugal, à Irlanda, à Espanha...

em 10 de agosto de 2015) de um centro de investigação alemão, o Instituto de Investigação Econômica Leibnitz veio esclarecer que a Alemanha já lucrou com a chamada *crise das dívidas soberanas* mais de cem mil milhões de euros, importância que excede em muito os gastos dos contribuintes alemães com a 'ajuda' aos *países do sul*. No caso da Grécia, este mesmo estudo garante que a Alemanha não perderá dinheiro, "mesmo que a Grécia não devolva um cêntimo".[66]

O ministro alemão sabe tudo isto (e muito mais) muito melhor do que eu. E talvez também saibam tudo isto os 'comentadores' que, em Portugal e em outros países, vão todos os dias à TV dizer que temos de 'comer e calar', porque os contribuintes alemães podem perder a paciência e deixar de pagar os 'pecados' (ou os vícios) dos *povos do sul*. É um espetáculo pouco dignificante aquele a que vamos assistindo nestes tempos do *capitalismo do crime sistêmico organizado*, nestes tempos em que o "dinheiro organizado" comanda e controla os grandes centros produtores e difusores da ideologia dominante, nomeadamente os poderosos meios de comunicação social de massas.

5.4 Em meados de 2012, muito a medo e sem grandes pormenores, os jornais falaram de um outro 'escândalo', fruto da *cupidez* do grande capital financeiro.[67] Pelo menos desde 2005, alguns dos maiores bancos mundiais vêm *manipulando*, em proveito próprio, os mercados financeiros, através da falsificação da *Taxa Libor* (**London Interbank Offer Rate**), taxa de referência utilizada, nomeadamente, para determinar as taxas de juro de contratos relativos a produtos financeiros (em especial *produtos financeiros derivados*), que movimentam cerca de 1200 milhões de milhões de dólares.[68]

---

[66] Cfr. *Avante!*, 13 de agosto de 2015.

[67] Ver, entre outros, *Diário Econômico*, de 7 de julho de 2012.

[68] Nesta manipulação (criminosa) dos 'mercados' estão comprometidos os grandes bancos que mais negoceiam com a emissão e venda de *produtos financeiros derivados associados a taxas de juro*: o *Barclays*, o *Deutsche Bank*, o *Goldman Sachs*, o *Citigroup* e o *J. P. Morgan*. A esta elite (perante a qual o pobre Al Capone não passa de menino do coro...) juntam-se, segundo os jornais, outros membros ilustres do "banksterismo": os bancos britânicos

OS 'MERCADOS' GOVERNAM A 'EUROPA'

Na altura, logo se admitiu que a idêntica manipulação teria sido sujeita a *Euribor* (a taxa correspondente à *Libor* na zona euro). No início de 2013, os jornais (29 de janeiro de 2013) confirmaram que quatro instituições financeiras alemãs (entre as quais emerge o *Deutsche Bank*) estão a ser investigadas por se suspeitar de envolvimento na prática deste crime.

Nos últimos dias de 2012 os jornais noticiaram outros episódios do mesmo tipo e deram conta do 'carinho' com que o poder político se ocupou deles.

Nos EUA, o banco suíço UBS foi condenado por manipulação das taxas Libor e Euribor em proveito próprio. Na minha modesta opinião, os bancos que praticassem um tal crime deveriam ser pura e simplesmente nacionalizados, sem direito a qualquer indenização. E os responsáveis por tais práticas deveriam ser impedidos de voltar a exercer a atividade bancária, levados a tribunal e condenados em pena correspondente à gravidade dos crimes cometidos. Mas as 'leis' do capital financeiro ditaram outra solução, mais 'realista': o banco suíço pagou umas multas (à volta de 1,5 mil milhões de dólares), mas o Departamento de Justiça dos EUA concordou em não acusar criminalmente nem a UBS nem os seus administradores, invocando o "receio de que tal poderia pôr em perigo a sua estabilidade".

Também nos EUA, o mais antigo dos bancos suíços (o Wegelin & Co), acusado de ajudar cidadãos americanos a esconder ao fisco mais de 1,2 mil milhões de dólares, celebrou um acordo judicial que prevê a restituição de 20 milhões de dólares ao Tesouro dos EUA e o pagamento de duas multas de 40 milhões de dólares. Privilégios da mais antiga nobreza bancária...

Ainda nos EUA, o HSBC (banco inglês considerado o 3º maior do mundo) foi acusado da lavagem de milhares de milhões de dólares dos cartéis da droga colombianos e mexicanos e de outras práticas irregulares.

Royal Bank of Scotland, ICAP, HSBC e *Lloyds Bank*, o banco suíço *UBS*, e os americanos *Citigroup* e *Bank of America.*

ANTÓNIO JOSÉ AVELÃS NUNES

Também neste caso as autoridades americanas acordaram com o HSBC o pagamento de uma multa de dois mil milhões de dólares, com o compromisso de não levarem o banco a tribunal. A explicação para não submeter à justiça o banco e os seus administradores é a do costume: "receio de que [tal] pudesse pôr em perigo um dos maiores bancos mundiais e, em última análise, desestabilizar o sistema financeiro global".

Já em dezembro de 2013, os jornais noticiaram que a Comissão Europeia deliberou aplicar multas a vários grandes bancos culpados de manipular e falsear as taxas de referência *libor* e *euribor*. O cartel do crime era constituído por algumas das instituições que 'governam' o mundo: o 'grupo' atrás referido, que se juntam o Crédit Agricole e o ICAP, além da corretora britânica RP Martin. Pagaram, em conjunto, uma multa de 1,7 mil milhões de euros (metade a cargo do *Deutsche Bank*), coisa pouca em comparação com o muito mais que ganharam. O Comissário Europeu Joaquín Almunia declarou-se "chocado com o conluio entre bancos que deviam ser concorrentes" e outros dois Comissários Europeus (Michel Barnier e Viviane Reding) falaram de *banksters* a propósito desta elite do "dinheiro organizado". Os comentadores de serviço logo apareceram a esclarecer que as multas eram moderadas para não criar dificuldades ao setor financeiro e que não seria prudente ir mais além, porque a falência de um banco por não respeitar as regras da concorrência seria muito prejudicial para a economia...

É o despudor total e a confissão de que o capitalismo atual é o *capitalismo do crime sistêmico*. O grande capital financeiro assenta o seu funcionamento em práticas criminosas. E, para quem acredita nas virtudes do mercado, a manipulação dos mercados não pode deixar de ser considerada um crime grave, um *crime de lesa-mercado*, um *crime de lesa-capitalismo*! Os fiéis do *deus-mercado* hão-de considerá-lo, certamente, um verdadeiro *crime contra a própria divindade*... Mas o poder político, em vez de punir os criminosos que praticam tais crimes, faz acordos com eles e não os leva a tribunal, para não desestabilizar o sistema financeiro global, que vive do *crime sistêmico*. E continuará a viver, com o beneplácito do *estado capitalista* (e de todas as instâncias do *poder político* ao serviço do capitalismo) uma vez que as multas pagas são uma

OS 'MERCADOS' GOVERNAM A 'EUROPA'

pequena parte dos lucros resultantes das "atividades criminosas" levadas a cabo pelo capital financeiro.

Como escreveu há tempos o insuspeitíssimo *The Economist* (15 de dezembro de 2012), os grandes bancos não são apenas *too big to fail*, são também *too big to jail*... Esta é uma situação intolerável, de cumplicidade entre o estado e o crime organizado.

5.5. Em 25 de julho de 2012 a Comissão Europeia dignou-se vir a público falar deste assunto. O Comissário responsável pelo Mercado Interno e Serviços informou que as investigações já efetuadas "puseram a nu mais um exemplo de comportamento escandaloso por parte dos bancos". E uma das Vice-Presidentes da Comissão (responsável pela área da Justiça) fala de "atividades criminosas no setor bancário".

Segundo estes altos responsáveis, trata-se, portanto, de *mais um exemplo* (entre muitos outros, acrescentaria eu) de *comportamento escandaloso* (melhor: de *atividades criminosas*) por parte dos bancos.

Perante esta evidência, dizem-nos que a UE se propõe adotar legislação que *proíba inequivocamente* este tipo de atuação, passando a considerá-la como *atividade criminosa* passível de *sanções penais*. Não resisto a perguntar: mas então as "atividades criminosas" a que se refere a senhora Vice-Presidente da Comissão Europeia não são já atividades *inequivocamente proibidas* e não são já *crimes* passíveis de *sanções penais*?

Compreende-se o embaraço da Comissão: quem *abusa do mercado*, quem *manipula o mercado*, quem comete estas *atividades criminosas* é o grande capital financeiro especulador, porque esse é o seu negócio, porque isso está na sua natureza. E não é fácil meter na cadeia o *capital financeiro*... Os seus servidores são perfeitamente fungíveis. Se alguns forem presos (e não consta que tal tenha acontecido...), outros surgirão para ocupar os seus lugares, que são dos mais bem pagos em todo o mundo. O 'casino' não fecha: funciona 24 horas por dia, todos os dias do ano.

A Comissão Europeia sabe perfeitamente que os *programas de austeridade* que vem impondo aos povos da Europa se destinam a arranjar dinheiro (subtraído a quem trabalha) para entregar de mão beijada à mesma banca que vem dando exemplos atrás de exemplos de *comportamentos escandalosos* e de *atividades criminosas*. E sabe que esse dinheiro está a ser usado não para conceder crédito às atividades produtivas (que criam riqueza e emprego), mas para tapar os buracos dos *jogos de casino* e para alimentar a especulação (que não cessou), com moedas e títulos, com 'produtos financeiros', com matérias-primas e produtos energéticos, com alimentos, com a vida de milhões de pessoas, e, agora, a especulação contra o euro.

Mas sabe também que os responsáveis por estas "atividades criminosas" são os senhores do mundo, e que são eles que financiam (e por isso escolhem) os presidentes dos EUA e outros presidentes e primeiros-ministros por esse mundo fora, e os membros da Comissão Europeia, e os governadores do BCE. Os dirigentes dos 'países dominantes' (e os membros da Comissão Europeia, e do BCE, e do FMI...) são amigos deles e convivem com eles nas reuniões sociais e nos encontros de negócios. E com eles decidem (nos G8 e nos G20, e no *Forum Davos* e na *Comissão Trilateral...*) que os valores supremos a preservar são a plena liberdade de circulação de capitais, a liberdade de criação das "armas de destruição maciça" que são os 'produtos financeiros', a intocabilidade dos paraísos fiscais, a independência dos bancos centrais e outros 'princípios' e 'valores' que fomentam as ditas "atividades criminosas" e protegem os seus responsáveis (na esfera da finança e na esfera da política). Como pode alguém esperar que se metam na cadeia uns aos outros?

Quem se esquece das 'juras' de Sarkozy, proclamando a necessidade de "refundar o capitalismo" e de pôr de pé "uma nova ordem"? Quem não se recorda do "compromisso inquebrantável" do G20 (Londres, abril de 2009), perante "as grandes falhas no setor financeiro" ("causas fundamentais da crise"), no sentido de cooperar para "fazer o que for necessário para restabelecer a confiança, o crescimento e o emprego"? O que aconteceu depois disto? Continuam intocáveis os paraísos fiscais (*estados mafiosos*, como alguns lhe chamam); manteve-se e reforçou-se a sacrossanta liberdade de circulação do capital, deram-se milhões de milhões de euros à 'banca criminosa', decidiu-se que os

OS 'MERCADOS' GOVERNAM A 'EUROPA'

bancos não podem falir (sobretudo os que são *too big to fail*), atacam-se os salários e os direitos dos trabalhadores, humilham-se povos inteiros.

Mas nada se fez para fechar de vez o 'casino' em que se transformou o capitalismo dos nossos dias. Um casino muito especial, de resto. Nos casinos propriamente ditos, conhecem-se de antemão as regras do jogo e cumprem-se as regras do jogo. Não é assim neste 'casino mundial' controlado pelo capital financeiro: os donos do casino viciam as regras do jogo (apesar de, em última instância, elas serem definidas por eles), marcam as cartas, jogam com cartas na manga. Além de especuladores, eles são batoteiros e não hesitam nos meios para alcançar os seus objetivos, incluindo a 'compra' das agências de *rating*, para que estas ajudem nas manobras de manipulação dos 'mercados'.

E é evidente que, no seio do 'pensamento dominante', ninguém ousa sequer pensar que a solução tem de passar pela retirada da banca (e do sistema financeiro em geral) da alçada do setor privado, confiando a sua propriedade ao estado e a sua gestão a entidades nomeadas por órgãos do poder político democrático, para retirar ao capital financeiro especulador o controlo da poupança e do investimento de toda a comunidade, por forma a garantir que a poupança das famílias e das empresas possa ser utilizada para o financiamento da inovação, da criação de emprego e de riqueza, ao serviço da melhoria das condições de vida e de trabalho dos povos.

O 'argumento' é sempre mesmo: o absurdo *argumento TINA* (**T**here **I**s **N**o **A**lternative) de que *não há alternativa* ao mercado, ao capitalismo e ao neoliberalismo, um 'argumento' que é uma ofensa à nossa inteligência e à nossa liberdade.

Em novembro de 2014 uma investigação jornalística trouxe à luz do dia um escândalo que vai sendo designado por *LuxLeaks* e que não era para ser conhecido... Sabe-se agora que, durante os últimos oito anos, o Governo do Luxemburgo assinou acordos fiscais secretos com 340 empresas multinacionais (às quais aceitava cobrar impostos sobre os lucros que por vezes não iam além de 1%!), destinados a atrair o seu dinheiro para os bancos do Grão-Ducado, à custa de práticas de fuga ao fisco e de fraude fiscal em outros países. O responsável máximo por estas negociatas é o Sr. Jean-Claude Juncker, na qualidade de Primeiro-Ministro do Luxemburgo, cargo que acumulou durante anos com o de Presidente do *Eurogrupo*, uma estrutura que impôs a Portugal e a outros países da zona euro medidas de austeridade draconianas, destinadas (também) a restabelecer a *confiança*. Reclamam confiança os que não merecem confiança nenhuma.

O atual Presidente do *Eurogrupo* (o Ministro das Finanças da Holanda) apontou responsabilidades políticas por este escândalo ao Governo do Luxemburgo. Mas o Sr. Juncker, cuja "consciência social-cristã" justificou o voto favorável dos socialistas europeus à sua investidura como Presidente da Comissão Europeia, classificou tal comportamento (um comportamento de deslealdade para com outros países da UE e instigador de práticas ilegais e até criminosas) como um simples "excesso de engenharia fiscal", 'justificando-o' moralmente com a alegação de que ele é prática corrente na Europa (e em outras partes do mundo), e, tecnicamente, com a desculpa de que ele é, afinal, o fruto da "falta de harmonização fiscal ou de uma harmonização fiscal insuficiente na Europa." Estas desculpas são tão convincentes que nem o Sr. Juncker pediu a sua demissão de Presidente da Comissão Europeia nem o Parlamento Europeu (perante o qual prestou declarações em 12 de novembro 2014) o censurou por aqueles "excessos de engenharia fiscal".

À margem do 'julgamento político' (feito por juízes em causa própria), até ao momento, a Justiça só está a investigar um contabilista que entregou os documentos comprovativos destes 'excessos' a um *Consórcio Internacional de Jornalistas de Investigação*. Segundo os jornais, este contabilista criminoso pode ser condenado a uma pena de prisão até cinco anos e a uma multa de um milhão de euros. Realmente, a Justiça é cega: não vê o que não quer ver... Assim vai a 'Europa'. Ou melhor: esta 'Europa' não vai a parte nenhuma.[69]

---

[69] Por estas e por outras é que há quem chame aos políticos 'europeus' "surrender monkeys to the Troika" ("macacos submissos aos imperativos da Troika"). Assim, Bill Mitchell, em http://biblo.economicoutlook.net/blog/?=29550&cpage=1
Parafraseando o poeta português José Gomes Ferreira, poderíamos dizer: são *carneiros todos, com carne de obedecer.*

OS 'MERCADOS' GOVERNAM A 'EUROPA'

5.6. O que é novo nestas 'histórias' – que ilustram práticas criminosas que envolvem o sistema financeiro como um todo, configurando um verdadeiro *crime sistêmico* – é o facto de elas terem chegado aos jornais. Porque os governantes, os reguladores e supervisores, tal como as polícias, sabem muito bem o que se passa. Sabem que 80% dos *hedge funds* (que especulam com produtos financeiros de alto risco) estão sediados no conforto da *City* de Londres; sabem onde se situam os *paraísos fiscais* (a *City* londrina, no coração da *Europa civilizada*, é o maior paraíso fiscal do mundo, pelo qual passam 24% das operações *off-shore*, i. e., o grosso do tráfico do *crime organizado à escala mundial*)[70]; conhecem bem as "armas de destruição maciça" que eles utilizam nas suas ações de "terrorismo financeiro", nas suas práticas de verdadeiros "crimes econômicos contra a humanidade";[71] sabem até quando e onde se reúnem os "membros desta elite de Wall Street", os 'padrinhos' das 'famílias dominantes' deste *crime organizado*.[72]

Moral da história: o *estado capitalista*, o seu Direito e os seus Tribunais não existem para isso e as cadeias não foram feitas para gente fina.

---

[70] Mas há outros, localizados em pleno coração da 'Europa civilizada': para além da Suíça, alguns são países do euro (o Luxemburgo, a Holanda…), que fazem concorrência 'criminosa' aos seus 'parceiros' da moeda única.
Nos últimos meses de 2014, os portugueses assistiram ao desmoronamento de um dos grandes grupos econômico-financeiros que foi 'dono' de Portugal pelo menos desde os tempos de Salazar. Refiro-me ao Grupo Espírito Santo (GES). A sorte do banco do Grupo (o BES) foi decidida pelo Governo e pelo Banco de Portugal (em 'representação' do BCE e da Comissão Europeia), porque era preciso colocar dinheiro público (cerca de 5 mil milhões de euros) para o salvar. E esse, é claro, é um encargo dos contribuintes portugueses. Mas, quanto às demais empresas do GES, temos verificado que são os tribunais do Luxemburgo que decidem da sua sorte, porque as *holdings* e outras empresas do Grupo têm lá a sua sede, para beneficiar do ambiente acolhedor deste *paraíso fiscal*.

[71] A expressão é de Lourdes Benería e Carmen Sarasúa (*El País*, 29 de março de 2011).

[72] Basta ler *The New York Times* (11 de dezembro de 2010): "esta elite de Wall Street reúne-se todas as quartas-feiras de cada mês no Midtown de Manhattan à roda de um objetivo comum: proteger os interesses dos grandes bancos no mercado de derivados, uma das áreas mais lucrativas e mais controvertidas do mundo financeiro, partilhando um segredo comum: os pormenores destes encontros e as suas identidades são estritamente confidenciais" (*apud* NAVARRO, Vicenç; LÓPEZ, Juan Torres; ESPINOSA, Alberto Garzón. *Hay Alternativas: Propuestas para crear empleo y bienestar social en España.* Madrid: Ediciones Sequitur, 2011. pp. 70/71).

The Economist tem razão: eles (os grandes 'padrinhos' do sistema financeiro) são *too big to jail* (demasiado grandes para irem para a cadeia). É isso: não há, no mundo capitalista, cadeias capazes de receber os agentes do *crime sistêmico*. As cadeias são para os miseráveis, para os negros, para os imigrantes, para os inadaptados à 'civilização ocidental', não para os senhores do mundo, que dominam o *crime sistêmico* e são os 'donos' das cadeias.

Aos senhores do mundo continua a ser garantida a segurança nos *paraísos fiscais*, que são também *paraísos judiciais*, verdadeiros 'santuários' protetores de todos os grandes senhores do "crime organizado" (tráfego de drogas, tráfego de armas, tráfego de mulheres, lavagem de dinheiro, fuga ao fisco, gestão danosa de dinheiros públicos, financiamento de atividades ilegais de espionagem e de subversão, corrupção de toda a espécie). O capitalismo do nosso tempo assenta no *crime sistêmico* e o *estado capitalista* está incondicionalmente ao serviço do *crime sistêmico*.

Costuma atribuir-se a Roosevelt a afirmação segundo a qual permitir o domínio da política pelo "dinheiro organizado" é mais perigoso do que confiar o governo do mundo ao "crime organizado". Seja quem for o autor deste diagnóstico, ele traduz bem a realidade atual e encontra nela plena confirmação: a coberto da sacrossanta *liberdade de circulação do capital* e da *livre criação de produtos financeiros derivados*, o *dinheiro organizado* vem cometendo toda a espécie de *crimes contra a humanidade*. Classifico-os assim porque se trata de crimes que afetam a vida e a dignidade de milhões de pessoas, humilhando povos inteiros, empobrecidos à força para satisfazer as exigências dos grandes 'padrinhos' do *crime organizado*. Estes crimes, cometidos pelas instituições financeiras e pelos seus administradores, deveriam ser considerados *crimes imprescritíveis*.

5.7. Na linguagem da Geografia Física, diríamos que esta 'Europa' é uma bacia hidrográfica em que todos os rios vão ter ao mesmo lago sem saída do neoliberalismo. Esta é *a Europa* construída, em grande parte, por obra dos dirigentes socialistas e sociais-democratas europeus, quase sempre à custa de conciliábulos entre 'elites', retirando à ponderação do voto popular as opções de fundo tomadas. E é hoje inquestio-

OS 'MERCADOS' GOVERNAM A 'EUROPA'

nável que esta 'Europa', construída sob a invocação hipócrita do *modelo social europeu*, acabou por se transformar, para os povos europeus, como observou Bernard Cassen, num verdadeiro "cavalo de Tróia da globalização neoliberal".[73]

O *mercado interno único europeu* impõe regras de concorrência comunitárias, do mesmo modo que é comunitária a política monetária, cuja definição e execução são confiadas ao Banco Central Europeu, uma *instituição federal* sem qualquer controlo por órgãos (nacionais ou comunitários) politicamente legitimados pelo sufrágio universal. No entanto, apesar da 'federalização' de políticas tão importantes, os construtores desta *Europa do capital* nem querem ouvir falar de harmonização das políticas tributária, laboral e social. Com este enquadramento e num espaço econômico unificado onde coexistem níveis de desenvolvimento econômico, científico, tecnológico, escolar e cultural muito diferentes, os países mais débeis (com empresários de baixa qualidade, com uma boa parte da população marcada pela iliteracia e com fraco nível de preparação profissional),[74] têm enormes dificuldades em concorrer com armas iguais neste mercado único.

Não sendo possível, no quadro da UEM, o recurso à *desvalorização externa da moeda*, os cânones do neoliberalismo têm imposto o recurso à chamada *desvalorização interna*. É a solução que agrada ao grande capital e aos eurocratas, e vem-se traduzindo no recurso à *política laboral* (facilitando os despedimentos, estimulando a precariedade do trabalho, dificultando a contratação coletiva), à *política de rendimentos*, i. e., à *política salarial*, ou, melhor, à política de *arrocho salarial* (congelando ou baixando os salários) e à *política social* (esvaziando o parco conteúdo do

---

[73] Assim, CASSEN, Bernard. "Ressurreição da 'Constituição' Europeia". *In: Le Monde Diplomatique*, Ed. Port., dezembro de 2007. p. 6.

[74] Segundo dados do Instituto Nacional de Estatística (INE), a formação profissional dos empresários portugueses é inferior à média dos empresários da UE/27 e inferior à dos trabalhadores portugueses. Entre os trabalhadores, 18% têm um curso superior, contra 9% apenas para os empresários; 81% dos empresários têm baixas qualificações (ensino básico ou secundário inferior), sendo esta percentagem de 65% para os trabalhadores (que, no entanto, estão bastante abaixo da média dos trabalhadores da UE). Cfr. *Público*, 2 de abril de 2010.

estado social desses países, diminuindo os direitos laborais e sociais dos trabalhadores, reduzindo os encargos patronais com a segurança social, aumentando o 'preço' dos serviços de ensino e de saúde, diminuindo as pensões de reforma).

A esta espécie de *dumping salarial* e de *dumping social* junta-se o *dumping fiscal*, que é, para os países mais pobres, o último instrumento de 'concorrência', o que sacrifica a sua própria soberania nacional, por obrigar os países que querem atrair investimento estrangeiro (e até o grande investimento nacional) a não cobrar impostos sobre os rendimentos do capital. É uma situação semelhante à dos bombistas-suicidas. Porque o recurso à 'arma tributária' obriga estes estados a abdicar do exercício da sua própria soberania e priva-os de obter receitas indispensáveis para financiar os investimentos necessários para levar a cabo um desenvolvimento sustentado e para promover a melhoria das condições de vida das populações (habitação social, ensino gratuito, saúde acessível a todos). E porque esses estados se condenam a si próprios a obter receitas públicas através dos impostos sobre os rendimentos do trabalho e impostos sobre o consumo, de efeitos consabidamente regressivos em matéria de justiça fiscal. Os trabalhadores (os pobres em geral) são os sacrificados desta política.

É uma concorrência *forçada* (*não livre*) e *falseada*, alimentada também pela *política de deslocalização de empresas*. É a concorrência de que gosta o grande capital, apoiada pelas instituições e pela ordem jurídica da UE, que tolera esta concorrência dentro da eurozona, onde alguns estados-membros funcionam como verdadeiros paraísos fiscais.

Em meados de 2007, o Comissário Europeu responsável pelo pelouro da fiscalidade confessava a um jornal português não ser favorável à *harmonização tributária*, porque, num espaço em que vigora a livre circulação de capitais, harmonizar as taxas do imposto sobre os rendimentos do capital seria "acabar com a concorrência fiscal", responsável, segundo ele, por "um melhor ambiente para os negócios".[75] Claro. *Negócios über alles*! Em vez da *solidariedade*, a *concorrência desleal*. Uma *zona*

---

[75] Cfr. *Jornal de Negócios*, 14 de junho de 2007.

OS 'MERCADOS' GOVERNAM A 'EUROPA'

monetária onde se permitem estas práticas só pode ser uma armadilha para os países mais débeis.

Em vez da *Europa dos povos* construiu-se a "Europa dos banqueiros, dos tecnocratas e dos rendistas da política", uma 'Europa' que, em vez de ser "um espaço de solidariedade entre os seus membros", se apresenta como um espaço onde se recusa "qualquer harmonização pelo topo dos direitos e dos níveis de vida", transformando cada estado no "predador potencial dos seus vizinhos".[76]

---

[76] Assim, BALIBAR, Étienne. "Um novo impulso, mas para que Europa?". *In: Le Monde Diplomatique*, Ed. Port., pp. 10-13, março de 2014.

VI

A 'EUROPA' NÃO É UM ESPAÇO SOLIDÁRIO

6.1. Como todos concordaremos, uma comunidade identitária no plano político tem de caraterizar-se por um *elevado grau de solidariedade*, tanto no plano interno como no plano externo. E a UE está longe de corresponder a esta exigência fundamental.

No plano externo, essa falta de solidariedade tem-se manifestado em momentos dramáticos, como foi o da invasão do Iraque, tendo sido notórias as posições extremadas entre os opositores e os apoiantes da estratégia imperial da América fundamentalista de Bush.[77]

---

[77] Pouco antes acontecera algo de semelhante a propósito da ex-Iugoslávia, onde o conflito de interesses entre potências imperialistas europeias deu origem à 1ª Guerra Mundial, *a guerra que pôs fim às guerras*, como se dizia (e desejava) no fim dela. Muitos analistas atribuem à Alemanha a responsabilidade política de ter estimulado os nacionalismos na região, encorajando a separação da Croácia e da Eslovénia da Federação Iugoslava e reconhecendo a independência da Croácia unilateralmente e quase de surpresa, à margem da Comunidade Europeia e contra o consenso das restantes potências europeias. O resultado foi o que se viu: uma guerra fratricida no coração da Europa e a intervenção militar dos EUA, sob a capa da OTAN, à margem do direito internacional, numa pura imposição da lei do mais forte. O ex-Presidente da República Portuguesa, Jorge Sampaio, não escondeu aos seus concidadãos que apoiar a intervenção no Kosovo "foi uma das coisas mais difíceis da minha vida", porque "não há guerras santas", porque "a guerra é sempre uma coisa

No plano interno, o défice de solidariedade revela-se, entre outros domínios, na incapacidade:

• de levar a sério o objetivo da *coesão econômica e social* (a que a UE afeta menos de 1/3 das verbas do seu orçamento, percentagem que ganha significado se lembrarmos que a PAC absorve 47%);

• de avançar para um mínimo de harmonização em matéria de políticas sociais (neste âmbito, as deliberações continuam a ser tomadas por unanimidade);

• de estabelecer um mínimo de harmonização fiscal, nomeadamente no que toca ao imposto sobre as sociedades, à tributação dos rendimentos do capital e das mais-valias;

• de pôr de pé uma política concertada de promoção do pleno emprego, de combate ao desemprego e de proteção social aos desempregados;

• de dotar a União de um orçamento suficiente para ter efeitos redistributivos relevantes e para financiar políticas capazes de enfrentar os efeitos dos chamados *choques externos* ou *choques assimétricos*.

A ausência de solidariedade interna está bem patente, como digo atrás, no abandono (*Tratado de Amesterdão*, 1986) do objetivo da *harmonização no sentido do progresso*, indispensável para se honrar a tão proclamada *solidariedade europeia* e para se construir a Europa como *entidade política*. Este *aggiornamento* de 1986 veio apenas pôr o texto dos Tratados de acordo com a realidade, e veio também mostrar que esta 'Europa' é um *projeto negador da solidariedade europeia* e que, enquanto entidade política, está ao serviço deste mesmo projeto. Os avanços no sentido de *mais Europa* têm significado sempre *menos solidariedade* entre os povos e os estados europeus.

---

horrível". Dividida, não solidária, a União Europeia não tem sido capaz de honrar plenamente uma das suas promessas originárias mais meritórias (a de evitar guerras fratricidas na Europa) e não tem sido capaz de impor aos EUA o respeito pelo Direito Internacional, abrindo caminho a "novos abusos, novas injustiças e novas desigualdades". Como a realidade atual continua a evidenciar.

A 'EUROPA' NÃO É UM ESPAÇO SOLIDÁRIO

Como já referi atrás, outro exemplo esclarecedor da ausência de solidariedade interna no seio da UE resulta da manutenção, mesmo no seio da zona euro, de estados-membros que se comportam como verdadeiros *paraísos fiscais*, fazendo tudo para concorrer deslealmente com os restantes, aliciando empresas com isenções de impostos e 'segredos bancários', estimulando a fuga ao fisco e a fraude fiscal em outros estados-membros da UE, com os quais partilham a mesma moeda. No império do capital financeiro tudo é possível, menos a solidariedade.

Só mesmo o descaso pela solidariedade entre os povos da União justifica o tratamento dado aos doze países da Europa central e de leste que entraram há menos tempo na UE. Ninguém ignora que as populações desses países já suportam pesados fardos decorrentes da passagem do socialismo ao capitalismo: encargos fiscais superiores (nomeadamente por força do IVA); diminuição das prestações sociais (imposta pela mudança de sistema econômico-social e pelos critérios restritivos no que concerne ao déficit público); aumento dos preços dos bens essenciais (antes subsidiados), como é o caso das tarifas da eletricidade, rendas de casa, transportes, saúde, educação, serviços públicos em geral; enorme aumento do desemprego, como consequência do desmantelamento das estruturas produtivas anteriores e da 'flexibilização' das leis do trabalho. No entanto, eles não beneficiaram de meios facilitadores da sua integração idênticos àqueles de que beneficiaram outros países (Portugal, Espanha, Grécia e Irlanda), apesar de se apresentarem com um rendimento médio *per capita* inferior a metade do rendimento médio da UE com quinze membros.

A falta de solidariedade vem ao de cima sempre que se discute o orçamento comunitário, que se mantém à roda de 1% do PIB da União, enquanto nos países que integram a UE o orçamento nacional representa entre 40% e 60% do PIB.

As verbas previstas no II Quadro Comunitário de Apoio (QCA) duplicaram relativamente à do primeiro, mas as verbas para o III QCA (2000-2006) mantiveram-se inalteradas.

Já depois dos referendos na França e na Holanda (maio e junho de 2005) que vetaram a chamada Constituição Europeia, os Chefes de

Estado e de Governo, reunidos no Conselho Europeu (16-17 de junho de 2005), não se entenderam sobre o quadro orçamental para o período 2007-2013. Apesar do alargamento, os países mais ricos opuseram-se ao aumento do orçamento da União e os maiores contribuintes líquidos para este orçamento (a Holanda, a Suécia e a Alemanha) pretendiam mesmo ver reduzida a sua contribuição financeira para a UE. Por isso mesmo, ao longo do período 2007-2013, o orçamento comunitário não foi além de 1% do PIB da União. O número de países 'pobres' aumentou (e entre os 'pobres' que mais recebem estão algumas regiões menos ricas dos países mais ricos...), mas o bolo não cresceu.

A verdade é esta: mesmo para os habitantes dos países com maior contribuição líquida, o orçamento da UE absorve um montante à roda de 150 euros/habitante/ano, um valor mensal (12,5 euros) que é de certeza (muito) inferior ao montante da quota mensal paga pelos sócios da generalidade dos clubes de futebol das ligas principais dos países europeus. Como se vê, vale muito pouco a solidariedade europeia.

Os países dominantes no seio da UE 'ignoram' tudo isto. A sua preocupação resume-se à maximização, em benefício das suas economias, dos ganhos de um grande mercado aberto à concorrência. A solidariedade devida aos novos países do alargamento serve apenas para compor o discurso político (ou politiqueiro), apesar de se saber que esses países continuam, em geral, a registar níveis de produção inferiores aos de 1989, vendo-se, por isso, condenados a recorrer a práticas equiparáveis ao *dumping salarial*, ao *dumping social*, ao *dumping fiscal* e ao *dumping ambiental* como armas de concorrência.

Quem ganha com esta situação são os senhores do grande capital, que joga com a *deslocalização de empresas* para tentar obter em outros países idênticas vantagens salariais e fiscais (áreas onde os Tratados afastam qualquer ideia de harmonização). Para poderem ser competitivos (i. e, para poderem assegurar gordíssimas taxas de lucro aos capitais estrangeiros que querem atrair), os governos desses países vão por certo condenar os seus trabalhadores a manter (ou a diminuir) os baixos níveis salariais e os baixos níveis de proteção social que hoje auferem e vão aceitar cobrar menos receitas (por abdicarem da cobrança dos impostos

A 'EUROPA' NÃO É UM ESPAÇO SOLIDÁRIO

sobre os rendimentos do capital) em prejuízo dos investimentos indispensáveis para promover o desenvolvimento econômico e social e melhorar o bem-estar dos cidadãos.

A esta luz, ganha sentido a tese dos que não entendem aquele alargamento, tão mal preparado, feito precipitadamente, ainda por cima em tempo de acentuada crise econômica e social, num mundo unipolar, com a Europa cada vez mais desigual, confusa quanto aos contornos do próprio alargamento, profundamente dividida em matérias de política externa, mesmo quanto à questão-limite da guerra e da paz.

O tempo e o modo do alargamento da UE de 15 para 25 e depois para 27 membros talvez só se consigam explicar porque ele significou, verdadeiramente, a entrada no mercado único das grandes empresas dos países europeus 'dominantes' (sobretudo das empresas alemãs), que entretanto se foram instalando nos países cuja adesão se preparava (situados na histórica 'zona de influência' ou *espaço vital* da Alemanha), dominando uma parte substancial das suas economias. Quer dizer: o alargamento fez-se não para integrar os povos dos países em causa num espaço solidário, empenhado em ajudá-los a melhorar os seus níveis de vida, mas apenas para que aqueles 'países dominantes' possam tirar proveito dos seus recursos naturais e, sobretudo, da sua mão-de-obra qualificada, barata e pouco reivindicativa, com as empresas aí implantadas devidamente integradas no "grande (super)-mercado europeu pacificado".[78]

O alargamento teve lugar, nas condições referidas, porque ele serve o objetivo último de tentar impor, em todo o espaço comunitário, o *nivelamento por baixo*, ao nível dos salários, dos direitos dos trabalhadores e das prestações sociais que estes foram conquistando, a duras penas, ao longo dos duzentos anos da história do capitalismo.

6.2. A solidariedade europeia mostrou mais uma vez o seu vazio a propósito do orçamento comunitário aprovado para o período 2014-2020. Os *países do norte* insistiram em reduzir o orçamento ou, pelo menos,

---

[78] Cfr. LECHEVALIER, Arnaud; WASSERMAN, Gilbert. *La Constitution Européenne*: Dix clés pour comprendre. Paris: La Découverte, 2005. p. 15.

em reduzir a sua própria contribuição. No RU, os trabalhistas (junto com alguns deputados conservadores) derrotaram no Parlamento o projeto do governo conservador. Este admitia manter os valores nominais do orçamento atual e a contribuição britânica, aqueles queriam diminuir um e outra.

Pois bem. O orçamento da UE para o período 2014-2020 (aprovado pelo Conselho Europeu em 8 de fevereiro de 2013) é, pela primeira vez, um orçamento de montante inferior ao do septenato anterior. O RU ameaçou vetar o orçamento e mesmo abandonar a UE se o orçamento não fosse reduzido. Os chamados contribuintes líquidos (em especial a Alemanha e os 'países do norte', que esquecem os ganhos que retiram do comércio intra-europeu) exigiram pagar menos. A França, talvez por mera tática negocial, defendeu o reforço do orçamento comunitário, mas, ao fim e ao cabo, preocupou-se essencialmente em garantir o bolo da Política Agrícola Comum, que continua a absorver uma percentagem elevadíssima do orçamento da UE e de que a França (juntamente com os países ricos do centro/norte da Europa) é o maior beneficiário.

Ficou claro, mais uma vez, que a Europa não existe enquanto entidade política capaz de representar uma *perspetiva europeia* para os problemas que afligem os povos do Velho Continente. Esta 'Europa' é um somatório de egoísmos nacionais, arbitrados pela Alemanha, que se comporta como *árbitro-dono-da-bola*.

Desde a entrada em circulação do euro, a Europa vive uma crise profunda (crise do euro e crise econômica e social), que está a pôr em causa a coesão social e o contrato social à escala europeia e à escala de cada um dos estados-membros da UE e que está a ameaçar a democracia e a paz na Europa e no mundo. Por isso mesmo, era natural esperar dos 'europeístas' a definição de *políticas comunitárias ativas* de luta contra a crise. A verdade, porém, é que o orçamento aprovado ignora por completo as dificuldades e as necessidades dos países mais atingidos pela crise (de quase todos os países da UE, afinal). É um orçamento que reforça a austeridade e que continua a ignorar qualquer política séria para dinamizar o crescimento e promover o emprego.

A 'EUROPA' NÃO É UM ESPAÇO SOLIDÁRIO

O santo e a senha continuam a ser os princípios monetaristas aprovados no *Tratado Orçamental*. A 'Europa' continua apostada no empobrecimento dos trabalhadores europeus, para os obrigar a 'competir' com os trabalhadores do Sri-Lanka ou do Bangladesh. O *poder político europeu* existe apenas para servir os interesses do grande capital financeiro, para garantir as liberdades do capital (liberdade de comércio, liberdade de circulação de capitais, liberdade de estabelecimento) e para destruir, a golpes de políticas neoliberais, a economia e a soberania dos países mais débeis. A União Europeia 'roubou' aos estados-membros fatias importantíssimas da sua soberania, mas não pode oferecer-lhes (nomeadamente aos mais fracos) nenhuma 'soberania' de substituição, que tenha em conta os seus problemas (os conjunturais e os estruturais) e prossiga políticas destinadas a enfrentá-los e a resolvê-los. O engodo da "soberania partilhada" resulta ainda mais evidente quando é hoje claro que a *solidariedade europeia* prometida como contrapartida das perdas de soberania está mais longe desta 'Europa' do que a chuva do deserto. A *morte da soberania* está a traduzir-se na *morte da democracia*.

6.3. – É espantoso ver como, em geral, as pressões para enfraquecer ainda mais a já fraca força do orçamento da UE vêm dos estados-membros que mais insistem na necessidade de se avançar na *integração política europeia*, rumo a um *estado europeu*. O que prova que esta não é uma proposta séria. Se uma zona monetária não pode subsistir sem um grau elevado de solidariedade entre os seus membros, muito menos se pode conceber um estado federal sem uma fortíssima solidariedade entre os estados federados. Isto significa que não faz qualquer sentido pensar-se em *mais integração política*, em *mais Europa*, sem se avançar muito mais no *reforço da solidariedade* entre os estados-membros da UE. Enquanto a 'Europa' não for um espaço solidário, a proposta de *mais Europa* só pode encobrir o propósito de reforçar os mecanismos de domínio das grandes potências sobre os países mais pequenos e mais débeis, dos *países do norte* sobre os *países do sul*, dentro dos parâmetros do *imperialismo* e do *neocolonialismo*.

Nestes tempos de crise, os *donos da Europa* vêm tratando os países em dificuldade como se estes fossem criminosos. Em vez de os ajudar a recuperar as suas economias, castigam-nos com penas humilhantes e

101

ruinosas. Basta só dizer que cobram aos países carecidos de ajuda juros mais elevados do que aqueles que o BCE cobra aos bancos privados! A Alemanha financia-se praticamente sem custos e empresta dinheiro a taxas de juro agiotas aos *países devedores* (muitas vezes obrigados a endividar-se para enriquecer a Alemanha). As dificuldades dos *países devedores* são fonte de lucro para a Alemanha e para os especuladores que usam contra os estados-membros mais débeis da UE os recursos comunitários que o BCE lhes dá de mão beijada.

É hoje mais claro do que nunca que o *programa político* da União Europeia não é o do desenvolvimento harmonioso de todos os povos europeus com vista à aproximação dos seus níveis de rendimento e condições de trabalho e de vida. A 'Europa' não é mais do que um enorme mercado para as empresas multinacionais dos países dominantes (as grandes beneficiárias da liberdade de estabelecimento, da liberdade de circulação de mercadorias e das sacrossantas regras da *concorrência livre e não falseada*) e uma estrutura de poder ao serviço do capital financeiro (que tira partido da liberdade de circulação de capitais, da desregulação da atividade financeira e da proteção do BCE), com inteiro desprezo pelos interesses e pelos direitos dos trabalhadores (para ficarmos só pelo 'mercado', todos sabemos que não existe, no seio da UE, um verdadeiro *mercado único de trabalho*, que permita a livre mobilidade dos trabalhadores de um país para outro).

As medidas propostas pela Comissão Europeia não passam de fogos fátuos e de operações de publicidade enganosa.

Em 2012 a Comissão Europeia anunciou um 'ambicioso' programa para animar o investimento. Foi o que o então Presidente da Comissão Europeia (Durão Barroso) classificou de "uma pipa de massa". O esquema partia de 10 mil milhões de euros adiantados pelo *Banco Europeu de Investimento* (BEI), que permitiriam, graças a "adequados instrumentos financeiros", empréstimos no valor de 60 mil milhões de euros, que, por sua vez, viabilizariam 100 mil milhões de investimento privado. Verdadeira 'multiplicação dos euros', a execução deste plano milagreiro não chegou a 20% do previsto. Ninguém viu as 'pipas' e muito menos se viu a 'massa'.

A 'EUROPA' NÃO É UM ESPAÇO SOLIDÁRIO

Para assinalar a sua tomada de posse como Presidente da Comissão Europeia, Jean-Claude Juncker quis ultrapassar Durão Barroso e anunciou um *audacioso programa de investimento* para três anos, no montante de 315 mil milhões de euros.[79] É de novo o recurso à receita da *multiplicação dos euros*. Tomam-se 16 mil milhões de euros do orçamento da UE (retirados de outras rubricas deste orçamento, boa parte dos quais do *Programa Quadro de Investigação*); acrescentam-se 5 mil milhões de euros provenientes do BEI; mistura-se tudo muito bem com o auxílio de "instrumentos financeiros inovadores" (garantias públicas a investimentos privados, recurso às parcerias público-privadas...); 'cozinha-se' em lume brando e o resultado será maravilhoso: uma "alavancagem" resultante do investimento privado, que chegará aos tais 315 mil milhões de euros anunciados (multiplicando por quinze os 21 mil milhões existentes no início...). Como as crianças que correm atrás dos balões cheios de nada, há quem diga acreditar neste golpe de mágica (incluindo alguns dirigentes socialistas), vendo aqui o início de um "novo ciclo" nas políticas da UE.[80]

É verdade que eu não acredito em milagres, mas creio não me enganar garantindo que, neste caso, o milagre da *multiplicação dos euros* não vai mesmo acontecer.

---

[79] Ver FERREIRA, João. "O inclinado 'plano Juncker'" em *Avante!*, 23 de dezembro de 2014.

[80] Quem não brinca em serviço é a *Business Europe* (a confederação do grande patronato europeu), que aplaudiu o programa, mas logo acrescentou que o investimento privado exige um "bom ambiente" e que este se cria reduzindo os custos unitários do trabalho e reduzindo os impostos sobre os rendimentos do capital. Nada de novo: mais austeridade, portanto.
Para se ver o alcance deste programa, poderemos fazer algumas contas (cfr. FERREIRA, João. "O inclinado 'plano Juncker'" em *Avante!*, 23 de dezembro de 2014.). Se o dinheiro fosse equitativamente distribuído por todos os países da UE (o que pressuporia, além do mais, idêntica capacidade de mobilização do investimento privado), Portugal poderia aspirar a receber 11 mil milhões de euros de investimentos. Ora, segundo os cálculos da própria Comissão Europeia, se nada mudar, Portugal pagará, até 2020, cerca de 60 mil milhões de euros em juros da dívida pública. Se admitirmos uma reestruturação da dívida (redução do montante, diminuição das taxas de juro, dilatação dos prazos de pagamento) que nos permitisse pagar apenas um quarto deste montante, ficaríamos com uma capacidade de investimento de 45 mil milhões de euros (quatro vezes mais do que o máximo que poderemos esperar do *Plano Juncker*, sem obrigar este a 'inventar' o 'número' de ilusionismo referido).

6.4. Ignorando as lições da História, a *Europa neoliberal* vem apostando em um modelo de desenvolvimento que está a fazer da *Europa social* "o parente pobre deste modo de construção europeia".[81] E as políticas patrocinadas pela EU no que respeita aos trabalhadores constituem a prova mais acabada de que esta 'Europa' não é um espaço solidário.

Na sequência do Tratado de Lisboa, a *Carta dos Direitos Fundamentais* (que integrava o texto da chamada Constituição Europeia) desapareceu enquanto tal, tendo passado a constar da Declaração n. 29 do TSFUE, com força jurídica idêntica à do Tratado. Mas ela não prevê a criação de nenhum *direito social europeu*, não cria nenhuma nova competência (responsabilidade) para a União, não dá nenhum passo em frente na construção da *Europa Social* e transforma o chamado *modelo social europeu* em mero ornamento do discurso político dos defensores do "pensamento único euro-beato" (Jacques Généreux) e dos construtores da *Europa do capital*, para os quais a *asiatização* da Europa comunitária parece ser o futuro almejado. Há quem seja mais radical e defenda que a destruição do *modelo social europeu* (a "americanização da Europa") equivale à "terceiro-mundização lenta dos povos da Europa".[82]

A generalidade dos autores sublinha que os Tratados estruturantes da UE ficam aquém das tábuas de direitos (nomeadamente *direitos econômicos, sociais e culturais*) consagradas nas constituições de alguns estados-membros e mesmo em documentos internacionais, como a *Declaração Universal dos Direitos do Homem* (10 de dezembro de 1948), a *Carta Social Europeia* (Conselho da Europa, 18 de outubro de 1961) e a *Carta Comunitária dos Direitos Sociais Fundamentais dos Trabalhadores* (9 de dezembro de 1989). Talvez por isso só as duas últimas sejam referidas, e apenas no Preâmbulo dos Tratados, que 'esquecem' a DUDH, apesar de todos os estados-membros da UE terem reafirmado o seu respeito por ela em

---

[81] Cfr. LECHEVALIER, Arnaud; WASSERMAN, Gilbert. *La Constitution Européenne*: Dix clés pour comprendre. Paris: La Découverte, 2005. p. 12.

[82] Didier Motchane, *apud* SARRE, Georges. *L'Europe contre la Gauche*. Paris: Eyrolles, 2005. p. 127. –

A 'EUROPA' NÃO É UM ESPAÇO SOLIDÁRIO

10 de dezembro de 1998 (Resolução da ONU comemorativa dos 50 anos da DUDH) e em 8 de setembro de 2000, na *Declaração do Milénio*.

O *direito ao trabalho* foi substituído pelo "direito de trabalhar", a "liberdade de procurar emprego em qualquer estado-membro" e o "direito de acesso gratuito a um serviço de emprego" (arts. 15º e 29º CDF). Ora o *direito de trabalhar* foi uma conquista das revoluções burguesas, uma vez que ele não é mais do que a outra face da *liberdade de trabalhar* inerente ao *estatuto jurídico* de *homens livres*, que os trabalhadores conquistaram na sequência da extinção da *servidão pessoal*. O *direito ao trabalho* (com o correlativo dever do estado de garantir a todos os trabalhadores uma existência digna através do trabalho) começou a ser consagrado na Constituição francesa de 1793 e consolidou-se após a Revolução de 1848. Estamos, também neste ponto, a querer regressar ao século XVIII.

Como novidade – que contraria disposições expressas das constituições de alguns estados-membros, entre os quais Portugal –, surge, para nosso espanto, o reconhecimento do direito de greve às entidades patronais ou direito ao *lock out* (art. 28º CDF e art.153º, n. 5 do TSFUE).

O direito a um sistema público e universal de segurança social foi substituído pelo "direito de acesso às prestações de segurança social" (art. 34º, n. 1 CDF). O direito à habitação deu lugar ao "direito a uma ajuda à habitação, destinada a assegurar uma existência condigna" (art. 34º, n. 3 CDF).

O art. 14º CDF reconhece que "todas as pessoas têm direito à educação". Mas, no n. 2 deste artigo, a CDF limita-se a dizer que este direito inclui "a possibilidade de frequentar gratuitamente o ensino obrigatório". É óbvio que este n. 2 não é tão claro como seria desejável: reconhece-se a *possibilidade* de frequentar gratuitamente o ensino obrigatório. Fica a pergunta: e aceita-se a *possibilidade* de não ser assim, ou seja, admite-se a possibilidade de as pessoas terem que pagar o ensino obrigatório? Era muito mais simples dizer que *o ensino obrigatório é gratuito para todos*. Não se disse porque não se quis dizer assim. Sabendo-se que a língua portuguesa é muito traiçoeira, talvez se trate apenas de uma redação pouco feliz...

105

ANTÓNIO JOSÉ AVELÃS NUNES

Neste tempo de crise, torna-se mais visível e preocupante a incapacidade da União de definir e executar uma *política efetiva* de promoção do pleno emprego, de combate ao desemprego e de proteção social aos desempregados. O próprio Parlamento Europeu vem insistindo há anos (pregando no deserto...) na incapacidade da União para definir uma *estratégia coordenada em matéria de emprego*, a não ser no que toca ao objetivo neoliberal, há longo tempo estatuído nos Tratados, de promover "mercados de trabalho que reajam rapidamente às mudanças económicas."

Nos documentos que antecederam a criação da UEM surgiu uma proposta francesa no sentido da centralização do sistema de seguro de desemprego, de modo a reduzir as consequências de eventuais choques assimétricos. Dada, sobretudo, a oposição britânica, a proposta não foi por diante.

Com o Tratado de Amesterdão (1996/1997) conseguiu-se que o Reino Unido aderisse à *Carta Social* aprovada em Maastricht, ficando ela incorporada nos Tratados constitutivos da UE. Mas Blair e Kohl opuseram-se à criação de um *Fundo Europeu de Luta contra o Desemprego*, como pretendia a França.

Em boa verdade, o objetivo do *pleno emprego* nunca foi levado a sério pelos Tratados que vêm dando corpo ao projeto europeu, que só demagogicamente continua associado ao chamado *modelo social europeu*. Os Tratados atualmente em vigor só falam de *pleno emprego* no art. 3º do TUE, onde se diz que a UE se empenha numa *economia social de mercado* "altamente competitiva" que tenha como meta o *pleno emprego* e o *progresso social*.

Mas estes objetivos vêm indicados no n. 3 deste art. 3º, que começa com esta declaração: "A União estabelece um mercado interno". Este é que é o *objetivo estratégico*. O resto há-de decorrer do *funcionamento do mercado interno*, segundo as regras de um *mercado aberto e de livre concorrência* (expressão que, nos termos dos arts. 119º e 120º TSFUE, substituiu a já 'gasta' e desacreditada expressão *concorrência livre e não falseada...*), no seio do qual se reconhece, como valor primeiro, a *liberdade absoluta de circulação do capital*.

106

A 'EUROPA' NÃO É UM ESPAÇO SOLIDÁRIO

No Título VII do TSFUE, dedicado ao emprego, não se fala de *pleno emprego* nem sequer de *desemprego*. O art. 145º do TSFUE proclama o *empenho* da União e dos estados-membros em desenvolver *uma estratégia concertada em matéria de emprego*. Mas parece que tal estratégia se limita a promover *mão-de-obra qualificada e suscetível de adaptação*, bem como *mercados de trabalho que reajam rapidamente às mudanças económicas*. Este é o objetivo estratégico: o mercado interno há-de dispor de mercados de trabalho flexíveis... O resto é literatura cor-de-rosa: a declaração (art.146º) de que os estados-membros considerarão a *promoção do emprego* uma questão de *interesse comum*; a declaração (art.147º) de que a União contribuirá para a realização de um *elevado nível de emprego*; a declaração de que, ao definir e executar as suas políticas, a União *tomará em consideração* o objetivo de alcançar um *elevado nível de emprego*.

O art. 151º TSFUE, que se ocupa da *Política Social*, volta a referir, como objetivos da União e dos estados-membros, a *promoção do emprego*, um *nível de emprego elevado e duradouro* e a *melhoria das condições de vida e de trabalho*. De uma leitura mais cuidada resulta, porém, a ideia de que se espera alcançar estes objetivos, não em resultado de *políticas comunitárias ativas*, mas apenas do "diálogo entre parceiros sociais" e do "desenvolvimento dos recursos humanos". Limitando-se a falar, em linguagem cifrada, de "ações que tenham em conta a diversidade das práticas nacionais, em especial no domínio das relações contratuais", este artigo vem dizer-nos que, em boa verdade, a União Europeia não tem qualquer política a este respeito.

Quanto ao que verdadeiramente interessa à *Europa do capital*, este mesmo art. 151º é muito claro ao proclamar a "necessidade de manter a capacidade concorrencial da economia da União". Dizendo-o em linguagem entendível: o que é importante é *manter a capacidade concorrencial da economia da União* (ainda que à custa dos salários, das condições de trabalho e da segurança do emprego); e para isso são necessários os tais "mercados de trabalho que reajam rapidamente às mudanças económicas". A promoção (e a garantia) do emprego e a melhoria das condições de vida dos trabalhadores têm de subordinar-se ao que é importante.

Em dezembro de 2007, cinquenta anos depois do Tratado de Roma, os construtores desta 'Europa' confessam que *ainda não conseguiram desenvolver nenhuma estratégia concertada em matéria de emprego*. Mas *prometem empenhar-se* em o conseguir. Não é fácil levá-los a sério, quando sabemos que nestes anos todos não foi estruturada nenhuma *estratégia comunitária* neste domínio. Pior ainda: quando sabemos que a única estratégia coordenada que tem sido levada à prática, de forma sistemática e empenhada, pela União e pelos estados-membros, é aquela que tem contribuído para a criação de *mercados de trabalho que reajam rapidamente às mudanças econômicas*.

Não pode esquecer-se, por outro lado, que, a partir do Tratado de Amesterdão (1997), foi retirada do texto dos Tratados a referência que neles se fazia à *harmonização do direito social no sentido do progresso*. Fica a descoberto outro objetivo estratégico não confessado: o do *nivelamento por baixo*. Com efeito, o citado art. 151º TSFUE fala de *harmonização*, no parágrafo 1º, quando refere o objetivo da melhoria das condições de vida e de trabalho, mas no parágrafo 2º logo recorda a "necessidade de manter a capacidade concorrencial da economia da União". E, no parágrafo 3º, é suficientemente claro na afirmação de que a *harmonização dos sistemas sociais* há-de decorrer, *não apenas* (diz o texto do TSFUE), mas *fundamentalmente* (digo eu), do "funcionamento do mercado interno".

E todos conhecemos muito bem o papel do mercado na afirmação e na consolidação do capitalismo como *a civilização das desigualdades*. Este é um dos dogmas que integra o clássico catecismo liberal. Ele ilumina hoje os Tratados estruturantes da UE, bem como a doutrina e a prática política dominantes nos partidos responsáveis pela construção desta *Europa neoliberal*. Este compromisso é praticamente tão antigo como o próprio processo de construção europeia.

6.5. Referi atrás o significado da *Agenda 2010* como instrumento de política anti-trabalhadores levada a cabo na Alemanha por um governo social-democrata chefiado pelo chamado *camarada dos patrões*, Gerhard Schröder. O dramático é que, apesar dos males que infligiram aos trabalhadores alemães, políticas deste tipo generalizaram-se a toda a

A 'EUROPA' NÃO É UM ESPAÇO SOLIDÁRIO

Europa, no quadro da chamada *desvalorização interna*. Esta assenta os seus alicerces no *esvaziamento da contratação coletiva*, com o objetivo confessado de conseguir a *redução dos custos do trabalho*. E esta é prosseguida através do ataque aos *direitos fundamentais* dos trabalhadores (em geral, dos *direitos sociais*, i.e., do *direito a ter direitos*), do congelamento ou redução dos salários nominais, da baixa dos salários reais, do aumento dos horários de trabalho e do número de horas de trabalho não pago (diminuição do período de férias e do número de feriados, baixa da remuneração do trabalho extraordinário e do trabalho nos domingos e em dias de feriado).

Por toda a Europa, desenvolveram-se *formas atípicas de trabalho*, formas de *trabalho sem direitos*, que vêm agravando a exploração de um número crescente de trabalhadores: o trabalho precário, o trabalho a tempo parcial, o trabalho intermitente e sazonal, o trabalho contratado a agências de trabalho temporário, os falsos 'trabalhadores independentes'.

Para não perder o seu pioneirismo em matéria de 'relações industriais', o Reino Unido inventou uma nova forma de exploração dos trabalhadores: os que *trabalham sem qualquer garantia de receber um salário*. Parece mentira, mas é verdade. Os que trabalham segundo esta modalidade têm que estar disponíveis 24 horas por dia, sem nunca saberem quando serão chamados a apresentar-se no seu local de trabalho. Apesar desta exigência de disponibilidade total, estes 'escravos' só ganham quando trabalham e pelo tempo que trabalham, auferindo, em média, um salário muito inferior ao salário médio praticado no RU. 'Inventada' inicialmente para estudantes e idosos, esta modalidade foi rapidamente aplicada a todo o tipo de trabalhadores sem emprego. Segundo o gabinete britânico de estatísticas, estão submetidos a estas condições degradantes 582 935 trabalhadores.[83]

A maior parte das *vítimas* destas novas modalidades de trabalho assalariado são mulheres, em especial no que respeita ao *trabalho a tempo parcial*. Fala-se mesmo de *empregos para mulheres (trabalho de horário flexível*

---

[83] Dados referentes a março de 2014 (*Avante!*, 13 de março de 2014).

ou *trabalho escolhido*, para levar a hipocrisia até ao fim), e tais 'empregos' têm sido estimulados com o 'piedoso' objetivo de permitir a conciliação do trabalho com a vida familiar, o que tem justificado ajudas financeiras do estado ou a redução dos descontos patronais para a segurança social às empresas que ofereçam postos de trabalho a tempo parcial. As elevadas taxas de desemprego registadas nos últimos anos têm 'forçado' um número crescente de trabalhadores a aceitar situações deste tipo de *trabalho escolhido*, que, na Europa, representa cerca de 20% no caso das mulheres.

Em Portugal, este 'progresso' chegou pela via do chamado *banco de horas*, introduzido por um governo do PS. Trata-se de um 'banco' em que os 'banqueiros' são os empregadores e em que os trabalhadores são reduzidos ao papel de meros *ativos* livremente geridos pelos 'empregadores-banqueiros'. Tudo para permitir que os empregadores disponham do tempo dos seus trabalhadores como se estes fossem *coisa* sua, podendo obrigá-los a trabalhar, ainda que por períodos limitados, até 60 horas por semana, sem pagar horas extraordinárias, compensando-os com menos horas de trabalho em outros períodos. Tratados como se fossem máquinas ou escravos ao dispor dos seus 'donos', os trabalhadores são feridos na sua *dignidade* como pessoas e como trabalhadores, esbulhados do direito de organizar a sua vida e a das suas famílias. Tudo em nome da competitividade, que nunca mais atinge níveis concorrenciais...

Segundo dados de *Employment in Europe, 2008*, confirmados pelo *Eurostat* em agosto de 2010, Portugal não é alheio a esta 'modernidade' do capitalismo dos nossos dias. No que toca ao trabalho precário, somos um dos países onde o seu crescimento foi maior nos últimos vinte anos: no conjunto dos trabalhadores assalariados, 22,4% são 'condenados' pelos empregadores (almofadados por legislação amiga do capital) a trabalhar dentro deste mesmo regime, que abrange mais de 50% dos jovens que trabalham, com menos de 24 anos.

A proposta de orçamento para 2015 acaba de anunciar a chegada de mais uma 'conquista' da 'civilização': o pomposo "Programa de Incentivo à Empregabilidade Parcial do País." Apresentado como um

A 'EUROPA' NÃO É UM ESPAÇO SOLIDÁRIO

programa destinado a alcançar o piedoso objetivo de proporcionar aos trabalhadores "maior disponibilidade para o apoio familiar", o Governo afirma, sem o mínimo de vergonha, que esta medida (de "conciliação da vida familiar com a vida profissional") visa também a "promoção de políticas de natalidade e de envelhecimento ativo (...), com vista a mitigar os efeitos da evolução demográfica sentida e a promover uma maior igualdade de gênero".

Em Portugal, como em outros países da Europa, alguns responsáveis políticos ainda pensam que é possível um qualquer modelo de desenvolvimento numa política de salários baixos. É este o 'isco' que os governantes portugueses vêm usando para atrair investimento estrangeiro: venham para Portugal, porque os nossos trabalhadores ganham salários de miséria e é fácil e barato despedi-los... Este é o caminho do subdesenvolvimento.

Sobretudo depois de se conhecerem os resultados destes 'programas' na Alemanha e em outros países da 'Europa civilizada', este discurso (cínico, provocatório) só significa a continuidade das políticas que retiraram o abono de família a mais de 600 mil crianças, que introduziram o banco de horas (que impede os trabalhadores de planificar minimamente a vida familiar), que provocaram sistematicamente a precarização das relações de trabalho, a facilitação do despedimento e a baixa dos salários, políticas de asfixia da escola pública, do Serviço Nacional de Saúde e do sistema público de Segurança Social, políticas que colocaram no desemprego e sem perspetivas de emprego quase 40% dos jovens portugueses (obrigados a emigrar às centenas de milhar, mesmo aqueles que estão habilitados com um curso superior).

No que se refere aos *falsos trabalhadores independentes*, eles vêm-se revelando mais uma 'maravilhosa invenção' do capitalismo. Em vez de celebrar com esses trabalhadores um contrato de trabalho, o patronato (com a bênção do estado, é claro) transforma-os numa espécie de patrões de si próprios. Em especial na construção civil, muitas empresas optam por não celebrar contratos de trabalho com determinados trabalhadores, preferindo fazer acordos nos termos dos quais, atuando como 'empresários', esses trabalhadores colocam as louças das casas de banho, fazem

111

a instalação elétrica, assentam os tacos do chão, aplicam os azulejos, etc., por um preço previamente acordado.

É a velha técnica do *trabalho à peça*. Estes trabalhadores ficam separados dos sindicatos, não têm contrato nem obrigam a descontos para a segurança social, não fazem greve (porque são *empresários*...) e vão trabalhar muitas mais horas e a um ritmo muito mais intenso para conseguirem o salário que um bom acordo coletivo de trabalho lhes proporcionaria com mais dignidade e menos esforço. Várias multinacionais de elite recorrem a este expediente (muitas vezes misturado com a exploração de trabalho infantil) em vários setores, desde o vestuário e calçado até aos serviços prestados com recurso à informática.

Em 2010, a Comissão Europeia protagonizou uma iniciativa tendente a introduzir a 'moda' dos *trabalhadores independentes* na indústria dos transportes rodoviários, ao apresentar uma proposta de alteração de uma Diretiva de 2002, que propunha o alargamento de 48 para 86 horas do tempo de trabalho semanal dos "camionistas independentes". O Parlamento Europeu rejeitou tal proposta (maio de 2010) por razões sociais e de segurança. Como é bom de ver, mesmo *camionistas independentes* não conseguem suportar, sem grave perigo para si próprios e para quem circula nas estradas, 14 horas de trabalho diário, seis dias por semana (ou 12 horas durante sete dias por semana). Mas alguns deputados puseram em evidência que o que a Comissão queria era 'estimular' a transformação forçada e falsa de *trabalhadores assalariados* em *trabalhadores independentes*.

Por parte da Comissão Europeia, foi apenas uma reincidência no seu afã de aumentar os horários semanais de trabalho. Com efeito, no início de 2009 o Parlamento Europeu inviabilizou uma Diretiva que visava permitir que, em determinadas circunstâncias, a semana de trabalho pudesse atingir 60 horas, por decisão do empregador. O permanente fascínio pelo *paraíso perdido* do século XVIII...

Todas estas formas de *trabalho sem direitos* têm alimentado, sobretudo a partir da década de 1980, um aumento persistente dos "pobres que trabalham", pessoas que, apesar de estarem empregadas, recebem

A 'EUROPA' NÃO É UM ESPAÇO SOLIDÁRIO

um salário tão baixo que não lhes permite sair da zona de pobreza, embora estes trabalhadores cumpram quase sempre horários de trabalho muito superiores ao normal.

Os salários médios nos países 'dominantes' (Alemanha, França, Países Baixos, Finlândia, Suécia, Dinamarca) são o dobro ou o triplo dos correntes em países como Portugal, Grécia ou Eslovênia, são oito ou nove vezes superiores aos dos trabalhadores da Romênia ou dos Países Bálticos e são dez vezes mais elevados do que os praticados na Bulgária, por exemplo.

Se estas diferenças forem acentuadas – e é isso que está a ser prosseguido e alcançado através das *políticas de austeridade* –, as grandes empresas dos países 'dominantes' veem facilitado o recurso à *deslocalização de empresas*, jogando com estes elementos (a concorrência entre os trabalhadores no espaço europeu) para acentuar a exploração dos trabalhadores dos próprios países 'ricos'.

6.6. A famosa *Estratégia de Lisboa* (março de 2000) proclamava o objetivo de fazer da UE a "economia do conhecimento mais dinâmica e competitiva do mundo, capaz de um crescimento econômico sustentável, acompanhado de melhoria quantitativa e qualitativa do emprego e de maior coesão social". A evolução posterior veio dar razão aos que, desde o início, denunciaram a pura retórica propagandística daquela 'estratégia'. Os dados mostram, com efeito, que na primeira década do euro a economia da Eurozona praticamente não cresceu e que os lucros cresceram em média 35%, uma taxa muito superior à registada para os salários (cinco vezes superior na zona euro, 26 vezes em Portugal, 16 vezes na Espanha, cinco vezes na Alemanha).[84]

A Comissão Europeia tem sido um dos pilares desta *estratégia negadora da estratégia de Lisboa*. Apesar de, para o bem e para o mal, a política de salários estar fora das competências comunitárias, a verdade é que esta política tem sido ativamente promovida pela eurocracia,

---

[84] Cfr. *Avante!*, 27 de Novembro de 2014.

nomeadamente no âmbito do controlo, por parte da Comissão, do cumprimento dos cânones maastrichtianos relativos ao déficit público e à dívida externa. Em vez de cumprir e fazer cumprir os Tratados, a Comissão Europeia ignora-os e desrespeita-os grosseiramente, violando as competências que os Tratados lhe atribuem, sempre que se trata de atacar os direitos dos trabalhadores.

A pretexto da 'ajuda' aos países em dificuldade, as *troikas* têm reforçado a ação da Comissão Europeia, impondo, por toda a parte, as políticas de *arrocho salarial* e de anulação dos direitos dos trabalhadores (empregados e desempregados), a par do despedimento em massa dos trabalhadores da administração pública.

Um comunicado do Euro-Grupo de 11 de março de 2011 veio anunciar, no contexto de medidas destinadas a reforçar a *governação econômica* da UE, que os estados-membros resolveram adotar um chamado *Pacto Euro Mais*, que aponta claramente no sentido do *desmantelamento da contratação coletiva*. O argumento é o de que, para criar emprego, as economias europeias precisam de ser mais competitivas (quer dizer, traduzindo do *europês*: pagar salários mais baixos).

Em 15 de junho de 2011, o Conselho Europeu aprovou uma *Recomendação Sobre as Grandes Orientações das Políticas Econômicas*, na qual se afirma expressamente que "os parceiros sociais deverão continuar a dar provas de sentido de responsabilidade, negociando nos estados-membros acordos salariais concordantes com os princípios gerais definidos nas grandes orientações das políticas econômicas". A pretexto de avançar na governação comunitária das economias da União, está-se a incluir a política de salários nas competências da Comissão, para que esta possa, sem entraves, forçar a baixa dos salários e consagrar o *dumping salarial* (a par do *dumping fiscal*) como regra de ouro da concorrência (*livre e não falseada...*) entre os estados membros da UE.

Em conformidade com esta ideia, o Presidente do BCE, Mario Draghi defendeu, em entrevista a *The Wall Street Journal* (24 de fevereiro de 2012), que "os europeus já não são suficientemente ricos para andarem a pagar a toda a gente para não trabalhar". Como se diz atrás, na ótica de Milton Friedman o desemprego é "uma situação com muitos

A 'EUROPA' NÃO É UM ESPAÇO SOLIDÁRIO

atrativos" e é sempre *desemprego voluntário*, pelo que os subsídios de desemprego (bem como as demais prestações sociais) não passam de *subvenção à preguiça*. Conclusão: como os desempregados não querem trabalhar, não têm quaisquer direitos, porque ninguém deve ser pago para não trabalhar. E ponto final. Sentença do neoliberalismo.[85]

No *Relatório Mensal* de agosto de 2012, o próprio BCE apareceu a defender que o aumento do desemprego se explica pelo facto de o nível dos salários não ter baixado o suficiente para que a economia europeia se torne competitiva. Daí a necessidade de os países 'endividados' e com défice das contas públicas prosseguirem nas políticas de *redução dos salários e das indenizações por despedimento*.

Em finais de 2014, a Comissão Europeia, invocando a necessidade de preservar a competitividade da economia e de consolidar as contas públicas, defendeu que o nosso país precisa de despedir mais trabalhadores da Administração Pública e de promover ainda mais a baixa dos salários e 'puxou as orelhas' ao governo por ter aceite o aumento do salário mínimo (que passou a ser de 505 euros a partir de 1 de outubro de 2014!). Como alguém escreveu, estamos carecidos de uma "soberania mínima nacional garantida".[86]

---

[85] É esta 'filosofia' que explica algumas situações arrepiantes que se vão tornando correntes nesta *europa civilizada*. Segundo a comunicação social, na Grécia veem-se nos jornais 'ofertas de emprego' deste tipo: "Procura-se criada de quarto, sem salário, em troca de alojamento e comida". Em Portugal, muitas das 'ofertas de emprego' para titulares de curso superior não vão além do salário mínimo. As universidades públicas só estão autorizadas a contratar pessoal docente a tempo parcial, pagando não mais de 500 euros mensais. E o Serviço Nacional de Saúde é obrigado a contratar médicos através de empresas locadoras de mão-de-obra para trabalho temporário.

[86] A verdade é que, em 2006, tinha sido acordado, em sede de concertação social, um aumento do salário mínimo de modo a que atingisse 500 euros em 2011. Mas a *troika* e os governos que com ela negociaram o *Memorando de Entendimento* meteram na gaveta aquele acordo e impuseram o congelamento do salário mínimo, cujo poder de compra baixou, anualmente, 1,5% entre 2011 e 2013. Se o salário mínimo tivesse sido fixado em 2011 em 500 euros, deveria ser, em 2014, de 515,5 euros, só para compensar a inflação. O salário de 505 euros em vigor desde 1 de outubro de 2014 (a remuneração auferida por cerca de 12% dos trabalhadores empregados) equivale a 491 euros mensais, em termos reais.

6.7. Um exemplo particularmente elucidativo da insensibilidade do neoliberalismo dominante ao colocar as *leis do mercado aberto e de livre concorrência* acima da solidariedade interna, da coesão econômica e social e dos direitos dos trabalhadores e dos cidadãos em geral é a famosa *Diretiva Bolkestein* (um projeto de Diretiva apresentado, em nome da Comissão Europeia presidida por Romano Prodi, pelo comissário holandês Fritz Bolkestein).

Os serviços representam mais de 50% do PIB da União. São, pois, um mercado apetecível. Por isso a Comissão Europeia procurou impor a liberalização a qualquer preço, sem curar de estabelecer previamente uma harmonização mínima no que toca à regulamentação dessas atividades e às práticas administrativas, bem como no que se refere à legislação laboral e aos direitos sociais dos trabalhadores, aos aspetos fiscais, às exigências ambientais e de defesa dos consumidores. Este era o propósito anunciado da *Diretiva Bolkestein*: liberalizar a prestação de serviços no âmbito do mercado único europeu e facilitar a criação de empresas de prestação de serviços em qualquer país da UE por parte de cidadãos ou sociedades comerciais de um outro estado-membro.

O projeto da Comissão Europeia sofreu várias críticas, por tratar os serviços como se fossem mercadorias iguais a qualquer outra mercadoria

---

Ninguém de boa fé põe em causa o reduzido peso dos salários nos custos das empresas (pesados são os custos da energia, os custos do crédito, os custos das comunicações, os custos dos combustíveis, os custos derivados das práticas de corrupção) e todos sabemos que a dita competitividade depende muito mais do investimento em equipamentos e na inovação, da estrutura produtiva, da preparação dos empresários e dos trabalhadores, da capacidade de organização empresarial, do que do nível dos salários (que representavam em 2002 cerca de 50% do rendimento nacional, percentagem que tem vindo a baixar ano após ano, cifrando-se em 44,8% em 2013, o que significa que os salários têm crescido menos do que a produtividade).

Apesar disto, este 'aumento' (que não acompanha sequer a perda de poder de compra sofrida nos últimos anos) só foi concedido mediante a oferta de contrapartidas às empresas, através da redução das contribuições patronais para a Segurança Social. Prossegue-se, à custa dos trabalhadores, o processo de asfixia financeira da Segurança Social, cujas receitas o estado não pode utilizar para 'ajudar' as empresas, uma vez que, nos termos da lei, elas se destinam exclusivamente a financiar os encargos decorrentes da efetivação do *direito à segurança social* por parte de cada um e de todos os trabalhadores que contribuem para o sistema público de segurança social.

A 'EUROPA' NÃO É UM ESPAÇO SOLIDÁRIO

e por não distinguir com clareza os serviços puramente comerciais dos *serviços públicos*. Mas a crítica que teve mais eco na opinião pública foi a dirigida ao *princípio do país de origem*, nos termos do qual as empresas prestadoras de serviços ficariam sujeitas à legislação e à supervisão do país de origem, mesmo quando prestassem serviços com trabalhadores deslocados do país de origem para outros países da UE.[87]

Mais uma vez, ficou claro que o objetivo da liberalização é *nivelar por baixo* no que concerne aos salários e à proteção social dos trabalhadores. Para utilizar um exemplo que veio a lume durante a campanha para o referendo sobre a 'constituição europeia', o que se pretende não é permitir ao *canalizador polaco* gozar na França (se aqui prestar serviços como assalariado de uma empresa sediada na Polónia) do mesmo estatuto dos trabalhadores franceses, mas utilizar os 'canalizadores polacos' como 'carne para canhão' para engrossar o *exército de reserva de mão-de-obra* destinado a pressionar os trabalhadores franceses a aceitar os salários e a proteção social (muito inferiores) dos trabalhadores da Polónia.

Perante o receio de que a percepção disto mesmo viesse a influenciar os votos dos franceses no sentido do NÃO à 'constituição europeia', toda a gente veio a público jurar que a *Diretiva Bolkestein* não estava incluída no texto de tal 'constituição', que o referendo era sobre a Constituição e não sobre a Diretiva, que a Diretiva tinha de ser modificada, etc. Por receio do voto popular nos referendos anunciados sobre a dita 'constituição', foi possível reunir no Parlamento Europeu a maioria de votos que acabaria por suspender o processo de aprovação da Diretiva. Mas os aspetos negativos e intoleráveis deste projeto estão inscritos no código genético dos Tratados que conformam a UE. Por isso, o Presidente da Comissão Europeia apressou-se a defender publicamente o projeto *Bolkestein*, prometendo voltar à carga.

---

[87] É o que estão a tentar fazer, mesmo sem tal Diretiva, as empresas de aviação de baixo custo, nomeadamente as sediadas na Irlanda, procurando impor aos seus trabalhadores em outros países europeus 'contratos irlandeses', sujeitando-os aos salários, condições de trabalho e níveis de proteção social em vigor na Irlanda. Os argumentos são os do costume: a livre circulação de trabalhadores e de serviços e a liberdade de estabelecimento, princípios que o TJUE já invocara em 2008 para 'justificar' soluções deste tipo (casos *Viking* e *Laval*).

VII

O TRATADO DE MAASTRICHT: O 'MODELO SOCIAL EUROPEU' EM CAUSA

7.1. As desculpas de 'inocência' ou de 'ingenuidade' (inaceitáveis no plano da ação e da responsabilidade políticas, sobretudo quando a crítica lembra os perigos que se correm) acabaram com a aprovação do *Tratado de Maastricht*, que agravou as responsabilidades da social-democracia europeia na construção da Europa neoliberal.

Com efeito, o *Tratado de Maastricht* veio acentuar a matriz ideológica neoliberal da 'Europa', alterando radicalmente a natureza do processo de integração europeia, ao criar um quadro normativo ultraconservador (fundamentalista), dentro do qual se tornou praticamente impossível qualquer alternativa ao neoliberalismo: os estados-membros foram privados da soberania em matéria de política monetária, cambial e orçamental e foi posto em causa abertamente o chamado *modelo social europeu*.

A criação da *União Econômica e Monetária* (UEM) (Banco Central Europeu, euro moeda única, Pacto de Estabilidade e Crescimento – PEC) abriu caminho ao "mundo maastrichtiano", que representou um reforço enorme da vinculação da 'Europa' aos cânones do neoliberalismo.[88]

---

[88] Durante o período de discussão do projeto de criação da UEM, Sérgio Ribeiro fazia

ANTÓNIO JOSÉ AVELÃS NUNES

Recordarei, em 1º lugar, as limitações estatutárias do BCE, cujo objetivo primordial é o de garantir a *estabilidade dos preços*, objetivo que – de acordo com os dogmas do monetarismo mais radical – se sobrepõe a quaisquer outros objetivos das políticas públicas. É esta fidelidade às

---

o seguinte diagnóstico (1997): "Num contexto mundial diferente em que o modo de produção capitalista ocupa o espaço planetário, o capital financeiro prevalece sobre o capital aplicado produtivamente e, ao mesmo tempo, a predominância do multinacionalismo privado passa à transnacionalidade, através da substituição de estratégias plurinacionais adaptadas aos países de implantação por uma estratégia transnacional, desprezando soberanias nacionais e impondo políticas. A moeda única 'europeia' é peça decisiva dessa estratégia transnacional privada. Mas só o poderá ver claramente quem tiver uma perspectiva de classe. Porque há classes...". E, referindo-se às eventuais vantagens atribuídas ao euro-moeda-única, concluía, premonitoriamente: "o que se afirma, hoje, que será 'resolvido' pelo euro e adjacentes, amanhã se comprovará que foi agravado. Será o momento oportuno para uma nova ilusão e para procurar calar quem quiser lembrar o que, hoje, foi de(a)nunciado" (cfr. RIBEIRO, Sérgio. *Não à Moeda Única*: Um contributo. Lisboa, Edições Avante!, 1997, Ficha B3 e Ficha D9).

Nesse mesmo ano de 1997, Carlos Carvalhas, então Secretário-Geral do PCP, fez esta previsão, ao intervir na Assembleia da República no quadro de uma interpelação do PCP sobre a moeda única, em que este partido anunciou a sua posição contrária à adesão de Portugal ao euro: "A moeda única é um projeto ao serviço de um diretório de grandes potências e de consolidação do poder das grandes transnacionais (...), por uma nova divisão internacional do trabalho e pela partilha dos mercados mundiais. A moeda única é um projeto político que conduzirá a choques e a pressões a favor da construção de uma Europa federal, ao congelamento dos salários, à liquidação dos direitos, ao desmantelamento da segurança social e à desresponsabilização crescente das funções sociais do Estado".

Em maio de 1998, os deputados do PCP no Parlamento Europeu justificaram o voto contra aquele projeto alegando que ele serviria para "impor estratégias que concentram riqueza, agravam desemprego, agudizam assimetrias e desigualdades, criam maior e nova pobreza e exclusão social, diminuem a soberania nacional e aumentam déficits democráticos", ao mesmo tempo que arrastaria uma "evidente polarização do poder na instituição [o BCE] que condicionará todas as políticas dos estados-membros".

Muito diferente foi a declaração dos deputados do PS ao Parlamento Europeu, justificando o seu voto favorável à criação da UEM e à adesão de Portugal à eurozona. O voto refere o "orgulho" de participar "neste momento, verdadeiramente crucial da história da Europa, que assim dá sinais de não querer envelhecer e declinar". A desgraça é que a Europa do euro *envelheceu* muito desde então e não pára de *declinar*, envenenada pelas drogas neoliberais de que não consegue libertar-se e que estão a conduzi-la à ruína.

Quanto a Portugal, os deputados do PS anunciavam um futuro risonho (ou um futuro rosa): "Portugal desmentiu (...) todas as teorias acadêmicas e ideias adquiridas: o crescimento econômico do país acelerou, o nível de vida dos portugueses melhorou e a capacidade de exportar aumentou."

O TRATADO DE MAASTRICHT: O 'MODELO SOCIAL EUROPEU' EM...

receitas neoliberais que dá razão a Jean-Pierre Chevènement quando classifica os estatutos do BCE como "uma regressão política sem precedente histórico" e quando defende ("peso bem as minhas palavras", sublinha ele) que "a constitucionalização dos estatutos do Banco Central Europeu é algo de verdadeiramente criminoso".[89]

Recordarei, em 2º lugar, as exigências do PEC (débito público não superior a 3% do PIB; dívida pública não superior a 60% do PIB; inflação não superior, a médio prazo, a cerca de 2% ao ano), exigências que significam um regresso às concepções e às políticas pré-keynesianas, que conduzem ao prolongamento e ao aprofundamento das crises, obrigando os trabalhadores a pagar, com a baixa dos salários reais, o preço da solução que se espera resulte da atuação livre das leis do mercado.

Por isso mesmo, e com justa razão, já alguém lhe chamou "Pacto de Estagnação".[90] Por mais estranho que possa parecer, o próprio Presidente da Comissão Europeia (Romano Prodi) chamou-lhe, em 2005 (no exercício dessas funções), *estúpido* e *medieval*. Deve ter-se arrependido de ter 'pecado' deste modo contra os dogmas do neoliberalismo. Porque nada mudou, nem o 'europeísmo' devoto de Romano Prodi: os guardiões do templo neoliberal não permitem que os dogmas sejam postos em causa.

No que se refere à zona euro, os estados-membros perderam a capacidade de se financiar através da emissão de moeda. Ao menos para os estados mais fracos, é, verdadeiramente, a *privatização do estado*, colocando os estados nacionais na mesma situação de qualquer particular: quando precisam de dinheiro, vão aos 'mercados' e estes é que decidem se concedem crédito ou não (e em que condições), decidindo, em último termo, o que convém ou não convém ao país, apesar de não terem nenhum mandato democrático para o exercício dessa função de gestores da *res publica*.

---

[89] Cfr. CHEVÈNEMENT, Jean Pierre. *Pour l'Europe votez non!*, Paris: Fayard, 2005. p. 36.

[90] João Ferreira do Amaral (*Seara Nova*, n. 20, outubro-dezembro de 2002).

As grandes empresas, em vez de fazerem poupanças com vista ao autofinanciamento, pagam honorários e prêmios faraónicos aos seus administradores e distribuem dividendos não menos faraónicos aos seus acionistas, dinheiro que, em boa parte, vai para os *paraísos fiscais* ou é 'investido' nos jogos de bolsa. Em muitos países (incluindo Portugal), as bolsas de valores não têm nada que ver com o financiamento das empresas (através da emissão de ações ou obrigações no mercado primário), funcionando como meros 'casinos' para gente com muito dinheiro.

Na generalidade dos países, os meios ao dispor da sociedade de consumo conduziram à quase anulação da poupança privada e até ao sobre-endividamento das famílias. Os próprios estados retiraram todos os atrativos aos instrumentos de poupança ao alcance das pequenas bolsas (assim aconteceu em Portugal) e desistiram de desenvolver políticas sérias de estímulo à poupança.[91]

Os bancos, as companhias de seguros, as sociedades gestoras de fundos de pensões e outras instituições financeiras (os chamados *investidores institucionais*) utilizam muitos dos fundos que administram (incluindo os depósitos que recebem, quando é o caso), não para financiar o investimento produtivo, mas para apostar no 'casino', em operações especulativas, na aquisição de 'produtos estruturados' que nem eles sabem muito bem o que seja.

É isto que os 'mercados' querem: famílias, empresas, estados, estão todos nas mãos do capital financeiro. E é claro que esta situação de dependência tem permitido o aumento exponencial do *poder de mercado* e do *poder político* do capital financeiro. Tal é o resultado do consagrado dogma da *independência dos bancos centrais*.

7.2. No que me diz respeito, sinto-me confortado nas críticas que venho fazendo há anos à cedência da social-democracia europeia ao

---

[91] Em Portugal, a taxa de poupança das famílias baixou de 20% do PIB em 1995-1998 para 9% em 2009. Cfr. LEÃO, Pedro. "Economia Portuguesa: Que Fazer?". *In: Le Monde Diplomatique*, Ed. Port., maio de 2011.

O TRATADO DE MAASTRICHT: O 'MODELO SOCIAL EUROPEU' EM...

ideário neoliberal por ver que, em livro recente, João Ferreira do Amaral não poupa nas palavras com que responsabiliza os socialistas europeus (incluindo o PS português) por terem construído este "mundo maastrichtiano": "a culpa de o tratado ter sido aprovado cabe por inteiro aos partidos socialistas europeus", porque "não estiveram à altura da situação e aprovaram sem reservas o Tratado de Maastricht" [como agora, digo eu, aprovaram o *Tratado Orçamental*, que aperta ainda mais o colete de forças maastrichtiano]. "Este desvio para a direita por parte do socialismo europeu (...) – continua o Professor do ISEG – foi dos maiores erros que os socialistas poderiam ter cometido. O Tratado de Maastricht atacava o modelo social europeu e não dava margem para os partidos socialistas ou social-democratas prosseguirem políticas informadas pelos valores que tradicionalmente defendiam".[92]

As mesmas responsabilidades têm de ser-lhe imputadas relativamente à aprovação e ao modo de aprovação do chamado *Tratado de Lisboa*, aprovado longe da 'populaça', no ambiente 'amigo' e 'confortável' dos parlamentos nacionais, fartinhos de saber que "os cidadãos (...) recusam a Europa como ela é", a Europa tal como constava daquela 'Constituição'. Tudo contrariando escandalosamente promessas eleitorais (como vem sendo regra nestas 'democracias representativas'...).[93]

---

[92] Ver AMARAL, João Ferreira do. *Porque devemos sair do euro:* O divórcio necessário para tirar Portugal da crise. Lisboa: Lua de Papel, 2013. pp. 99-100.

[93] Um comentador tão 'consagrado' como António Barreto usa tintas fortes para caraterizar a situação: "A história do tratado constitucional é a história de uma fraude política. Alguns povos recusaram a Europa mais ou menos federal, assim como a Constituição. Fez-se um Tratado praticamente igual, mais complexo [apesar de os seus autores lhe terem chamado *Tratado simplificado*. AN], mais técnico, mais incompreensível. Com os objetivos explícitos de enganar a opinião pública; de aprovar furtivamente o que tinha sido recusado; e de evitar que houvesse novos referendos. Os argumentos dos defensores do Tratado são intelectualmente pobres, politicamente autoritários, tecnicamente medíocres e moralmente condenáveis" (*Público*, 14 de janeiro de 2007). O mesmo 'insuspeito' autor (*Público*, 21 de outubro de 2007) diz mais: a 'Europa' do Tratado de Lisboa ("um tratado que consagrou a não democracia como regime europeu e consolidou a burocracia e a Nomenclatura europeias") é "uma Europa federal, (...) distante dos povos, alheada dos problemas sociais e políticos do Continente e contrária à diversidade secular dos seus povos, (...) uma Europa comandada pela França e pela Alemanha para liquidar a agricultura e a pesca de outros, para investir nos outros países,

ANTÓNIO JOSÉ AVELÃS NUNES

Tony Blair, ainda durante o processo de discussão e aprovação da chamada Constituição Europeia, comprometeu-se, antes das eleições europeias de 2004, a submeter ao voto dos britânicos o novo Tratado estruturante da União. O seu sucessor, o igualmente trabalhista Gordon Brown, preferiu o caminho mais 'fácil' de obter a aprovação do Tratado de Lisboa pelo Parlamento.

Na França, a direção do Partido Socialista e a candidata presidencial Ségolène Royal tinham-se comprometido a submeter ao voto popular o novo Tratado. Acabaram por votá-lo na Assembleia Nacional, após a derrota nas eleições presidenciais e depois da humilhante derrota que tinham sofrido no referendo sobre a 'constituição europeia'.

Em Portugal, o PS comprometeu-se, durante as eleições legislativas de 2005, com a realização de um referendo sobre o Tratado que haveria de suceder à 'falecida' constituição europeia. Chegado ao Governo (e com maioria absoluta), fez exatamente o contrário.[94]

---

para lhes comprar empresas e lhes fechar outras, (...) para submeter o continente às suas opções, sobretudo energéticas". "A Nomenclatura europeia criou um paraíso artificial e chamou-lhe União"...

Talvez por pensar coisa idêntica – i.e., que o Tratado de Lisboa é um repositório de receitas neoliberais – o Doutor Mário Soares, já com a crise indisfarçável, escreveu que "o Tratado [o Tratado de Lisboa] perdeu importância e significado, devido ao desastre do neoliberalismo e à perspetiva de se entrar num novo ciclo político-econômico. Tudo está a mudar aceleradamente. Ora as soluções para a grande crise passam, obviamente, por novos caminhos(...)" (*Diário de Notícias*, 25 de novembro de 2008).

[94] O mesmo fizeram governos liderados por outros partidos à direita. Na França, Sarkozy conseguiu que 3/4 dos deputados franceses (incluindo os socialistas, claro) se substituíssem ao voto de 54,7% dos franceses, que em 29 de maio de 2005 tinham 'chumbado' em referendo a 'constituição europeia'. Segundo ele próprio confessou perante o Parlamento Europeu, tratou-se de 'crime premeditado': "Não haverá tratado – disse ele – se houver um referendo na França, a que se seguirá um referendo no Reino Unido" (sítio na internet de *The Daily Telegraph*, 15 de novembro de 2007).

Na Holanda, foi também o Parlamento que aprovou um texto 'igualzinho' ao que os holandeses tinham reprovado em referendo, em junho de 2006, por 62% dos votos. É indisfarçável a crise da democracia representativa, posta em causa, tão desavergonhadamente, por aqueles que se proclamam os seus mais fiéis defensores.

Esqueceram-se de que quem semeia ventos só pode colher tempestades?

O TRATADO DE MAASTRICHT: O 'MODELO SOCIAL EUROPEU' EM...

Todos sabemos que gato escaldado de água fria tem medo. Mas não é por estes caminhos do autoritarismo e do paternalismo tecnocrático, à margem dos povos da Europa e contra os povos da Europa, assim esbulhados da sua soberania e da sua dignidade, que se constrói uma *nova Europa*, uma Europa com futuro.

VIII

A UEM: O "FRACASSO DE UMA FANTASIA"

8.1. Não esquecendo que Paris foi bombardeada três vezes pelas tropas alemãs entre 1870 e 1940 (sempre com armas produzidas pelas mesmas Fábricas Krupp), a França de Mitterrand tentou, até ao fim, evitar a 'reunificação' da Alemanha, mas Helmut Kohl ganhou o braço de ferro, e, numa espécie de operação *overnight*, operada com a cumplicidade de Gorbatchev e o apoio dos EUA, conseguiu 'anexar' a RDA.[95] E com o renascer da *Grande Alemanha* regressaram os medos da França, que tratou de amarrar mais a Alemanha ao barco comum europeu, aprofundando a sua inserção no tecido da Europa comunitária. A UEM surgiu, aos olhos da França, como o instrumento (político) que visava controlar melhor a 'ameaça alemã', tentando garantir uma *Alemanha europeia* e evitar o regresso aos tempos do *Deutschland über Alles*.

---

[95] Este foi o verdadeiro significado da reunificação da Alemanha, uma anexação, um *anschluss* que lembra o *anschluss* da Áustria pela Alemanha nazi. O caráter de *ocupação colonial* está bem patente na atuação da *Treuhand*, a entidade encarregada de privatizar e destruir as estruturas em que assentava a economia da RDA, tudo feito com tanta transparência que toda a documentação da *Treuhand* será mantida secreta até 2050 (ver TAFALLA, Joan. "Hay que salir de la jaula del euro y de la Unión Europea". *In: Laberinto* (revista da Universidade de Málaga), pp. 1-11, junho de 2015.)

Talvez esta solução – que esqueceu os argumentos de ordem técnica que, segundo todos os especialistas, desaconselhavam a criação da *união monetária europeia* – tenha ajudado a resolver problemas de relação (e de desconfiança) política entre a França e a Alemanha. Mas a Alemanha aproveitou para colocar nos Tratados estruturantes da UE, como *normas jurídicas* de tipo 'constitucional', as suas próprias concepções em termos de políticas macroeconômicas, nomeadamente em matéria de política monetária. Com a ameaça de que, se as *regras* do jogo não fossem as suas, ela poderia voltar as costas à União Europeia e iniciar uma aproximação à Rússia.

Por isso a UEM é uma construção segundo os gostos e os interesses da Alemanha, que conseguiu impor os critérios nominais do *Pacto de Estabilidade e Crescimento* e o estatuto do *deutsche euro*. E conseguiu impor também o estatuto de *independência* do BCE, acompanhando (e acentuando) o estatuto de independência do Banco Central da Alemanha, aprovado em 1957 pelo Governo do Chanceler Adenauer, sob a responsabilidade do Ministro Ludwig Erhard, um dos mais influentes adeptos do *ordoliberalismo alemão* elaborado e difundido a partir da chamada *Escola de Friburgo* (na qual emerge o nome de Walter Eucken, para além de Wilhelm Röpke, Alexander Rüstow e Alfred Müller-Armack), muito centrada no *império das regras*, no pavor da inflação, na defesa da 'virtude' do rigor orçamental, na proclamação do 'pecado' do défice e da dívida.

Daí que, pouco depois da entrada em circulação do euro, começasse a ficar claro que os objetivos políticos que inspiraram a criação da UEM estavam a ser esvaziados em resultado das *regras* impostas pela Alemanha, que viu reforçar o seu papel como potência hegemônica, um resultado contrário ao pretendido pela França.

A UEM traduz-se na existência de uma *moeda única* e de uma *política monetária única* (uma *política monetária federal*), sem que exista, no seio da *eurozona*, uma política fiscal minimamente harmonizada e uma dívida comunitária (uma *dívida federal*).

O BCE é o banco central mais 'independente' que se conhece, desde a 'revelação' do dogma da *independência dos bancos centrais* e aquele cujos estatutos são mais fiéis aos cânones monetaristas radicais. Os bancos centrais nacionais dos países do euro (meras *repartições periféricas* do BCE) têm um protagonismo inferior ao dos bancos centrais dos estados federados da União americana, sendo obrigados a cumprir as deliberações e orientações do BCE.

Ele é o responsável único da *política monetária dos países do euro* (subtraída à soberania dos estados-membros da *Eurozona*), política que está completamente desfasada da realidade da grande maioria dos países que integram a união monetária europeia, desligada da economia real desses países.

De acordo com os seus Estatutos, o BCE (que é, de facto, um órgão federal) não pode emprestar dinheiro aos estados-membros em dificuldade, mas pode emprestar dinheiro à banca privada, que tem recebido milhões e milhões a taxas de juro à roda de 1% (por vezes pouco acima de 0%), para depois emprestar aos estados a taxas de juro que já ultrapassaram 20%. Longe de corresponder ao perfil de um verdadeiro banco central federal, com capacidade para ajudar a resolver os problemas de financiamento dos estados-membros da zona euro, o BCE tem ajudado a consolidar a sujeição dos estados nacionais aos 'mercados' (ao grande capital financeiro).

No que toca à política fiscal, em vez de uma política com um grau mínimo de harmonização (ao menos no que toca aos impostos sobre os lucros das sociedades comerciais e sobre as transações financeiras), o *dumping fiscal* é estimulado como prática de *concorrência desleal* entre estados que têm a mesma moeda. É um absurdo, mas é esta a realidade, como já fica dito atrás.

Em virtude da sua inconsistência como *união monetária*, da sua estrutura e do seu modo de funcionamento (em tudo conformes aos cânones mais fundamentalistas do neoliberalismo), a UEM veio destruir os sistemas de defesa dos países mais débeis da Eurozona em situações de crise (nomeadamente, a possibilidade de emitir moeda e de desvalorizar a moeda, a manobra das taxas de juro e a adoção de políticas inflacionistas).[96]

---

[96] Alguém que acompanhou a crise por dentro do aparelho de Bruxelas (Philippe Legrain,

Afastada a possibilidade de *desvalorização da moeda* e amputada a sua soberania monetária e orçamental, os pequenos países do euro foram empurrados para uma situação em que são forçados a recorrer à política de emprego e ao *arrocho salarial* para enfrentar os choques externos. É a chamada *desvalorização interna*, cujo objetivo é o de garantir ao capital a apropriação dos ganhos de produtividade (políticas centradas na redução dos custos unitários da força de trabalho, no aumento do horário de trabalho, na redução dos salários reais, na diminuição dos descontos patronais para a segurança social e na redução dos direitos sociais dos trabalhadores).

Durante a preparação da UEM, chegou a ser proposto um esquema baseado na transferência de verbas do orçamento comunitário para ajudar (sobretudo) os pequenos países afetados por choques externos (v.g. uma baixa significativa das exportações) a desencadear políticas destinadas a ultrapassar a crise. Esta solução não foi adotada, tendo-se sacrificado a economia real e a solidariedade comunitária aos equilíbrios financeiros e aos interesses da Alemanha.

Compreende-se que uma zona monetária – sobretudo se pretender, como é o caso da UEM, que a sua moeda se imponha mundialmente como moeda de referência – não pode suportar no seu seio défices públicos diferenciados e significativos. Por isso é que os países que a integram devem apresentar um nível muito aproximado de desenvolvimento econômico e social, para que todos possam cumprir as *mesmas regras* de gestão financeira. Mas este requisito (como os demais requisitos de uma *zona monetária ótima*) falta na UEM, desde o início. Todos sabiam, por isso, que a *união monetária europeia* era um projeto de difícil sustentação, nomeadamente por integrar países com economias muito heterogêneas no que toca ao seu grau de desenvolvimento, aos níveis de

---

ex-conselheiro de Durão Barroso enquanto Presidente da Comissão Europeia) reconhece que, quando a crise chegou à Europa, "não havia mecanismos para lidar com a crise e, por isso, a gestão processou-se necessariamente, sobretudo, através dos Governos". Denuncia ainda que os eurocratas ao serviço da Comissão Europeia se revelaram "incapazes e arrogantes", "não tinham a menor ideia" sobre o que se estava a passar na Europa e no mundo, exibindo, a este respeito, "uma inexperiência completa e, pior, agravada com arrogância" (cfr. *Público*, 11 de maio de 2014).

A UEM: O "FRACASSO DE UMA FANTASIA"

remuneração e de vida, aos hábitos de consumo dos seus povos e à mobilidade das populações dentro do espaço europeu.[97]

Assim sendo, o bom senso recomendava que se desse prioridade a políticas que ajudassem a ultrapassar as disfunções originárias de tal projeto, trabalhando em conjunto, *solidariamente* e *em cooperação*, para atingir, no âmbito da UE e, em particular, no âmbito da zona euro, níveis uniformes (ou mais aproximados) de desenvolvimento econômico e social. A verdade é que nada disto aconteceu.

E, no quadro da presente crise, as medidas adotadas até ao presente para a enfrentar têm obedecido à matriz ideológica neoliberal (a matriz da UE e da UEM), indo todas no sentido de acrescentar mais neoliberalismo ao neoliberalismo. Para quem entende que soluções deste tipo não resolvem problema nenhum e afundarão a Europa num círculo vicioso (recessão, mais desemprego, mais défice, mais dívida, mais recessão, mais desemprego, mais pobreza, mais desigualdade), num regresso ao 'inferno perdido' século XVIII, só resta concluir que a Europa precisa de curar-se da dependência das 'drogas' do receituário neoliberal e de libertar-se da tirania do *deutsche euro*, o que exige uma reforma substancial das traves-mestras da Europa neoliberal, a começar pelas que decorrem do Tratado de Maastricht.

8.2. Como é sabido, a consolidação do *mercado interno*, a construção da UEM e a densificação da União Europeia têm-se traduzido, para os estados-membros, na perda de soberania (em *europês*, fala-se de *soberania partilhada*) em vários domínios. E esta perda tem sido agravada pela alienação do *setor empresarial do estado*, que retira aos estados nacionais qualquer possibilidade de atuação direta na economia enquanto empresários com presença relevante em setores estratégicos, com fortes efeitos de irradiação em outros setores da economia, nomeadamente aqueles que constituem as bases de uma soberania real, que seja algo mais do que o hino e a bandeira.

---

[97] É muito fraca a mobilidade dos europeus dentro do espaço da União: apenas cerca de 1,6% dos europeus vivem em um estado europeu diferente daquele em que radica a sua nacionalidade, a sua cidadania.

Importa recordar, porém, que *a UE não é um estado federal*, embora goze, agora, de *personalidade jurídica*.

Mesmo depois da 'promoção' resultante do *Tratado de Lisboa*, ninguém dá pela existência do Parlamento Europeu, que continua a ser um *nada político*, muito longe de ser um verdadeiro parlamento representativo da soberania popular (não há um *povo europeu* nem uma *soberania europeia*), que não passa de um elemento decorativo, muito longe das competências próprias de um parlamento representativo dos povos da União Europeia. Apesar da situação excepcional que se vive na Europa e do sofrimento dos seus povos, ninguém dá pela existência do Parlamento Europeu, que não tem tido qualquer intervenção política no acompanhamento da crise e na definição das medidas políticas para a combater. E é claro que nem os povos, nem os parlamentos nacionais são ouvidos quando se trata de decisões importantes. Não admira, por isso mesmo, que, nas eleições europeias de 2014 (as eleições destinadas a eleger, em cada estado-membro da UE, deputados ao Parlamento Europeu), 57,42% dos eleitores tenham optado pela abstenção.

A Comissão Europeia não é um governo comunitário e não dispõe das competências nem dos meios financeiros para (e não tem a responsabilidade de) definir e aplicar políticas anti-cíclicas. Os fundos comunitários administrados pela Comissão têm diminuído de importância e, por força da crise e pela fraqueza da presidência de Durão Barroso, a Comissão perdeu a autonomia e o poder de iniciativa, comportando-se como *a voz do dono*.

O orçamento comunitário, que mobiliza cerca de 1% do PIB dos estados-membros da União, tem uma reduzidíssima capacidade redistributiva, estando longe de ser um orçamento digno desse nome.

Isto significa que, à luz dos Tratados estruturantes da UE, nenhuma das instituições comunitárias tem a competência para (ou a responsabilidade de) definir políticas anti-cíclicas, nem existem no orçamento da UE os recursos necessários para as financiar. E, como as instituições da União *não são órgãos de soberania*, não dispõem da chamada *competência das competências*, i.e, não podem atribuir a si próprias novas competências.

A UEM: O "FRACASSO DE UMA FANTASIA"

No quadro da UEM, o euro é, pois, uma *moeda sem estado*: é a moeda de um espaço que não tem um parlamento nem um governo dotados de legitimidade e de competência para definir *políticas comunitárias* que possam ser mobilizadas para ajudar os países mais fracos a ultrapassar as situações de crise e dotados de meios financeiros para executar essas políticas, um espaço que não tem uma política fiscal minimamente harmonizada, nem assume uma dívida comunitária (uma 'dívida federal').

Esta crise veio confirmar o que já se sabia: em caso de crise grave, a UE não tem meios para se defender. Como se viu (e continua a ver-se!), os estados atingidos pela crise ficaram sozinhos (pior do que isso: mal acompanhados pelas *troikas*) no meio da procela. A crise veio mostrar também que o diálogo intra-comunitário deixou de ser um *diálogo entre estados iguais* para se transformar, abertamente, num *diálogo entre credores e devedores*, um falso diálogo, porque os primeiros se colocam sistemática e ostensivamente na posição do *posso, quero e mando*, exercendo sobre os devedores um controlo, um domínio próximo do que os países colonizadores exercem sobre as suas colônias. Falta a esta 'Europa', em absoluto, a *cultura da solidariedade*, sem a qual não se pode falar de um espaço político integrado.

8.3. Embora a UE não seja um *estado federal*, o BCE foi concebido como uma *instância supranacional*, de natureza *federal*, e ele próprio reivindica para si "um núcleo central de soberania".[98] Seja ou não 'soberano' o BCE, a verdade é que o facto de não existir um *estado europeu* com o qual o BCE seja obrigado a concertar a sua atuação reforça consideravelmente a *independência* deste *banco central*, *independência* que se traduz no facto de ele estar impedido de solicitar ou de receber instruções das instituições comunitárias ou dos governos dos estados-membros.

Segundo o entendimento a que se chegou no Conselho de Helsínquia de dezembro de 1999, as relações do BCE com outras instâncias

---

[98] É o que se afirma no *Boletim Mensal do BCE* (outubro de 2000, 55): "o Eurosistema foi dotado de um núcleo central de soberania".

133

(comunitárias ou nacionais) competentes no domínio das atribuições do Banco mantêm-se ao nível de um *diálogo não vinculativo*, do qual não pode decorrer qualquer compromisso do BCE no sentido de vir a coordenar as suas decisões de política monetária com as decisões de qualquer outra instituição sobre as demais áreas da política econômica e social.[99]

O objetivo primordial do BCE, responsável pela *política monetária única* dos países que adotaram o euro como moeda, é, segundo os seus Estatutos, o da *estabilidade dos preços*, a ele devendo ser sacrificados todos os outros objetivos de política econômica, nomeadamente o crescimento econômico, a luta contra o desemprego e a promoção do pleno emprego, a redistribuição do rendimento, o desenvolvimento regional equilibrado. É, pois, um banco central que não foi dotado dos meios que lhe permitam atuar no combate às crises cíclicas.

Muito diferente é a situação em outros países, como o Reino Unido, o Japão, a China ou os EUA, onde o banco central (FED) é uma *agência governamental* entre outras, *independent within the Government*, obrigado a trabalhar no sentido de adequar a sua ação não só ao objetivo da estabilidade dos preços como aos objetivos do crescimento econômico e da promoção do emprego, cuja definição e concretização cabe aos órgãos do poder político.

Em outro plano, os países referidos no parágrafo anterior (e muitos outros) podem financiar as políticas públicas recorrendo à via monetária

---

[99] Os órgãos de soberania dos estados-membros não podem dar instruções ao (nem sequer fazer quaisquer acordos com o) BCE. Mas este, abusando das suas competências, mas cumprindo os mandamentos do catecismo neoliberal, vem-se intrometendo na vida dos estados-membros cuja dívida soberana adquire. Numa atitude de verdadeira chantagem, 'recomenda-lhes', em *cartas secretas*, a adoção de várias *reformas estruturais*, nas áreas da saúde, da segurança social, dos serviços públicos, da legislação laboral, tudo para bem dos povos e para 'facilitar' a compra, por parte do BCE, da dívida desses países. Ficou famosa a *carta secreta* que o BCE enviou ao então Primeiro-Ministro italiano Silvio Berlusconi, 'recomendando-lhe' medidas como as que acabo de referir, e propondo que elas fossem tomadas por decreto governamental, à margem do Parlamento. O *Corriere della Sera* publicou esta carta-que-deixou-de-ser-secreta e Berlusconi acabou por ser afastado do cargo de Primeiro-Ministro, tendo sido posto no seu lugar (com a 'colaboração' do Parlamento, uma 'colaboração' semelhante à colaboração com o ocupante...) o banqueiro e ex-eurocrata Mario Monti.

A UEM: O "FRACASSO DE UMA FANTASIA"

(i.e, à emissão de moeda). Ao invés, a União Europeia e os estados-membros estão impedidos de beneficiar de qualquer tipo de crédito concedido pelo BCE, ao qual é igualmente vedado comprar diretamente (no mercado primário) títulos de dívida emitidos pela União ou pelos estados membros, bem como garantir, por qualquer meio, obrigações ou dívidas da União ou dos estados-membros.

Nestes países, quando, movidos por estratégias especulativas, por pânico ou por outras razões, os 'investidores' decidem vender em larga escala títulos de dívida pública de que são titulares, o banco central, no cumprimento das suas funções, intervém no mercado a comprar esses títulos, para evitar o aumento das taxas de juro. Ora o BCE, segundo os seus Estatutos, não tem nada que ver com estes problemas e, em bom rigor, só poderia comprar títulos de dívida pública no mercado secundário se tal intervenção fosse justificada pela necessidade de salvaguardar a estabilidade dos preços.

A esta luz, percebemos o que à primeira vista parece injustificável. Em julho de 2008, já com a crise na rua, o BCE fez de contas que não via nada ou que nada tinha que ver com a crise, porque o seu 'negócio' é outro. Receoso de um imaginário perigo inflacionista, decidiu aumentar a taxa de juro de referência para 4,25%.

Em 20 de maio de 2010, o BCE resolveu comprar, no mercado secundário, 16,5 mil milhões de euros de títulos de dívida soberana e de dívida privada. Este acrisolado 'patriotismo europeu' foi estimulado não por influência da UE ou de estados-membros da União, mas por sugestão de cerca de meia centena de instituições bancárias que, no início desse mês de maio, tinham escrito ao Conselho de Governadores do BCE (com conhecimento de alguns governos de estados-membros da UE), pedindo que o Banco comprasse títulos de dívida dos estados em dificuldade, porque o mercado interbancário não estava a desempenhar este papel (os bancos desconfiavam e continuam a desconfiar uns dos outros). Como os bancos constituem uma família muito unida, o *independente* BCE, bonzinho, acedeu a intervir no mercado secundário. O que as instâncias políticas nacionais e as instituições da União não conseguem (porque os estatutos do BCE não o permitem!)

135

é conseguido por intervenção dos bancos privados. São os 'mercados' a mandar e não os cidadãos.

Começou assim o processo de transferência de alguns ativos que poderiam cheirar a *lixo tóxico* da banca privada para a esfera pública. E este tem sido o papel do BCE, verdadeiro 'pai' protetor da banca privada, para a qual tem transferido milhões e milhões de euros a taxas de juro próximas de zero, verdadeiras doações para permitir aos bancos a liquidez necessária para continuarem a praticar o seu 'jogo' preferido, a especulação.

A crise continuou a arrastar-se, com graves prejuízos para os povos da Europa. Mas a verdade é que o BCE só veio a público dizer que tudo faria para salvar o euro quando o incêndio que deixou lavrar durante demasiado tempo chegou ao coração da 'Europa', ameaçando a Itália e a França (setembro de 2012). O BCE assumiu então a posição de *prestamista de última instância* no âmbito do *Eurosistema*, anunciando a sua disponibilidade para comprar títulos de dívida pública no mercado secundário, sem limites, se tal for necessário para pôr cobro a movimentos especulativos contra o euro. E a verdade é que esta atitude foi o bastante para que os 'mercados' moderassem as suas exigências em matéria de taxas de juro.

O BCE avisou, no entanto, que só poderiam beneficiar desta sua atuação os países com acesso direto ao mercado financeiro (o que não era, na altura, a situação da Grécia, de Portugal e da Irlanda) e que este 'benefício' ficaria condicionado à aceitação de *programas de austeridade* definidos pelo próprio BCE. Fica de pé a questão de saber se uma autoridade monetária pode impor programas de austeridade...Mas, na *Europa do capital*, o capital financeiro pode tudo.

Amparado nos Estatutos (que constam dos Tratados, o que significa que são praticamente inalteráveis, por não ser fácil conseguir a unanimidade dos 28 estados-membros da UE), o BCE tem usado a sua 'soberania' para atuar como instrumento da *financeirização* da Europa e como guardião dos interesses do capital financeiro especulador, financiando, com dinheiros públicos, a atividade especulativa dos bancos privados, salvos da falência graças às operações de salvamento levadas a

A UEM: O "FRACASSO DE UMA FANTASIA"

cabo pelos estados nacionais, que para o efeito tiveram de se endividar junto dos 'mercados', *mercados* que são os mesmos bancos especuladores salvos com o dinheiro dos contribuintes, imolados no altar das *políticas de austeridade*, impostas pelo BCE, vestindo a própria farda ou inserido no exército da *troika*.

As 'boas intenções' do BCE (que não pode conceder crédito, sob nenhuma forma, nem à UE nem aos estados-membros, mas pode conceder crédito aos bancos privados) têm-se traduzido no esforço para *injetar liquidez na economia*, oferecendo dinheiro aos bancos a taxas de juro próximas de zero. Em dezembro de 2011, o famoso LTRO (*Long Term Refinancing Operation*) 'deu' aos bancos 500 mil milhões de euros, a que logo se acrescentaram outros 500 mil milhões em fevereiro de 2012, com prazos de vencimento que chegam aos quatro anos.

O esquema não funcionou, pelo que, no 2º semestre de 2014, o BCE anunciou outro programa que permitiu transferir para a banca privada mais 500 mil milhões de euros.

Como era de esperar, o 'milagre econômico' não aconteceu, porque o 'negócio' dos bancos não é financiar a economia, tarefa que dá muito trabalho e comporta riscos: os bancos preferem abrir contas de depósitos a prazo em países onde eles rendem taxas de juro apetitosas (como o Brasil), comprar dívida pública (que alguém pagará) e especular sempre que possível, utilizando as redes 'mafiosas' dos *paraísos fiscais*.

O BCE mostrou-se então disponível para "aliviar o balanço dos bancos", comprando *dívida titularizada* (créditos dos bancos, hipotecários ou não, que estes titularizam). É o BCE a entrar no 'mercado' dos produtos financeiros derivados, tornando mais clara a sua disponibilidade para absorver todo o *lixo tóxico* de que a banca privada se quer libertar: mais uma vez, é o dinheiro público a pagar os prejuízos privados.

E com este dinheiro público os bancos privados continuam a fazer a única que sabem fazer: especular, agora com a dívida pública dos estados que se endividaram para os salvar da falência e que agora são

137

obrigados a 'sangrar-se' para lhes pagar taxas de juro agiotas, que chegaram a ultrapassar os 20%.[100]

Mais recentemente (janeiro de 2015), perante o risco de um *processo deflacionista* (semelhante ao que ocorreu no Japão, que ainda não recuperou), que começa a ameaçar seriamente todos o países da UE (com a consequente destruição da economia, aumento do desemprego, rotura do tecido social e ameaças à democracia), o BCE anunciou um programa de *Quantitative Easing* (*alívio quantitativo*, na tradução literal mas a designação em inglês sempre dá um toque de modernidade...), com o objetivo de entregar à banca privada mais um milhão e cento e sessenta mil milhões de euros e de os livrar dos títulos de dívida dos países em dificuldade. O programa consiste na compra, durante um período de 18 meses, de títulos de dívida pública que os bancos têm em carteira, à razão de 60 mil milhões de euros mensais, sendo que, por exigência da Alemanha, os bancos centrais nacionais assumirão 80% dos riscos de incumprimento (20% ficam a cargo do BCE).

É mais uma operação de transferência de riscos da banca privada para entidades públicas (BCE e bancos centrais dos países da zona euro), com a argumentação de que, deste modo, os bancos vão substituir estes ativos por liquidez, o que lhes permitirá *injetar dinheiro na economia real*. É sempre o mesmo esquema, animado pela mesma fé nas 'virtudes patrióticas' da banca privada e pela crença de que basta aumentar a quantidade de dinheiro em circulação para que o investimento aumente. A verdade é que nem sequer se exige aos bancos qualquer garantia acerca do destino a dar aos recursos financeiros que ficarão à sua disposição. À

---

[100] Alguns exemplos: o salvamento dos bancos ingleses custou aos contribuintes do RU mais de um milhão de milhões de libras. Só em 2011 e 2012, o estado espanhol gastou mais de 225 mil milhões de euros em ajudas ao setor financeiro, cerca de 12% do PIB nesses dois anos (relatório da Comissão Nacional dos Mercados e Concorrência divulgado em 21 de novembro de 2014).

Pouco antes de abandonar o seu posto à frente da Comissão Europeia, Durão Barroso anunciou que Portugal iria receber "uma pipa de massa" da UE nos próximos anos (cerca de 25 mil milhões de euros até 2020). Escondeu, porém, a outra face da moeda: no mesmo período, segundo dados da Comissão Europeia, Portugal vai pagar cerca de 60 mil milhões de euros de juros da dívida. Quem ajuda quem?

A UEM: O "FRACASSO DE UMA FANTASIA"

falta de campos de investimento rentável, eles conhecem bem os caminhos da especulação, e irão por certo especular com alguma coisa (ao fim e ao cabo, com a vida de milhões de pessoas), criando certamente novas 'bolhas' que abrirão novos enormes buracos financeiros.

Ora a banca privada vem mostrando exuberantemente que os seus negócios estão integrados no mundo do *crime sistêmico* e que pouco lhe interessa a saúde da economia e o bem-estar dos povos. Por outro lado, todos os manuais de Economia ensinam que, em situações de crise, a política monetária não é bastante para inverter a situação. Se as famílias não consomem porque têm medo do futuro e as empresas não investem porque não anteveem que o investimento possa trazer-lhes lucros, não adianta colocar mais dinheiro à disposição da economia. Poderá aumentar a inflação, mas não aumenta o investimento, nem o emprego, nem a criação de riqueza. É o chamado *alçapão da liquidez* (*liquidity trap*), que os ingleses traduzem no conhecido brocardo é fácil levar um cavalo até à água, mas não é fácil obrigá-lo a beber. Keynes bem se esforçou por mostrar que, nestas condições, só o aumento da despesa pública (nomeadamente em investimentos produtivos) pode substituir a ausência de despesa privada. Por isso o 'mataram'.

A *política monetária* (e muito especialmente a que joga apenas com a *oferta de moeda* e não com as taxas de juro e as condições de acesso ao crédito) não tem instrumentos suficientes para ultrapassar as crises do capitalismo. Embora não resolva definitivamente o problema das crises cíclicas (que são o resultado inevitável das contradições internas do capitalismo), a *política financeira* (manuseando a cobrança das receitas e a realização das despesas por parte do estado) é a única que pode prestar alguns serviços nesta matéria, porque só ela pode ter alguma influência nas *forças reais da economia* (os planos do estado, dos empresários e dos consumidores). Enquanto não entender esta verdade (que se julgava ter sido aprendida de uma vez por todas com a Grande Depressão de 1929-1933 e que, ainda há poucos anos, qualquer aluno de Economia sabia na ponta da língua), a UE e os governos dos estados-membros continuarão a marcar passo, ou seja, a andar para trás. A verdade é que a 'reinvenção' do keynesianismo obriga a que o BCE passe a financiar diretamente os estados nacionais para que estes possam desenvolver o *investimento público* (que, esse sim, poderá estimular o investimento privado).

Tal como foi anunciado o programa do BCE, essa "pipa de massa" vai-se perder, até porque, todos o sabemos, as pipas 'bebem' muito do seu conteúdo... Algumas vozes vão dizendo que as despesas do estado em investimento deixarão de contar para o cálculo do défice das contas públicas. Não é nada de oficial, mas, se for verdade, daí resultará uma situação de menor constrangimento. De todo o modo, fica de pé a questão de saber onde vão os estados encontrar meios de financiamento. Em situações de crise, como é sabido, diminuem as receitas fiscais e aumentam as despesas sociais. Depois de tudo privatizado, não há, praticamente, receitas 'empresariais' dos estados. Como Keynes sublinhou, em situações de crise econômica as despesas públicas anti-cíclicas têm de ser cobertas através do financiamento soberano resultante da criação de moeda pelo banco central. Não pode fugir-se a esta realidade.

O ideal seria, em qualquer caso, que o sistema bancário fosse controlado pelo poder político democrático, porque, como Keynes pôs em relevo, as questões relacionadas com a distribuição do aforro pelos canais nacionais mais produtivos "não devem ser deixadas inteiramente à mercê de juízos privados e dos lucros privados", e porque "não se pode sem inconvenientes abandonar à iniciativa privada o cuidado de regular o fluxo corrente do investimento".

Tem razão Mark Blyth quando defende que "a austeridade não é apenas o preço da salvação dos bancos. É o preço que os bancos querem que alguém pague". A pretexto da crise que provocaram através de práticas criminosas pelas quais ninguém foi responsabilizado, os bancos têm recebido do erário público muitos milhares de milhões de euros, que vêm utilizando para financiar o *crime sistêmico*. Talvez Paul Krugman estivesse a pensar em situações como as que acabo de enunciar quando falou da "peculiar ratoeira que a Europa criou a si mesma".[101]

8.4.É uma situação algo esquizofrénica, que carece de cura urgente.

Muitos reconhecem hoje que terá sido precipitada a decisão de criar a *união monetária europeia* sem que estivessem reunidos os requisitos

---

[101] Cfr. KRUGMAN, Paul. *Acabem com esta Crise já!*. Lisboa: Editorial Presença, 2012. p. 52.

A UEM: O "FRACASSO DE UMA FANTASIA"

mínimos de uma *zona monetária ótima*: países ou regiões com níveis idênticos de desenvolvimento e de produtividade; forte integração no interior da zona monetária, quer no que se refere às transações de bens e serviços quer no que toca à mobilidade da mão-de-obra; uma estrutura política que permita um certo grau de federalização da fiscalidade e um orçamento com capacidade redistributiva (as despesas federais representam, nos EUA, 60% da despesa pública global).[102]

Em livro recente, J. Ferreira do Amaral, para além de mostrar que a UEM nunca satisfez estes requisitos de uma *zona monetária ótima* (os definidos por Robert Mundell no famoso artigo na *American Economic Review*, 1961), acrescenta ainda uma outra razão. Considerando que a CEE/UE é "uma organização meramente artificial, quase sem identidade", constituída por "países que têm a sua identidade própria, organizados em estados com muitos séculos de História", defende que, "numa situação destas, os interesses das entidades-estados não podem ser preteridos face aos interesses do todo, porque os cidadãos nacionais não aceitam a subalternidade do seu estado em relação aos interesses dos restantes". Daí a sua conclusão: "nunca o espaço europeu poderá constituir uma zona monetária ótima".[103] Os adeptos do estado federal europeu não deviam esquecer estas reflexões.

Se o apoio de um Prêmio Nobel ajuda, posso invocar Paul Krugman, que considera a UEM uma *fantasia* e acusa as autoridades europeias de inca-

---

[102] Em Portugal, o erro político foi denunciado, desde o início, pelo PCP e também por autores como RIBEIRO, Sérgio (*Não à Moeda Única*: Um Contributo, Lisboa: Edições Avante!, 1997) e eu próprio (ver, por exemplo, "Nota sobre a independência dos bancos centrais". In: *Ensaios de Homenagem a Manuel Jacinto Nunes*. Lisboa: ISEG-UTL, 1996, pp. 405-423; "A institucionalização da União Económica e Monetária e os estatutos do Banco de Portugal". In: *Boletim de Ciências Económicas* (FDUC), Coimbra, vol. XLV-A (especial), pp. 65-98, 2002; e *A Constituição Europeia*: A Constitucionalização do Neoliberalismo, Coimbra/São Paulo: Coimbra Editora/Editora Revista dos Tribunais, 2006/2007).
Também João Ferreira do Amaral foi sempre contrário à *moeda única*, embora aceitando as vantagens de uma *moeda comum* (uma espécie de *unidade de conta*), a par das *moedas nacionais* dos países da UE.

[103] Cfr. AMARAL, João Ferreira do. *Porque devemos sair do euro*: O divórcio necessário para tirar Portugal da crise. Lisboa: Lua de Papel, 2013, p. 71.

141

pacidade para lidar com os problemas decorrentes da crise atual, incapacidade que traduz "falta de coragem para enfrentar o fracasso de uma fantasia".[104]

Não é tolerável, com efeito, este domínio do capital financeiro sobre a política e sobre a economia. Mesmo aqueles que, na senda de Keynes, apenas pretendem salvar o capitalismo, em moldes que permitam a sua coexistência com as regras do jogo democrático, têm de levar a sério as propostas keynesianas no sentido da defesa da necessidade de uma certa *coordenação pelo estado da poupança da comunidade e dos fluxos do investimento por ela alimentados*. Por estas razões defendeu Keynes a necessidade de "uma ampla expansão das funções tradicionais do estado", a necessidade de "uma ação inteligentemente coordenada" para assegurar a utilização mais correta da poupança nacional, a necessidade da "existência de órgãos centrais de direção", a necessidade de "medidas indispensáveis de socialização" e de "uma certa socialização do investimento".

Para tanto, é necessário que as instâncias políticas democraticamente legitimadas não sejam substituídas pelos 'mercados'; é necessário impedir que o mercado substitua a política; é necessário libertar a política dos dogmas neoliberais, que tudo subordinam ao mercado. Tal como os estados nacionais, a União Europeia não pode ser dominada pelos bancos. Tem que ser ela a dominar os bancos, a começar pelo BCE. "Os estados não podem permitir-se perder o combate que os opõe aos mercados financeiros: a sobrevivência de um sistema mais ou menos civilizado depende disso".[105]

As contradições e as dificuldades intrínsecas da UEM justificam que muitos pensem, com Joseph Stiglitz, que "a Europa poderá ter que deixar cair o euro para se salvar a si própria".[106] Cada vez mais me convenço da razão deste ponto de vista. Seja como for, entendo que quem quiser salvar o euro (e a 'Europa' que o criou) tem de aceitar, pelo menos, que é imperioso rever, de alto a baixo, este *estatuto esquizofrénico* do

---

[104] Cfr. KRUGMAN, Paul. "Quando a austeridade falha". *The New York Times*, 25 de maio de 2011 (publicado em Portugal pelo *Jornal i*);

[105] Cfr. GALBRAITH, James K. "Que Europa para controlar os mercados?". *In: Le Monde Diplomatique*, Ed. Port., junho de 2010.

[106] *Expresso*, 9 de março de 2013.

A UEM: O "FRACASSO DE UMA FANTASIA"

BCE. O BCE tem de abandonar o esplêndido isolamento da sua *independência* antidemocrática e deve assumir-se como um *verdadeiro banco central*, com capacidade para emitir moeda destinada a financiar diretamente os investimentos da União e dos estados-membros, para adequar a taxa de câmbio do euro às necessidades conjunturais, para adquirir títulos de dívida pública no mercado primário e para ajudar os países da UE a promover uma estratégia de desenvolvimento sustentado e a prosseguir políticas públicas de combate às crises.

Perante o beco sem saída cada vez mais evidente a que conduzem as estruturas neoliberais da própria UE e as políticas neoliberais em curso, sinto-me confortado por ver que um número crescente de autores se vem pronunciando no sentido de que a saída da crise generalizada do capitalismo exige medidas de fundo, que passam pelo abandono do princípio da liberdade de circulação do capital, pela destruição dos *paraísos fiscais*, pela nacionalização e socialização do setor bancário e segurador, pelo fim da *independência dos bancos centrais*, pela revogação do *princípio da banca universal* (regulação estrita da atividade financeira), pelo reforço da progressividade do sistema fiscal, pela tributação das transações financeiras, pelo combate à fraude e à evasão fiscais, pela "eutanásia dos rendistas" (como pretendia Keynes), pelo reforço do estado social, pela melhoria dos rendimentos do trabalho, pela defesa dos direitos dos trabalhadores.

Nos últimos tempos, vem crescendo o número dos autores que colocam na agenda das mudanças indispensáveis para se sair do impasse em que a Europa vive há anos a "desprivatização integral do sistema bancário", porque, nas condições atuais, "não pode continuar a tolerar-se o abandono do financiamento da economia ao capital financeiro privado e às suas tendências incoercíveis para o abuso".[107]

Creio, porém, que uma visão global correta do que está em jogo só poderá resultar da compreensão da *natureza de classe* do *estado capitalista*, que, apesar das muitas máscaras a que recorre para se esconder, não consegue, hoje, disfarçar a sua natureza de *ditadura do grande capital financeiro*.

---

[107] Transcrevi LORDON, Frederic. "A esquerda não pode morrer". *In: Le Monde Diplomatique*, Ed. Port., setembro de 2014.

IX

A 'EUROPA' E A CRISE.
A CRISE DA EUROPA

9.1. A crise que se abateu sobre a Europa a partir de 2008 está a transformar-se, perigosamente, numa *crise da democracia*. Para além das *políticas de austeridade* impostas pelas *troikas* ou pelos governos em exercício (reveladoras da violência da *luta de classes* em curso e da violência antidemocrática do *estado-ditadura-do-capital-financeiro*), basta ter em conta dois exemplos: *a)* as "juntas civis" impostas, durante mais de um ano (entre finais de 2011 e meados de 2013) ao povo grego e ao povo italiano (governos Papademus e Monti, banqueiros nomeados em comissão de serviço na esfera da governação, sem nunca terem sido eleitos para qualquer cargo político); *b)* a campanha orquestrada em Portugal contra a Constituição da República e contra o Tribunal Constitucional (campanha em que, com total despudor, participaram o Presidente da Comissão Europeia e vários Comissários, a Diretora-Geral do FMI e até o patrão das patrões, o Goldman Sachs, como à frente direi).

Apesar da intensidade e da dramaticidade da crise que assola a Europa, a UE e as instituições comunitárias desapareceram de cena, agravando perigosamente o referido *défice democrático*: o normal funcionamento dos órgãos colegiais da UE deu lugar ao que Habermas chama de "intergovernamentalismo dos chefes do euro-clube, que atuam nos

145

bastidores".[108] Com efeito, os 'donos' da Europa resolvem tudo (ou não resolvem nada) à margem das instituições comunitárias (e, sobretudo, dos povos da Europa), no âmbito das *relações intergovernamentais*, quase sempre em encontros informais, por detrás da cortina, sob a batuta alemã. A igualdade entre os estados-membros, apesar de consagrada nos Tratados (só formalmente, porque o voto da Alemanha vale seis vezes o voto de Portugal...), é completamente ignorada, porque tudo é decidido em função dos interesses 'imperiais' e dos calendários eleitorais da Alemanha.

Em termos gerais, as razões de alarme quanto à vida democrática na UE foram-se acentuando à medida que foi ficando claro que quem governa a 'Europa' são os chamados 'mercados', os grandes conglomerados financeiros, os especuladores 'viciados' nos jogos de casino e organizados como os cartéis do crime, que Jacques Chirac chamou em 1995 *a sida [aids] da economia mundial*.

A crise veio pôr a nu a verdadeira face da *Europa neoliberal*, a *Europa do capital*, a Europa que os cidadãos europeus já recusaram: um grande mercado interno, com uma economia incapaz de crescer, um espaço sem um mínimo de solidariedade e de coesão social, sem o mínimo sentimento de pertença, um espaço em que alguns estados se assumiram como 'donos da bola' e têm imposto as 'regras do jogo', humilhando os trabalhadores europeus e tratando com laivos de superioridade rácica os *povos do sul*.

Logo que surgiram os problemas da dívida pública grega, muita gente esperou uma solução rápida para eles, pois o PIB grego não chega a 2% do PIB da zona euro, o que quer dizer que seria muito barata, para os países da zona euro, uma operação de reestruturação da dívida da Grécia. No entanto, na cimeira de 7-8 de maio de 2010 a Alemanha impôs o ponto de vista de que a situação da Grécia era um caso isolado, explicável pela irresponsabilidade, pela preguiça, pela incapacidade e por outros vícios do povo grego, que se habituou a viver bem sem trabalhar.

---

[108] Cfr. HABERMAS, Jürgen. *Um Ensaio sobre a Constituição da Europa*. Lisboa: Edições 70, 2012. p. 136.

A 'EUROPA' E A CRISE. A CRISE DA EUROPA

Logo, se a crise é uma crise da Grécia, os gregos que paguem a crise, redimindo os seus 'pecados ' à custa de duras penitências, porque só assim os *povos do sul* aprendem a 'lição'.

Esta atitude do 'conselho de administração' da *Europa do euro* é incompreensível: parece que os que se arvoram em 'donos da Europa' não querem compreender todas as implicações de uma união monetária. Basta comparar com o que se passou em algumas situações idênticas ocorridas nos EUA. Se esta lógica fosse aplicada pelo Governo dos EUA (um estado federal que é também uma *união monetária*), os estados da Louisiana e do Mississipi teriam ficado entregues a si próprios e poderiam ter de *sair do dólar* na sequência da destruição provocada pelo furacão Katrina. Mais recentemente, a Califórnia teria sido obrigada a enfrentar sozinha as suas dificuldades financeiras e poderia ter sido obrigada a sair do dólar, quando teve que emitir moeda paralela (os famosos IOU – *I Owe You*, documentos de reconhecimento de dívida e promessa do respetivo pagamento, que circulam com o valor de moeda) porque não tinha liquidez em dólares para satisfazer as suas necessidades de pagamento. É claro que ninguém sequer pensou noutra coisa: a União americana assumiu esses problemas como seus, porque todos os estados americanos partilham o dólar como *moeda única* e a existência de uma união monetária exige *solidariedade entre todos os seus membros* e um *orçamento federal* com suficiente capacidade redistributiva (*solidariedade* e *orçamento* que não existem na UE).

Perante a atitude da Alemanha relativamente à Grécia, Jürgen Habermas comentou: "A prioridade das preocupações nacionais [alemãs] nunca se manifestou com tanta clareza como na resistência robusta de uma Chanceler que, antes da sua derrota desastrosa no dia 8 de maio de 2010, bloqueou durante semanas a ajuda europeia à Grécia e o mecanismo de emergência para salvar o euro". E 'acusou' Merkel de não ser capaz de ultrapassar "a consideração oportunista dos joguinhos da política interna", cedendo ao "medo das armas de destruição maciça da imprensa tablóide" (esquecendo "a força destrutiva das armas de destruição maciça dos mercados financeiros") e "bloqueando uma ação conjunta da União que teria apoiado atempadamente a Grécia contra a especulação que visava a bancarrota do estado". O filósofo alemão viu

147

neste comportamento da Alemanha um sinal claro da arrogância hege-mônica por parte do seu país, que parece estar a perder a consciência dos sacrifícios que impôs aos demais povos europeus durante o século XX ("a consciência de uma herança histórico-moral comprometedora"). E confessa: "apercebi-me, pela primeira vez, da possibilidade real de um fracasso do projeto europeu".[109]

Mas esta crise, a sua permanência e a sua evolução abriram também, como se vê, uma *crise da Europa*, uma crise da "Europa como ela é" (Jacques Chirac), uma crise deste 'monumento' ao neoliberalismo fun-damentalista em que os cidadãos e os povos da Europa não se reveem. Uma crise cujas raízes mais próximas talvez possam ir buscar-se à criação da UEM e ao modelo que lhe foi imposto pela Alemanha.

Na verdade, com a entrada em vigor do *Tratado de Maastricht* (1992) e a criação da UEM, pode dizer-se que a 'Europa' passou a sofrer de outra *doença estrutural*, que veio agravar, substancialmente, o *défice democrático* do processo de integração que conduziu à União Europeia.

Como já disse, a UEM apresentou-se, desde o início, como uma solução disfuncional, que só teria alguma hipótese de sobreviver se fos-sem logo adotadas medidas que ajudassem a ultrapassar as disfunções originárias se tal projeto. Ora, como é notório, as políticas adotadas ao longo dos anos têm visado exatamente o contrário e têm conseguido os seus objetivos. E a chamada *crise das dívidas soberanas* veio acelerar este processo.

Perita na "arte da hesitação deliberada" (Ulrich Beck), a Srª Merkel fez tudo para esconder a *crise da UEM e do euro alemão* e as suas causas. E um dos expedientes para o conseguir foi o de atribuir a *culpa* da crise da Grécia (e dos *povos do sul*) aos defeitos destes povos (a Irlanda deve ter-se naturalizado...), tese que permitiu, por outro lado, justificar pe-rante o mundo e perante os próprios povos inferiores (culpados das suas próprias desgraças), todas as penas infamantes a que foram condenados,

---

[109] Cfr. HABERMAS, Jürgen. *Um Ensaio sobre a Constituição da Europa*. Lisboa: Edições 70, 2012. pp. pp. 135-140 e 153/154.

A 'EUROPA' E A CRISE. A CRISE DA EUROPA

pondo-lhes a rédea curta e tentando convencê-los de que a sua 'cura' teria de passar por um calvário de sacrifícios (o sacrifício purifica!), indispensáveis para que eles aprendam que não podem continuar a viver acima das suas posses...

Merkel intoxicou os alemães com uma conversa que sabia agradar a boa parte da opinião pública do seu país, que parece continuar predisposta a acreditar facilmente na 'verdade' dos *chefes*, sobretudo quando estes põem em relevo as 'virtudes' do povo alemão, em confronto com os 'vícios' dos *povos do sul, povos inferiores*, merecedores, por culpa própria, de todas as escravidões, incluindo a *escravidão por dívidas*. A chanceler levou os alemães a acreditar que são eles que estão a alimentar os 'vícios' desta gentalha, meio (ou todo...) caminho andado para que os alemães (e os 'alemães' de outros países) concluíssem não fazer sentido nem ser justo que sejam os 'virtuosos' a alimentar os *vícios* e a pagar a 'boa vida' dos 'preguiçosos' *povos do sul*.[110]

É claro que a chanceler não disse aos alemães quanto é que eles tiveram de pagar para salvar os bancos alemães e para salvar os bancos de outros países da zona euro, nem lhes disse quanto é que a Alemanha tem ganho com o *deutsche euro*, com as *regras* de Maastricht, com a 'independência' do BCE, com a *liberdade de circulação de capitais* (e outras *liberdades do capital*), com os empréstimos concedidos à Grécia para que esta pagasse negócios chorudos e escuros com empresas alemãs, com as 'ajudas' dos programas de assistência financeira,[111] com as políticas de austeridade que impôs a gregos e a troianos para salvar os bancos alemães.

---

[110] Dados recentes da OCDE (9 de julho de 2015) referentes a 2014 mostram que os portugueses trabalharam, em média, 1875 horas, mais do que a média dos países membros da OCDE (1770 horas), sendo que os trabalhadores gregos ainda trabalharam mais horas (2042). Felizmente para eles, os trabalhadores alemães só trabalharam, em média, 1371 horas, menos 486 horas do que os trabalhadores portugueses e menos 671 horas do que os trabalhadores gregos.

[111] A verdade é que, "em vez de ter em conta o interesse europeu alargado, a Alemanha agiu no seu próprio interesse egoísta de credor" (Philippe Legrain). E os outros *estados-credores* fizeram o mesmo. A verdade também é que o dinheiro que a Alemanha emprestou aos devedores é uma pequena parte do total, o correspondente à sua quota no Mecanismo Europeu de Estabilidade Financeira (27,14%, menos de metade do que a Espanha e a França juntas – 59,19%), no BCE (17.9%) e no FMI (13%).

Este discurso racista e xenófobo agrada a grande parte do eleitorado alemão e a Sr.ª Merkel quer, acima de tudo, ser reeleita. Mas é claro que ele visa essencialmente 'esconder' as causas e a natureza da crise. E os mais avisados, como Ulrich Beck, vão lembrando ao mundo que "a arrogância dos europeus do Norte em relação aos países do Sul, alegadamente preguiçosos e sem disciplina, demonstra ignorância cultural e um esquecimento brutal da história".[112] E os que não esquecem as lições da História sabem muito bem que *o sono da razão gera monstros.*

Trata-se de uma *estratégia merkiavélica* (parafraseando Beck), que permite ignorar as causas da crise e a sua natureza, fugindo à sua caraterização como uma *crise do euro*, uma *crise da UEM*, uma *crise da UE*, crise perante a qual a Alemanha teria de assumir responsabilidades e 'sacrifícios' correspondentes ao seu peso econômico e político no seio da UE e às vantagens do referido 'estatuto' do *deutsche euro*.

Ao longo destes já longos anos de crise, os dirigentes dos 'países dominantes' da 'Europa' recusaram políticas tendentes a reforçar a *coesão social* no seio da UE e no seio de cada um dos estados-membros, no âmbito de um objetivo estratégico de convergência, a médio prazo, dos níveis de desenvolvimento econômico e social no espaço comunitário. Têm adiado soluções e têm imposto outras sempre na ótica dos seus próprios interesses nacionais; têm-se empenhado obstinadamente na tarefa de identificar os 'pecadores' e de os castigar exemplarmente com a aplicação de verdadeiras 'penas infamantes'; têm destruído as economias dos países mais débeis; têm gasto "muitas das suas energias em lutas de galos pela nomeação das figuras mais cinzentas para os seus cargos mais influentes". (Habermas).

Em suma: têm feito tudo o que não deveriam fazer, tudo ao contrário do que exigiria uma Europa assente na *cooperação* entre estados-membros com estatuto de igualdade, na *participação democrática* dos cidadãos europeus na definição do seu futuro, no respeito pela *dignidade* dos povos e dos estados da Europa. A culminar este processo, aprovaram em

---

[112] Transcrevo BECK, Ulrich. *A Europa Alemã*: De Maquiavel a "Merkievel": Estratégias de Poder na Crise do Euro. Trad. port., Lisboa: Edições 70, 2013. p. 37.

A 'EUROPA' E A CRISE. A CRISE DA EUROPA

2012 o chamado *Tratado Orçamental*, que, é, verdadeiramente, um novo *pacto colonial*, como explicarei à frente.

9.2. Quando a crise financeira iniciada nos EUA chegou à Europa, "o setor bancário dominou os Governos dos países e as instituições da zona euro (…), que foram a correr salvar os bancos, com consequências muito severas para as finanças públicas e sem resolver os problemas do setor bancário". Quem o afirma é Philippe Legrain, ex-conselheiro do Presidente da Comissão Europeia Durão Barroso.[113]

A prioridade de Sarkozy, de Jean-Claude Trichet (então Presidente do BCE) e de Dominique Strauss-Kahn (então Diretor-Geral do FMI) foi, acima de tudo, a de salvar os bancos franceses (talvez por um imperativo patriótico…), e a pressão dos bancos alemães acabou por convencer a Sr.ª Merkel a deixar de lado a *regra do no bailout*, aceitando que a *troika* emprestasse dinheiro à Grécia para que esta pagasse aos bancos alemães e franceses.

A um ritmo acelerado, o *lixo* acumulado nos ativos dos bancos na sequência de operações bancárias irresponsáveis (algumas mesmo criminosas) da banca privada foi passando para entidades públicas, dividindo a Europa em *países credores* e *países devedores*, com os primeiros a defender com unhas e dentes o seu *dinheirinho* e os lucros dos 'seus' bancos. Perante a crise financeira, era natural, lógico e desejável que os países do euro se unissem, para ultrapassar *solidariamente* as dificuldades da crise. Este é o comportamento que se espera de entidades políticas (estados nacionais ou estados federados) que partilham a mesma moeda, que são membros da mesma zona monetária.

Para a 'Europa', porém, este foi o tempo da *desunião europeia*, o tempo em que os portugueses (e outros 'europeus') se apressaram a dizer que Portugal não era a Grécia, outros a dizer que a Espanha não era Portugal, outros ainda a dizer que a Itália não era a Espanha, e ainda outros a dizer que a França não era a Itália... Foi um espetáculo pouco edificante, que teve o 'mérito' de pôr a nu a *natureza imperialista da UE*,

---

[113] Entrevista ao jornal *Público*, 11 de maio de 2015.

151

as suas deficiências estruturais no plano democrático, o apetite de domínio dos países 'dominantes' e do dominante capital financeiro.

"A zona euro – afirma Philippe Legrain – passou a ser gerida em função do interesse dos bancos do Centro (França e Alemanha), em vez de ser gerida no interesse dos cidadãos no seu conjunto". O salvamento dos bancos conduziu às políticas de *austeridade punitiva*, que provocaram "recessões desnecessariamente longas e tão severas que agravaram a situação das finanças públicas" dos países devedores. E isto – conclui Legrain – "é profundamente injusto e insustentável". Em vez da *solidariedade* própria de uma zona monetária e prometida por uma 'Europa' que nunca existiu, a *Europa do capital* impôs aos *devedores do sul* duras penitências, tratando-os como *colônias*.

A chamada *crise das dívidas soberanas* dos *países do sul* veio tornar clara a vontade da Alemanha de pôr a Europa a *falar alemão*. A meu ver, a 'leitura' alemã da crise e as políticas que dela têm resultado podem ter servido os interesses (conjunturais) da Alemanha, mas ameaçam destruir a Europa. Estão a destruir as economias europeias e estão a romper o tecido social dos estados europeus, e podem até destruir a 'Europa' que os seus mentores têm vindo a construir à socapa, que poderá não resistir à *destruição da credibilidade do euro* enquanto moeda que aspirava ao estatuto de *moeda mundial de referência*, projeto em que tanto investiram os seus 'inventores'.

Vale a pena citar de novo o ex-conselheiro de Durão Barroso, porque é uma voz que vem de dentro do 'vulcão': "A Europa está ser destruída, o apoio à Europa caiu a pique, velhos ressentimentos foram reavivados, outros nasceram, a par de tensões sociais no interior dos países". O diagnóstico é tão severo que Philippe Legrain defende que precisamos de "construiu uma democracia europeia a sério, mudar a natureza da Europa. Ou seja: precisamos de uma Primavera Europeia".[114]

Pela minha parte, direi que as desilusões (para quem teve ilusões) da *Primavera Árabe* aconselham a seguir, decididamente, a outra via

---

[114] A ideia da Primavera Europeia é abordada pelo autor num livro que publicou em 2014: *European Spring:* Why our Economies and Politics are in a Mess.

A 'EUROPA' E A CRISE. A CRISE DA EUROPA

sugerida por Legrain: *mudar a natureza da Europa*. Mas, para quem ainda tinha dúvidas, o desfecho da última 'crise grega' deixou muito claro que esta *Europa do capital* não muda, nem quer mudar. Em suma: eu acho que precisamos de deitar fora esta 'Europa', nascida com o Tratado de Roma e 'refinada' com todos os outros tratados e 'tratamentos' que foi sofrendo ao longo dos anos, e criar uma outra Europa, baseada na igualdade e na soberania dos estados, na cooperação entre todos os povos europeus e com todos os povos do mundo, uma *Europa dos povos*, uma *Europa dos trabalhadores*, que enterre de vez a *Europa imperialista*, a *Europa colonialista*.

9.3. Tal 'leitura' e tais políticas podem muito bem anular os objetivos de paz originários das comunidades europeias (a começar pela CECA), que pressupunham um 'projeto europeu' com uma *Alemanha europeia* (uma Alemanha com raízes fundas na 'Europa' e respeitadora dos interesses europeus).

Em 1953, falando em Hamburgo para estudantes universitários, Thomas Mann exortava-os a construir uma *Alemanha europeia* e a rejeitar a ideia de uma *Europa alemã*. Este apelo foi recordado, recorrentemente, logo após a 'reunificação' da Alemanha.[115] Hoje, não faltam razões, a meu ver, para temer que este apelo se tenha esfumado. A Alemanha, *cada vez mais alemã*, está a perder "a consciência de uma herança histórico-moral comprometedora" que, durante alguns anos após a 2ª Guerra Mundial, ditou uma atitude de "moderação diplomática e disponibilidade para adotar também as perspetivas dos outros".[116] E a 'Europa', 'governada' por esta *Alemanha alemã*, que coloca acima de tudo os interesses da Alemanha, tornou-se uma *Europa alemã*. "A crise do euro – escreveu Ulrich Beck – tem levado à emergência – até agora constante – da Europa alemã. (...) A Europa tornou-se alemã. (...) Mas

---

[115] Recordo um velho Mestre da Universidade de Coimbra do meu tempo de estudante, profundo conhecedor da Alemanha e da cultura alemã, a quem algumas vezes ouvi dizer: "gosto tanto da Alemanha, que prefiro que haja duas".

[116] Cfr. HABERMAS, Jürgen. *Um Ensaio sobre a Constituição da Europa*. Lisboa: Edições 70, 2012. pp. 163-169.

dizê-lo abertamente significa quebrar um tabu". E – conclui o sociólogo alemão – "a Europa alemã viola as condições fundamentais de uma sociedade europeia na qual valha a pena viver".[117]

9.5. Logo que começou a ficar claro que as eleições legislativas de 21 de janeiro de 2015 seriam ganhas por um partido que lutava contra as políticas de austeridade que provocaram na Grécia uma tragédia humanitária, a intervenção externa e as ameaças ao povo grego por parte de altos dignitários da UE e dos 'países dominantes' tornaram-se mais evidentes.

Três dias antes do ato eleitoral, foi a vez de Mario Draghi, intervindo na qualidade de Presidente do BCE, avisar que o programa de *Quantitative Easing* (atrás referido) só seria aplicado à Grécia mediante certas condições. Os gregos compreenderam: se não comerem a sopa toda que Bruxelas vos põe no prato, terão o caldo entornado... Mas não votaram em quem os ameaçava.

Dois dias depois das eleições, o Presidente do *Eurogrupo* afirmou, segundo os jornais (27 de janeiro de 2015), que "os gregos têm de compreender que os problemas fundamentais da sua economia não desapareceram só porque houve uma eleição". Traduzindo: não adianta terem feito, nas eleições, uma escolha diferente da que nós queríamos, porque nós vamos boicotar a vossa escolha.

Neste mesmo dia, a Agência Moody's proclamou, do seu trono imperial, que a vitória do Syriza "influía negativamente nas perspetivas de crescimento". Uma 'sentença' terrível para um povo que viu o PIB baixar cerca de 25% em resultado das políticas colonialistas impostas pela *troika*.

O social-democrata alemão, Martin Schultz, Presidente do Parlamento Europeu, não terá sido 'politicamente correto' quando disse que preferia um "governo de tecnocratas" ao governo que acabava de ser eleito pelo povo grego. Mas o menos disse o que pensava, para nós

---

[117] BECK, Ulrich. *A Europa Alemã*: De Maquiavel a "Merkievel": Estratégias de Poder na Crise do Euro. Trad. port., Lisboa: Edições 70, 2013. pp. 11, 89 e 111.

A 'EUROPA' E A CRISE. A CRISE DA EUROPA

pesarmos bem a importância da democracia representativa para certos democratas. Pelos vistos, ele gostava mais de uma outra "junta civil" como a liderada pelo banqueiro Lucas Papademus (idêntica à que, na Itália, foi chefiada por outro banqueiro, Mario Monti), que ninguém elegeu, mas que sabia interpretar bem os interesses do grande capital financeiro. Mesmo os artistas mais consagrados deixam cair as máscaras...

E o *Financial Times* fez também o seu papel, ditando a sentença de morte do 'criminoso': "Este governo não pode sobreviver".

Em 28 de janeiro de 2015, um dos vice-presidentes da Comissão Europeia (J. Kartainen) disse, sem o mínimo de vergonha: "nós [a UE] não mudamos de política em função de eleições". Ficamos sem saber para que servem as eleições. Se as proibissem, sempre se poupava algum dinheirito...

Já liberto das responsabilidades de Ministro das Finanças, Yanis Varoufakis diz que encontrou, nos meios da Eurozona, uma "completa falta de escrúpulos democráticos por parte dos supostos defensores da democracia europeia". E refere que, em uma reunião do Eurogrupo, o Ministro das Finanças alemão (que ele considera o *maestro* da "orquestra muito bem afinada" que é o Eurogrupo) lhe disse sem cerimônia, mostrando bem a sua cultura democrática: "não podemos permitir de maneira nenhuma que umas eleições mudem seja o que for". Varoufakis, segundo o seu próprio relato, ter-lhe-á respondido que, sendo assim, deveriam ser honestos dizendo isso mesmo aos concidadãos da Europa. E acrescentou que, coerentemente, deveriam alterar-se os Tratados europeus para inserir neles uma cláusula que suspenda o processo democrático, incluindo a realização de eleições, nos estados-membros da zona euro sujeitos a programas de assistência financeira. A resposta – diz Varoufakis – foi o silêncio geral. Não há dúvida de que certos silêncios dizem tudo sobre a *democracia do capital*: são muito reveladores e muito comprometedores...[118]

---

[118] Ver a entrevista de Yanis Varoufakis à revista *New Statesman*, publicada em Portugal pelo *Diário de Notícias* (16 de julho de 2015).

Na primeira ronda de negociações, os jornais anunciaram que o Presidente da Comissão Europeia e o Comissário Moscovici tinham chegado a um acordo com o governo grego. Só que, na reunião do *Eurogrupo* que deveria ratificá-lo, o respetivo presidente, verdadeiro moço de recados de Schäuble e Merkl, começou a reunião afirmando que aquele acordo não servia para base das negociações, apresentando uma alternativa 'em alemão'.

Em 16 de fevereiro de 2015, os ministros das finanças da zona euro, num gesto ternurento de 'solidariedade europeia', avisaram o novo governo grego de que não contasse com o dinheiro da 'metrópole' se recusasse continuar as *políticas de austeridade*. Com esta *declaração de guerra*, começava o processo de 'negociações', com os *credores* a deixar claro que queriam ser eles a governar o País, sobrepondo-se ao direito do povo soberano a decidir livremente sobre o seu destino coletivo.[119]

E o *New York Times* tirava de imediato a conclusão: "os mercados financeiros pensam que a Grécia não tem qualquer outra escolha que não seja abandonar o euro".

As 'autoridades' europeias não permitiram que o governo grego utilizasse cerca de 1.100 milhões de euros de 'ajudas' anteriores destinados a capitalizar a banca e que não chegaram a ser gastos nesse objetivo beneficente. E o BCE anunciou, contrariando compromissos assumidos anteriormente, que não devolveria à Grécia cerca de 1.800 milhões de euros por conta dos lucros que obteve com operações sobre a dívida grega.

---

[119] Num depoimento publicado em *Le Monde Diplomatique*, Ed. Port., agosto de 2015, Varoufakis vem dizer publicamente que, pouco depois da sua tomada de posse como Ministro das Finanças da Grécia, o Presidente do *Eurogrupo*, Jeroen Dijsselbloem, o visitou em Atenas para o avisar de que o Governo do Syriza tinha de continuar a cumprir o *Memorando* imposto ao governo anterior de conservadores e socialistas (e as *políticas de austeridade* dele resultantes, que estavam a deixar a Grécia exangue) ou seria o fracasso, i.e, a Grécia – impossibilitada de se financiar junto dos 'mercados' – ficaria sem financiamentos do BCE, o que implicaria o encerramento dos bancos. Como é sabido, foi isto mesmo que veio a acontecer, após várias ameaças neste sentido feitas em reuniões do *Eurogrupo*, ameaças que estimularam, como é óbvio e talvez fosse desejado pelos 'parceiros' da Grécia, a *fuga de capitais*.

A 'EUROPA' E A CRISE. A CRISE DA EUROPA

Entretanto, beneficiando do sacrossanto *princípio da livre circulação de capitais*, os grandes empresários e os gregos muito ricos fizeram sair do País, durante os anos da 'crise', mais de cem mil milhões de euros. Quem o disse foi o Presidente do Parlamento Europeu, Martin Schultz (jornais de 10 de junho de 2015). Talvez tenham procurado na Alemanha um 'porto seguro', ajudando a Srª Merkl a recorrer menos à emissão de dívida pública e a poupar milhares de milhões de euros (segundo cálculos do *Bundesbank*, a Alemanha poupou, por esta via, 120 mil milhões de euros entre 2007 e 2014).

Perante este relato, não pode fugir-se à sensação de que estamos perante uma 'associação criminosa' em que cada membro do *gang* faz a parte que lhe cabe do plano global traçado para aniquilar o inimigo a abater. Subscrevo esta conclusão de Wolfgang Streeck: "a integração europeia transformou-se numa catástrofe política e econômica".[120]

---

[120] Cfr. STREECK, Wolfgang. "Uma hegemonia fortuita". *In: Le Monde Diplomatique,* Ed. Port., maio de 2015.

X

O TRATADO ORÇAMENTAL: UM "GOLPE DE ESTADO EUROPEU"

10.1. Apesar de a fina flor do 'pensamento dominante' na Europa ter inicialmente garantido que a Europa não seria afetada pela *crise do sub-prime* (quando lhes convém, 'esquecem' a mundialização dos mercados financeiros...), a crise entrou na Europa a sério e os dirigentes europeus tudo têm feito para que ela perdure. Uma crise dá muito jeito ao grande capital.

E, a pretexto da crise, foram-se apertando as malhas do domínio da *Europa do capital* e das suas *regras-dogmas*. Em dezembro de 2011 entrou em vigor o chamado *Six Pack*, que veio endurecer as *regras* do Pacto de Estabilidade e Crescimento (PEC), permitindo a atuação da Comissão (substituindo-se aos estados nacionais) para prevenir situações de défice excessivo, prevendo um sistema de vigilância mais apertado sobre a evolução da dívida, instituindo um mecanismo de detecção precoce de eventuais desequilíbrios macroeconômicos, e agravando as sanções para os estados-membros que não cumpram as *regras*.

A agudização da situação na Grécia (mas também a evolução da 'crise' em Portugal e na Irlanda e mesmo na Espanha e na Itália) obrigou a acelerar os trabalhos para a revisão do *Tratado de Lisboa*, que acabou por concretizar-se, de modo muito pouco ortodoxo, através do chamado

159

Tratado sobre Estabilidade, Coordenação e Governação na União Econômica e Monetária (TECG, conhecido como *Tratado Orçamental*), assinado em Bruxelas em 2 de março de 2012 pelos Chefes de Estado e de Governo de 25 estados-membros da UE (todos os da Eurozona e mais oito, ficando de fora o RU e a República Checa).

Mais uma vez, tudo foi decidido "à porta fechada" (Habermas), a pretexto da crise. O modo como foi aprovado este estranho tratado mostra que os fiéis do "pensamento único euro-beato" (Jacques Généreux) não hesitaram em prosseguir na cruzada da construção da *Europa do capital* através de um verdadeiro "golpe de estado europeu" (R.-M. Jennar), que vem minar ainda mais a já débil estrutura democrática de funcionamento da UE, prosseguindo a tarefa de esvaziar as competências dos órgãos politicamente legitimados pelo sufrágio universal, confiando-as às instâncias tecnocráticas da União. Foi um "golpe de estado" capitaneado pela *Grande Alemanha*, mas que contou com a cumplicidade (com o apoio!) da social-democracia europeia e foi sufragado pela *Europa de Vichy*.

Sem o mínimo pudor, o *Tratado* não resiste à tentação de legislar aquilo que sabe não corresponder à verdade: "o mecanismo de correção previsto respeita integralmente as prerrogativas dos parlamentos nacionais". Sem qualquer recato, o 'tratado' vem atribuir novas competências à Comissão Europeia e ao TJUE (que são instituições da UE), apesar de tal *Tratado* não ser subscrito por alguns estados-membros da UE.

Apesar disso, os 'chefes' decidiram que ele não aumenta as competências da UE, pelo que entrará em vigor através do *procedimento simplificado*, logo que ratificado por doze dos 25 países que o subscreveram. Os 'donos da Europa' fazem questão de continuar, na mesma via anti-democrática, a edificar uma *Europa imperialista*, ao sabor dos interesses do grande capital financeiro, o contrário de uma Europa assente na *cooperação* entre estados-membros com estatuto de igualdade, na *participação democrática* dos cidadãos europeus na definição do seu futuro, respeitadora dos direitos e da *dignidade* dos trabalhadores, dos povos e dos estados da Europa.

O TRATADO ORÇAMENTAL: UM "GOLPE DE ESTADO EUROPEU"

10.2. Se a estes procedimentos acrescentarmos o conteúdo do próprio *Tratado*, sobram razões para afirmar que ele representa um passo novo no processo de construção de uma 'Europa' não democrática, pondo em causa não só a *democracia* mas também a *paz* na Europa.

No *Preâmbulo* fazem-se algumas considerações pias, falando dos objetivos do crescimento econômico, do emprego e da coesão social. Mas as medidas previstas não têm nada que ver com esta agenda.

Tentando uma síntese deste *Tratado Orçamental*, direi que ele:

1) transforma em lei o *princípio das finanças sãs*: as contas públicas devem apresentar-se equilibradas ou excedentárias, não se admitindo que vá além de 0,5% do PIB o chamado *défice estrutural* (que ninguém sabe muito bem o que é);

2) obriga a que esta *'regra de ouro'* do *equilíbrio orçamental* passe a constar de disposições legais vinculativas e de caráter permanente, de preferência a nível constitucional;

3) obriga a reduzir a dívida para o máximo de 60% do PIB no prazo de vinte anos, impondo uma redução a uma taxa média anual de 5% enquanto se mantiver a situação de dívida excessiva;

4) impõe aos estados-membros da Eurozona que a Comissão Europeia declare em situação de défice estrutural a obrigação de aplicar *automaticamente* um *mecanismo de correção*, ficando afastada qualquer possibilidade de intervenção dos parlamentos nacionais, para autorizar tal mecanismo ou para impedir o Governo de o executar;[121]

5) sujeita, sem mais, os estados-membros que não cumpram estas disposições à aplicação de sanções pelo Tribunal de Justiça da União

---

[121] Atualmente, as sanções têm que ser aplicadas por voto da maioria qualificada do Conselho Europeu que represente pelo menos 2/3 dos estados-membros e 62% da população da UE. Este *Tratado* 'imperial' determina, porém, que, em caso de incumprimento das suas 'regras', os países (os mais fracos, claro) ficam sujeitos a *sanções automáticas*, aplicadas pela 'eurocracia', sem necessidade de qualquer votação. E ficam ainda sujeitos a 'penas' aplicadas diretamente pelo TJUE.

Europeia (TJUE), ignorando os tribunais dos estados-membros envolvidos, que são *órgãos de soberania* desses países;

6) impõe aos estados-membros a obrigação de sujeitar as reformas significativas de política econômica a *debate prévio* (não por parte dos cidadãos desses países, mas por parte das instâncias da UE) e, quando adequado, à *coordenação* entre elas, no quadro das instituições comunitárias;

7) obriga os estados-membros que ultrapassem os limites estabelecidos para o défice público e para a dívida pública a submeter à Comissão e ao Conselho um *programa de reformas estruturais obrigatórias* (a austeridade do costume, com a consequente destruição das bases econômicas e sociais da soberania nacional);

8) obriga os estados-membros a comunicar previamente ao Conselho e à Comissão Europeia os respectivos planos de emissão de dívida pública;

9) confere à Comissão Europeia o direito de analisar os orçamentos dos estados-membros, antes de eles serem submetidos aos parlamentos nacionais.

São condições verdadeiramente intoleráveis, que não podem deixar de "corroer qualquer credibilidade democrática", como sublinha um autor tão alemão e tão moderado como Jürgen Habermas.[122]

Mais uma vez por portas travessas, ele visa, fundamentalmente, consagrar ('constitucionalizar') o *neoliberalismo* e as *políticas de austeridade para todo o sempre*, matando o *estado social* e tornando o crescimento impossível para muitos países. Ora, sem desenvolvimento econômico faltarão as receitas indispensáveis para o *investimento no futuro* (os investimentos estratégicos na educação, na saúde, na investigação científica, na segurança social, nos transportes públicos, na habitação social e em todos os serviços públicos associados à qualidade de vida e ao desenvolvimento

---

[122] Cfr. HABERMAS, Jürgen. *Um Ensaio sobre a Constituição da Europa*. Lisboa: Edições 70, 2012. pp. 165/166.

O TRATADO ORÇAMENTAL: UM "GOLPE DE ESTADO EUROPEU"

sustentado). Estes direitos (constitucionalmente consagrados) transformar-se-iam em um luxo inacessível aos povos 'colonizados'.

Este *Tratado Orçamental* perfila-se, a meu ver, como um verdadeiro *pacto colonial*, que impõe aos povos dos países mais fracos (com a colaboração das elites políticas das 'metrópoles' e das 'colônias') o seu próprio *subdesenvolvimento* e a sua própria *colonização*.

Como eu não acredito que o Velho Continente aceite transforma-se numa *Europa de servos*, sou levado a concluir que este *Tratado* constitui uma séria ameaça à democracia e à paz na Europa.

10.3. Em declaração pública, o Primeiro-Ministro britânico afirmou que este Tratado traduz o propósito de *tornar ilegal o keynesianismo*. E a verdade é que ele tem razão, embora não se perceba tal preocupação por parte de um neoliberal assumido. De resto, como se diz atrás, esta ideia de 'matar' Keynes está na raiz do processo de integração europeia, logo no Tratado de Roma, em 1957, em pleno apogeu do keynesianismo.[123]

Creio, porém, que é necessário ir mais longe. Porque o que está em causa, verdadeiramente, é a *ilegalização da democracia*, num *Tratado* que transforma em *normas jurídicas* pontos de vista doutrinários em matéria de política econômica. Com efeito, a *regra de ouro* das *finanças sãs* (que, até há poucos anos, todos os manuais ridicularizavam...), bem como outras 'regras' impostas pelos Tratados estruturantes da UE são meras sínteses das *opções políticas* do grande capital financeiro, as opções que têm servido de base à *política de globalização neoliberal*, transformadas, como que por magia, numa espécie de 'constituição' outorgada ao povo soberano pelo *poder imperial* (sem o ouvir o povo, como é próprio do poder imperial). É o *império das regras*, negador da democracia.[124]

---

[123] Cfr. o meu livro *A Constituição Europeia:* A Constitucionalização do Neoliberalismo. Coimbra/São Paulo: Coimbra Editora/Editora Revista dos Tribunais, 2006/2007. p. 132. O Tratado de Maastricht significou um passo de gigante nesse sentido.

[124] A famosa *Regra de Friedman* é a ilustre antepassada de todas as *regras de ouro* consagradas nos Tratados da UE. Ela traduz a tese segundo a qual os países deveriam ser privados

Ao longo do dramático processo de (falsas) negociações com o governo grego durante o 1º semestre de 2015, ficou claro que estas *normas-travão* são as *regras do jogo* impostas à economia real e aos cidadãos pelo setor dominante da classe dominante do *capitalismo de casino* e visam garantir que os eleitos para cargos políticos (nos parlamentos ou nos governos) não tenham a veleidade de pretender honrar o mandato popular que receberam dos seus eleitores, prosseguindo políticas que não respeitem as *regras do jogo*. A mensagem que se quer fazer passar para os cidadãos da 'Europa' é clara: podem eleger partidos de direita ou partidos de esquerda, mas aqueles que forem eleitos têm de obedecer, acima de tudo, a estas *regras*, que os impedem de cumprir o seu mandato.[125]

Elas visam também tornar imperativas, para todos os governos, as famosas *reformas estruturais* (que, em todos os 'púlpitos', os 'teólogos' do neoliberalismo declaram essenciais para a 'salvação do mundo'). No que concerne à chamada *regra de ouro*, há mais de setenta anos que Michael Kalecki esclareceu o seu significado: "a função social da doutrina das

---

da capacidade de emitir moeda discricionariamente, segundo a análise política feita pelos órgãos competentes do poder político democrático, para prosseguir objetivos políticos definidos por estes mesmos órgãos. Esta capacidade de decisão política deveria ser substituída por uma *regra* (desejavelmente de natureza constitucional), nos termos da qual o banco emissor só poderia emitir moeda nova em medida igual à da taxa de crescimento do produto, acrescida de uma margem de 2%-3%. Nunca ninguém levou a sério esta proposta de Milton Friedman. Em vida, ele teve o azar de ver as suas teorias submetidas à prova da realidade, e muitos autores concluíram que as suas teorias estavam erradas (alguns acusaram-no mesmo de viciar dados estatísticos). Depois de morto, talvez o professor de Chicago comente: a vingança serve-se fria...

[125] Um dos ministros de François Hollande (Benoît Hamon) confessou, numa entrevista (jornais de 9 de abril de 2013), a sua "impressão de que uma política de esquerda ou de direita apenas doseia de forma diferente os mesmos ingredientes". Eu diria que é o preço a pagar por quem assumiu, *com grande sentido de estado*, a responsabilidade da *gestão leal do capitalismo* e aprovou, defende e aplica devotamente o *Tratado de Maastricht*, o *Tratado Orçamental* e todos os Tratados estruturantes da UE, preocupados em radicar na Europa a ordem econômico-política neoliberal. Uma vez no Governo, parece que Benoît Hamon se *resignou* a caucionar políticas que em 2011 considerava um *obstáculo ao progresso*, políticas que (utilizando palavras suas) *sacrificam o estado-providência para restabelecer o equilíbrio orçamental e agradar aos mercados*... Nem por isso evitou a sua demissão, para dar lugar a outro 'ministro', certamente mais crente nes e mais respeitador dos dogmas neoliberais.

O TRATADO ORÇAMENTAL: UM "GOLPE DE ESTADO EUROPEU"

finanças sãs é tornar o nível de emprego dependente do *nível de confiança*", ou seja – como ele explica no lucidíssimo ensaio que publicou em 1943 –, a sua função é a de impedir que o estado adote *políticas ativas* de combate ao desemprego e, sobretudo, de promoção do pleno emprego. Porque os homens de negócios entendem que "o desemprego é uma parte integrante do sistema capitalista 'normal'", porque "não gostam das consequências sociais e políticas que são de esperar da manutenção de situações estáveis de pleno emprego", porque "o seu instinto de classe lhes diz que o pleno emprego duradouro é algo de perverso".[126]

Pela minha parte, o comportamento dos 'dirigentes' europeus, que colocam a estabilidade financeira acima da *dignidade dos povos* e que, em nome das *regras sagradas* que colocaram nos *Tratados*, prosseguem e impõem políticas que *multiplicam o desemprego* e *fazem guerra aos desempregados* em vez de combater o desemprego, realçam a plena atualidade desta observação de Kalecki: "A luta das forças progressistas a favor do pleno emprego é ao mesmo tempo um modo de *prevenir* o regresso do fascismo".[127]

10.4. O processo de integração europeia tem sido, na leitura de Habermas, um processo de "expropriação das entidades soberanas democráticas por poderes executivos", ou, se preferirmos a leitura de Frédéric Lordon, uma "gigantesca operação de subtração política (...),

---

[126] Um antigo ministro espanhol da economia confessa isto mesmo (em 1996) num livro em que analisa a sua experiência em um Governo do PSOE: "a redução do desemprego, longe de ser uma estratégia de que todos sairiam beneficiados, é uma decisão que, se fosse levada à prática, poderia acarretar prejuízos a muitos grupos de interesses e a alguns grupos de opinião pública" (*Apud* NAVARRO, Vicenç; LÓPEZ, Juan Torres; ESPINOSA, Alberto Garzón. *Hay Alternativas:* Propuestas para crear empleo y bienestar social en España. Madrid: Ediciones Sequitur, 2011. pp. 83/84). Quer dizer: as políticas ativas de combate ao desemprego e de promoção do emprego não são levadas a sério porque o *desemprego interessa a muitos grupos de interesses*, os interesses ligados ao grande capital, que, enfraquecendo os trabalhadores e as suas organizações, podem reforçar as condições da sua exploração.

[127] Cfr. KALECKI, Michael. "Political Aspects of Full Employment". *In:* HUNT, E. K.; SCHWARTZ, Jesse G. (Eds.) *A Critique of Economic Theory*: Selected Readings. Penguin Books, 1972, pp. 420 430 (ensaio publicado originariamente em *Political Quarterly*, Vol. 14, 1943, 322 331. 423-430.

de subtração de soberania popular", que "é tão somente o outro nome da própria democracia", pelo que, anulando a soberania, a 'Europa' está a negar a democracia (F. Lordon: "a negação da soberania é mesmo a negação da democracia na Europa".[128]

Pois bem. Este *processo de expropriação da soberania e da democracia* dos estados-membros mais fracos da UE deu um passo de gigante com este *Tratado Orçamental*, que é, como tudo o que de relevante vem acontecendo na UE desde Maastricht, "um modelo político de marca alemã", que tem de ser visto não como a proposta de uma "Alemanha cooperante", mas como a afirmação de "uma clara pretensão de liderança" por parte da *Alemanha alemã*, numa "Europa marcada pelos alemães".[129]

Este *Tratado Orçamental* (uma autêntica *rendição incondicional* da *Europa de Vichy* à Alemanha imperial) dá mais um passo no sentido da acentuada diminuição da já reduzida democraticidade de funcionamento da UE, prosseguindo a tarefa de confiar todo o poder a *órgãos executivos* constituídos por burocratas que escapam ao controlo democrático, continuando o processo de substituição da *política* (e da *prestação de contas* que lhe é inerente em democracia) pela aplicação mecânica e cega de *regras* (verdadeiros *dogmas* indiscutíveis, como é próprio dos dogmas) plasmadas neste e nos demais Tratados estruturantes da UE, todos praticamente petrificados, imutáveis, aspirando à eternidade.

Os órgãos politicamente legitimados pelo sufrágio universal são hoje pouco mais do que marionetas comandadas a partir de Bruxelas ou de Frankfurt (ou a partir de Berlim, via Bruxelas e Frankfurt): não podem decidir sobre a emissão de moeda; não podem desvalorizar a moeda; dependem dos 'mercados' para se financiar (como uma qualquer *pessoa* ou empresa privada); não podem fixar e controlar as taxas de juro; não podem optar por um determinado nível de inflação susceptível de ajudar

---

[128] Cfr. LORDON, Frederic."Sair do euro, mas como?" *In: Le Monde Diplomatique,* Ed. Port., p. 12, agosto de 2013.

[129] Cfr. HABERMAS, Jürgen. *Um Ensaio sobre a Constituição da Europa.* Lisboa: Edições 70, 2012. pp. 73 e 163-169.

O TRATADO ORÇAMENTAL: UM "GOLPE DE ESTADO EUROPEU"

o crescimento econômico; não podem decidir sobre o nível da despesa pública, sobre o montante do défice das contas públicas ou sobre a dimensão da dívida pública.

Fruto da arrogância das autoridades da UE e dos países dominantes no seio da UE, que se recusam a ter em conta as críticas feitas às deficiências estruturais da UEM (que a presente crise tornou visíveis a olho nu), este *Tratado Orçamental* persiste em negar o que Paul Krugman considera "o fracasso de uma fantasia".[130]

Os seus mentores fingem ignorar que a raiz dos problemas que afligem os povos europeus (especialmente os dos países mais débeis, problemas que ficaram a nu na sequência da *crise do capitalismo* que teve início em 2007-2008, da *crise do euro*, da *crise da UEM*, da *crise da "Europa como ela é"*) está, como se torna cada vez mais claro, na natureza e na estrutura desta *Europa do capital*.

Por isso este *Tratado* insiste no pressuposto de que as dificuldades dos *países do sul* são imputáveis aos povos que as sofrem, recorrendo à 'filosofia' sempre utilizada pelas teses deterministas para justificar o subdesenvolvimento e o racismo, procurando fazer crer que as vítimas destas desgraças são os únicos culpados delas, continuando o discurso racista de imputar as *culpas* da 'crise' aos *povos do sul* e impondo aos 'pecadores' pesadas penitências por 'pecados' que não cometeram, obrigando-os a sofrer *programas de austeridade perpétuos* que destroem as suas economias, põem em causa as regras do estado de direito democrático e minam as bases da sua soberania.

Por isso ele impõe aos 'súbditos' o acatamento das *regras* impostas pelo poder imperial como se elas fossem comandos indiscutíveis (como em tempo de guerra), acentuando o processo de substituição da *política* pela aplicação mecânica e cega de *regras-dogmas* indiscutíveis (como é próprio dos dogmas), *iguais para todos* os estados-membros, ignorando que a UE é constituída por países com situações e com histórias

---

[130] Cfr. KRUGMAN, Paul. "Quando a austeridade falha". *The New York Times*, 25 de maio de 2011 (publicado em Portugal pelo *Jornal i*).

completamente diferentes e ignorando que a política não pode reduzir-se à *aplicação mecânica de regras iguais para todos*.

Um dos dogmas do monetarismo neoliberal é o da *morte da política econômica* (a *morte da política*, sem mais). Porque as *leis naturais do mercado* (a reinventada *mão invisível*) resolvem tudo sem erro possível, para além do justo e do injusto, e porque os agentes econômicos privados dispõem da mesma informação do estado, o que lhes permite antecipar as medidas de política econômica e os seus efeitos e agir como *agentes econômicos racionais*, adotando comportamentos que anulam os efeitos das políticas públicas, tornando-as *neutras* em relação à economia, e por isso *desnecessárias* (é a *teoria das expetativas racionais*, a fina flor do monetarismo).

Em conformidade com estes pontos de vista, o *Tratado* e as suas *regras* impedem os estados em situação de recessão econômica e de desemprego generalizado de adotar *políticas ativas anti-cíclicas*, apoiadas em investimentos públicos que promovam o investimento privado e a criação de riqueza e de emprego e em políticas sociais que fortaleçam e estabilizem a procura interna das famílias e evitem, deste modo, a falência de muitas pequenas e médias empresas e o consequente aumento do desemprego.

A 'filosofia' inspiradora do *Tratado Orçamental* é a mesma que, à escala mundial, vem destruindo a coesão social com base em políticas que garantem tudo ao capital (incluindo a impunidade pelos crimes cometidos, muitas vezes verdadeiros *crimes contra a humanidade*) e negam todos os direitos que os trabalhadores foram conquistando ao longo de séculos. Este *Tratado Orçamental* ilustra bem o que é a *ditadura do grande capital financeiro*.

Para que serve, afinal, este dramático *Tratado Orçamental*? Alguém acredita que a Alemanha (ou a França, e mesmo a Itália, a Espanha e até a Polônia) submeta, de verdade, as suas políticas econômicas a debate prévio e à coordenação com as de outros países, no quadro das instituições comunitárias, passando por cima dos parlamentos nacionais? Alguém concebe que a Alemanha (ou a França e outros países da UE) sofram algum dia as consequências do referido mecanismo automático de correção?

O TRATADO ORÇAMENTAL: UM "GOLPE DE ESTADO EUROPEU"

Quem esquece que a Alemanha, tão rigorosa para com os 'povos inferiores', foi o primeiro estado-membro a violar, grosseira, ostensiva e impunemente o *Pacto de Estabilidade e Crescimento*? Alguém pode acreditar que o Tribunal Constitucional alemão deixe que seja a Comissão Europeia a decidir sobre o orçamento da Alemanha, matéria que é da competência exclusiva do Parlamento alemão? De todo o modo, não é crível que os países mais fortes (os atrás referidos) aceitem submeter-se a esta indignidade. Os visados são, é claro, os 'bárbaros do sul'.

Se vier a ser aplicado, este *Tratado Orçamental* será uma 'lei de funil', à semelhança do que já aconteceu com outras 'leis' comunitárias. Em 2003-2004 a Alemanha foi o primeiro estado-membro da UE a não cumprir o Pacto de Estabilidade e Crescimento. Logo seguida da França, pela mesma altura. A economia alemã não crescia e as taxas de desemprego atingiam níveis preocupantes: 8,7% em 2002; 9,8% em 2003; 10,5% em 2004 e 11,3% em 2005. Não admira, por isso, que, em julho de 2003, quando enfrentava um procedimento por défice excessivo movido pela Comissão Europeia, o Ministro das Finanças alemão (Hans Eichel) tenha declarado que "a estabilidade não é a prioridade agora, aquilo de que nós precisamos é de crescimento".

Pouco tempo depois, em 4 de setembro de 2003, foi a vez de o Primeiro-Ministro da França (Jean-Pierre Raffarin) dizer, em entrevista à TF1, que o PEC poderia ser "muito importante", mas que o seu "primeiro dever" era o de assegurar trabalho aos franceses, pelo que não iria sacrificar este objetivo às exigências 'contabilísticas' da Comissão Europeia, que recomendava aos governos destes dois países o reforço das medidas de austeridade (menor despesa pública, flexibilização da legislação laboral, cortes nas pensões).

A 'história' acabou com a 'derrota' da Comissão, uma vez que a Alemanha e a França, cada uma com dez votos nas votações por maioria (tantos como o RU e a Itália), conseguiram facilmente os aliados necessários para atingir a minoria de bloqueio (26 votos em 87 possíveis) que inviabilizou as pretensões da Comissão Europeia. Por maioria qualificada, o Conselho suspendeu depois parcialmente a aplicação das regras do PEC, para livrar a Alemanha e a França dos procedimentos relativos a défices excessivos.

169

10.5. Os objetivos do *Tratado Orçamental* vêm sendo, aliás, prosseguidos por outros meios, sub-repticiamente, como sempre, enganando os povos. E, como sempre, com o apoio (ou com a cumplicidade) de todos os *defensores desta Europa do capital.*

Como é sabido (embora as negociações decorram em ambiente sigiloso), os chefes de estado e de governo vêm negociando, há anos, um *Acordo de Parceria*

com os EUA.[131] Pelo que se pode ler em algumas publicações mais atentas aos meandros da integração europeia, os mesmos 'chefes' vêm articulando entre si a criação de novos instrumentos destinados a liquidar de vez a autonomia de decisão dos estados-membros da UE, em especial daqueles que dependem do recurso a empréstimos externos e dos recursos provenientes dos fundos comunitários.

Falam alguns de *Instrumentos de Convergência e de Competitividade*, que não são outra coisa que uma espécie de 'contratos' a celebrar entre a Comissão Europeia e os estados-membros: aqueles que precisarem do apoio financeiro da Comissão serão obrigados a assinar contratos mediante os quais se comprometem a executar *reformas estruturais*, que se anuncia consistirão, como é 'natural', em medidas destinadas a 'aliviar' as empresas de uma parte dos custos do trabalho (descontos para a Segurança Social), a 'estimular o investimento' com base em incentivos fiscais, a 'flexibilizar' o mercado de trabalho (obstruindo a contratação coletiva e facilitando os despedimentos).

Há quem defenda que os 'auxílios' financeiros por parte da Comissão podem ser concedidos a partir de um fundo especial alimentado pela receita de uma taxa sobre as transações financeiras, tão prometida e nunca concretizada. Outros dizem que o isco para apanhar os desprevenidos poderá consistir na apresentação das medidas de apoio por parte da Comissão como um primeiro passo no sentido da *mutualização*

---

[131] Ver uma pequena nota sobre este Acordo em AVELÃS NUNES, António José. "O euro: das promessas do paraíso às ameaças de austeridade perpétua". *In: Boletim de Ciências Económicas*, Vol. LVI, pp. 115-120, 2013.

O TRATADO ORÇAMENTAL: UM "GOLPE DE ESTADO EUROPEU"

das dívidas nacionais (da emissão de *dívida pública da união europeia*). Os estados mais débeis poderiam deste modo obter crédito mais barato, mas seriam *obrigados* a adotar a terapia de choque imposta pela Comissão Europeia, que ganharia poderes que se sobrepõem aos parlamentos e aos governos destes *estados-súbditos*.

Ao fim e ao cabo, trata-se de *perpetuar as troikas*, cometendo à Comissão Europeia as suas funções, mesmo em situações que não sejam situações de crise. Na Cimeira de 19-20 de dezembro de 2013, os 'donos da Europa' terão chegado a um acordo de princípio relativamente a estas medidas. Se elas vierem a ser concretizadas, será mais um passo grave na destruição da Europa: se forem levados à prática – escreve Frédéric Panier –, tais 'contratos' (contratos desiguais, contratos leoninos, contratos imorais) "podem tornar-se a arma mais poderosa jamais confiada às instituições europeias para desmantelar os estados sociais".

Antes desta Cimeira, o Presidente do Partido Socialista Europeu terá dito que os projetos em análise poderiam "fazer desaparecer as disposições sociais em todos os estados-membros, um atrás do outro, medida após medida". E o líder dos liberais no Parlamento Europeu terá vaticinado igualmente que o sistema em discussão na referida Cimeira poderia anunciar a "morte da Europa". Pelos vistos, há quem esteja a par do que se trama nos corredores de Bruxelas e em outros corredores que fazem parte do mesmo labirinto. No entanto, apesar de se declararem 'europeus' fervorosos, uns e outros (socialistas e conservadores), não fizeram nada para evitar a "morte da Europa". Tão defensores do estado social como dizem ser, os socialistas europeus não fizeram nada para evitar a sua morte, "em todos os estados-membros, um atrás do outro, medida após medida". Pelo contrário: empenharam-se ativamente na aprovação e no cumprimento dos tratados que estão a 'matar' a Europa e a 'matar' o estado social.[132]

10.6. Habermas sublinha com inteira razão que, nos termos do *Tratado Orçamental*, "os chefes de governo comprometeram-se a implementar

---

[132] Os dados aqui utilizados foram colhidos em PANIER, Frédéric. "Arranjos contratuais: a arma fatal". *In: Le Monde Diplomatique*, Ed. Port., abril de 2014.

171

nos seus respectivos países um catálogo de medidas a nível da política financeira, econômica, social e salarial que, na realidade, seriam da competência dos Parlamentos nacionais (ou dos parceiros sociais)".

Por outro lado – continuo a acompanhar Habermas –, "o direito da Comissão a analisar *atempadamente*, portanto antes das decisões dos Parlamentos, os orçamentos dos estados-membros" "afeta competências fundamentais dos estados-membros e dos seus Parlamentos", o que traduz "a arrogância de criar um precedente eficaz". Para os cidadãos dos estados-membros (especialmente os mais fracos), fica a suspeita de "os seus governos nacionais serem apenas atores no palco europeu" e de os parlamentos nacionais "se limitarem a aprovar obedientemente (...) as decisões prévias tomadas noutro lugar".

As posições doutrinais traduzidas nos Tratados estruturantes da UE e a prática política dos governos nacionais e das instituições comunitárias justificam inteiramente idênticas preocupações do antigo Presidente socialista do governo de Espanha, Felipe González, que, no início de 2013, reconhecia os perigos inerentes à *crise da democracia representativa*: "Os cidadãos pensam, com razão, que os governantes obedecem a interesses diferentes, impostos por poderes estranhos e superiores, a que chamamos mercados financeiros e/ou Europa. É perigoso, pois tem algo de verdade indiscutível".[133] Pois tem! Vale mesmo a pena dizer tudo de uma vez: esta é uma verdade indiscutível! A social-democracia europeia, sob a bandeira do 'socialismo democrático', construiu uma 'Europa' que nem é socialista nem é democrática, uma 'Europa' na qual o poder político obedece a "poderes estranhos e superiores", obedece aos chamados "mercados financeiros", obedece à "Europa", à *Europa de Maastricht*, à *Europa do Tratado de Lisboa*, à *Europa do Tratado Orçamental*, à *Europa alemã*, à *Europa do capital*.

Está-se a construir um novo *Leviathan*, invocando, bem vistas as coisas, que os homens e os povos (ou alguns povos do 'sul') são incapazes de autogoverno. Daí a necessidade do *Leviathan*, para pôr ordem na casa, moderar os que gostam de viver acima das suas posses, governar o presente e garantir o futuro.

---

[133] Entrevista ao *Expresso*, 5 de janeiro de 2013.

O TRATADO ORÇAMENTAL: UM "GOLPE DE ESTADO EUROPEU"

Ao fim e ao cabo, é sempre o *Leviathan* 'justificado' com a invocação de que *o homem é o lobo do homem*. Com efeito, nas sociedades que assentam na existência de classes antagónicas e em que, no domínio das relações económicas, "o trabalhador [que só tem de seu a "sua força e habilidade de mãos"] é uma pessoa e o proprietário do capital, que o emprega, é outra pessoa", o *Leviathan* é sempre necessário para que a classe dominante (a classe exploradora) possa impor à(s) outra(s) classe(s) "os seus próprios termos" (continuando a citar Adam Smith), condição indispensável para preservar o seu estatuto de classe dominante.[134]

As *regras* impostas pelo novo *Leviathan* equivalem, pois, à substituição da *política* pelo *mercado*, à *negação da política* (e da *liberdade de decisão* que ela pressupõe, com a correspectiva *responsabilidade*), à *negação da cidadania* e à *morte da democracia*. É este o papel do *Tratado Orçamental*, ao impor a 'colonização' dos mais fracos pelos mais fortes, condenados aqueles ao empobrecimento, despojados dos seus recursos e das suas empresas estratégicas, com a consequente destruição do mínimo de coesão social e da comunidade social em que assenta a soberania. Contra a *ditadura das regras*, entendo que "é preciso dar aos Governos muito mais liberdade e flexibilidade para contrair crédito e para gastar, mas para isso é preciso deitar fora o tratado Orçamental".[135]

O *Leviathan* dos nossos tempos, enquadrado pela ideologia neoliberal, coloca acima de tudo as *liberdades do capital*, governando segundo as 'leis do mercado' (a *constituição das constituições*). O moderno Leviathan é "o poder político que já não se separa do poder económico e, sobretudo, do poder financeiro".[136] É a *ditadura do grande capital financeiro*.

---

[134] Cfr. SMITH, Adam. *Riqueza das Nações*. Vol. I. Lisboa: Fundação Calouste Gulbenkian, 1981 p. 176.

[135] Transcrevo Philippe Legrain (*Público*, 11 de maio de 2014) porque concordo inteiramente com este ponto de vista do antigo conselheiro do Presidente da Comissão Europeia.

[136] Cfr, BALIBAR, Étienne. "Um novo impulso, mas para que Europa?". *In: Le Monde Diplomatique*, Ed. Port., pp. 10 13, março de 2014.

XI

O PACTO PARA O CRESCIMENTO E EMPREGO E O PACTO DE RESPONSABILIDADE DE HOLLANDE

11.1. Depois do debate suscitado, sobretudo na França, durante o período que antecedeu o referendo sobre a chamada constituição europeia e tendo em conta os resultados desastrosos das políticas neoliberais adotadas para combater a crise pela Comissão Europeia e pelo BCE, sob a batuta da Alemanha, seria de esperar que, desta vez, ao menos na França, os socialistas viessem dizer que o *Tratado Orçamental* devia ser pura e simplesmente posto de lado, porque a 'regra de ouro' e outras 'regras' que ele contém constituem um verdadeiro "golpe de estado europeu" e arrastam consigo um entrave estrutural ao desenvolvimento da Europa e condenam os países mais débeis ao 'subdesenvolvimento' e a um verdadeiro estatuto colonial.

Esta expectativa foi alimentada pelo facto de o candidato François Hollande ter prometido durante a campanha eleitoral para a Presidência da República que tal *Tratado* não seria aprovado pela França se as políticas de crescimento e de emprego não passassem a ser a primeira preocupação da UE. A verdade é que, uma vez eleito, François Hollande tornou-se, como sublinha Perry Anderson, "o intendente francês" do "sistema neoliberal europeu", pelo que esperar dele "um pouco mais de independência econômica ou estratégica já será uma vitória da esperança sobre a experiência".[137] A *experiência*, porém, rapidamente se confirmou, à custa da *esperança*. Como é sabido, após uma visita de vassalagem à Sr.ª Merkel, pouco depois da tomada de posse, o Presidente François Hollande comportou-se como vêm fazendo há anos os políticos e os partidos burgueses: fez exatamente o contrário do que tinha prometido ao povo francês que o elegeu, 'obrigando' os deputados socialistas a aprovar na Assembleia Nacional o *Tratado Orçamental*.

Mais uma vez, a social-democracia europeia não quis aprender nada com a História e aprovou mais este 'tratado' *em plena paz de consciência*, como disse o mais alto responsável do PS português no momento da ratificação do 'tratado' na Assembleia da República, lamentando apenas que não se tivesse aprovado também uma *adenda* (afinal, não era muita coisa: *só uma adenda...*) sobre as políticas de crescimento e de emprego.

Em 28 de junho de 2012, por proposta de Hollande, o Conselho Europeu aprovou o *Pacto para o Crescimento e Emprego* (a *adenda* tão desejada pelo PS português...), encerrando com 'chave falsa' o espetáculo encenado para fazer de contas que a UE passava a preocupar-se com o crescimento e o emprego, apesar de continuar a impor *programas de austeridade* fortemente recessivos e geradores de desemprego e de não desistir de levar por diante o *pacto colonial de subdesenvolvimento* consubstanciado no *Tratado Orçamental*.

É claro que este *Pacto para o Crescimento e Emprego* não vai ativar nenhuma política nova destinada a promover o crescimento e o emprego. Ele não passa de uma *merkolandía*, uma 'mercadoria' inventada pela dupla Merkel-Hollande para calar a (má) consciência de Hollande e para 'legitimar' o dito *Tratado Orçamental* imposto pela chanceler alemã. Ao aprovar este novo *Pacto*, o Conselho Europeu enganou os povos da Europa e criou uma situação ridícula, que não abona a seriedade intelectual e política das instituições comunitárias e das políticas comunitárias.

---

[137] Cfr. ANDERSON, Perry. "A Europa face à hegemonia alemã". *In: Le Monde Diplomatique*, Ed. Port., dezembro de 2012.

O PACTO PARA O CRESCIMENTO E EMPREGO E O PACTO DE...

Na verdade, com os dois Tratados em vigor simultaneamente, tudo se passa como se a UE e os estados-membros fizessem o seu caminho pedalando e travando ao mesmo tempo. Encerrado o tempo da propaganda, com a França e a Alemanha a proclamarem divergências sérias quanto ao rumo da política comunitária em matéria de crescimento e de emprego, o que tal 'solução' significa é o entendimento estratégico entre os socialistas de Hollande e os conservadores de Merkel no sentido de prosseguir as *políticas de austeridade* ao serviço das *finanças sãs*, com o argumento de que elas são indispensáveis para sanear a economia e de que (sempre o velho *slogan* thatcheriano) *não há alternativa* para elas.

Bem vistas as coisas, a aprovação do *Pacto para o Crescimento e Emprego* traduz o conteúdo vazio das promessas dos dirigentes socialistas europeus de lançar políticas de promoção do crescimento e do emprego e significa que *todos* os aparentemente desavindos estão de acordo em prosseguir as *políticas de austeridade* destinadas a 'colonizar' os *povos do sul*, irmanados na sua fé neoliberal, que lhes dá força para manter em vigor o *Tratado Orçamental* aprovado em março de 2012, que é um *pacto contra o crescimento e contra o emprego*, um verdadeiro *pacto colonial*, um *pacto de subdesenvolvimento*, que, por detrás das propostas 'técnicas' nele contidas, encerra uma visão totalitária, que suprime a soberania e a igualdade entre os estados membros da UE (que os Tratados continuam a consagrar) e que aponta para a *colonização* dos pequenos países pelos grandes, arrastando consigo ameaças sérias à democracia (e à paz) na Europa.

11.2. No plano interno, em vez de pôr na ordem o *capital financeiro* (o inimigo declarado do candidato Hollande) o Presidente socialista preferiu honrar a 'tradição de família' dos partidos do arco da governação, aliando-se ao 'inimigo declarado' da véspera contra os trabalhadores franceses que o colocaram na Presidência, desiludindo muitos e confirmando as expetativas de outros.

Atendendo à referida 'tradição', talvez fosse de esperar a 'cambalhota' de Hollande, que, aliás, tinha sido previamente anunciada, durante a campanha eleitoral, pelo seu diretor de campanha, Pierre Moscovici (que era antes vice-presidente do *Cercle de l'Industrie* – organização que representa os principais grupos industriais franceses – e foi depois Ministro da Economia e das Finanças do Governo francês, e é agora Comissário Europeu). Manda a verdade que se diga: ele teve o cuidado de esclarecer que, se Hollande ganhasse as eleições, os défices públicos seriam reduzidos a partir de 2013, aquém de 3% do PIB, "custe o que custar".

A 'promessa' de Moscovici era a de que a austeridade iria chegar e era fácil de adivinhar que as *vítimas do costume* iriam ser chamadas a pagar a conta, "custe o que custar". Em vez de se virar contra o *setor financeiro*, Hollande anunciou, em 15 de janeiro de 2014, o que chamou *Pacto de Responsabilidade*, um pacto de *aliança com o sistema financeiro contra os seus próprios eleitores*.

Certamente subscrevendo a ideia (de Hayek) de que "os custos indiretos do trabalho" (os descontos para a segurança social) "são um dos principais entraves ao crescimento do emprego", Hollande compromete-se a eliminar, até 2017, a contribuição patronal que financia as prestações sociais em benefício das famílias (correspondente a 5,4% do salário). Conforme anunciou o Presidente francês, esta "redução dos custos do trabalho" destina-se a "simplificar e facilitar a vida das empresas", estimando-se que ela vai render ao capital cerca de 35 mil milhões de euros, retirados do financiamento do sistema público de segurança social.

O presidente-socialista elegeu "as empresas" como o seu *herói coletivo* e passou a olhar os trabalhadores como os 'privilegiados', que têm de ser chamados a pagar a crise, porque não podem continuar a exigir o respeito pelos seus 'privilégios', impedindo o crescimento e bloqueando o país.

Para melhor o conseguir, escolheu um novo Primeiro-Ministro (Manuel Valls) e um novo Ministro da Economia (Emmanuel Macron), neoliberais assumidos, que se propõem "simplificar" a legislação laboral. Um e outro vêm defendendo que a questão da duração e do montante dos subsídios de desemprego tem de ser analisada, porque não deve haver tabus nesta matéria. Macron ameaça: se os 'parceiros sociais' não resolverem o problema (baixando o subsídio de desemprego e reduzindo o prazo durante o qual ele é pago), o estado assumirá este dossiê, porque "os bloqueios são demasiado pesados" e "há que estimular a

O PACTO PARA O CRESCIMENTO E EMPREGO E O PACTO DE...

procura ativa de emprego" [é que os trabalhadores são *naturalmente preguiçosos*, escolhendo sempre o desemprego, se não forem 'estimulados' a procurar emprego...]. Cortar os direitos dos trabalhadores é o caminho para "libertar o crescimento" e para "desbloquear o País".[138]

Antecipando a crítica de que o seu *Pacto de Responsabilidade* vai reduzir os meios de financiamento da segurança social, Hollande esclarece: o Governo vai fazer uma *reforma do estado, simplificando a política tributária, reduzindo a despesa pública*, lutando contra a *fraude na segurança social*, o que permitirá poupar 53 mil milhões de euros. A lógica do *Pacto de Responsabilidade* é a que carateriza o que alguns chamam "socialismo da oferta": a salvação dos trabalhadores, da economia e da pátria está nas empresas, pelo que às empresas tudo é devido, para que elas possam realizar o *milagre da salvação* (salvação dos trabalhadores, da economia e da pátria). É fácil adivinhar, por isso, que serão os trabalhadores e os aposentados do costume quem vai fazer o sacrifício da poupança anunciada por Hollande.

O Presidente Hollande talvez esteja a cumprir deste modo 'responsabilidades' que o candidato Hollande pode ter assumido perante o patronato, mas é óbvio que está a trair as promessas que fez aos seus eleitores. A justificação é a que resulta de todos os catecismos neoliberais: é preciso "facilitar a vida das empresas", para que elas possam criar mais postos de trabalho ("só conseguiremos reduzir o desemprego se as empresas criarem empregos", proclamou o Presidente La Palisse).[139]

---

[138] Ver BARZEBAT, Eugène. "L'offensive de Macron et Valls contre les chômeurs". *In: L'Humanité*, 12 de outubro de 2014. e *The Economist*, 4 de outubro de 2014, revista que sintetiza deste modo a 'missão' assumida por Valls: "reconciliar a esquerda com os negócios". O orçamento da França para 2015 consagra já a diminuição dos descontos patronais para a Segurança Social (cerca de 40 mil milhões de euros, sem qualquer contrapartida exigida às empresas), uma diminuição de 9,5 mil milhões de euros nas prestações sociais e uma redução do investimento público de 21 mil milhões de euros. Simultaneamente, aumentam-se os impostos sobre o rendimento das famílias e diminuem-se os impostos sobre os lucros das empresas. E, entretanto, vai correndo o discurso da eliminação do horário semanal de 35 horas e, mesmo, em certos casos, do descanso ao domingo.

[139] Tudo certo, se tivermos presente que, em 2006, num livro que intitulou *Devoirs de Vérité*, François Hollande reivindicava para Mitterrand a glória de ter *desregulamentado*

ANTÓNIO JOSÉ AVELÃS NUNES

Em vez de partir para a definição das suas políticas do antagonismo entre o capital e o trabalho ("cujos interesses não são de modo algum idênticos", ensinou Adam Smith, mesmo antes de Marx ter escrito *O Capital*), ou em vez de, em termos keynesianos, redistribuir a riqueza para fortalecer a *procura efetiva* e estimular a atividade produtiva (e a criação de emprego), Hollande prefere a receita neoliberal: aumentar os lucros, na esperança de que daqui resulte o aumento do investimento e a criação de emprego novo.[140] Em vez de melhorar o poder de compra da grande maioria da população para reativar a procura interna e a produção, o presidente francês está mais próxima do velho lema da ditadura militar brasileira, representada pelo Ministro Delfim Neto: *crescer primeiro, distribuir depois...*

Esquece-se de que o aumento dos lucros só se traduz em aumento do investimento se os potenciais investidores esperarem ver aumentar os seus lucros (Adam Smith deixou isto bem claro: quem tem *riqueza acumulada* "só aplica capital numa indústria com vista ao lucro"), o que só acontecerá se houver uma procura global capaz de adquirir, a um preço compensador, os bens que são produzidos para ser vendidos. Se a procura não for suficiente para absorver toda a oferta, estamos perante uma situação de *sobreacumulação* (de *sobre-investimento*), que gera *sobreprodução* (i.e., que gera *crises de sobreprodução*, *crises de realização da mais-valia*, crises que destroem o capital excedente, reduzem a produção e aumentam o desemprego).[141]

---

a economia francesa e para Delors a glória de ter construído a *Europa de Maastricht*. E comentava: "deixemos de verter roupagens ideológicas que não enganam ninguém". Realmente, perante este discurso só é enganado quem quer.

Em 17 de dezembro de 2013, o Ministro Benoît Hamon, justificando a decisão do governo de Hollande de não aumentar o salário mínimo, dizia que "para favorecer o emprego, é preciso fazer com que o custo do trabalho não pese demasiado sobre a competitividade das empresas". Este mesmo ministro dizia em 2011 (antes de o ser): o dilema dos socialistas é "combater ou trair". Teremos de concluir que estes 'socialistas' estão no governo a *combater* ao lado do patronato, *traindo* os trabalhadores que os elegeram.

[140] Até parece ter-se convertido ao 'dogma' da *Lei de Say* (*a oferta cria a sua própria procura*, quem não se lembra...), porque, ao anunciar o *Pacto de Responsabilidade*, escreveu: "É sobre a oferta que temos de agir. Sobre a oferta! Isto não é contraditório com a procura. Na verdade, a oferta cria procura".

[141] Esta mesma 'filosofia' vem inspirando a nova 'estrela' da "esquerda moderna", o Primeiro-Ministro italiano Mateo Renzi, que justifica a 'flexibilização' da legislação

O PACTO PARA O CRESCIMENTO E EMPREGO E O PACTO DE...

François Hollande (acompanhado de todos os 'hollandes' da Europa, socialistas ou conservadores) coloca o capital no altar de 'salvador do mundo', transforma as empresas (o capital) em uma espécie de representantes de 'deus' na terra e oferece-lhes verdadeiros *sacrifícios humanos* (em vez de cordeiros, os trabalhadores, os "pobres que trabalham", os pensionistas, os desempregados, os excluídos). Glória ao capital cá na terra!

E como o capital tem nas suas mãos a faca e o queijo das decisões de investir (ou não investir) e do destino do investimento, julga-se no direito de impor as suas condições (caso contrário, usa a *arma da deslocalização*, ameaçando mudar de ares): a sua libertação dos descontos para a Segurança Social; a não cobrança de impostos sobre os rendimentos do capital; a anulação do direito à contratação coletiva; o reforço da exploração dos trabalhadores (mais horas de trabalho, despedimento livre, trabalho precário, trabalho sem direitos); a garantia das suas 'rendas' (lucros sem risco e sem falências); a garantia de que os crimes do "dinheiro organizado" não serão punidos (porque isso poderia pôr em causa a estabilidade do sistema financeiro, o normal funcionamento da economia, o emprego e o bem-estar dos trabalhadores, a própria sobrevivência da Pátria!). As políticas que acolhem estas exigências são as políticas que dão corpo ao *capitalismo da chantagem*, o *capitalismo das deslocalizações*, o *capitalismo das desigualdades* e do *empobrecimento dos povos,* o *capitalismo de casino*, o *capitalismo sem risco nem falências*, o *capitalismo dos paraísos fiscais*, o *capitalismo do crime sistêmico.*

Como as *troikas* estão mal vistas, é preciso acabar com as *troikas*, e o socialista-austeritário François Hollande faz o papel da *troika*, com a vantagem de o *tratamento de choque* beneficiar da 'anestesia' inerente à sua aplicação por 'gente de esquerda'. Tem razão Júlio Mota quando escreve que "uma esquerda que age desta forma [face ao neoliberalismo meter a cabeça na areia] torna-se tanto ou mais perigosa que a própria direita, porque a sua capacidade de manipulação e de convencimento é claramente superior".[142]

---

laboral (a liberalização dos despedimentos e a eliminação do *trabalho com direitos*) porque é necessário "eliminar o veneno que mata o investimento". (*The Economist*, 4 de outubro de 2014).

[142] Blogue *A Viagem dos Argonautas*, 21 de outubro de 2014.

Os 'socialistas-neoliberais' defendem que *não há alternativa* às políticas da direita neoliberal porque, de outro modo, "a esquerda pode morrer" e a extrema direita pode chegar ao poder (Manuel Valls, no Conselho Nacional do PSF, 14 de junho de 2014). Foi o discurso que tentou justificar todos os *pactos de Munique* (todos os *pactos da vergonha*) e que deixou o caminho livre a Hitler e ao nacional-socialismo. Por mim, subscrevo o comentário de Frédéric Lordon: esta 'esquerda' está "implicitamente limitada ao Partido Socialista, partido sobre o qual é hoje solidamente sabido que já não tem nada que não seja de direita".[143] Deve ser esta a 'esquerda' a que se refere" Régis Debray (antigo conselheiro do Presidente François Mitterrand), quando escreve que "a esquerda já está morta".[144]

---

[143] Cfr. LORDON, Frederic. "A esquerda não pode morrer". *In: Le Monde Diplomatique*, Ed. Port., setembro de 2014.

[144] Ver *Nouvel Observateur*, 3 de julho de 2014.

XII

O *EURO ALEMÃO* É UMA AMEAÇA PARA A EUROPA

12.1. Como já disse atrás, o euro (a moeda de mais de 300 milhões de europeus) não cumpriu as promessas que o acompanharam.

Tem permitido, é certo, que as pessoas circulem e façam pagamentos dentro do espaço da Eurozona sem terem de trocar umas moedas por outras. E tem garantido, para as famílias e para as empresas, taxas de juro relativamente baixas (durante a crise, no entanto, os *estados devedores* chegaram a pagar taxas de juro de 20%...), ao mesmo tempo que vem proporcionando baixas taxas de inflação.[145]

Mas arrastou com ele alguns 'danos colaterais', em especial o BCE (com a sua independência e as suas competências de inspiração monetarista) e o PEC ("estúpido" e "medieval", na classificação do então Presidente da Comissão Europeia Romano Prodi, ou "Pacto de Estabilidade e Estagnação", na designação de João Ferreira do Amaral). Tudo isto e, mais recentemente, o chamado *Tratado Orçamental*, com a sua

---

[145] Embora não tenha destronado o dólar do seu posto de 'moeda dominante', o euro teve algum sucesso como moeda de referência: 59 países e territórios ligaram a sua moeda ao euro, direta ou indiretamente; o euro perfaz 24,4% das reservas cambiais a nível mundial (contra 61,2% do dólar EUA).

regra de ouro (e outras 'regras' igualmente perigosas, embora de metais menos nobres) só pode entender-se no quadro de uma estratégia destinada a consolidar o controlo do *capital financeiro* (os chamados 'mercados') sobre a economia real e sobre as políticas econômicas da UE e dos seus estados-membros (política monetária, política cambial, política orçamental).

O euro falhou, redondamente, no que toca a todas as demais promessas do paraíso. E, perante a crise, deixou os países mais fracos sozinhos na luta contra os especuladores, porque a *Europa alemã* (a *Europa do euro*) se recusou a encarar este problema como um problema de todos os países da zona euro, um *problema da zona euro*.

Tomando o período entre 2001 e 2009, a economia portuguesa quase não cresceu (em média, 0,5%/0,6% ao ano, muito pouco, se compararmos com a taxa de 5% registada na década 1971-1980 ou com a taxa de 4% no período entre 1986 e 2000); o investimento público diminuiu 3% ao ano; a parte do rendimento do trabalho no rendimento nacional diminuiu acentuadamente; o número de horas de trabalho aumentou e os salários baixaram (20% dos trabalhadores empregados recebem o salário mínimo, contra 13% em 2011), a precariedade aumentou. A taxa de desemprego continua entre as mais elevadas da UE, tendo aumentado o desemprego jovem e o desemprego de longa duração, sendo que mais de metade dos desempregados não recebe qualquer apoio do estado. Pela primeira vez há muitos anos, o PIB baixou ininterruptamente (cerca de 6,5% durante a ocupação do País pela *troika*), recuperando ligeiramente, em termos homólogos, na 2ª metade de 2014 e em 2015, ficando-se, no entanto, em valores idênticos aos registados em 2001. O surto emigratório atingiu níveis só comparáveis com o dos anos 1960: pelo menos 350 mil portugueses emigraram desde 2011, muitos deles jovens com cursos superiores (é o futuro a emigra de Portugal).

O Relatório Anual do Banco de Portugal (2012) confirma isto mesmo: nos 13 anos posteriores à adesão de Portugal ao euro o crescimento acumulado da economia (pouco acima de zero) situa-se 8% abaixo do que se verificou no conjunto dos estados da zona euro. Os

O EURO ALEMÃO É UMA AMEAÇA PARA A EUROPA

militantes 'euristas' anunciaram o euro como se ele fosse uma nova 'Índia' que traria aos portugueses o leite e o mel. Na realidade, ele não aproximou Portugal da 'Europa', muito menos do *pelotão da frente* de que falavam os 'euristas'. Está a produzir, aceleradamente, o efeito contrário.

O *desafio do euro* traduziu-se, como hoje é claro, em resultados contrários aos que os 'bravos do pelotão' esperavam. Já fica dito atrás: "a adesão ao euro teve consequências contrárias àquelas que estiveram por detrás da nossa adesão à Europa. Com o euro e, mais ainda, com a crise do euro e, mais ainda, com as medidas para combater a crise do euro, aquilo que temos já é o sequestro da democracia e a condenação à pobreza durante gerações".[146]

No que me diz respeito, sinto-me bem acompanhado por este diagnóstico de J. Ferreira do Amaral: "Vinte anos depois – escreve o autor –, a economia portuguesa está destroçada, o estado em bancarrota, o País nas mãos de credores e sujeito a políticas ditas de ajustamento que reforçam esse domínio, os jovens portugueses desesperam e veem-se obrigados a emigrar em massa; o desemprego ultrapassa todos os máximos anteriores; a própria sobrevivência de Portugal está em risco".

Em termos europeus, o desastre foi idêntico, como sublinha este mesmo autor: "a moeda única criou um enviesamento recessivo para a Europa, aprofundou o fosso entre países mais competitivos e menos competitivos, criou um espaço economicamente instável, sem meios de corrigir desequilíbrios conjunturais, e retirou possibilidades de crescimento às regiões presentemente menos competitivas, mas que são justamente as de maior potencial de crescimento futuro". "O euro – conclui – poderá ter lançado a Europa num processo irreversível de decadência e de ressentimentos amargos".[147]

---

[146] Cfr. ROSAS, J. Cardoso. "Euro versus Europa". *In: Diário Económico*, 27 de fevereiro de 2013.

[147] Ver AMARAL, João Ferreira do. *Porque devemos sair do euro:* O divórcio necessário para tirar Portugal da crise. Lisboa: Lua de Papel, 2013. pp. 15, 72, 92 e 93ss.

Impostas pela Alemanha a sua estrutura e as suas regras, só a Alemanha tem ganho com este *deutsche euro*. Uma vitória que pode vir a tornar-se uma vitória de Pirro. Porque a verdade é que, com a chegada do euro, a economia europeia entrou num período de *crescimento rastejante*, com quebra do PIB em alguns países, durante uma parte dos anos posteriores a 2000. Entre 2008 e 2011, doze países da UE (entre os quais o RU, a Itália e a Espanha) registaram um crescimento negativo. Mesmo a economia alemã não foi além de um crescimento do PIB de 0,7% em 2012, e a França não escapou à recessão (apesar de não ter cumprido as metas acordadas para o défice das contas públicas em 2012 e em 2013). No final de 2012 a eurozona, no seu conjunto, estava em recessão técnica, com uma taxa de crescimento negativa (- 0,1%) nos últimos três trimestres.

Em 2015 há na UE 123 milhões de pessoas (quase ¼ da população) em risco de pobreza e exclusão social, o desemprego atinge 24 milhões de pessoas (cerca de 11% da população ativa da UE/28), a taxa de desemprego dos jovens passou de 15% em 2007 para 23% em 2014 (a 'Europa' está desperdiçar quase ¼ da sua juventude, como se uma guerra a fizesse desaparecer).

Na 1ª metade de 2015, o panorama não se alterou: os últimos dados a que tive acesso dizem que o PIB da zona euro cresceu 0,2% na UE/28 no 2º trimestre de 2014; 0,3% no 3º trimestre; 4% no último trimestre de 2014 e no 1º trimestre de 2015. E dizem que, na zona euro, as taxas de crescimento do PIB foram, nos mesmos períodos, 0,1%, 0,2%, 0,3% e 0,4%.

Esta *Europa do capital* mobilizou mais de 200 mil milhões de euros para resgatar bancos, mas não conseguiu reunir mil euros para financiar o investimento produtivo e a criação de emprego e de riqueza, para aproveitar toda uma geração de jovens sem futuro.

Algo vai mal no *reino do euro*. Anunciado como um instrumento capaz de fomentar a solidariedade efetiva e a aproximação entre os países e os povos da moeda única, o *euro alemão* tem alimentado a desconfiança e a animosidade entre eles. Em vez de ser um instrumento de paz e de desenvolvimento harmonioso dos povos da Europa, o *euro alemão*

O EURO ALEMÃO É UMA AMEAÇA PARA A EUROPA

está a mostrar a sua natureza de instrumento de guerra, de subdesenvolvimento e de *escravidão* (*Financial Times dixit*) dos *povos do sul*. A UEM, da qual alguns terão esperado a consolidação da unidade europeia, está hoje, perigosamente, a provocar a sua divisão e a sua fragmentação. Como escreveu o insuspeito *Financial Times* (maio de 2012), a UEM "não é uma união monetária, (...) é, de longe, muito mais parecida com um império". O *império alemão*, que vem 'ocupando' a Europa pela força das suas concepções em matéria de política econômica e pela força das *regras* com que vem matando a soberania dos povos europeus e a vida democrática na Europa.

12.2. "A integração europeia – digo-o de novo com Wolfgang Streeck – transformou-se numa catástrofe política e econômica". Nesta *Europa do euro*, os países devedores ("a nova 'classe baixa' da UE") "têm de aceitar as perdas de soberania e as ofensas à sua dignidade nacional". Recordo, uma vez mais, o diagnóstico de Ulrich Beck (2013), que coloca os *países devedores* perante um dilema: ou *federalismo* ou *neocolonialismo*. Como, na minha ótica, o federalismo que por aí anda à solta se tem revelado como um *instrumento de domínio*, o dilema fica desfeito: na *Europa do euro não há, para os países mais débeis, outro destino que não seja o neocolonialismo* (não tão *neo* como isso). Nesta *Europa carcerária*, os *países devedores* estão condenados a ser *colónias* ou *filiais* (parafraseando J.-C. Juncker) da Alemanha, com "economias escravas" (diagnóstico do *Financial Times* para a Grécia).

A 'Europa' deixou de existir, politica e moralmente. Qual *Europa de Vichy*, capitulou perante a *Grande Alemanha*. E esta *Europa alemã*, como se diz atrás, "viola as condições fundamentais de uma sociedade europeia em que valha a pena viver". (Ulrich Beck)

Tudo é discutido em função dos interesses egoístas de cada estado-membro, sem nenhuma perspetiva europeia, e os *estados-escravos só não querem ser mais escravos do que os outros escravos (o mal de muitos conforto é...)*.[148] Os pequenos ódios pessoais vêm ao de cima quando se trata

---

[148] Em entrevista ao *New Statesman* (publicada em Portugal em *Diário de Notícias*, 16 de julho de 2015), o antigo Ministro das Finanças da Grécia, Yanis Varoufakis diz que, "desde o início, esses países [os outros *países devedores*] deixaram bem claro que eram

ANTÓNIO JOSÉ AVELÃS NUNES

de questões de estado. Mesmo perante o dramático problema dos imigrantes, a 'Europa' *não foi capaz de dar uma resposta coletiva decente e alguns estados-membros (a Hungria, v. g.) constroem muros de centenas de quilômetros (talvez com fundos comunitários..., quem sabe?) para tentar impedir a invasão dos bárbaros* pestilentos. É a Europa no seu pior.

Este espetáculo decadente e deprimente talvez dê razão aos que, de alguns anos a esta parte, vêm defendendo que poderá estar a aproximar-se o fim da própria UEM. Um economista muito em voga (porque se diz que 'previu' a crise que rebentou em 2007/2008), Nouriel Roubini, escrevendo em meados de novembro de 2011, faz este prognóstico: "Já que a Itália é grande demais para falir e também para ser salva, e que agora chegou a uma situação da qual não há volta, o jogo entrou em seu período final para a zona euro. Primeiro, virão reestruturações de dívidas sequenciais e coercivas. Depois, saídas da união monetária, que terminarão na desintegração da união monetária".[149]

Uma fonte tão por dentro do sistema como *The Wall Street Journal* escreveu em finais de 2011: "Alguns bancos centrais europeus começaram a elaborar planos de emergência para preparar a eventualidade de um ou vários estados abandonarem o euro, ou mesmo a possibilidade da completa desagregação da união monetária europeia".[150]

Há mesmo quem afirme que "o Goldman Sachs, o Citygroup, o Wells Fargo, etc. apostaram biliões de dólares na implosão da moeda única".[151]

Em 2013, Joseph Stiglitz fez um diagnóstico tão negro das consequências do euro, que não hesitou em afirmar que "a Europa poderá ter que deixar cair o euro para se salvar a si própria".[152]

---

eles os inimigos mais enérgicos do nosso governo. E a razão, claro, o seu maior pesadelo, era o nosso sucesso: se nós tivéssemos êxito na negociação de um acordo melhor para a Grécia, isso iria evidentemente destruí-los politicamente, pois teriam de explicar aos seus concidadãos as razões por que não tinham negociado como nós estávamos a fazer".

[149] Cfr. *Folha de S. Paulo*, 13 de novembro de 2011.

[150] Edição de 8 de dezembro de 2011.

[151] Cfr. FERREIRA, Domingos. "O império do mal". *In: Público, p.* 53, 4 de maio de 2012.

[152] É o caso de Joseph Stiglitz, *Expresso*, 9 de março de 2013.

O EURO ALEMÃO É UMA AMEAÇA PARA A EUROPA

12.3. À escala global, a presente crise do capitalismo tem evidenciado as debilidades e as contradições de um sistema econômico e social que não vive sem situações recorrentes de desemprego e de destruição do capital em excesso e que hoje só sobrevive à custa do agravamento da exploração dos trabalhadores, para tentar contornar os efeitos da *tendência para a baixa da taxa média de lucro* e para tentar garantir as *rendas* (verdadeiras *rendas feudais*) que são o suporte da hegemonia do grande capital financeiro. A discussão sobre o *fim do estado social* – que a crise tem dramatizado – talvez seja um sinal de que, como o aprendiz de feiticeiro, o capitalismo pode morrer imolado pelo fogo que está a atear.[153]

O *Grupo de Reflexão* constituído no âmbito do Conselho Europeu e presidido por Felipe González concluiu que, "pela primeira vez na história recente da Europa, existe um temor generalizado de que as crianças de hoje terão uma situação menos confortável do que a geração dos seus pais". Nesta *Europa do capital*, um em cada quatro jovens não encontra um posto de trabalho. Na Grécia, um em cada cinco sem abrigo tem um curso superior. É uma catástrofe equivalente à perda de uma geração inteira numa guerra.

No *Ano Europeu de Luta Contra a Pobreza*, o Parlamento Europeu aprovou um Relatório onde se diz que, em 2010, cerca de 85 milhões de cidadãos da UE são afetados por situações de pobreza e de exclusão social e que mais de 19 milhões de trabalhadores europeus são considerados pobres.

São sinais de alarme particularmente significativos. Num mundo e num tempo em que a produtividade do trabalho atinge níveis até há pouco insuspeitados, talvez esta realidade (que quase parece mentira, de tão absurda que é) seja um alerta: ela pode significar que as contradições do capitalismo estão a atingir um limite insuportável. Em dezembro de

---

[153] BLYTH, Mark *Austeridade*: A História de uma Ideia Perigosa. Trad. port. Lisboa: Quetzal, 2013. p. 34 deixa esta reflexão aos senhores do mundo: "Na essência, a democracia e as redistribuições que ela possibilita são uma forma de seguro de ativos para os ricos, e, mesmo assim, através da austeridade, descobrimos que aqueles que têm a maioria dos ativos andam a fugir ao pagamento do seguro".

2011, ao apresentar em Paris um Relatório da OCDE, o Secretário-Geral desta Organização recordava que, em virtude do aumento continuado das desigualdades sociais ao longo dos últimos trinta anos, *"o contrato social está a desfazer-se em muitos países"*.

As *reformas estruturais* de que tanto se tem falado neste tempo de crise estão a conduzir ao *empobrecimento* de povos inteiros, ao alargamento da mancha de pobreza e da exclusão social, ao aprofundamento da desigualdade, ao aumento dramático do número dos *pobres que trabalham* (mesmo nos países ditos ricos), justificando plenamente esta conclusão e justificando também todas as preocupações relativamente à preservação da democracia e da paz.

Porque o empobrecimento dos povos (que o Primeiro-Ministro Passos Coelho considerou um dia ser necessário e desejável para salvar Portugal) não os torna mais capazes para se desenvolver, nem mais competitivos; torna-os mais vulneráveis e menos capazes de progredir. Porque esta não é uma estratégia promotora do crescimento, muito menos do crescimento equilibrado de todos os povos da União e, ainda menos, uma estratégia de aproximação dos níveis de vida de todos eles. É uma estratégia de domínio 'colonial' em benefício exclusivo da elite 'colonialista'. Os mais débeis estarão cada vez mais no lugar da *panela de barro*, necessariamente esmagada pela *panela de ferro*.

É incontestável, por outro lado, que o alargamento da mancha de pobreza e da exclusão social que delas tem resultado é algo que põe em causa a própria civilização, nomeadamente as condições de vida em democracia. Porque a pobreza não significa apenas baixo nível de rendimento ou baixo poder de compra, ela priva as pessoas de capacidades básicas essenciais para a preservação e afirmação da sua dignidade enquanto pessoas. Amartya Sen tem sublinhado isto mesmo: "a privação de liberdade econômica, na forma de pobreza extrema pode tornar a pessoa pobre presa indefesa na violação de outros tipos de liberdade".[154]

---

[154] Cfr. SEN, Amartya. *Desenvolvimento como liberdade*. Trad. bras. São Paulo, Companhia das Letras, 2000. p. 109.

O EURO ALEMÃO É UMA AMEAÇA PARA A EUROPA

Uma situação de pobreza generalizada, acentuada e continuada não é compatível com a democracia. Vale a pena levar a sério a advertência de Paul Krugman a este respeito: "a concentração extrema do rendimento" significa "uma democracia somente de nome", "incompatível com a democracia real".[155]

---

[155] Artigo no *New York Times*, 7 de novembro de 2011.

XIII

A "REVOLUÇÃO CONSERVADORA" E AS POLÍTICAS DE AUSTERIDADE

13.1. Como em 1848, *anda um espetro pela Europa*... Mas, desta vez, não é o espectro do comunismo, de que falava o *Manifesto Comunista*. É o espetro de paralisia da UE enquanto entidade jurídica, política e econômica.

Não posso estar mais de acordo com Frédéric Lordon quando ele afirma que a construção europeia é uma "gigantesca operação de subtração política (...), de subtração de soberania popular", que "é tão somente o outro nome da própria democracia". Daí a crítica à "esquerda de direita", que fica sempre irritada quando ouve falar de *soberania*, por não entender que "a rejeição da soberania é mesmo a negação da democracia na Europa".[156] Esta negação das soberanias nacionais, como se se tratasse de um farrapo velho, é uma atitude tão fora do mundo como a patética proclamação de Dominique Strauss-Kahn (ex-ministro todo-poderoso de Mitterrand e candidato falhado do PS às eleições presidenciais francesas): "Fizemos a Europa, agora é preciso fazer os europeus".[157] Os

---

[156] Cfr. LORDON, Frederic."Sair do euro, mas como?".*In: Le Monde Diplomatique*, Ed. Port., p. 12, agosto de 2013.

[157] *Apud* CHEVÈNEMENT, Jean Pierre. *Pour l'Europe votez non!*, Paris: Fayard, 2005. pp. 54 e 183.

'empreiteiros' desta *Europa do capital* atuaram sempre a partir do pressuposto de que podiam construí-la não apenas *contra os cidadãos europeus*, mas também *sem cidadãos* (fazem-se depois, talvez *made in China*, que ficam mais baratos...).

É importante sublinhar, porém, que esta questão da importância das soberanias nacionais no quadro europeu foi diagnosticada na França, logo depois do referendo (29 de maio de 2005) que vetou a 'constituição europeia'.

No dia 1 de junho de 2005, Hubert Védrine, ex-ministro socialista dos negócios estrangeiros e partidário do SIM, escreveu em *Le Monde*: "o que envenenou tudo foi a obstinação no sentido de se ridicularizar qualquer sentimento patriótico normal, de caricaturar quaisquer preocupações com o alargamento da União, mesmo legítimas e não xenófobas, de tornar suspeito qualquer desejo, perfeitamente normal, de as pessoas pretenderem conservar, no quadro da globalização, uma certa soberania sobre os seus destinos e a sua identidade, de varrer com desprezo qualquer crítica. Foi tudo isso, juntamente com a insegurança social, com a *insegurança identitária*, com o sentimento de desapossamento democrático", foi tudo isso que justificou o NÃO dos franceses.[158]

Pouco depois, escrevia Pierre Nora (também partidário do SIM): "Estamos a pagar pela ridicularização sistemática de qualquer manifestação de *apego à nação*. De forma consciente ou não, passou-se o tempo a ridicularizar e a negligenciar um inconsciente coletivo muito forte, sacrificando-o às *miragens de uma construção europeia*, a uma *Europa com falta de definição e de limites*, mas que nem por isso deixava de ser posta no altar de um 'horizonte inultrapassável' e até de um 'sonho'".[159]

Penso que é necessário levar muito a sério os comentários como os de Védrine e de Nora. Creio que a União Europeia está muito longe de ser uma *União das Repúblicas Capitalistas Europeias* e todos concordaremos que a cidadania europeia é muito menos consistente do que a

---

[158] Ver *Le Monde*, 1 de junho de 2005.

[159] *Le Monde*, 4 de junho de 2005.

A "REVOLUÇÃO CONSERVADORA" E AS POLÍTICAS DE...

cidadania soviética. D. Strauss-Kahn, afinal, acertou em cheio: fizeram a 'Europa', mas esqueceram-se dos *europeus*, i.e, fizeram a 'Europa' sem ouvir os povos da Europa, fizeram a 'Europa' contra os povos da Europa. É a velha história do aprendiz de feiticeiro...

Os fanáticos construtores de uma *europa-fantasma-sem-cidadãos* têm de compreender que não podem 'construir' a 'Europa' não apenas *contra os cidadãos europeus*, mas também *sem cidadãos* (fazem-se depois, talvez *made in China*, que ficam mais baratos...).

No momento da implosão da URSS e das convulsões dramáticas que se seguiram, muitos foram os que, porventura com razão, proclamaram que os povos, as nações e os estados não se abatem por decreto ou por decisões de puro voluntarismo político. Os construtores da *Europa sem europeus* têm de compreender isto mesmo, pondo de lado o recurso ao velho método do 'rolo compressor'. E têm de compreender que os povos sabem que os *estados nacionais soberanos* constituem a matriz e a única garantia da sua liberdade e da sua cidadania, são a única entidade política que, nas condições atuais, pode opor-se às forças do capital e são o único espaço onde os trabalhadores desenvolvem, em condições de legalidade e de liberdade garantida pelas constituições democráticas, todas as lutas efetivas contra o capital.

Os trabalhadores (que vêm sofrendo as consequências da *mundialização do mercado de trabalho* e consequente aumento do *exército industrial de reserva* e da concorrência entre os trabalhadores no chamado mercado de trabalho) não têm conseguido pôr de pé estruturas internacionais (sindicais e políticas) representativas dos seus interesses e capazes de lutar por eles e pelos seus direitos. Apesar de se sentir, cada vez mais, a necessidade de avançar para formas de luta *inter-nacionais*, a base da organização e da luta dos trabalhadores continua a ser, essencialmente, o *espaço nacional.*

O *Tratado de Maastricht*, ao criar a União Europeia, veio redistribuir os poderes no seio da UE em claro prejuízo dos países mais pequenos e mais fracos. O *Tratado de Lisboa* acentuou escandalosamente o desequilíbrio de poderes entre os estados-membros da UE, apesar de continuar a proclamar, hipocritamente, a igualdade entre eles. O *Tratado*

Orçamental vem entregar o 'governo' dos países mais débeis a executivos eurocratas, deixando claro que todo o poder que conta está entregue à Alemanha, condenando aqueles países a um estatuto de tipo *colonial*.

Não podemos ignorar, porém, que a Europa é constituída por povos diferentes, todos ciosos da sua independência (que celebram, frequentemente, como feriado nacional mais importante, o dia de uma qualquer vitória militar sobre o país vizinho...), que respeitam e levam a sério a *soberania nacional* e que já se aperceberam de que essa história da *soberania partilhada* é uma patranha para enganar tolos. À luz desta realidade, tenho para mim que, sem *estados nacionais soberanos e iguais*, a 'Europa' nunca passará de um exótico cemitério de mortos-vivos (ou de vivos-mortos). Esta *Europa neoliberal* enredou-se numa teia que lhe tolhe os movimentos e a própria respiração, fazendo dela uma entidade petrificada, incapaz de evoluir e de caminhar ao encontro dos seus povos, uma 'Europa' sem futuro.

13.2. A atual União Europeia – já o disse – é fruto de uma 'história' de que se quiseram tirar os povos da Europa, é a concretização de um projeto que se foi desenvolvendo, até agora, "à porta fechada", "ignorando sempre a população". Não admira, por isso mesmo, que não haja, por parte dos povos da Europa, "a consciência de partilhar um destino europeu comum". E compreende-se que alguém como Habermas tema que crises como a atual acentuem "a possibilidade real de um fracasso do projeto europeu".[160]

Na tentativa de evitar este "fracasso" e de salvar o capitalismo, o filósofo alemão entende, à maneira de Keynes, que a única alternativa é a de "civilizar e domesticar a dinâmica do capitalismo a partir de dentro", preservando o "estado de direito social e democrático".

A verdade é que, como o próprio Habermas reconhece, "o continente europeu submeteu-se ao *Consenso de Washington*", levando a cabo políticas de "retração do estado" cujos "danos materiais e morais,

---

[160] Cfr. HABERMAS, Jürgen. *Um Ensaio sobre a Constituição da Europa*. Lisboa: Edições 70, 2012. pp. 135-140 e 153/154.

A "REVOLUÇÃO CONSERVADORA" E AS POLÍTICAS DE...

sociais e culturais" a presente crise só veio acentuar.[161] E esta submissão ao consenso de Washington faz do projeto de Habermas – apesar de ser um projeto de ambição limitada, concebido talvez com o objetivo de salvar a democracia e a paz na Europa – uma tarefa cuja realização não se afigura fácil.

13.3. Posta de lado na sequência da Grande Depressão, a tese da *austeridade regeneradora* renasceu há duas ou três décadas atrás e emergiu agora, com a força destruidora de um vulcão, depois da crise bancária que teve início nos EUA em 2007/2008 e que rapidamente contaminou toda a Europa. Entendida como "penitência" ("a dor virtuosa após a festa imoral"), a austeridade não é "uma dieta de dor que todos partilharemos. Poucos de nós são convidados para a festa, mas pedem-nos, a todos, que paguemos a conta". A austeridade – conclui Mark Blyth – "depende de os pobres pagarem os erros dos ricos".[162]

Mark Blyth salienta que "a austeridade é, em primeiro lugar e acima de tudo, um problema político de distribuição, e não um problema

---

[161] Continuando a citar Habermas: a ideologia neoliberal dominante "atribui uma prioridade impiedosa aos interesses dos investidores, aceita com indiferença a desigualdade social crescente, o surgimento de um grupo social em situação de precariedade, de pobreza infantil, salários baixos, etc., esvazia, com o seu delírio de privatizações, as funções fundamentais do Estado, vende o que resta de deliberação na esfera pública a investidores financeiros que maximizam os lucros, faz depender a cultura e a educação dos interesses e dos caprichos de financiadores que dependem das conjunturas econômicas." Em conformidade, as políticas neoliberais (prosseguidas por governos conservadores, socialistas, trabalhistas ou sociais-democratas) vêm insistindo, como salienta Habermas, na "privatização do regime de pensões e dos cuidados de saúde, dos transportes públicos, do abastecimento de energia, do sistema penal, dos serviços de segurança militares, de vastos setores da educação escolar [*sic*] e universitária e da entrega da infraestrutura cultural das cidades e comunidades ao empenho e à generosidade de financiadores privados".

[162] Cfr. BLYTH, Mark. *Austeridade*: A História de uma Ideia Perigosa. Trad. port. Lisboa: Quetzal, 2013, um livro importante em que o Autor estuda a história da "ideia perigosa" da austeridade e faz uma cuidada análise crítica das *políticas de austeridade*, mostrando quais os interesses que estas políticas visam proteger e mostrando que há outras soluções (mesmo ficando apenas no plano da fiscalidade) para resolver os problemas do déficit e da dívida. Sobre *políticas de austeridade*, ver também AVELÃS NUNES, A. J. "Apontamento sobre a origem e a natureza das políticas de austeridade", *In: A austeridade cura? A austeridade mata?*, Paz Ferreira, Eduardo (coord.), Lisboa, Lisbon Law School Editions, 2013.

econômico de contabilidade".[163] E refere, a este propósito, estudos especializados feitos na Alemanha e nos EUA. No caso da Alemanha, conclui-se que um imposto cobrado uma única vez, a título excepcional, com uma taxa de 10% sobre a fortuna pessoal líquida dos que tivessem mais de 250 mil euros geraria uma receita correspondente a 9% do PIB; se este imposto incidisse apenas sobre as fortunas superiores a 500 mil euros (2,3% dos contribuintes), a receita equivaleria a 6,8% do PIB; se incidisse apenas sobre as fortunas superiores a um milhão de euros (0,6% dos contribuintes), o mesmo imposto geraria uma receita correspondente a 5,6% do PIB.

No caso dos EUA, as conclusões são ainda mais impressionantes. Porque a concentração do rendimento vem atingindo níveis escandalosos. Ainda nos EUA, calcula-se que estejam abrigados em *paraísos fiscais*, sem pagar qualquer imposto, uns 32 mil biliões de dólares, o dobro do montante da dívida nacional dos EUA. É mais do que um escândalo. É um crime, o *crime sistêmico*, praticado por (e em proveito de) esta elite dos *rendistas* muito ricos, que enriquecem graças a políticas de exploração violenta da grande massa dos que vivem do rendimento do seu trabalho e que fogem criminosamente ao cumprimento dos seus deveres de cidadania, ajudados pela grande banca e pelo 'seu' estado. É esta mesma elite que insistentemente justifica a *austeridade* e a sua inevitabilidade como solução para os problemas resultantes do excesso de despesa (porque andamos, *todos*, a viver acima das nossas posses), esquecendo "o facto de essa 'despesa' ter sido o custo de salvar os seus ativos à custa do erário público".

Com efeito, na definição de Mark Blyth, a *austeridade* é "uma forma de deflação voluntária em que a economia se ajusta através da redução dos salários, preços e despesa pública para restabelecer a competitividade, que (supostamente) se consegue melhor cortando o orçamento do estado, as dívidas e os défices". Os seus defensores entendem que ela inspirará "confiança empresarial", e esta, como uma espécie de varinha mágica, promoverá o crescimento econômico e resolverá todos os problemas.[164]

---

[163] Cfr. BLYTH, Mark. *Austeridade*: A História de uma Ideia Perigosa. Trad. port. Lisboa: Quetzal, 2013. p. 35.

[164] Cfr. BLYTH, Mark. *Austeridade*: A História de uma Ideia Perigosa. Trad. port. Lisboa: Quetzal, 2013. pp. 16, 29 e 32.

A "REVOLUÇÃO CONSERVADORA" E AS POLÍTICAS DE...

Em junho de 2010, Jean-Claude Trichet, um verdadeiro 'papa' do neoliberalismo e então Presidente do BCE, dizia ao jornal *La Repubblica*: "No que diz respeito à economia, a ideia de que as medidas de austeridade podem levar à estagnação é incorreta". Tinha razão: levaram à recessão, que é muito pior do que a estagnação. Que o digam a Grécia, a Irlanda, Portugal e outros países vítimas da 'guerra santa' contra eles desencadeada pelos *Trichet-fiéis-da-austeridade-regeneradora*.

A Diretora-Geral do FMI farta-se de falar da "fadiga da austeridade", mas impõe-na, sem contemplações, em doses letais, aos povos 'condenados' a executar 'programas de ajustamento'. Talvez a austeridade esteja 'fatigada', mas os 'austeritários' que mandam nas *troikas* obrigam-na a ir à luta, para martirizar os povos, com o pretexto de reduzir a dívida pública (que, por pura teimosia, persiste em aumentar na sequência das tais *políticas de ajustamento*).

Em junho de 2013, um relatório do FMI veio publicamente reconhecer que a Grécia sofreu austeridade a mais e que o país deveria ter tido mais tempo para ajustar as contas públicas.[165] Reconheceu o mesmo relativamente a Portugal. Mas não mudou nada nas políticas que continuou a impor-nos. Tais afirmações servem para quê? Para nos humilhar? Elas são brincadeiras de mau gosto por parte de uma instituição que continua a impor aos países mais débeis a mesma austeridade draconiana, destruindo a sua economia e a empobrecendo os respetivos povos. Não é possível respeitar quem reconhece os erros e diz às vítimas da sua incompetência e da sua prepotência: estais a sofrer as consequências dos meus erros, mas eu quero que continueis a sofrer, porque me apetece. É incompetência, irresponsabilidade ou trata-se de uma política consciente, maquiavelicamente preparada e executada?

A verdade é que este comportamento parece corresponder a uma estratégia estudada por parte dos responsáveis do FMI.

É conhecido o longo 'currículo' deste organismo internacional que, durante os anos 1950 e 1960, submeteu vários países do chamado

---

[165] Ver IMF, *Greece:* Ex-post evaluation of exceptional access under the 2010 stand-by arrangement, Washington, junho de 2013.

Terceiro Mundo (em especial da América Latina) ao 'tratamento' cruel resultante das famosas "pílulas do Dr. Jacobson" (o sueco que então dirigia o FMI), *promovendo o seu subdesenvolvimento* e condenando-os a uma situação de verdadeira *escravidão por dívidas*.

Em meados dos anos 1990, o FMI defendeu, com unhas e dentes, as *políticas de austeridade* que impôs a alguns países asiáticos, exigindo-lhes que conseguissem rapidamente um *orçamento equilibrado*. Em 1998 veio a público reconhecer que a receita aplicada a esses países tinha sido demasiado austera. Não trouxe nada de novo, porque era por demais sabido, como salienta Joseph Stiglitz, que, "durante sessenta anos, nenhum economista respeitável admitiu que uma economia que se encaminha para uma recessão deve ter um orçamento equilibrado".

Para espanto do mundo (ou talvez não), o FMI reconheceu há tempos que, no âmbito das *políticas de austeridade* impostas pela *troika* a vários países da zona euro, *errou* ao calcular o chamado *multiplicador fiscal* (ou *multiplicador da austeridade*), em especial no que se refere a Portugal. Pressupôs o FMI que cada euro de austeridade (cada euro a menos no défice orçamental) provocaria 50 cêntimos de recessão (de diminuição do PIB), tendo vindo a concluir que, afinal, cada euro de austeridade arrasta uma diminuição do produto entre 90 e 170 cêntimos.

Se se tratasse de um *erro*, estaríamos perante um caso de incompetência grosseira. Porque de muitos lados se ouviram vozes autorizadas a prever o que veio a acontecer. E porque é dos livros que, mesmo para os que acreditam na tese da *austeridade expansionista* (que os estudos empíricos não confirmam), políticas deste tipo devem ser evitadas numa situação de crise financeira e econômica global e não devem ser aplicadas simultaneamente em vários países que são importantes parceiros comerciais uns dos outros (porque os efeitos recessivos verificados em um deles desencadeiam e reforçam efeitos recessivos nos demais).[166]

---

[166] Trata-se de transpor para esta situação o raciocínio que justifica o chamado *paradoxo da poupança* keynesiano: em um dado país, se todos pouparem ao mesmo tempo não haverá consumo que alimente a procura e estimule o investimento. Pois bem. Do mesmo modo, no âmbito de uma comunidade de estados como a UE, a aplicação

A "REVOLUÇÃO CONSERVADORA" E AS POLÍTICAS DE...

De então para cá, o FMI e os seus responsáveis têm feito declarações erráticas e contraditórias, umas vezes aconselhando a cenoura, outras o chicote, mas impondo sempre as mesmas *políticas de austeridade*, sem aprender nada com a crise asiática dos anos 1990, que deixou muito claro este resultado: "os países que recusaram as restrições impostas pelo FMI cresceram mais rapidamente, com mais igualdade e mais redução da pobreza do que aqueles que obedeceram às suas ordens" e cumpriram os programas de austeridade.[167]

Mas a capacidade 'técnica' do FMI fica muito mal no retrato se lembrarmos as suas previsões sobre a Grécia (por exemplo), no que toca à evolução da taxa de crescimento real do PIB e da taxa de desemprego. Previsões para o PIB: − 4% em 2010; − 2,6% em 2011; 1,1% em 2012; 2,1% em 2013 (taxas reais, nos mesmos anos: − 4,9%, -7,1%; − 7%; − 4,2%). Para o desemprego, as previsões foram, para os mesmos anos, 11,8%, 14,6%, 14,8% e 14,3%; os dados oficiais referem, respetivamente, 12,6%, 17,7%, 24,3% e 27,3%. Quem sabe, sabe... Estes números, além de revelarem o sofrimento de muita gente, mostram que o 'programa de auxílio' à Grécia estava completamente errado desde o princípio (ou talvez não: ele não visava salvar a Grécia, visava salvar os bancos à custa do povo grego, e nesta ótica, teve pleno êxito).

A mesma falta de credibilidade acompanha aqueles que se esforçam por fazer crer que as *políticas de austeridade* não têm responsáveis: elas são, pura e simplesmente, *inevitáveis*, porque é inevitável reduzir (ou anular) o défice das contas públicas e diminuir a dívida pública. O Comissário Europeu Olli Rehn não se cansou de invocar uma justificação 'científica' (a melhor maneira de caucionar a 'pureza' das suas intenções e a correção das suas políticas), chamando em seu auxílio uma teoria 'descoberta' por dois professores de Harvard, segundo a qual um país com

---

de políticas de austeridade em vários países ao mesmo tempo, 'seca' o mercado interno (que absorve grande parte das exportações no seio da UE), provocando recessão e desemprego.

[167] Cfr. STIGLITZ, Joseph E. *Globalization and its Discontents* (2002). Trad. em castelhano, *El Malestar en la Globalización*. Madrid: Santillana Ediciones Generales, 2002. p. 141 e 308.

uma dívida superior a 90% do PIB está condenado a sofrer uma redução do crescimento econômico.[168]

Está hoje provado que esta 'teoria' não tem qualquer base sólida que a sustente (é a desgraça de muitas teorias quando são confrontadas com a realidade...). Mas ela continua a inspirar todos os Olli Rehn deste mundo. A austeridade não cessa de aumentar e, com ela, não têm diminuído (antes pelo contrário) nem a dívida nem o défice públicos, mas têm aumentado a recessão e o desemprego.

A vida tem mostrado que, além de injusta, a austeridade *não funciona*. As políticas de austeridade estão a falhar, não só na Grécia e em Portugal, mas em toda a Europa. E, no entanto, os mais altos responsáveis continuam a falar delas como se fossem não só inevitáveis mas também saudáveis para a economia, certos de que ninguém lhes pedirá responsabilidades e de que os povos 'ajudados' ainda têm de lhes agradecer a sua generosidade.

No caso de Portugal, "a austeridade foi completamente contra-producente". Quem o afirma é alguém insuspeito de qualquer tipo de doença 'comunista' ou congénere, alguém que conhece as coisas por dentro, por ter sido conselheiro do presidente da Comissão Europeia Durão Barroso: "As pessoas elogiam muito o sucesso do Programa português, mas basta olhar para a previsões iniciais relativas à dívida pública e para a situação atual para se perceber que não é, de modo algum, um programa bem sucedido: Portugal está bem pior do antes do Programa. (...) A austeridade provocou em Portugal uma profunda, longa e desnecessária recessão económica, (...) com consequências sociais trágicas. (...) As pessoas sofreram horrores, (...) a economia foi muito prejudicada (...) e a dívida pública é muito mais elevada do que teria sido [sem o 'programa de resgate' imposto pela *troika*]".[169]

Impõe-se a pergunta: se o FMI reconhece que *errou*, se o Presidente da Comissão Europeia 'confessa' que a UE tem aplicado políticas

---

[168] REINHARDT, Carmen; ROGOFF, Kenneth. *Growth in a Time of Debt*, working paper 15.639, National Bureau of Economic Research, Cambridge (Mass), janeiro de 2010.

[169] LEGRAIN, Philippe, *Público*, 11 de maio de 2014.

A "REVOLUÇÃO CONSERVADORA" E AS POLÍTICAS DE...

que *pecam contra a dignidade dos povos*, que razão pode justificar que tanto o FMI como as instâncias europeias persistam nas *políticas de austeridade* que consideram *erradas* e *pecadoras*? O mínimo que se pode exigir a quem comete um *erro* e o reconhece é que cesse imediatamente a conduta errada e indenize os que sofreram as consequências do seu erro. Os que, cristãmente, confessam que pecaram não podem ficar-se pela confissão: têm de prometer (e cumprir) nunca mais voltar a pecar.

Mark Blyth não exagera quando sublinha que os custos da "arrogância epistemológica" e da "insistência ideológica" que caraterizam as políticas de austeridade "têm sido, e continuam a ser, horrendos".[170] E Joseph Stiglitz mostra que, por toda a Europa, os países que adotaram *políticas de austeridade*, por sua iniciativa ou por imposição dos 'mercados' (que fazem a 'guerra' por interpostas *troikas*), "entraram em recessões mais profundas, e, à medida que estas se aprofundavam, as melhorias esperadas no plano fiscal foram decepcionantes". Confirma-se o que já se sabia: "praticamente não há exemplos de países que tenham recuperado de uma crise através da austeridade".[171]

Sabendo tudo isto, como se compreende que os responsáveis das *troikas* (que Paul Krugman chamou "insolentes e delirantes") continuem fiéis à sua "paixão" de "prosseguir uma austeridade sem limites"?

Descontada a incompetência, fica de pé a atitude deliberada e fria de 'castigar' os *povos do sul* da Europa com sacrifícios enormes, procurando paralisá-los pelo medo, para salvar o euro de uma crise que deveria ter sido combatida com o contributo de todos os países da Eurozona, na proporção da sua riqueza e das vantagens que extraem do sistema da moeda única.

---

[170] Cfr. BLYTH, Mark. *Austeridade*: A História de uma Ideia Perigosa. Trad. port. Lisboa: Quetzal, 2013, pp. 22 e 29.

[171] Nos EUA, apesar de serem mais 'suaves' as políticas adotadas, elas conduziram a que, cinco anos passados sobre a eclosão da crise, em 2008, um em cada seis americanos que querem ter um emprego a tempo inteiro não conseguem arranjá-lo; cerca de 8 milhões de famílias perderam as suas casas e 4 milhões foram despejadas (cfr. STIGLITZ, Joseph E. *O Preço da Desigualdade*. Trad. port., Lisboa: Bertrand, 2013, pp. 23 e 59).

A "paixão pela austeridade" só pode justificar-se por razões ideológicas: destruir o estado social e alterar a favor do capital a estrutura das relações laborais, anulando a contratação coletiva, enfraquecendo os sindicatos, precarizando o emprego, facilitando e embaratecendo os despedimentos, reduzindo os salários e os direitos dos trabalhadores, aumentando o horário de trabalho, reforçando, em suma, a exploração dos trabalhadores.

13.4. As *políticas de austeridade* são, notoriamente, *políticas de classe*.

1) Em primeiro lugar, porque a austeridade só é imposta aos trabalhadores.

Os *credores* (e a Comissão Europeia em nome deles) sempre insistiram em que a solução dos problemas dos países devedores (a *austeridade regeneradora*) passava pela redução dos salários, com base no "falso diagnóstico" que atribui à subida dos salários a responsabilidade pela crise. Tendo em conta a realidade portuguesa, Philippe Legrain não tem dúvidas em afirmar que isto "não é verdade: em termos de peso no PIB os salários até caíram. Por isso, não é verdade que os salários precisavam de ser reduzidos". Por outro lado, é claro que a política de "esmagar salários provoca o colapso do consumo, agrava a recessão e agrava o peso da dívida".[172]

Invoca-se, por outro lado, o argumento hipócrita de que não se podem atacar os rendimentos dos ricos para que estes possam poupar e investir, único caminho para criar emprego e criar riqueza.[173]

---

[172] Entrevista ao jornal *Público*, 11 de maio de 2014.

[173] Esquecem estes que a história não acaba aqui, como já Adam Smith deixou claro: é que os patrões só contratam trabalhadores assalariados "a fim de obterem um lucro com a venda do seu trabalho, ou com aquilo que esse trabalho acrescenta ao valor das matérias-primas" e não teriam qualquer interesse em contratar trabalhadores "se lhes não coubesse uma parcela do produto do trabalho, ou seja, se o respetivo capital lhes não fosse restituído com um lucro" (cfr. *Riqueza das Nações*. Vol. I. Lisboa: Fundação Calouste Gulbenkian, 1981. pp. 148-175). Os capitalistas não investem porque é necessário investir, para aumentar o emprego e para criar mais riqueza. Os capitalistas investem para obter lucros e só o fazem se tiverem expetativas de que podem obtê-los.

A "REVOLUÇÃO CONSERVADORA" E AS POLÍTICAS DE...

Enquanto políticas de classe, tais políticas, para além de conduzirem à diminuição da riqueza criada e ao aumento do desemprego, agravam as desigualdades sociais e aumentam a pobreza dos trabalhadores no ativo (os *pobres que trabalham*) e dos pensionistas.

A crise criou condições que, aos olhos do grande capital, permitem esbulhar os trabalhadores dos direitos que estes conquistaram ao longo de séculos de lutas e que muitas constituições modernas vieram incluir no elenco dos *direitos fundamentais – direitos fundamentais dos trabalhadores*. Recorrendo a um humor negro de muito mau gosto, o presidente do BCE, Mario Dragui, defendeu, há tempos, que "os europeus já não são suficientemente ricos para andarem a pagar a toda a gente para não trabalhar".[174]

Partindo a ideologia neoliberal do princípio de que não se justifica, nas atuais condições, manter e respeitar as regras do jogo do *compromisso keynesiano*, as políticas de austeridade têm-se orientado, sem ambiguidade, no sentido da destruição do *estado social*, que é, nos nossos dias, um elemento central da democracia.

Esquecem que, em outras condições históricas, perante o perigo de desagregação do capitalismo e os receios das lutas dos trabalhadores, estimulados pelos êxitos da revolução socialista na URSS, o *estado social* foi concebido como um verdadeiro 'seguro de vida' para o capitalismo. Os neoliberais de hoje acreditam, porém, com renovada fé, que *o capitalismo é*

Ver o meu livro *Uma Volta ao Mundo das Ideias Económicas*: Será a Economia uma Ciência? Coimbra: Almedina, 2008. pp. 199-247.

[174] Entrevista ao *Wall Street Journal*, 24 de fevereiro de 2012. Mario Dragui recordava certamente a lição do *Ayatohla de Chicago*, para quem os direitos decorrentes do estado social eram uma pura *subvenção à preguiça*. Com efeito, Milton Friedman escreveu com todas as letras que "o desemprego é uma situação com muitos atrativos", porque "muitas pessoas podem ter, estando desempregadas, um rendimento em termos reais tão elevado como o que poderiam ter estando empregadas". Se assim fosse, compreender-se-ia que, comportando-se como *agentes económicos racionais* (à semelhança do *homo oeconomicus* da *mainstream economics*) os trabalhadores optassem por estar desempregados. Esta premissa – que todos sabemos ser errada – que leva os neoliberais a defender que o desemprego é sempre *desemprego voluntário*. E quem não quer trabalhar não tem nenhuns direitos e não deve ser pago para não trabalhar.

eterno e julgam poder dispensar o estado social, mesmo em países onde ele mal deu os primeiros passos, como Portugal (onde a despesa pública social é 73% da média europeia e 75% das pensões de reforma são inferiores a 420 euros mensais). É a velha ilusão do *aprendiz de feiticeiro*...

Assentando na baixa dos salários e na redução do poder de compra da grande maioria da população, estas políticas implicam uma redução drástica da procura interna, que só pode gerar mais recessão e mais desemprego, sobretudo quando não são acompanhadas da *desvalorização da moeda* do país que as adota (ou as sofre), solução que, historicamente, acompanhava sempre os programas de saneamento financeiro (nomeadamente os impostos pelo FMI), mas que é impossível no quadro do euro.

Invocam os defensores desta 'teologia' do *sacrifício para expiação dos pecados* que este é o preço que tem de se pagar quando é necessário equilibrar as contas públicas e saldar as dívidas. Pura ilusão, porque é sabido que, atingido um certo ponto, as políticas de austeridade acabam por provocar, necessariamente, mais défice público e mais dívida pública. Este ponto de efeitos perversos atinge-se quando, perante a diminuição da produção (e dos lucros das empresas), a redução do rendimento dos que trabalham e pagam impostos e o aumento do número de desempregados, as receitas fiscais diminuem, mesmo que aumentem as taxas dos impostos cobrados (é a chamada *Curva de Laffer*).

Por estas e outras razões, os *países devedores* condenados a empobrecer em nome da *austeridade regeneradora* acabam por não poder pagar a dívida atual sem se endividarem ainda mais, a taxas de juro cada vez mais elevadas, impondo ainda mais sacrifícios a quem vive dos rendimentos do trabalho (na Irlanda e na Grécia os salários baixaram mais de 25% nestes últimos anos e o desemprego oficial atingiu taxas superiores a 25% na Grécia e na Espanha).

A diminuição da produção arrasta consigo o aumento do peso da dívida enquanto percentagem do PIB, ainda que o montante da dívida não aumente. E, sendo assim, maior será também o peso dos encargos da dívida em termos do PIB, até porque, perante uma situação como a descrita, os 'mercados' exigirão taxas de juro mais elevadas. E é claro

A "REVOLUÇÃO CONSERVADORA" E AS POLÍTICAS DE...

que quanto mais elevadas forem as taxas de juro exigidas maior é a dificuldade dos devedores em pagar os encargos da dívida sem pedirem mais dinheiro, aumentando, por isso, o risco de incumprimento, o que levará as vigilantes agências de *rating* a baixar a notação e os 'mercados' a exigir taxas de juro ainda mais elevadas, num círculo vicioso para o qual não se vê saída.

Como Paul Krugman avisava já em 2011, "tornou-se evidente que a Grécia, a Irlanda e Portugal não serão capazes de pagar as suas dívidas na totalidade".[175]

2) Em segundo lugar, *as políticas de austeridade são políticas de classe* porque elas têm visado, no imediato, salvar da falência grandes bancos dos 'países dominantes' no seio da zona euro, invocando, falsa e hipocritamente, o interesse público, em nome do qual o estado (o estado do *capitalismo sem risco e sem falências*, o estado do *capitalismo do crime sistêmico*, a *ditadura do grande capital financeiro*) tem obrigado os trabalhadores a sacrificar, em milhões de milhões de euros, os seus salários, o seu emprego, as suas pensões de reforma, a sua saúde, o seu bem-estar, e a sacrificar um bem ainda mais precioso que é a sua dignidade, como pessoas e como trabalhadores.

Defendem alguns *que a estabilidade do sistema financeiro é um bem público*. E acrescentam outros que *os bancos não podem falir*, porque a saúde do sistema financeiro, nomeadamente a do sistema bancário, é essencial à saúde da economia e à salvaguarda da coesão social e, no limite, à defesa da soberania nacional (evitando a bancarrota do estado). Estes os pressupostos que os levam a defender que, quando os banqueiros comprometem nos *jogos de casino* as poupanças que a comunidade lhes confia, o interesse público (pois claro!) obriga os estados a intervir para os salvar da falência (diz-se que para garantir os depósitos e as pensões), gastando milhares de milhões de euros [patrioticamente 'roubados', digo eu, a quem trabalha e paga honradamente os seus impostos].

---

[175] Cfr. KRUGMAN, Paul. "Quando a austeridade falha". *The New York Times*, 25 de maio de 2011 (publicado em Portugal pelo *Jornal i*).

Muito bem. Mas então, se aqueles pressupostos são verdadeiros – e até posso concordar que o sejam –, a única conclusão lógica é a de que deve caber ao estado a gestão da poupança da comunidade, a definição das prioridades do investimento a realizar com ela, a responsabilidade pela 'produção' daquele *bem público*, o que aconselha a que o estado chame a si o controlo (a propriedade e a gestão) do sistema financeiro, para acabar com os *jogos de casino* e para garantir que os operadores financeiros atuam sempre tendo apenas em vista o interesse público.

Esta é, a meu ver, a solução correta para responder a preocupações expressas pelo próprio Parlamento Europeu. No *Relatório Podimata* (aprovado pelo Parlamento Europeu em fevereiro de 2011) sustenta-se com toda a clareza que "o setor financeiro abdicou, em grande medida, do seu papel de financiador das necessidades da economia real". O dinheiro dos depositantes é utilizado em operações especulativas que permitem ganhos elevados a curto prazo, mas trazem a incerteza e a insegurança aos mercados financeiros, afetam a própria sustentabilidade do sistema bancário e financeiro e prejudicam o investimento produtivo (a criação de riqueza e de emprego e a inovação) numa ótica de médio e longo prazos.

Perante o desastre resultante deste comportamento (ignorado ou permitido por todas as entidades de regulação e de supervisão e por todas as agências de *rating*, que não podem deixar de ser consideradas cúmplices deste autêntico crime de burla agravada), o *Relatório* salienta que "foram gastos milhares de milhões de dólares para salvar os principais atores do setor financeiro" que eram "demasiado grandes para falir". E não esconde que à alta finança não tem sido exigido qualquer sacrifício ou contributo para ultrapassar a crise, sublinhando que "os contribuintes [isto é, os trabalhadores] suportam hoje a maior parte do custo da crise, não apenas através de contribuições diretas, mas também em consequência do aumento do desemprego, da diminuição dos rendimentos, da redução do acesso aos serviços sociais e do agravamento das desigualdades".

Tendo em conta este diagnóstico, o *Relatório* conclui que, para pôr as coisas nos eixos, não bastam alterações no que se refere à regulação e

A "REVOLUÇÃO CONSERVADORA" E AS POLÍTICAS DE...

à supervisão, defendendo medidas capazes de "travar a especulação e restaurar o papel principal do setor financeiro na satisfação das necessidades da economia real e no apoio ao investimento a longo prazo".

Se não erro, há neste *Relatório* algum eco dos ensinamentos de Keynes. Com efeito, um dos pontos fundamentais das propostas keynesianas é a defesa da necessidade de uma certa *coordenação pelo estado da poupança e do investimento de toda a comunidade*. Em defesa deste ponto de vista invoca duas razões fundamentais: *1ª)* as questões relacionadas com a distribuição da poupança pelos canais nacionais mais produtivos "não devem ser deixadas inteiramente à mercê de juízos privados e dos lucros privados"; *2ª)* "não se pode sem inconvenientes abandonar à iniciativa privada o cuidado de regular o fluxo corrente do investimento".

Não é tolerável este domínio do capital financeiro sobre a política e sobre a economia. Mesmo aqueles que, na senda de Keynes, apenas pretendem salvar o capitalismo, em moldes que permitam a sua coexistência com as regras do jogo democrático, têm de levar a sério as propostas keynesianas no sentido da defesa da necessidade de uma certa *coordenação pelo estado da poupança da comunidade e dos fluxos do investimento por ela alimentados*. Por estas razões defendeu Keynes a necessidade de "uma ampla expansão das funções tradicionais do estado", a necessidade de "uma ação inteligentemente coordenada" para assegurar a utilização mais correta da poupança nacional, a necessidade da "existência de órgãos centrais de direção", a necessidade de "medidas indispensáveis de socialização" e de *uma certa socialização do investimento.*

Por estas razões − reforçadas pelo comportamento contumaz e inadmissível dos bancos e demais instituições financeiras, que o próprio *Relatório Podimata* denuncia −, eu defendo a socialização do setor financeiro. Não seria correto invocar o 'santo nome de Keynes' para dizer que, se fosse vivo, ele estaria de acordo comigo. Mas acredito que fariam bem em levar a sério os referidos ensinamentos de Keynes aqueles que dizem que o neoliberalismo morreu e defendem que o mundo, sem pôr em causa o capitalismo, não pode continuar como até aqui.

Perante o beco sem saída cada vez mais evidente a que conduzem as estruturas neoliberais da própria UE e as políticas neoliberais em curso, sinto-me confortado por ver que um número crescente de autores se vem pronunciando no sentido de que a saída desta crise generalizada do capitalismo exige medidas de fundo, que passam pelo reforço da progressividade do sistema fiscal, pela tributação das transações financeiras, pelo combate à fraude e à evasão fiscais, pela "eutanásia dos rendistas" (como pretendia Keynes), pela melhoria dos rendimentos do trabalho, pela defesa dos direitos dos trabalhadores e pelo reforço do estado social, mas não podem dispensar também o abandono do princípio da *liberdade de circulação do capital*, a destruição dos *paraísos fiscais*, a nacionalização do setor bancário e segurador ou o seu controlo efetivo, por outro qualquer meio, pelo poder político democrático.

Para tanto, é necessário que as instâncias políticas democraticamente legitimadas não sejam substituídas pelos 'mercados'; é necessário impedir que o mercado substitua a política; é necessário libertar a política dos dogmas neoliberais, que tudo subordinam ao mercado. Tal como os estados nacionais, a União Europeia não pode ser dominada pelos bancos. Tem que ser ela a dominar os bancos, a começar pelo BCE. "Os estados não podem permitir-se perder o combate que os opõe aos mercados financeiros: a sobrevivência de um sistema mais ou menos civilizado depende disso".[176]

---

[176] Cfr. GALBRAITH, James K. "Que Europa para controlar os mercados?". *In: Le Monde Diplomatique*, Ed. Port., junho de 2010.

XIV

AS *POLÍTICAS DE AUSTERIDADE* SÃO INIMIGAS DA DEMOCRACIA

14.1. Perante a evidência do desastre das *políticas de austeridade* impostas à Grécia e a Portugal e aplicadas também em outros países europeus, custa a perceber a insistência nessas políticas com o argumento de que *não há alternativa.*

Desde logo, as políticas que matam a economia impedirão esses países de pagar as suas dívidas (ainda que afetem ao pagamento delas uma parte significativa do PIB) e forçarão o aumento do défice das contas públicas, que provocará o aumento do montante da dívida.

O seu objetivo não pode ser este. E parece que só pode ser o de destruir os países mais fracos como Portugal, eliminando por completo as bases da sua soberania, empobrecendo e humilhando os seus povos, condenando-os a um estatuto colonial, com o regresso do analfabetismo, das doenças endémicas (tuberculose, etc.) e das elevadas taxas de mortalidade infantil herdadas do 'paraíso salazarista' (Portugal já ganhou o galardão de ter quase um terço das suas crianças a viver em condições de *pobreza*, situando-se acima da média da UE).

É óbvio, porém, que a destruição de um país não é um objetivo legítimo e confessável. Por isso é que, em Portugal como em outros

211

países da Europa, a violência deste *tratamento de choque* vem-se fazendo em claro desrespeito da Constituição da República. Passam também por aqui, é bom de ver, as ameaças à democracia tão dramaticamente visíveis nos tempos que correm.

14.2. Há uns anos atrás, a então Presidente do partido que hoje é responsável pelo governo de Portugal admitiu que a 'solução' para resolver os problemas do país poderia estar na *suspensão da democracia durante seis meses*. Na altura, este 'projeto' envergonhado foi considerado um deslize lamentável. Mas a *troika* e os seus servidores em Portugal perderam a vergonha e estão a cumprir tal projeto, atuando como se a democracia tivesse sido suspensa por tempo indeterminado, talvez por decisão dos 'mercados'.

A gravidade desta *suspensão da democracia* é tanto mais preocupante quanto é certo que ela vai tendo certa cobertura do Tribunal Constitucional (TC) e a concordância (ou o estímulo?) de consagrados especialistas de Direito Constitucional.[177]

J. J. Gomes Canotilho defendeu que "certas formalidades constitucionais" ou mesmo "algumas garantias" podem ser *ultrapassadas* ou *eliminadas* quando estiver em causa "a saúde pública [a 'saúde' do país, creio eu], a necessidade pública, a felicidade pública". Perante a necessidade de "tomar decisões" nestas matérias, "não podemos olhar a grandes rigores normativos e a rigores constitucionais", porque "a felicidade pública é a lei superior".[178]

Também Jorge Miranda aceita que, perante uma situação de 'emergência' [não diz o que é, nem quem a declara...], alguns *direitos*

---

[177] Podem ver-se, a este respeito, os seguintes acórdãos: Acórdão 3/2010, de 6.1.2010 (em http://www.dgaep.gov.pt/upload/Legis/2010_acordao_3_02_02:pdf); Acórdão 251/2011, de 17.5.2011 (em http://www.tribunalconstitucional.pt/tc/acordaos/20110251.html); Acórdão 396/2011, de 21.9.2011 (em http://www.tribunalconstitucional.pt/tc/acordaos/20110396.html); Acórdão 613/2011, de 13.12.2011 (em http://www.tribunalconstitucional.pt/tc/acordaos/20110613.html).

[178] Transcrevo excertos de uma entrevista de J. J. Gomes Canotilho à Antena 1 (19 de outubro de 2011): http://rtp/antena1/index.php?t=EntrevistaaGomesCanotilho.rtp&article=4171&visual=11&tm=16&headline=13

AS POLÍTICAS DE AUSTERIDADE SÃO INIMIGAS DA DEMOCRACIA

sociais podem ser afastados [Quais? Quem os escolhe? Com que critério? E porque não alguns *direitos, liberdades e garantias?*], formulando o voto piedoso de que sejam apenas *suspensos*, não *definitivamente perdidos* [Quem garante que assim seja? Ou ficamos dependentes da vontade dos 'deuses' que declaram a *situação de emergência*, que não vem referida na Constituição da República Portuguesa (CRP) e que ninguém sabe o que é?].[179]

Considerando a hipótese de o TC vir a declarar inconstitucional a *lei do orçamento*, Gomes Canotilho entende (entrevista referida) que tal seria "tapar o vento com as mãos" e Marcelo Rebelo de Sousa[180] diz que isso não passa pela cabeça de ninguém, sugerindo ambos que o TC está 'condenado' a ficar calado, a não ver razões de inconstitucionalidade, ainda que elas existam, porque, *em caso de necessidade* [Quem a define? Quando começa? Quando acaba?], temos de aceitar que o poder político (Governo, AR, PR) pode fazer tudo, para 'salvar a pátria', mesmo que à margem da Constituição e da lei [e que tal 'suspender' o funcionamento do TC, por inútil, enquanto durar a *situação de emergência*? Sempre se poupava um dinheirito...].

14.3. Perante este discurso, impõe-se recordar que caminhos semelhantes foram percorridos por todos quantos, desde a sua entrada em vigor, tentaram desacreditar a CRP de 1976. Para tanto começou por se ressuscitar a velha tese de Otto Bachoff das *normas constitucionais inconstitucionais* (inconstitucionais à luz de determinados *princípios* que estariam acima da própria Constituição).

Agora, os *princípios* que se consideram *acima da Constituição*, aos quais se atribui uma *força normativa superior à da Constituição*, são a *necessidade pública* e a *felicidade pública*, em nome dos quais se 'revoga ' a Constituição sem as maçadas dos procedimentos de revisão constitucional ("rigores constitucionais" que não são para levar a sério...).

---

[179] Ver *Correio da Manhã*, 14 de abril de 2012.

[180] *Apud* HESPANHA, António Manuel. "A revolução neoliberal e a subversão do 'modelo jurídico': Crise, Direito e Argumentação Jurídica". *In: Revista do Ministério Público,* n. 130, pp. 9-80, abril/junho de 2012, importante e oportuno artigo em que pode ver-se uma lúcida análise crítica destas teses.

Quando começou a batalha que levou ao desmantelamento do setor público da economia, uma *principiologia* idêntica foi invocada para defender que o *programa constitucional* em matéria de organização econômica e de desenvolvimento econômico deveria considerar-se subordinado, no que se refere à sua concretização, ao *princípio democrático* (identificado com a *regra da maioria* ou *regra do voto maioritário*), assim arvorado em *princípio primeiro* da constituição econômica portuguesa.

Pretendia-se que as maiorias resultantes de eleições pudessem substituir a Constituição pelas leis aprovadas por essas maiorias, esquecendo que todos os órgãos de soberania legitimados pelo voto popular estão *vinculados à Constituição*, exercem as suas funções *nos termos da Constituição* e devem respeitar as concepções político-ideológicas e econômicos-sociais que informam o *programa constitucional*. E esquecendo também que, no quadro da Constituição então em vigor, "o princípio democrático e o princípio socialista (...) constituíam elementos integrantes e integrados de uma mesma ordem constitucional global".[181]

A *principiologia* que subjaz à tese das *normas constitucionais inconstitucionais*, à tese de que a Constituição se concretizaria de acordo com as leis aprovadas pela maioria constituída em cada momento, e às teses agora em cima da mesa (fazer vista grossa aos "rigores constitucionais" em homenagem à "necessidade pública" e à "felicidade pública"), significa, em boa verdade, a *negação da força normativa superior da Constituição*, o *esvaziamento da própria ideia de Constituição*.

À luz desta teoria principiológica, dir-se-ia que *o primado da Constituição*, a força normativa dos seus preceitos, a vinculação do estado à Constituição (*estado de direito democrático*) podem revelar-se verdadeiras "forças de bloqueio", em situações em que a *saúde da pátria* impõe decisões 'patrióticas' que não se compadecem com 'ninharias' como as que constituem o quadro de referência do *estado de direito democrático*.

---

[181] Defendi este ponto de vista e desenvolvi estas questões em um estudo publicado em 1985: "A garantia das nacionalizações e a delimitação dos setores público e privado no contexto da Constituição Econômica Portuguesa". *In: Boletim da Faculdade de Direito de Coimbra*. Vol. LXI, pp. 23-70, 1985.

AS POLÍTICAS DE AUSTERIDADE SÃO INIMIGAS DA DEMOCRACIA

Esta *principiologia* foi o amparo das teses 'legitimadoras' da governação salazarista, que governava sempre *a bem da nação* e que justificava todos os atropelos às regras democráticas e aos direitos fundamentais (mesmo os poucos referidos na Constituição de 1933), com o argumento de que tal era indispensável para salvaguardar o *superior interesse da nação*, a "felicidade pública" do 'bom povo português', que era necessário livrar dos inimigos, em especial dos *inimigos internos* (os comunistas, os sindicalistas, os republicanos democratas e outros que tais).

Com esta *principiologia* de contornos tão elásticos, tão pouco rigorosos e tão indefinidos (*saúde pública, necessidade pública, felicidade pública...*), Salazar poderia ter governado nos termos em que o fez, mesmo que estivesse em vigor a atual Constituição da República: o respeito pela *lei superior da felicidade pública* não deixaria de ser invocado para 'justificar' o desrespeito dos *rigores normativos* da Constituição... É certo que ele aboliu as classes por decreto, proibiu os sindicatos não corporativos e perseguiu os seus dirigentes, mas, para promover a *felicidade pública* ele até criou a *Federação Nacional para a Alegria no Trabalho...*

O que é muito claro é que esta longa *suspensão da democracia* (com o Governo, o Parlamento e o Presidente da República a atuarem sem "olhar a grandes rigores normativos e a rigores constitucionais") está a ser utilizada para impor pela violência e pelo medo a destruição do nosso ténue estado social e para romper o contrato social com os trabalhadores, esbulhados dos seus salários, das suas pensões e dos seus direitos mais elementares, atingidos na sua própria dignidade.

14.4. Ninguém hoje tem a coragem de negar que a efetivação dos *direitos econômicos, sociais e culturais* é uma condição indispensável para que possam ser exercidos e respeitados os clássicos *direitos, liberdades e garantias* (falam os especialistas da *unidade e indissociabilidade dos direitos fundamentais*). A esta luz, ganha relevo a importância do que está em causa quando se atacam e desrespeitam os *direitos fundamentais dos trabalhadores*: é a própria democracia que está em jogo.

Tenho a clara consciência de que as constituições não substituem a vida (não substituem a luta de classes) e muito menos fazem revoluções.

215

E penso que elas nem sequer garantem, por si próprias, a efetiva concretização dos direitos fundamentais nelas consagrados: elas não são a árvore do paraíso, a fonte milagrosa de onde jorra em abundância o leite e o mel.[182]

Mas esta consciência de que as constituições não são varinhas mágicas nem são *o motor da história* não pode negar a importância, no plano jurídico, no plano político e no plano civilizacional, da consagração daqueles direitos nos textos constitucionais. Esta consagração significa, desde logo, que o povo soberano quer que aqueles direitos sejam tratados como *direitos fundamentais* e significa, por outro lado, que os órgãos do poder político democrático devem sentir-se política e juridicamente vinculados a atuar no sentido da sua efetiva concretização.

Considero, por isso, particularmente perigoso que, apesar do elevado preço a pagar, se aceite a substituição da CRP pelo *Memorando* assinado com a *troika* (porque é disso que se trata!) e se 'legitimem', em obediência a esse *memorando-diktat*, as políticas que ignoram e anulam *direitos fundamentais dos trabalhadores* (*suspendendo* ou *atrofiando* a democracia) com base numa espécie de *estado de necessidade* (a necessidade obriga...), 'justificando' a 'derrogação' das normas constitucionais em homenagem a um qualquer *princípio superior* da "necessidade pública" ou da "felicidade pública". Como se estes 'princípios' pudessem anular os direitos que a CRP consagra como *direitos fundamentais dos trabalhadores*: o direito ao trabalho, o direito à segurança no emprego, o direito à segurança social, o direito à retribuição do trabalho (arts. 53º, 58º/ n. 1, 59º/n. 1/al. *a*), 59º/n. 3, 63º/n. 1).

Quem entende que, em nome destes *princípios superiores*, se pode ignorar a Constituição e a sua força normativa, suspendendo ou anulando os *direitos fundamentais dos trabalhadores*, fica sem argumentos para não 'legitimar', em nome dos mesmos *princípios superiores*, a suspensão ou anulação dos *direitos, liberdades e garantias*. Qual o critério para definir a

---

[182] Cfr. o meu livro *Os Tribunais e o Direito à Saúde*. Porto Alegre: Livraria do Advogado Editora, fevereiro de 2011. pp. 11 a 72. (o livro contém também um texto do Professor Doutor Fernando Facury Scaff).

AS POLÍTICAS DE AUSTERIDADE SÃO INIMIGAS DA DEMOCRACIA

fronteira? A 'imagem' de Portugal perante os 'mercados' e os interesses superiores do país (ainda por cima em tempo de crise...) não serão afetados pelo facto de o movimento sindical mobilizar para ações grevistas e para manifestações de rua centenas de milhares de trabalhadores? Os 'mercados' não ficarão assustados quando um milhão de portugueses sai à rua a dizer "que se lixe a *troika*, queremos as nossas vidas"? A "necessidade pública" não imporá, por razões 'patrióticas', que se proíba o direito de manifestação? As *troikas* e os *troikos* que em Portugal as servem não hão-de gostar de ver os jornais, as televisões e as rádios cheias de notícias e de comentários a dizer mal das *políticas de austeridade* impostas pelas ditas *troikas*. A defesa da "saúde pública" não aconselhará a suspensão da liberdade de expressão? Insisto: quem aceita, contra o disposto na Constituição, que se suspendam ou anulem *direitos fundamentais dos trabalhadores* em nome da tal "necessidade pública" ou "saúde pública" fica sem critério para recusar a suspensão aberta e declarada das mais elementares regras da vida democrática.

14.5. A CRP (art.19º) prevê o *estado de sítio* e o *estado de emergência*, definindo cada uma destas situações e determinando em que condições e de que forma elas podem ser declaradas.

À luz destes preceitos constitucionais, a situação que se vive em Portugal não justifica a declaração do *estado de sítio*, nem sequer do *estado de emergência*. Seria necessário, de todo o modo, adotar os procedimentos estabelecidos na CRP, fundamentar adequadamente a decisão tomada e regulamentar a sua duração e a sua extensão. Nada disto se fez, porque ninguém entende ser legítimo fazê-lo.

Os comentadores de serviço e o próprio TC têm-se limitado a falar da *situação de emergência* que o país vive e têm argumentado que tal *situação de emergência* (que ninguém sabe o que é!) justifica que se invoque a referida *principiologia*, como quem invoca os poderes misteriosos de um deus oculto, para 'legitimar' a substituição do *estado de direito democrático* (o *estado de direito constitucional*) por uma espécie de *estado de excepção*, não por decisão do povo soberano, não em conformidade com qualquer procedimento previsto na Constituição, mas por decisão, segundo

217

puros critérios de oportunidade, de um governo que goza, conjunturalmente, de apoio maioritário no Parlamento. Como se não soubéssemos que no arsenal das armas utilizadas pelas ditaduras esteve sempre o recurso aos *critérios de oportunidade* (definidos pelos ditadores em consonância com os interesses que servem e os objetivos que prosseguem).

Aceitar esta tese é aceitar que pode haver democracia sem Constituição, i. é, sem a subordinação dos órgãos de soberania ao normativo constitucional. É converter a *excepção* em *regra de vida*. É admitir que a 'razão de estado' (a *politique d'abord*) prevalece sobre o direito, 'legitimando' o *estado de não-direito*. É legitimar a barbárie como 'lei' ditada, inexoravelmente, pela *necessidade*, porque, segundo o velho brocardo (a constituição das constituições!), *a necessidade dita a lei*. Se a necessidade for muito forte, talvez tenha mesmo de aceitar-se o estado fascista, porque, *perante emergências (=factos), não há argumentos...*

O que é preocupante é verificar que esta postura (e a *principiologia* que a informa) está de alguma forma presente no Acórdão do Tribunal Constitucional n. 353/2012, de 5 de julho, que invoca com frequência, como se fossem argumentos jurídicos, conceitos indefinidos e carregados de conteúdo ideológico, como o de *crise*, de *situação de emergência*, *necessidade de cumprir o memorando* assinado com a *troika*, etc. Foi a partir destes 'conceitos' e da *força* que lhes atribuiu que o TC acabou por validar, relativamente a 2012, normas que declarou inconstitucionais (os artigos da lei que aprovou o orçamento de estado para 2012 que determinaram o não pagamento do subsídio de férias e do subsídio de natal aos trabalhadores do estado e aos pensionistas da Segurança Social).

Ora a 'necessidade' de cumprir o memorando imposto pela *troika* (que não tem sequer o estatuto de *tratado internacional*!) não pode legitimar a violação de um princípio essencial das sociedades democráticas, que é a *garantia dos direitos adquiridos*, garantia particularmente forte no caso dos pensionistas, que financiaram previamente, ao longo de anos, o seu direito à pensão de reforma (o *direito à segurança social* está expressamente consagrado na CRP como *direito fundamental*). Mas muito forte também no caso de outros *direitos fundamentais dos trabalhadores* (direito ao trabalho e à segurança no emprego, direito à retribuição do

AS POLÍTICAS DE AUSTERIDADE SÃO INIMIGAS DA DEMOCRACIA

trabalho, sendo que o *direito ao salário* é o único *direito fundamental* para o qual a CRP prevê "garantias especiais"), direitos fundamentais cuja efetivação é garantida pela CRP (art. 2º), que considera esta garantia um requisito do estado de direito democrático.

O TC recorda, no texto do acórdão referido, este *princípio da garantia dos direitos adquiridos*, mas acaba por não extrair consequências com base nele. O fundamento invocado para a declaração de inconstitucionalidade é a violação do *princípio da igualdade* (art. 13º CRP). E ainda bem que o TC não esqueceu este princípio, porque ele deve orientar a ação do estado em todas as circunstâncias, mas seria intolerável que não o fizesse em situações difíceis, invocadas pelo próprio estado para justificar certas medidas 'duras'.

O *princípio da igualdade* e o *princípio da confiança* (em que assenta a *garantia dos direitos adquiridos*), os *princípios informadores do sistema fiscal* e os *direitos fundamentais* acima referidos continuaram a ser grosseiramente violados no Orçamento de Estado para 2013. E o TC, embora não avalisando todos os atropelos, deixou campo para a prossecução do plano que visa impor aos trabalhadores portugueses a política que decorre da agenda político-ideológica do governo da direita, carregada, como todo o neoliberalismo, de ameaças totalitárias.

Ao contrário do que acontece na Alemanha, onde o Tribunal Constitucional é quase 'sacralizado', controlando as grandes opções políticas antes da sua execução, em Portugal parece que muita gente já esqueceu os 48 anos de fascismo. É muito mau sinal para a democracia portuguesa esta *perda de memória coletiva*, traduzida no espetáculo de membros do Governo, deputados, comentadores e fazedores de opinião com lugar marcado nos grandes meios da comunicação social, que não se coíbem de intervir publicamente (para isso lhes pagam, é certo) no sentido de condicionar a atuação do TC e para o 'condenar' quando este não acata inteiramente a 'verdade verdadeira' que consta das cartilhas.[183]

---

[183] "Lamentável decisão do Tribunal Constitucional" é das qualificações mais suaves que se leem na comunicação social alinhada com os interesses e a ideologia dominantes

Aos que entendem que o TC não pode condicionar a política porque não tem a responsabilidade de governar, é necessário que os democratas e o TC digam com toda a clareza que o TC não tem, efetivamente, a responsabilidade de governar, mas tem a responsabilidade (que é um *dever de soberania*) de impedir que a política saia fora do quadro definido pela Constituição. Se as normas constitucionais não estiverem acima dos *critérios de oportunidade*, não há Direito, não há Constituição nem há democracia. Se as exigências dos 'mercados' se sobrepuserem aos imperativos constitucionais, teremos concretizado o *fascismo de mercado*, de que falava Paul Samuelson no longínquo ano de 1980.

14.6. Um velho 'princípio superior' (que já vem do tempo dos romanos!) diz que, ninguém pode ser obrigado a fazer aquilo que não pode fazer (*nemo ad impossibilita cogi potest*). Por outras palavras, aplicando ao caso concreto: a impossibilidade do devedor desonera-o perante o credor, cujos direitos decaem.

Ocorre perguntar qual a razão que impede os defensores da *principiologia* em análise de invocar este mesmo princípio para 'justificar' que o estado português não pague a sua dívida externa. Talvez respondam, com *grande sentido de estado*, que um 'princípio' ainda superior ao atrás invocado é o princípio do *respeito devido ao capital financeiro*, princípio

---

acerca do acórdão n. 353/2012, acima referido, que continuam a responsabilizar pelas exigência absurdas com que a *troika* e o governo persistem em castigar o povo português.

Já a propósito da apreciação da constitucionalidade de certas normas do orçamento de estado para 2013, o governo mandou um moço de recados (um secretário de estado qualquer) dizer que, se o TC declarar inconstitucionais as normas que suscitaram o pedido de fiscalização sucessiva (por parte do Presidente da República!), Portugal pode não receber o dinheiro da *troika*, ficando impedido de cumprir as suas obrigações (para com o capital financeiro...). O sapateiro foi muito além da chinela! Em qualquer país decente, este 'sapateiro' teria sido imediatamente demitido, por atentar contra a independência de juízo do TC. O silêncio do Primeiro-Ministro comprova a sua falta de cultura democrática. A inação do Presidente da República mostra a mesma coisa e mostra também que ele não sabe o que significa o compromisso que assumiu de *cumprir e fazer cumprir a Constituição* e que não compreende o alcance do seu dever de garantir o *regular funcionamento das instituições democráticas*. Caso contrário, teria forçado o Primeiro-Ministro a mandar o 'sapateiro remendão' cuidar das chinelas. É um triste sinal dos tempos.

AS POLÍTICAS DE AUSTERIDADE SÃO INIMIGAS DA DEMOCRACIA

que obriga a pagar, religiosamente, aos bancos (os credores internacionais) as dívidas contraídas em nome do povo, princípio que não deixa sequer lugar para se questionar a *legitimidade* dessas dívidas, e que obriga igualmente o povo a pagar as 'dívidas de jogo' contraídas pelos bancos, porque estes não podem falir.

Em obediência ao mesmo *princípio superior da felicidade pública*, vai-se vendendo a nossa soberania a preços de saldo, entregam-se milhões e milhões aos bancos sem nada lhes exigir em troca, e salvaguardam-se as *rendas* dos monopólios privados dos combustíveis, da energia, das telecomunicações, dos bens não transacionáveis e da distribuição, as *rendas* dos parceiros privados das Parcerias Público-Privadas (PPP).

Para além da justiça da medida em si mesmo, retirar estas *rendas* à nova 'nobreza' das PPP teria efeitos recessivos sobre a economia muito menores do que o corte dos salários. Tal medida permitiria ainda reduzir a despesa do estado e/ou resgatar fundos que o estado poderia utilizar para apoiar a economia, a criação de riqueza e de emprego, nomeadamente nas atividades que produzem bens transacionáveis (bens exportáveis ou suscetíveis de substituir importações).

Alegam, porém, as vozes oficiosas que, nesta matéria, é difícil alterar as coisas, porque há contratos a cumprir. Como se tais contratos não fossem, em regra, *contratos leoninos* (contratos que colocam todos os ganhos do lado dos privados e todos os riscos e perdas do lado do estado) e, como tal, contratos anuláveis à luz do direito. Como se não houvesse contratos a cumprir com os trabalhadores do estado, com os pensionistas e com outras vítimas deste *estado confiscador* dos salários e dos direitos de quem trabalha e *estado garantidor* dos *lucros sem risco* (verdadeiras *rendas*) do capital financeiro. Quanto aos trabalhadores, o governo não se sentiu limitado, nem legalmente nem eticamente, quando rompeu, por decisão unilateral, o contrato (jurídico e social) que tinha com eles, numa atuação que se pretende 'legitimar' em nome do tal *princípio superior da necessidade pública*. Este 'princípio' já não vale, pelos vistos, perante contratos que se relacionam com os 'mercados', que interferem com a *confiança dos mercados*, bem raro e precioso, indispensável à salvação da pátria...

Trata-se, agora, de aceitar que a CRP seja revogada (substituída) pelas *leis dos mercados*, impostas pelos *especuladores* e 'reveladas' pelas suas pitonisas: as agências de *rating*, as *troikas*, os agentes ocultos do *Goldman Sachs*... Talvez por imperativo do 'princípio superior' segundo o qual os *mercados* estão acima da Constituição e as imposições dos *mercados*, as *regras do capitalismo de casino*, as imposições dos 'padrinhos' do *crime sistémico* estão acima dos normativos constitucionais.

14.7. Dizem outros que a posição do Governo é muito difícil, porque os ditos 'parceiros' privados se recusam a renegociar as cláusulas dos contratos que estão na base das PPP.

Alguns defensores dos 'sagrados direitos' dos novos senhores feudais (os parceiros privados das PPP) invocam que os contratos devem ser cumpridos. É o que decorre do *princípio da confiança*, sem o qual a propriedade privada não poderia ser salvaguardada do confisco... É verdade. Mas, então, o mesmo princípio da confiança deveria impedir que se ataquem os direitos adquiridos pelos trabalhadores e pelos pensionistas.

E também é verdade que o velho princípio *pacta sunt servanda* (os contratos devem ser pontualmente cumpridos) só se aplica aos contratos celebrados de *boa fé*, respeitando as normas legais em vigor (como são os contratos de trabalho celebrados entre o estado e os trabalhadores da administração pública e os contratos sociais celebrados entre o estado e os pensionistas). Aquele princípio não pode aplicar-se aos contratos nulos ou anuláveis (como são as PPP, porque são *contratos leoninos*, muitas vezes fruto de *dolo* dos parceiros privados e dos representantes do estado).

Já ninguém esconde atualmente a pesada responsabilidade (incluída a responsabilidade criminal) dos bancos no deflagrar da crise que nos vai devorando. Há generalizada consciência (até por parte das instituições europeias!) de que os bancos são responsáveis pelo endividamento dos estados e pelo empobrecimento dos povos da Europa. Toda a gente entende que os bancos beneficiam de um regime fiscal *amigo* e que não têm dado qualquer contributo para ultrapassar a crise que desencadearam,

AS POLÍTICAS DE AUSTERIDADE SÃO INIMIGAS DA DEMOCRACIA

cujos custos estão a ser inteiramente suportados pelos trabalhadores. Ninguém esconde que os bancos têm recebido, praticamente de graça, milhões e milhões, que utilizam na especulação (incluída a especulação contra o euro, com base na dívida externa dos países mais débeis), fugindo ao seu dever de financiar a economia real.

Será que a *necessidade pública* de controlar a poupança, neste caso a poupança dos portugueses, e de a encaminhar para investimento produtivo e inovador e para a promoção da *saúde pública* (a saúde da economia portuguesa) e da *felicidade pública* (criando emprego para os desempregados) poderá justificar a nacionalização da banca sem pagar indenizações, embora contornando alguns *rigores normativos ou constitucionais*?

Ou será que os *princípios superiores* da "necessidade pública", da "saúde pública" e da "felicidade pública", invocados para 'legitimar', contra o disposto na CRP, o esbulho dos trabalhadores portugueses, impõem, no caso das PPP, todos os "rigores normativos" e todos os "rigores constitucionais"? A garantia dos interesses do capital financeiro (insaciável como um poço sem fundo), a salvaguarda dos privilégios da banca e da impunidade dos banqueiros terá mais peso, à luz do direito, do que a garantia dos *direitos fundamentais dos trabalhadores*, a garantia dos direitos sociais dos portugueses, a defesa da economia e do emprego? A resposta positiva significa que a *ditadura do capital financeiro* está acima do *estado de direito democrático*.

Em dezembro de 2013, os jornais noticiaram uma conferência feita nos EUA (perante 'investidores', segundo creio) por um professor universitário (com formação jurídica) que se diz ser assessor (oficial ou privado) do Primeiro-Ministro português, durante a qual lamentou que Portugal sofresse a desgraça de ter uma "Constituição comunista", que aponta para a constituição de uma *sociedade sem classes*, e – talvez desgraça ainda maior! – de ter um TC fortemente empenhado em garantir o respeito desta *constituição comunista*. É a prova de que, para esta direita, vale tudo, sem recuar perante a mentira e desonestidade intelectual. O senhor professor sabe muito bem que os princípios que têm sido invocados pelo TC (e pelo Presidente da República e por outras entidades

223

que têm solicitado a apreciação preventiva ou sucessiva da constitucionalidade de certas leis) são os princípios da *igualdade*, da *proporcionalidade* e da *confiança*, princípios que estão presentes em qualquer constituição de um país civilizado.

Alguns comentadores vão ao ponto de dizer que, na 'Europa', ninguém entende os poderes do TC português. Fazem de contas que não sabem que ele tem as competências normais dos tribunais constitucionais dos países onde eles existem. E 'esquecem' que na França o Conselho de Estado goza de um prestígio intocável e que na Alemanha o Tribunal Constitucional é quase uma entidade 'sagrada'. Nem o Presidente da Comissão Europeia ousa criticá-lo... E os alemães não esquecem o período da governação nazi, inspirada na *real politik* que os críticos do TC gostariam de garantir aos governantes portugueses, 'esquecidos', pelos vistos, do que foi, em Portugal, a *governação-real-politik* durante os 48 anos de fascismo. Repito: a falta de memória coletiva é uma doença perigosa!

Com a aproximação do momento da entrega na Assembleia da República da proposta de lei do orçamento de estado para 2014 cresceu o número dos que subiram ao palco para chantagear o TC e até para ofender a sua dignidade como órgão de soberania.

Não foi apenas o Primeiro-Ministro a falar da falta de bom senso dos juízes do TC e uma série de secretários de estado mais ou menos analfabetos e insolentes (como é próprio dos ignorantes) a falar do verdadeiro *finis patriae* que resultaria de uma eventual reprovação de algumas normas do OE por aquele Tribunal (que não atua por sua iniciativa, mas apenas a instâncias de umas poucas entidades, entre as quais o Presidente da República, um certo número de deputados, o Provedor de Justiça).

Em 17 de outubro de 2014 os jornais revelaram que um funcionário qualquer que representa em Lisboa a Comissão Europeia enviou para Bruxelas um memorando em que acusava o TC de *ativismo político*. No dia seguinte, um senhor que é membro do Conselho de Estado indicado pelo Presidente da República disse numa entrevista que a "classe política" deveria ter juizinho e aprovar a proposta de OE/2014

AS POLÍTICAS DE AUSTERIDADE SÃO INIMIGAS DA DEMOCRACIA

apresentada pelo Governo, acrescentando que os juízes do TC fazem parte da classe política (o que talvez signifique que o senhor conselheiro de estado entende que o TC existe para fazer 'fretes' aos governos que não respeitam a Constituição).[184]

Na sua sabedoria, o nosso povo diz-nos que vozes de burro (salvo seja) não chegam ao céu. E eu acredito que não cheguem ao TC. E bem sabemos que esta gente é gente menor, é apenas a 'voz do dono'. O mais grave é que, desta vez, até os 'donos' vieram à boca de cena dizer o que lhes ia lá dentro (não digo na alma...).

Em maio de 2013, o J. P. Morgan queixava-se, num dos seus relatórios, dos "profundos problemas políticos" que entravam os *processos de ajustamento* na zona euro, sublinhando que "os sistemas políticos da periferia foram estabelecidos no rescaldo de ditaduras e foram definidos por essas experiências". E logo desvenda onde está o gato: "os sistemas políticos da periferia (...) oferecem proteção constitucional aos direitos laborais (...) e o direito de protestar se forem feitas alterações indesejáveis ao *status quo* político". Como se vê, é um escândalo, para o grande capital financeiro, que as constituições protejam os direitos dos trabalhadores! Ainda mais intolerável: reconhecem aos trabalhadores o direito de protestar quando discordam de medidas ou políticas que afetam negativamente os seus direitos! Isto revela uma dolorosa saudade do fascismo e uma vontade enorme de regressar a práticas fascistas.

Como quem está a 'jogar em casa', o dito relatório não se esquece de referir o exemplo de Portugal (os governantes deste país devem

---

[184] Outra gente menor vem alimentando a mesma campanha de 'diabolização' do TC. Um banqueiro português não teve vergonha de dizer em público que o TC deveria ser envolvido nas conversações para estabelecer um consenso nacional acerca do caminho mais conveniente para o país... Como é possível que este senhor desconheça o *princípio da separação dos poderes*? Em um programa de TV (9 de setembro de 2013), um outro sujeito desbocado (mas que já foi ministro das finanças de um governo do PS...) não teve pejo (para isso lhe pagam) de dizer o que segue: "onde não há dinheiro, não há Constituição, não há Tribunal Constitucional, nem coisíssima nenhuma". E um outro, convidado para o mesmo programa, acusou o TC de querer "arrastar-nos para fora do euro". Pobre país que tais filhos tem...

ter ficado 'inchados' de orgulho patriótico!), apontando a CRP como um exemplo dos "entraves" que "manietam os governos".[185]

Também na 1ª semana de outubro de 2013 o Presidente da Comissão Europeia (então Durão Barroso) teve a desvergonha de dizer em público que Portugal tinha de respeitar e cumprir os compromissos assumidos com a *troika*, tarefa em que todos os órgãos de soberania (incluindo, é claro, o TC) têm responsabilidades, ameaçando logo a seguir que, se assim não fosse, voltaríamos a *ter o caldo entornado*.

A um nível ainda mais alto (Durão Barroso não passava de um pau mandado, apesar do alto cargo que desempenhava), a elegante Diretora-Geral do FMI, exibindo ignorância inadmissível ou má fé imperdoável, falou do TC como uma *originalidade portuguesa*, deixando no ar uma velada ameaça para o caso de esta 'originalidade' levantar algum obstáculo, em termos de inconstitucionalidade, ao cumprimento rigoroso do 'patriótico' programa de ajustamento imposto pela *troika* e caninamente executado pelo governo português.

Estes senhores parecem ignorar que, atuando deste modo, estão a violar o seu mandato, porque as organizações internacionais devem respeitar a soberania dos estados-membros e as instituições que legitimamente a representam.

Mas talvez o mais importante a reter destes episódios é que todas estas vozes (desde os solistas até aos meninos do coro), ao 'diabolizar' e ofender o TC, estão a veicular um discurso fascizante particularmente perigoso.[186]

---

[185] Ver CADIMA, Jorge. "Crise Estrutural". *In: Avante!*, 3 de outubro de 2013.

[186] Todos desejamos e esperamos que o TC decida com inteira independência, mantendo-se incólume às pressões a que vem sendo sujeito por parte de governantes mal agradecidos, que esquecem quão 'bonzinho' o TC tem sido para eles, em várias das suas decisões. Só dois exemplos: deixar passar o OE/2012, apesar de reconhecer que ele continha normas inconstitucionais; considerar constitucional o confisco, ainda por cima discriminatório, da *contribuição extraordinária de solidariedade*, imposta apenas aos pensionistas do estado com pensões de 1500 euros ou mais (se as condições do País impõem uma *contribuição extraordinária de solidariedade*, uma espécie de *imposto de guerra*, então todos deverão contribuir: os trabalhadores no ativo e os reformados; as empresas

AS POLÍTICAS DE AUSTERIDADE SÃO INIMIGAS DA DEMOCRACIA

Um governo (o Parlamento ou o Presidente da República) não são legítimos só porque são eleitos. Para conservarem a legitimidade eleitoral têm que respeitar, em todos os seus atos, as regras de direito, particularmente as normas e os princípios constitucionais (os *estados de direito* são *estados subordinados ao direito* que eles próprios criam). Situações de excepção só as previstas na CRP: aquelas que justificam a declaração do *estado de emergência* ou do *estado de sítio*. Não é este o caso em Portugal. Por isso, ninguém pode invocar os compromissos com a *troika* para legitimar leis que violem os preceitos constitucionais (repito: o famoso *Memorando* nem sequer é um tratado internacional).

---

e os empresários; os banqueiros e os bancos; as empresas industriais e os donos destas empresas; os profissionais liberais, enfim, os titulares de rendimentos do trabalho e os titulares de rendimentos do capital, bem como os titulares de grandes fortunas).

E foi 'amigo', mais uma vez, ao proferir um acórdão que considerou conforme à CRP o diploma legal que impõe aos trabalhadores da administração pública o horário semanal de 40 horas de trabalho. Marcelo Rebelo de Sousa foi duro na crítica, quando disse o TC "andou com o Governo ao colo", estranhando as diligências processuais promovidas pelo próprio TC, diligências que permitiram ao Governo fazer uma espécie de 'interpretação autêntica' de certas normas do diploma em análise, 'interpretação' nos termos da qual o Governo 'garantiu' ao Tribunal que o diploma em análise dizia, afinal, o que lá não está dito (e não está, manifestamente, porque o Governo não quis dizer o que agora, 'interpretando' as normas em apreço, garante ser o sentido do diploma). Não sei se a ciência jurídica ganhará alguma coisa com esta invenção (ou reinvenção) da *interpretação autêntica*, mas creio que nem a Constituição nem a lei orgânica do TC permitem que ele *ande com o governo ao colo*. De todo o modo, creio que não andou bem o TC ao aceitar como boa a 'interpretação autêntica' feita pelo Governo, em vez de decidir, como lhe competia, em função da sua própria interpretação das normas que estava a apreciar. Receio que, ao atuar deste modo, o TC se tenha colocado a si próprio à margem da Constituição que tem o dever de fazer respeitar. Este episódio foi, a meu ver, um momento infeliz na atuação do TC.

Mas o TC recuperou fôlego e prestígio ao decidir (19 de dezembro de 2013), *por unanimidade*, a inconstitucionalidade das normas legais que inventaram uma fantasmagórica *convergência das pensões* da **C**aixa **G**eral de **A**posentações (trabalhadores do estado) com as do setor privado para, violando grosseiramente o *princípio da confiança* (o mesmo que dá estabilidade ao direito de propriedade), cortar 10% nas pensões dos aposentados da CGA. Foi um passo positivo, na ótica dos que, como eu, querem acreditar que o TC saberá honrar os seus pergaminhos, porque a cedência do TC ao discurso fascizante que anda no ar seria particularmente perigoso para a democracia. Em tempos de crise, mais do que em situações normais, precisamos de tribunais independentes e precisamos acreditar na independência dos tribunais.

227

14.8. No fim de um ciclo de crises recorrentes do capitalismo (iniciado com as crises do início da década de 1970, que tornaram evidente a *tendência para a baixa da taxa média de lucro* e deixaram antever a possibilidade de uma grave *crise estrutural*), o grande capital financeiro (o agente responsável pelo *crime sistêmico* que é a marca de água do capitalismo atual) convenceu-se de que o tempo dos *compromissos necessários* (estado social, concertação social entre parceiros sociais amigos) passou à História, porque a correlação de forças, no quadro de um mundo moldado pelas *políticas de globalização neoliberal*, lhe permite pôr os trabalhadores no seu lugar e impor políticas que levem até ao extremo a exploração de quem trabalha, na tentativa de contrariar aquela *tendência para a baixa da taxa média de lucro*, transferindo por inteiro para o capital os ganhos da produtividade.

Este é o programa político da chamada "revolução conservadora", empenhada em invocar uma 'legitimidade revolucionária' para fazer passar a ideia de que aquele programa político pode ser imposto pelos governos, mesmo contra a legalidade democrática e contra a Constituição. Estamos, claramente, perante um projeto totalitário, o projeto que está subjacente à ideologia neoliberal: a *liberdade de escolha* friedmaniana, 'descoberta' pelos 'revolucionários' da direita neoliberal é apenas a outra face da *morte da política*, ou seja, da *morte da cidadania* e da *morte da democracia*.[187]

Ele representa uma forma velada de fascismo: o único direito que vale é o direito do mais forte, aquele que, num jogo de concorrência pretensamente "livre e não falseada", vence o mais fraco, que não tem direitos nenhuns, porque perdeu. A *liberdade de escolha* esconde apenas a ideologia totalitária do *pensamento único*.[188]

---

[187] Ver o meu livro *O Estado Capitalista e as suas Máscaras*. 3ª edição, revista. Lisboa: Edições Avante!, 2013. Uma edição brasileira, com texto ligeiramente diferente deste, foi publicada no Brasil, também com o título *O estado capitalista e as suas máscaras*, Rio de Janeiro: Lumen Juris, 2013, 192 ss.

[188] Transcrevo Eros Grau: "Quem quer impor os seus valores a qualquer custo mostra que não tem valor nenhum" e mostra "não saber nada do que significa a democracia" (entrevista a Juliano Basile, pouco antes de cessar funções no STF, publicada em ANDRADE, José Maria Arruda de; COSTA, José Augusto Fontoura; MATSUO,

AS POLÍTICAS DE AUSTERIDADE SÃO INIMIGAS DA DEMOCRACIA

Não admira, por isso, que vá crescendo o número daqueles que se interrogam sobre os perigos que corre a democracia na Europa. As preocupações quanto à preservação da democracia adensam-se quando vemos que os estados se vêm comportando, às escâncaras, como *estados de classe*, não escondendo o seu compromisso com o grande capital financeiro e mostrando que estão dispostos a tudo (e o estado capitalista já mostrou que é capaz de tudo!) para impor as suas políticas de 'punição' e de agravamento da exploração dos trabalhadores.

No âmbito europeu, as *políticas de austeridade* (adotadas pelos governos de serviço, por sua iniciativa ou por imposição das *troikas*) têm sido declaradas contrárias às constituições e a tratados internacionais (nomeadamente a Convenção relativa à OIT e a Convenção Europeia dos Direitos do Homem) a que se encontram vinculados.

Em junho de 2012, a Assembleia Parlamentar do Conselho da Europa manifestou, em resolução, a sua preocupação pelo facto de as políticas de austeridade estarem a afetar negativamente a democracia e os direitos sociais dos países condenados a pô-las em prática.

Também em 2012, o Comitê Europeu dos Direitos Sociais do Conselho da Europa considerou contrários à Carta Social Europeia várias normas adotadas no quadro da 'flexibilização' da legislação laboral, nomeadamente em matéria de despedimentos, do direito à remuneração e do direito efetivo à segurança social (posto em causa pela redução das pensões de reforma e pela sujeição dos aposentados a taxas de solidariedade que mais ninguém paga, o que evidencia uma violação grosseira do princípio da igualdade).

Ainda em 2012, a OIT proclamou que as medidas adotadas nos países submetidos às políticas de austeridade que vieram permitir a suspensão ou a anulação de convenções coletivas de trabalho violam gravemente os princípios fundamentais da liberdade de negociação coletiva e da inviolabilidade das convenções coletivas.

Alexandra Mery Hansen (Org.). *Direito*: Teoria e Experiência: Estudos Em Homenagem A Eros Roberto Grau. Tomo I. São Paulo: Malheiros, 2013. p. 26.

O próprio TJUE já 'censurou' as medidas tomadas no âmbito do Mecanismo Europeu de Estabilidade porque elas escapam ao controlo parlamentar e ao controlo judiciário, não admitindo sequer recurso para o TJUE.

Já em 2014, foi a vez de o Parlamento Europeu declarar, num Relatório sobre as atividades da *troika*, que os memorandos 'negociados' entre a *troika* e os estados vítimas deles escaparam a qualquer controlo sério pelos parlamentos nacionais e pelo Parlamento Europeu e que muitas das decisões da Comissão Europeia no âmbito de tais 'memorandos de entendimento' foram tomadas em contradição com as suas obrigações enquanto guardiã dos Tratados.[189]

Recorrendo, uma vez mais, a W. Streeck, direi que "o neoliberalismo é incompatível com um estado democrático". Paul Krugman (que invoco de novo) disse-o de um modo que está mais próximo da realidade destes dias de julho de 2015: o receituário neoliberal, que inspira a *Europa do euro*, "exige sacrifícios humanos para apaziguar deuses invisíveis". E – acrescento eu – para gáudio de todos os Schäuble bem visíveis, seus apóstolos.

Ora a História diz-nos que os fascismos do século XX surgiram justamente nos países em que o estado capitalista não conseguiu, no respeito pelas regras democráticas, responder minimamente às aspirações dos trabalhadores e salvaguardar, ao mesmo tempo, o estatuto e os privilégios do capital. O que os discursos que acima refiro enunciam com suficiente clareza é a vontade do capital – que quer, a todo o custo, preservar e aumentar as *rendas parasitas* com que sustenta o estatuto das classes dominantes – de levar por diante programas premeditados de anulação da soberania e de aviltamento da dignidade de países soberanos, programas bárbaros de empobrecimento e 'colonização' de povos inteiros sem ter de respeitar qualquer lei ou qualquer princípio de ética política, em nome do princípio 'revolucionário' de que os fins justificam os meios, por mais cruentos que estes sejam.

---

[189] Cfr. SCHÖMAN, Isabelle. "O direito contra a austeridade europeia". *In: Le Monde Diplomatique,* Ed. port. novembro de 2014.

AS POLÍTICAS DE AUSTERIDADE SÃO INIMIGAS DA DEMOCRACIA

14.9. O liberalismo econômico funcionou nas condições históricas dos séculos XVIII e XIX, em que: *a)* a tecnologia industrial era relativamente rudimentar e adaptada a empresas de pequena dimensão; *b)* a concentração capitalista era inexistente ou pouco relevante; *c)* os trabalhadores não estavam organizados (ou dispunham de organizações de classe de existência precária, débeis e inexperientes) e não gozavam da totalidade dos direitos civis e políticos (o que lhes dificultava e reduzia o acesso ao aparelho de estado e ao poder político e, consequentemente, a luta institucional pelos direitos econômicos e sociais hoje reconhecidos constitucionalmente); *d)* os governos – imunes às exigências e aos votos populares – podiam, por isso mesmo, ignorar impunemente os sacrifícios (e os sacrificados) das crises cíclicas da economia capitalista, qualquer que fosse a sua duração e intensidade.

Mas o mundo mudou, e, há mais de 50 anos, o argentino Raúl Prebisch (o primeiro Presidente da agência da ONU *Comissão Econômica para a América Latina*) avisou que as soluções liberais só podem concretizar-se *manu militari*.

No início dos anos 1980 foi o insuspeito Paul Samuelson quem chamou a atenção para os perigos do "fascismo de mercado". E em 1981 Beltram Gross escreveu um livro sobre o "fascismo amigável".

Em dezembro de 2012, Federico Mayor Zaragoza (antigo Diretor-Geral da UNESCO) falou dos perigos do "golpe de mercado", sustentando que eles são a consequência das políticas prosseguidas por todos aqueles que "aceitaram, em certo momento histórico, substituir os princípios democráticos pelas leis do mercado".[190]

Quem não esquece as lições da História não pode ignorar que a ascenção do nazismo – e a barbárie que ele trouxe consigo – está intimamente ligada à forte depressão e aos elevados níveis de desemprego que marcaram a sociedade alemã no início da década de 1930, mais violentamente do que em outros países da Europa, também em resultado das políticas contracionistas e deflacionistas levadas a cabo pelo governo conservador de Heinrich Brüning.

---

[190] Ver em http://www.other-news.info/noticias/, dezembro de 2012.

ANTÓNIO JOSÉ AVELÃS NUNES

Em 1943, Michael Kalecki formulou este diagnóstico: "O sistema fascista começa com o desenvolvimento do desemprego, desenvolve-se no quadro da escassez de uma 'economia de armamento' e termina inevitavelmente na guerra".[191] Perante a chaga social do desemprego em massa que assola a Europa, tudo aconselha a que levemos muito a sério o aviso de Paul Krugman: "Seria uma insensatez minimizar os perigos que uma recessão prolongada coloca aos valores e às instituições da democracia".[192]

Quem conhece um pouco da História sabe que a democracia não pode considerar-se nunca uma conquista definitiva. É preciso, por isso, lutar por ela todos os dias, combatendo os dogmas e as estruturas neoliberais próprios do capitalismo dos nossos dias, porque este é, essencialmente, um combate pela democracia.

Todos os estudos de sociologia eleitoral mostram um perigoso esvaziamento da *democracia representativa*, perante o aumento contínuo do número de eleitores que se abstêm de participar nos atos eleitorais. É um fenómeno que se vem registando em todas as chamadas 'democracias ocidentais'. Mais de metade das eleições com mais baixa participação de eleitores realizaram-se depois de 2000, o que significa, na interpretação de Wolfgang Streeck, que o "capitalismo reformado pelo neoliberalismo" vem provocando o progressivo enfraquecimento radical da democracia que ele reconhece no "capitalismo democrático do estado social".

A chamada *democracia representativa* começa a ser uma farsa, porque – recordo de novo a lição de Paul Krugman – ela vem-se revelando, cada vez mais, como "uma democracia somente de nome", "incompatível com a democracia real". Perante o processo de *empobrecimento* acelerado que se vem abatendo sobre os povos da Europa, acompanhado da destruição das economias, da anulação das soberanias nacionais e da colonização dos *povos do sul*, todos temos a consciência de que nos estamos a afastar, perigosamente, da *democracia real*.

---

[191] KALECKI, Michael. "Political Aspects of Full Employment". *In*: HUNT, E. K.; SCHWARTZ, Jesse G. (Eds.) *A Critique of Economic Theory*: Selected Readings. Penguin Books, 1972, pp. 426.

[192] Cfr. KRUGMAN, Paul. *Acabem com esta Crise já!*. Lisboa: Editorial Presença, 2012. p. 31.

XV

A MIRAGEM DAS *EURO-OBRIGAÇÕES*

Como já expliquei, o euro não cumpriu as *promessas do paraíso* com que se apresentou ao mundo.

Depois de 2008/2009, perante o ataque especulativo contra o euro, falou-se muito da necessidade de avançar para a emissão de *euro-obrigações* (*euro-bonds*), que muitos consideravam poder funcionar como instrumento de *mutualização da dívida* externa dos estados-membros que têm o euro como moeda, instrumento que poderia ajudar os países de economia mais débil a amortecer o choque daquele ataque especulativo e que, ao mesmo tempo, poderia também contribuir para a integração e a eficiência dos mercados financeiros da zona euro.

Tinha alguma lógica este raciocínio: se os 'mercados' atacam os países mais débeis do euro, a emissão de *títulos de dívida comunitária* poderia permitir que a defesa do euro fosse assegurada não apenas à custa dos sacrifícios daqueles que são o elo mais fraco da cadeia, mas com o contributo de todos os estados-membros da zona euro, com custos financeiros (e outros) mais baixos para todos.

Em fevereiro de 2011, segundo informa o *Relatório Podimata*, o Parlamento Europeu defendeu a necessidade de a Comissão Europeia estudar as condições adequadas para que um tal sistema de *euro-obrigações*

233

(enquanto sistema de gestão da dívida em comum) pudesse beneficiar a zona euro como um todo e cada um dos estados-membros e propôs a criação de uma instituição permanente da UE com a responsabilidade de emitir e gerir euro-obrigações.

Os especialistas sublinharam então que a existência de um grande mercado de euro-obrigações com muita liquidez (i. e., com um grande volume diário de transações) poderia atrair os grandes 'investidores' mundiais, que passavam a ter uma alternativa, neste tipo de mercados, aos títulos da dívida pública americana. Para além de possibilitar crédito mais fácil e mais barato para os países do euro, tal mercado talvez pudesse ajudar a fazer do euro uma moeda de reserva mais forte, capaz de concorrer com o dólar.

A Alemanha, porém, sempre pôs entraves a esta solução. Porque, como Habermas sublinhou, "o Governo federal alemão tornou-se o acelerador de uma perda de solidariedade a nível europeu".[193] Mas o assunto foi-se mantendo na agenda. E em novembro de 2011 a Comissão Europeia publicou um *Livro Verde* sobre a justificação, as pré-condições e as opções possíveis acerca do projeto de emissão de *obrigações de estabilidade* (*Stability Bonds*), herdeiras das tão faladas *euro-obrigações* ou *euro-bonds*.

O que se analisa neste Relatório é a hipótese de emissão conjunta de *títulos de dívida soberana* por parte dos estados-membros da zona euro, que partilhariam os fundos obtidos através desta emissão e os encargos do serviço da dívida, em princípio mais suaves do que os conseguidos, isoladamente, pelos estados mais débeis.

A estes custos mais baixos do financiamento por meio da emissão das *obrigações de estabilidade*, juntam-se outras vantagens referidas naquele *Livro Verde*: *1*) aumento da resistência do sistema financeiro da zona euro a choques adversos, o que se traduzirá em maior estabilidade; *2*) oferta de um campo de investimento em ativos sólidos e homogéneos aos bancos europeus e aos investidores institucionais (nomeadamente

---

[193] Cfr. HABERMAS, Jürgen. *Um Ensaio sobre a Constituição da Europa*. Lisboa: Edições 70, 2012. p. 63.

A MIRAGEM DAS EURO-OBRIGAÇÕES

companhias de seguros de vida e fundos de pensões); *3)* maior probabilidade de êxito das políticas monetárias no que toca aos custos do financiamento dos estados, das empresas e das famílias e ao comportamento da procura global e da inflação; *4)* maior confiança e liquidez para o mercado europeu de dívida, o que facilitará o recurso à emissão de dívida por parte de outras entidades não soberanas (sociedades comerciais, instituições financeiras, autarquias, etc.); *5)* reforço do papel do euro como moeda internacional de referência.

A Comissão apresentou a debate público três modelos possíveis:

1º) A emissão de *obrigações de estabilidade* substitui plenamente as emissões nacionais de dívida soberana, sendo a emissão garantida solidariamente por todos os estados-membros da zona euro.

A Comissão lembra que esta modalidade apresenta um grau elevado de *risco moral*, i. é, de comportamento irresponsável, no âmbito das políticas econômicas e das políticas financeiras, por parte dos estados [leia-se: dos 'estados do sul'], que ficam libertos da pressão dos mercados e das taxas de juro exigidas pelos 'investidores'.

2º) A emissão de *obrigações de estabilidade*, embora garantida solidariamente por todos os estados-membros da zona euro, cobre apenas uma parte (a determinar) das necessidades de financiamento de cada um dos estados-membros, que continuam a emitir títulos de dívida nacionais.

Neste caso, o *risco moral* é menor, porque cada estado continua parcialmente sujeito às condições impostas pelos 'mercados', de acordo com o risco de crédito que lhe é atribuído.

3º) A emissão de *obrigações de estabilidade* cobre apenas uma parte das necessidades de financiamento de cada estado-membro (que terá, por isso mesmo, de emitir *dívida soberana* de acordo com as exigências do 'mercado'), mas a dívida não é, neste caso, garantida em responsabilidade solidária, apesar de ser garantida por cada um dos estados-membros da zona euro.

No fim de contas, esta terceira modalidade traduz-se em emissões idênticas às então efetuadas pelo *Fundo Europeu de Estabilidade Financeira*

(FEEF), com a diferença de que as *obrigações de estabilidade* estariam disponíveis para os estados-membros da zona euro mesmo fora dos contextos de crise. Esta modalidade é também aquela em que o *risco moral* é menor e aquela que mais facilmente e mais rapidamente poderia pôr-se de pé, por ser a única que não exige a alteração dos Tratados, que alguns autores consideram necessária no caso de um modelo em que se consagre a responsabilidade solidária de todos os estados-membros da zona euro (incompatível, segundo esses autores, com a regra da não co-responsabilização financeira consagrada no art. 125º TSFUE – "no bailout principle").

O *Livro Verde* da Comissão dava conta também dos requisitos indispensáveis para o projeto se concretizar. Segundo a Comissão, as *obrigações de estabilidade* deveriam oferecer elevada qualidade de crédito, de modo a torná-las aceitáveis pelos investidores e pelos estados-membros da *Eurozona* que apresentam as notações de *rating* mais elevadas. Por isso a Comissão defendia que a sua emissão fosse acompanhada de medidas de *reforço do controlo das políticas financeiras e da coordenação política*, por forma a evitar a ocorrência de situações de *risco moral* e a garantir *finanças públicas sólidas*.

As condições então aprovadas para que se pudesse avançar para a emissão de *obrigações de estabilidade* configuravam um verdadeiro *plano de austeridade permanente*, sem o qual o projeto não iria por diante. Com efeito, entre as pré-condições, figuram: o aprofundamento das "reformas estruturais" segundo uma "agenda vinculativa"; o cumprimento incondicional do Pacto de Estabilidade e Crescimento (apesar de *estúpido* e *medieval…*); a rigorosa disciplina orçamental e financeira (as exigências do referido PEC e a *regra de ouro* do *equilíbrio orçamental* imposta pelo recente *Tratado Orçamental*).

Tudo para prevenir o *risco moral*, i.e., o comportamento irresponsável dos 'povos do sul' e respetivos estados, viciados em viver à custa alheia e acima das suas posses. Com este mesmo objetivo, a Comissão admitia que os encargos desta *dívida comunitária* não fossem os mesmos para todos os estados-membros da *Eurozona*, apontando para uma de duas hipóteses: *a)* fixação de taxas de juro diferenciadas (certamente para

A MIRAGEM DAS EURO-OBRIGAÇÕES

premiar as 'virtudes' dos *povos do norte* e castigar os 'pecados' dos *povos do sul*); *b*) fixação de uma taxa de juro única, mas acompanhada de um *sistema de compensação* (através de compensações pagas pelos estados 'pecadores'), pressupondo, é claro, que a taxa de juro da *dívida comunitária* será mais elevada do que aquela a que podem aspirar os países mais fortes (mais virtuosos), aos quais se oferecia, deste modo, uma solução que evitava que eles perdessem dinheiro.

Entretanto, o Parlamento Europeu aprovou, em 12 de março de 2013, por proposta da Comissão Europeia, o chamado *Two-Pack* (fica bem este toque anglo-saxónico...), colaborando deste modo na operação de 'confisco' da *soberania financeira* dos estados-membros da zona euro. Por um lado, atribui-se à Comissão Europeia o poder de analisar previamente (e de dar parecer sobre) os orçamentos nacionais dos estados-membros. Por outro lado, os estados-membros da zona euro que experimentem dificuldades financeiras ou estejam sujeitos a programas de ajustamento ficam sujeitos a vigilância reforçada, que se mantém para lá do prazo destes programas, até que tenham reembolsado pelo menos 75% da 'ajuda'.

Este projeto de emissão de *obrigações de estabilidade* traria consigo, como se vê, a *eternização dos programas de austeridade* e a *manutenção do estatuto semi-colonial* de *protetorado* para além do período de aplicação dos 'programas de ajustamento' (com visitas de inspeção por parte dos 'colonizadores' até que os 'colonizados' *protegidos de si próprios* paguem pelo menos 75% da 'ajuda'). E obrigaria a novas transferências de soberania no âmbito da política financeira, acentuando a concentração do *poder político* (e do *poder econômico*) no aparelho de Bruxelas e nos países dominantes (que 'controlam' o BCE e toda a estrutura da UE). É a continuação do caminho aberto pelo *Tratado de Maastricht* e completado, para já, pelo *Tratado Orçamental*. Assim, não vamos lá.

Apesar de a UE ter um *banco central federal*, uma *moeda única* para os países da zona euro e uma *política monetária federal*, os interesses dominantes recusam a assunção de uma *dívida comunitária federal*. O que se adivinha por detrás deste projeto de emissão de *obrigações de estabilidade* não é, manifestamente, a consagração da ideia da *partilha solidária dos encargos da dívida* entre os estados da zona euro. Parece que ainda não é desta vez que a *solidariedade*, essencial a uma *zona monetária com moeda única*, vai chegar à Europa do euro.

Para facilitar a *divergência* (que se vem acentuando) entre os países que têm o euro como moeda, o estado alemão, os bancos alemães e as empresas alemãs continuam a financiar-se a taxas de juro pouco acima de zero. O estado português, os bancos e as empresas portuguesas têm de suportar custos financeiros muito mais elevados, o que constitui um peso acrescido para a economia (para as famílias e para as empresas).

A minha convicção é a de que nunca haverá emissão de verdadeiros títulos de dívida comunitária.

Porque a Alemanha não quer perder as vantagens de financiamento quase sem custos, que o *deutsche euro* lhe proporcionou, vantagens que perderia com a *mutualização* (ou *europeização*) da dívida dos países da zona euro. E porque o *deutsche euro* e as *regras alemãs* de Maastricht e do Tratado Orçamental se têm revelado um poderoso instrumento de domínio dos povos dos *países do sul*, cada vez mais 'colonizados' pelo grande capital financeiro internacional. Se um dia for forçada a ir por ser esse caminho (e não se vê em que condições tal possa acontecer), a Alemanha insistirá em sujeitar os *países do sul* a um regime de controlo mais apertado do que o suportado por algumas colónias do passado, cabendo à Comissão Europeia e ao BCE o papel que, em outros tempos, cabia às tropas de ocupação e às administrações coloniais.

XVI
A PROMESSA DE UM *IMPOSTO SOBRE AS TRANSAÇÕES FINANCEIRAS*

Com o objetivo de amenizar as dificuldades sentidas pela UE para lidar com crises econômicas e financeiras como a que se iniciou em 2007/2008, discutiu-se também o lançamento de um *Imposto sobre as Transações Financeiras* (ITF), que poderia ser um imposto comunitário, cobrado pela própria União, um imposto que incidiria sobre todas as operações financeiras que decorram no espaço da UE e envolvam uma instituição financeira estabelecida neste espaço. Seriam tributadas as transações de ações, obrigações, instrumentos do mercado monetário, participações em fundos de investimento, produtos financeiros derivados, acordos de recompra e empréstimos de valores mobiliários, desde que efetuadas com a participação de instituições de crédito, empresas de investimento, mercados organizados, empresas de seguros e resseguros, organismos de investimento coletivo, fundos de pensões, sociedades gestoras de participações sociais, empresas de locação financeira e outras entidades sujeitas à autoridade das entidades reguladoras competentes do setor financeiro, no espaço da UE.

No já referido *Relatório Podimata*, o Parlamento Europeu analisou a possibilidade de criação de um imposto deste tipo (uma espécie de *taxa Tobin*, antecipada por Keynes na década de 1930), recordando que o

239

Conselho Europeu reconheceu a necessidade de tal imposto a nível mundial e lembrando também que, em março de 2010, o Parlamento Europeu pedira à Comissão que elaborasse um estudo sobre esta matéria.

Este *Relatório* põe em evidência que um ITF com uma base tributária ampla, mesmo a uma taxa ínfima de 0,05%, proporcionaria uma receita estimada em 200 mil milhões de euros à escala da UE e de 650 mil milhões de euros à escala mundial. E aponta ainda outras vantagens decorrentes da aplicação do ITF: ele contribuiria para financiar os bens públicos globais e para reduzir os défices públicos, garantindo maior sustentabilidade financeira aos estados; melhoraria o funcionamento, a eficiência e a estabilidade dos mercados financeiros; aumentaria a transparência e reduziria as atividades especulativas; reduziria a excessiva volatilidade dos preços; ao tributar as rendas e benefícios associados às operações especulativas (que, na busca de elevados lucros a curto prazo, sujeitam toda a economia a riscos excessivos), o ITF incentivaria o setor financeiro a investir em projetos a longo prazo com valor acrescentado para a economia real.

Dir-se-ia haver muitas e boas razões para se avançar no sentido da tributação das transações financeiras. Mas a discussão não tem avançado.

O próprio *Relatório Podimata* reconhece não haver muito empenho nesta matéria, nem por parte da UE nem por parte do G20.

No entanto, a Comissão Europeia atribui às instituições financeiras "comportamentos particularmente arriscados" (os punhos de renda da linguagem diplomática...), em razão dos quais "o setor financeiro é tido por grande responsável pela ocorrência e pela envergadura da crise e seus efeitos negativos nos níveis de endividamento público à escala mundial" (*Comunicação* sobre "A Tributação do Sistema Financeiro", 7 de outubro de 2010). E volta ao tema na *Proposta de Diretiva do Conselho Sobre um Sistema Comum de Imposto Sobre as Transações Financeiras* (28 de setembro de 2011), onde sustenta que "o setor financeiro desempenhou um papel fundamental no desencadeamento da crise, enquanto os estados e os cidadãos europeus, na retaguarda, arcaram com os custos".[194]

---

[194] E estes custos, mesmo não contabilizando os sofrimentos e as humilhações infligidos aos povos 'pecadores', não são coisa pouca. Mesmo a 'virtuosa' Holanda foi obrigada,

A PROMESSA DE UM IMPOSTO SOBRE AS TRANSAÇÕES...

A mesma entidade informa (*Comunicação* sobre o *Roteiro para uma União Bancária*,12 de setembro de 2012), que, nos quatro anos entre 2008 e 2011, os contribuintes 'europeus' desembolsaram 4,5 milhões de milhões de euros para resgatar bancos (concessão de garantias, recapitalização, fornecimento de liquidez, aquisição de ativos tóxicos), montante que corresponde a 9,2% da riqueza criada naqueles quatro anos em toda a União e que representa 36,5% do PIB anual da UE (é muito dinheiro!).

A estes bancos em dificuldade (por culpa própria) não se exigem, porém, como aos estados em dificuldade (por culpa dos bancos), quaisquer compromissos em termos de financiamento da economia real, não se lhes exige o respeito de certas normas de conduta que impeçam o vício da 'jogatina', e muito menos se chamam a capítulo os responsáveis pelos enormes 'buracos' financeiros. Os estados são obrigados a vender as empresas essenciais ao desenvolvimento econômico e à salvaguarda da soberania, mas os bancos são capitalizados à custa dos contribuintes, recebem dinheiro a rodos, mas permanecem sob propriedade e gestão privadas. Confiados aos mesmos que os conduziram à beira da bancarrota e que, como salta aos olhos, não estão a utilizar este dinheiro para cumprir a sua função de financiar a economia real: a *especulação* continua a ser o seu negócio predileto, com o aval do Conselho Europeu, da Comissão Europeia, do FMI, do G20, de todos os 'poderes' ao serviço do capital financeiro.

A Comissão reconhece também que os estados-membros da zona euro se endividaram para salvar a banca da falência iminente resultante dos tais "comportamentos particularmente arriscados". Aqui, não funcionam as sacrossantas regras da *concorrência livre e não falseada* e das *ajudas do estado*! Mas a Comissão socorreu-se de imediato das regras maastrichtianas sobre os limites da dívida externa e do défice das contas públicas para, com base nelas, impor aos povos dos estados-salvadores-

---

em 2013, a nacionalizar o 4º maior grupo bancário e segurador do país (porque os acionistas privados não quiseram reforçar o respectivo capital social), atingindo já perto de 50 mil milhões de euros o dinheiro dos contribuintes aplicado em operações de salvamento desde 2008 (dados colhidos em *Avante!*, 7 de fevereiro de 2013).

da-banca-especuladora-irresponsável-e-aventureira *políticas de austerida-de* brutais, que estão a arruinar as economias, a empobrecer as pessoas, a ofender a dignidade dos povos, a minar a soberania nacional.

Manifestamente, a UE sabe que os responsáveis pela crise são os bancos e os banqueiros. Nada fez para os punir por este verdadeiro *crime econômico contra a humanidade* ('crime' que afetou o bem-estar, a vida e a dignidade de milhões de pessoas), mas usou uma *violência brutal* contra os trabalhadores, obrigando os trabalhadores mais pobres dos países mais pobres da Europa a pagar os custos da crise. A *responsabilidade* "pela ocorrência e pela envergadura da crise e seus efeitos negativos nos níveis de endividamento público à escala mundial" é do capital financeiro, mas a *culpa* é dos *povos do sul*, por terem cometido o 'pecado' de viver acima das suas posses. O poder político da União Europeia é um poder político de classe, ao serviço do capital financeiro. Não há como negá-lo.

Na referida *Proposta* de 28 de setembro de 2011, a Comissão reconhece a "atual sub-tributação do setor financeiro" e defende mesmo a necessidade de "assegurar a equidade do ponto de vista fiscal com os outros setores".

Este diagnóstico levou a Comissão a analisar as hipóteses de um *Imposto Sobre as Atividades Financeiras*, um imposto direto sobre os lucros das instituições financeiras, que poderia gerar, mediante a aplicação de uma taxa de 5%, à escala da UE, uma receita de 25 mil milhões de euros.

E levou também a Comissão a analisar a possibilidade de um *Imposto Sobre as Operações Financeiras*, um imposto indireto, de natureza comunitária (cobrado pela União) sobre o valor das transações de ações, obrigações, divisas e produtos financeiros derivados, um imposto que, segundo os cálculos da Comissão (*Comunicação* de 7 de outubro de 2010), teria gerado, em 2006, uma receita de 60 mil milhões de euros (resultante apenas da tributação das transações de ações e obrigações a uma taxa de 0,1%), receita que subiria para 600 mil milhões de euros se a tributação incidisse também sobre as transações de produtos derivados.

Digo de novo: é muito dinheiro! O suficiente para esvaziar o argumento de que não há recursos suficientes para financiar o estado

A PROMESSA DE UM IMPOSTO SOBRE AS TRANSAÇÕES...

social, e para tornar indesculpáveis as *opções políticas* (as *políticas de austeridade* não são *medidas técnicas inevitáveis*!) que têm condenado os trabalhadores a suportar, praticamente sozinhos, os custos de uma crise gerada no (e pelo) setor financeiro.

Em 28 de setembro de 2011, na *Proposta de Diretiva* atrás referida, a Comissão Europeia regressa à hipótese de um ITF, porque, apesar de algumas dificuldades na sua aplicação prática e de alguns aspetos negativos, a Comissão entendia que as vantagens de um imposto deste tipo justificavam a sua efetivação. Vejamos essas vantagens, na ótica da Comissão.

A 1ª delas é, naturalmente, o grande volume de receitas que permitiria, para além do maior grau de justiça fiscal resultante da diminuição do estatuto de privilégio de que vem gozando o capital financeiro (como 'dono da bola', é ele que vem fixando as regras do jogo...).

Em 2º lugar, a aplicação de um ITF à escala da UE teria a vantagem de contrariar medidas nacionais descoordenadas, que podem provocar a fragmentação dos mercados financeiros dentro do espaço comunitário, considerada indesejável pela Comissão, por entravar a realização plena do *mercado interno único* (preocupação recorrente nos documentos da Comissão).

Em 3º lugar, este imposto poderia proporcionar um novo fluxo de receita, permitindo "reduzir as atuais contribuições dos estados-membros, conceder aos estados nacionais maior margem de manobra e contribuir para o esforço geral de consolidação orçamental".[195]

Em 4º lugar, um imposto deste tipo, ao penalizar as operações indesejáveis (as operações especulativas de curto prazo), provocará a sua diminuição, prevenindo comportamentos desestabilizadores e contribuindo para a estabilidade e a eficiência dos mercados financeiros.

A Comissão parece, porém, admitir que as receitas deste imposto possam ser utilizadas para financiar as operações de resgate e salvamento

---

[195] Ver *Proposta alterada de Decisão do Conselho relativa ao Sistema de Recursos Próprios da União Europeia*, Bruxelas, 9 de novembro de 2011, COM (2011) 739 final – 2011/0183 (CNS).

da banca, internalizando deste modo os custos de atividades e comportamentos indesejáveis do setor financeiro, um pouco à maneira do *princípio do poluidor-pagador*. Na síntese de J. M. Quelhas, seria um expediente para fazer pagar aos desestabilizadores os custos da re-estabilização (as "externalidades negativas sistémicas"), de acordo com um novo princípio, o *princípio do desestabilizador-pagador*.[196]

Mas, se assim for, lá se vão as vantagens atrás referidas, ao menos as que dizem respeito à arrecadação de receitas que poderiam ser utilizadas na promoção do desenvolvimento econômico e da coesão social no seio da União.

Seguindo a lógica do *desestabilizador-pagador*, parece que a Comissão aceita que se pague IVA nas transações que implicam a compra de pão, de água ou de transportes, mas não vê razões autônomas para se tributarem também (já não digo com uma taxa de 23%...) as transações sobre produtos financeiros, a não ser na medida em que elas constituem "operações indesejáveis" ("comportamentos particularmente arriscados"), que – à semelhança dos comportamentos poluidores – geram instabilidade no sistema financeiro e consequências negativas para a economia real. Como a estabilidade do sistema financeiro é indispensável para assegurar uma vida econômica normal e como a sua re-estabilização custa dinheiro, então cobre-se esse imposto, para obrigar os desestabilizadores a pagar o custo da re-estabilização.

Não me parece bem. Se, por sua natureza, a banca privada adota sistematicamente "comportamentos particularmente arriscados" (*condutas indesejáveis*, 'poluidoras' da vida econômica e da vida social), o mais correto será proibir a banca de praticar essas operações indesejáveis, ou seja, proibir a banca de se meter em *jogos de casino*. Se se entender que o 'comportamento não poluidor' é incompatível com a natureza privada da banca, então eu insisto: se a estabilidade do sistema financeiro é um "bem público", essencial à estabilidade da vida econômica, à salvaguarda da coesão social e à defesa da soberania nacional, a função da

---

[196] Cfr. QUELHAS, José Manuel. "Dos objetivos da União Bancária". *In: Boletim de Ciências Económicas*, Vol. LV, pp. 273-280, 2012.

A PROMESSA DE UM IMPOSTO SOBRE AS TRANSAÇÕES...

banca é uma *função de soberania* e deve ser cometida ao estado, ao qual deve caber, como sublinhou Keynes, o *controle da poupança nacional e do destino do investimento.*

Assegurado este controlo, poderíamos esperar que o dinheiro da banca fosse canalizado para financiar as atividades econômicas que criam emprego e riqueza (é esta a função da banca) e não para a especulação, que deve ter sido o destino dos 4,5 milhões de milhões de euros atrás referidos, uma vez que todos reconhecem não terem sido canalizados para apoiar a economia real, e os bancos não põem o dinheiro debaixo do colchão...

Sei bem que não é isto o que quer a Comissão Europeia. Mas, por isso mesmo, não consigo dar grande importância a esta ideia do ITF salvador. Conhecem-se mal os seus contornos, não se sabe quem seria titular das respetivas receitas nem qual o destino destas...[197]

---

[197] Entretanto, em outubro de 2012 os ministros das Finanças da Alemanha e da França propuseram aos seus colegas da UE a criação de um imposto sobre as transações financeiras, se houver acordo de um mínimo de nove países, os necessários para pôr de pé uma *cooperação reforçada* nesta matéria. O imposto teria uma taxa de 0,1% sobre as transações de ações e obrigações e de 0,01% sobre as transações de outros instrumentos financeiros, o que permitiria esperar, à escala comunitária, uma receita anual de 57 mil milhões de euros.

A certa altura, foi anunciado o acordo de onze países, entre os quais Portugal. Os nossos banqueiros foram logo dizendo serem contrários ao projeto...E os banqueiros dos outros países pensam o mesmo, por maioria de razão. E a *City* de Londres o que não terá dito! É claro que nada mudou. Os erros da "fantasia" UEM continuam sem solução. E a crise continua bem e recomenda-se. E os *povos do sul* continuam a ser 'escravizados' pelas *políticas de austeridade*, que se dizem indispensáveis para 'curar' a crise, apesar de a virem agravando todos os dias.

XVII
A *UNIÃO BANCÁRIA*

17.1. Na sequência do *Tratado Orçamental*, os 'donos' da Europa fizeram aprovar mais umas quantas medidas para reforçar as *regras*, sempre com o objetivo de que estas substituam *a política* e os *aplicadores de regras* substituam os políticos com mandato resultante do sufrágio universal. Entre elas, destaca-se aquele que ficou conhecido como *Two Pack*.

Este *Pack* veio, mais uma vez, reforçar o PEC, alegadamente para permitir à Comissão detetar e impedir eventuais políticas que possam pôr em causa a estabilidade financeira de um qualquer estado-membro e o possível contágio a outros países do euro. Com este objetivo, os estados-membros da zona euro são obrigados a submeter à Comissão Europeia, até 15 de outubro de cada ano, os projetos de orçamento de estado, antes de eles serem apreciados pelos parlamentos nacionais, para que a Comissão apure se há ou não discrepância entre estes projetos e as projeções macroeconómicas de médio prazo que os estados-membros estão obrigados, pelo PEC, a enviar à Comissão até ao mês de abril de cada ano.

Uma outra medida deste *Pack* sujeita os países com dificuldade de se financiarem nos mercados a uma *vigilância automática reforçada*, e reforçada ainda mais no caso dos países que estão sob programas de assistência financeira (Chipre, Grécia, Irlanda e Portugal).

Mas o *Tratado Orçamental* arrastou com ele outra mistificação: a chamada *União Bancária*, mais uma operação destinada a tentar que os povos acreditem que a 'Europa' está a procurar resolver os problemas criados pelo domínio do capital financeiro sobre as atividades produtivas e sobre a vida política.

Segundo os Tratados, o BCE não tem grandes competências em matéria de supervisão, estando limitado à possibilidade de fazer recomendações às autoridades nacionais no que toca à *supervisão prudencial* das instituições de crédito e à estabilidade do sistema financeiro.

E a crise pôs em evidência que, à escala nacional, a supervisão (a cargo das entidades reguladoras) foi um falhanço completo: os supervisores deixaram o campo livre à banca, que cometeu toda a sorte de irresponsabilidades, de ilegalidades e de crimes.

Na sequência da aprovação do *Tratado Orçamental*, a Alemanha fez vingar a ideia de criar uma *União Bancária*, projeto que está em marcha desde a aprovação (24 de novembro de 2010) de um conjunto de cinco Regulamentos e uma Diretiva que visaram reformar o sistema financeiro da UE (em especial no tocante à *supervisão macroprudencial*), criando o *Sistema Europeu de Supervisão Financeira*, o *Comité Europeu do Risco Sistêmico* e uma *Autoridade Europeia de Supervisão* (*Autoridade Bancária Europeia, Autoridade Europeia dos Seguros e Pensões Complementares de Reforma, Autoridade Europeia dos Valores Mobiliários e dos Mercados*), confiando ao BCE atribuições específicas no que se refere ao funcionamento do *Comité Europeu do Risco Sistêmico*.[198]

O Regulamento que cria o *Sistema Europeu de Supervisão Financeira* – que visa essencialmente a gestão do risco sistêmico[199] –, sublinha

---

[198] Para maiores desenvolvimentos sobre este pacote legislativo, ver QUELHAS, José Manuel. "Sobre a criação do Comité Europeu do Risco Sistémico". *In:* AVELÃS NUNES, António José *et al* (Org.). *Estudos em Homenagem ao Prof. Doutor Aníbal Almeida.* Colecção Studia Iuridica. Coimbra: Universidade de Coimbra/Coimbra Editora, 2012. pp. e "Dos objectivos da União Bancária". *In: Boletim de Ciências Económicas,*Vol. LV, 2012.

[199] Regulamento n. 1092/2010 do Parlamento Europeu e do Conselho, de 24 de novembro de 2010 (JO, L 331, de 15 de dezembro de 2010).

A UNIÃO BANCÁRIA

que "os modelos de supervisão numa base nacional não acompanharam a globalização financeira e a qualidade da integração e interligação entre mercados financeiros europeus". E admite que, dada a *natureza sistémica do risco e das crises* [200], decorrente da integração dos mercados financeiros à escala mundial (o *mercado mundial único de capitais* em que atuam os grandes operadores financeiros de todo o mundo), é aconselhável uma coordenação das ações preventivas e reativas das entidades supervisoras, cometendo ao *Comité Europeu do Risco Sistêmico* a competência para assegurar a coordenação das suas ações com outras instâncias internacionais (FMI, Conselho de Estabilidade Financeira, Banco de Pagamentos Internacionais, G20, etc.).

Em documentos vários a Comissão Europeia foi chamando a atenção para a importância da coordenação entre os estados-membros em matéria de regulação e de supervisão, e para a necessidade de introduzir medidas que visem impedir crises futuras (espreita também aqui a tese segundo a qual, nesta crise, o que falhou foi a regulação e a supervisão, o capitalismo não tem nada que ver com as crises...).

A Comissão revela especial preocupação com a supervisão das *instituições financeiras transfronteiriças* e com a consolidação de "um mercado de serviços financeiros estável e único para toda a União", objetivos que considera incompatíveis com a diversidade de regras nacionais de supervisão e com a deficiente troca de informações entre as várias autoridades nacionais, exigindo a integração de todas elas numa rede reforçada da União.

Esta ideia de evitar a fragmentação do *mercado financeiro europeu* e de garantir o êxito do *mercado interno único* é que está na base da criação (novembro de 2010) do *Comité Conjunto das Autoridades Europeias de Supervisão*. Na *Comunicação* sobre o *Roteiro para uma União Bancária*, a Comissão dá mais um passo em frente no sentido da *federalização*, ao sublinhar que não basta, a seu ver, a coordenação entre as várias autoridades de supervisão, sendo "necessário tomar decisões em comum", para

---

[200] Ver QUELHAS, José Manuel. "Dos objetivos da União Bancária". *In: Boletim de Ciências Económicas*, Vol. LV, p. 285, 2012.

249

"travar o risco crescente de fragmentação dos mercados bancários da UE, que mina significativamente o mercado de serviços financeiros e prejudica a transmissão efetiva da política monetária para a economia real".

17.2. O Conselho Europeu de junho de 2012 encarregou a Comissão de apresentar propostas concretas sobre estas matérias, e o Conselho Europeu de dezembro de 2012 aprovou, finalmente, a tão falada *União Bancária*.

Tentando uma síntese, destacarei três pontos:

1) centralização no BCE da supervisão dos bancos que operam nos estados da zona euro (*Mecanismo Único de Supervisão*), apesar de existir, desde 2010, uma *Autoridade Bancária Europeia* com a capacidade de exercer a supervisão sobre os bancos que operam nos 28 estados-membros da UE;

2) criação de um dispositivo comum (*Mecanismo Único de Resolução*) para prevenir e resolver o problema da falência dos bancos (competência que sairá também do quadro nacional dos países da zona euro);

3) criação de um *Sistema Europeu de Seguro de Depósitos* até cem mil euros (unificando, aparentemente, os múltiplos regimes de garantia de depósitos em vigor nos países da UE).

Trata-se de mecanismos que visam pôr de pé um *sistema bancário único* no âmbito da zona euro, de modo a criar condições para que a confiança nos depósitos bancários seja a mesma, independentemente do estado-membro em que os bancos operam.

A efetivação da União Bancária exige a transposição integral para o Direito nacional, por parte de todos os membros da UEM, da *Diretiva Recuperação e Resolução Bancária*.

O chamado *Relatório dos cinco Presidentes* (que à frente será analisado com mais pormenor) deixa claro que a plena eficácia da *União Bancária* só será conseguida depois do lançamento da *União dos Mercados de Capitais*, sobre a qual a Comissão Europeia publicou um *Livro Verde*

A UNIÃO BANCÁRIA

em fevereiro de 2015 (*Construção de uma União de Mercados de Capitais*). Com esta União pretende-se diversificar as fontes de financiamento (sobretudo para as PME), reforçar a repartição dos riscos através de uma integração mais acentuada dos mercados obrigacionista e acionista e proporcionar uma reserva contra os choques sistêmicos no setor financeiro.

17.3. Como já se sabia, o RU ficou de fora, porque estas soluções confinam-se aos países da *Eurozona*. Fica à mostra uma primeira debilidade da 'solução' encontrada, porque cerca de 40% das operações financeiras em euros concretizam-se na praça londrina.[201]

Por outro lado, a Sr.ª Merkel conseguiu fazer aprovar a ideia de submeter à supervisão do BCE apenas os bancos *mais importantes* (uns 200 dos cerca de 6.000 que operam no espaço da *Eurozona*), um expediente que permitiu deixar de fora os bancos dos estados federados alemães, que teriam dificuldade em passar no exame. Parecem as fronteiras do *mapa cor de rosa*, traçadas a regra e esquadro para proteger os interesses do império...

Acresce que esta *União Bancária* implica mais *perda de soberania* por parte dos estados-membros da zona euro, privados agora do poder de supervisão do setor bancário. E implica, por outro lado, o reforço dos *poderes federais* do BCE, que é uma instituição não eleita, que não pode

---

[201] Este caminho 'federador' afasta cada vez mais o RU não só da UEM mas da própria UE, no seio da qual, de resto, já tem um regime de excepção, resultante de um batalhão de cláusulas específicas, que o coloca com um pé fora e um pé dentro da UE. Há quem entenda que o RU não faz falta à União Europeia. É verdade que os dirigentes britânicos se comportam muitas vezes mais como servidores dos interesses americanos junto da UE do que como membros solidários da UE. Mas também é verdade que a História da Europa não se concebe sem os povos das Ilhas Britânicas e não é fácil imaginar o futuro da Europa sem elas e as suas gentes. E muito menos contra elas. Entretanto, anuncia-se que, em 2017, os britânicos serão chamados a pronunciar-se sobre a permanência ou não na UE. Se a resposta for não, a 'Europa' sofrerá mais um rude golpe. Sobreviverá a essa amputação? A questão nacional poderá trazer também graves complicações à 'Europa'. O que vai acontecer se, um dia destes, a Escócia e a Catalunha (para além de outros eventuais candidatos) se tornarem estados independentes? Como vai reagir esta 'Europa' que desmantelou o estado da Iugoslávia e criou um 'estado' que nunca existiu (nem existe...), o Kosovo?

ANTÓNIO JOSÉ AVELÃS NUNES

sequer coordenar as suas decisões no âmbito da política monetária com as políticas definidas no quadro da UE ou dos seus estados-membros e que não responde politicamente pelos seus atos.

Quando se fala (e não só em Portugal) da necessidade de criar *bancos (ou agências) de fomento de capitais públicos* que assegurem meios de financiamento adequados à re-industrialização e à promoção de um modelo de crescimento equilibrado e sustentado, coloca-se a questão de saber se este *mecanismo único (federal) de supervisão* será compatível com a atuação destas novas instituições segundo critérios 'políticos', não necessariamente coincidentes com os critérios puramente financeiros impostos pela 'filosofia' orientadora do BCE.

A criação deste *mecanismo federal de supervisão* representa mais um passo em frente no sentido do *federalismo ao serviço dos mais fortes*, sem qualquer garantia de que a supervisão levada a cabo pelo BCE seja de natureza diferente da efetuada até agora: ela será, certamente, uma *supervisão amiga da banca* (do grande capital financeiro) e respeitadora dos dogmas neoliberais de que o BCE é um dos mais firmes guardiões.

À luz do que fica dito, não admira, por isso, que a *União Bancária* tenha sido saudada pela fina flor dos banqueiros europeus, que, aliás, dominaram as comissões encarregadas de preparar os dossiês (a começar pelo chamado *Grupo Larosière*, apelido de um funcionário de topo do BNPParibas).[202]

---

[202] Invocando os objetivos de dificultar a ocorrência de novas crises financeiras como a que varreu o mundo em finais de 2007, a partir dos EUA, e de assegurar que a banca financie a economia real (um modo 'delicado' de dizer: *assegurar que a banca não se dedique a práticas especulativas* irresponsáveis e muitas vezes criminosas), a UE vem adotando medidas tímidas de regulação da atividade bancária, no âmbito de aplicação das decisões do Comitê de Basileia (nomeadamente as regras de *Basileia III*). Trata-se do reforço dos capitais próprios dos bancos, da reforma dos chamados rácios de alavancagem, do reforço dos mecanismos de garantia dos depósitos, da moderação dos prêmios a atribuir aos administradores da banca (para não os estimular a correr riscos excessivos). São medidas de fraco alcance (que ficaram aquém do previsto), mas o aparelho de Bruxelas acredita (ou diz que acredita...) que, se os EUA avançarem no mesmo sentido, ficará garantida a estabilidade do sistema financeiro... Ver o artigo do Comissário Europeu: BARNIER, Michel. "Um grande passo para a estabilidade bancária". *In: Diário Económico*. 13 de março de 2013.

A UNIÃO BANCÁRIA

No quadro da *União Bancária* anuncia-se um *fundo europeu de garantia de depósitos* até cem mil euros. Dizem-nos que é uma medida para gerar *confiança* junto dos depositantes, que recuperarão o seu dinheiro (até este montante), mesmo em caso de falência dos bancos. Mas a verdade é que, por falta de acordo entre os países do euro, está muito longe de se concretizar a criação de uma entidade única e supranacional (à escala da zona euro) que desempenhe esta função de garantir os depósitos bancários.

Por outro lado, a 'história' trágico-cômica do plano de assistência a Chipre veio deixar claro que tal fundo é só para depositante ver (os ricos a sério protegem o seu dinheiro nos *paraísos fiscais*...) e que a *União Bancária* é mais um expediente para enganar tolos. O *confisco* de parte significativa dos depósitos bancários só não avançou porque o clamor suscitado por tal medida foi enorme (até os bancos se devem ter assustado...). O que fica desta 'história', porém, é a certeza de que, ao mesmo tempo que se prossegue com a *União Bancária* para criar um *clima de confiança* à volta do sistema bancário e do comportamento da banca, mantém-se a possibilidade de confisco de uma parcela dos depósitos superiores a cem mil euros e proclama-se que esta 'solução' poderá ser aplicada em outros países 'intervencionados' (para além de Chipre).

Em vez de serem os acionistas dos bancos a suportar os prejuízos, são os depositantes os sacrificados (com o argumento pio de que assim se poupam os contribuintes...). Admitido o *princípio do confisco*, o montante a partir do qual ele é praticável dependerá das circunstâncias... Nada melhor para criar confiança... Nada melhor para estimular a fuga de capitais, a menos que se generalize o sistema de controlo dos movimentos de capitais (como se fez em Chipre, contra a 'regra' da UEM). Não seria mau que os países recuperassem essa capacidade, mas isso poria em causa o euro... (que foi posto em causa em Chipre: os euros do Chipre deixaram de ser euros como os outros, porque lhes foi vedado sair do país..., o que significa que, para este efeito, Chipre 'saiu' do euro...). Este é o retrato da *União Bancária*, tal como ela se me apresenta. Estarei a ver mal?

Os que estão sempre de acordo com tudo o que vem de Bruxelas (ou de Berlim) não se cansam de proclamar que a *União Bancária* é também

253

'a solução' para desligar os estados das dívidas da banca, de modo a que não sejam os contribuintes a tapar os buracos dos jogos de casino. Para isso foi previsto o *Mecanismo Único de Resolução*.

Como é sabido, depois da falência do *Lehman Brothers*, a ideia de que os bancos não podem falir (sobretudo os que são *too big to fail*) transformou-se num verdadeiro *dogma*. Na Europa, o Conselho Europeu anunciou em outubro de 2008 a entrada na era do *capitalismo sem falências*, ao decidir que não deixaria falir nenhuma instituição financeira importante, oferecendo assim ao grande capital financeiro um seguro gratuito, que cobre mesmo ações irresponsáveis e até criminosas.

Este *dogma* já vinha, aliás, sendo anunciado oficialmente em documentos da responsabilidade das mais altas instâncias da UE. É o caso dos *Regulamentos do Parlamento Europeu e do Conselho* n. 1092/2010 (que cria o *Comité Europeu do Risco Sistêmico*) e n. 1093/2010 (que cria a *Autoridade Bancária Europeia*), ambos de 24 de novebro de 2010.

A esta *Autoridade* cabe contribuir para "o desenvolvimento de métodos para a resolução de situações de falência de instituições financeiras, especialmente as que podem apresentar um risco sistêmico [em função da sua dimensão, da sua (in)substituibilidade e das suas conexões com outros componentes do sistema]". O objectivo proclamado é o de "evitar o contágio e permitir a liquidação da sua atividade de uma forma ordenada e atempada, incluindo, se for caso disso, mecanismos de financiamento coerentes e sólidos". É aqui que entra o financiamento público destas operações de salvamento, esquecendo, para este efeito, as sacrossantas regras da *concorrência livre e não falseada* e das *ajudas do estado*. O *Roteiro para uma União Bancária* (de 12 de setembro de 2012) é ainda mais claro, defendendo que as instituições bancárias são hoje "demasiado grandes para falirem e demasiado grandes para poderem ser salvas através dos dispositivos nacionais vigentes".[203]

Foram estas ideias, envoltas no 'papão' do *risco sistêmico*, que abriram o caminho às operações de salvamento dos bancos e outras instituições

---

[203] Ver JO, L 331, de 15 de dezembro de 2010.

A UNIÃO BANCÁRIA

financeiras à custa de dinheiros públicos. Estas operações obrigaram muitos estados a endividar-se e o crescimento da dívida pública foi o pretexto para impor aos *países devedores* as draconianas *políticas de austeridade*, que se transformaram na "paixão" da UE.

17.4. Muita gente se interrogou e continua a interrogar-se sobre a legitimidade desta política de salvamento dos bancos, que chegam à beira da falência quase sempre em virtude de práticas irresponsáveis, ilegais e até criminosas. Pelo menos neste capítulo o capitalismo falhou redondamente, caindo por terra uma das suas virtudes mais apreciadas: a de deitar borda fora as empresas falidas. Talvez por reconhecer este fracasso, Joseph Stiglitz escreveu que "este sucedâneo de capitalismo, no qual se socializam as perdas e privatizam os lucros, está condenado ao fracasso".[204]

Mark Blyth entende que "talvez devêssemos ter deixado os bancos falir", porque o salvamento dos bancos 'falidos' provocou "uma década ou mais de austeridade", e esta (que classifica como "política de classe") trouxe consigo "distúrbios, instabilidade política, mais dívida do que menos, homicídios e guerra. Em nenhum caso fez o que diz no rótulo". E conclui: "realmente, precisamos de repensar se os custos de o risco sistêmico correr mal serão piores do que a austeridade em que nos metemos e em que continuamos".[205]

Ora a *União Bancária* parte do princípio (indiscutível, como todos os *dogmas*) de que *os bancos não podem falir*, especialmente, é claro, os que são demasiado grandes para falir. E os seus defensores logo lhe atribuíram a virtude de acabar com a prática de fazer os contribuintes pagar os 'buracos' dos bancos.

Seria ótimo (e justo!) que os estados (os trabalhadores, que são os grandes pagadores de impostos) não fossem obrigados a pagar as dívidas da banca. Mas este objetivo não se conseguirá, a meu ver, através da

---

[204] Ver *Diário Económico*, 15 de junho de 2009.

[205] Cfr. BLYTH, Mark. *Austeridade*: A História de uma Ideia Perigosa. Trad. port. Lisboa: Quetzal, 2013. pp. 337-340.

ANTÓNIO JOSÉ AVELÃS NUNES

União Bancária. Aliás, o que está previsto é a criação de um *fundo de resolução* que será alimentado por contribuições dos bancos (que estes farão, de forma progressiva, ao longo de oito anos, até atingir o montante de 55 mil milhões de euros). Ora esta é uma verba irrisória, se soubermos que, só entre outubro de 2008 e outubro de 2009, a Comissão Europeia aprovou operações de salvamento de bancos no montante de 4,5 milhões de milhões de euros (cerca de 37% do PIB da UE).[206]

Argumenta-se também que a *União Bancária* é necessária para que o euro continue a ser uma moeda forte, garantindo que ela vem pôr termo à fragmentação financeira atual, impondo uma entidade única de supervisão da banca, anunciando que, deste modo, se ultrapassará a situação de desigualdade em que hoje se encontram as empresas de diferentes países da zona euro no que se refere às condições de acesso ao crédito e às taxas de juro a pagar. As empresas portuguesas e as empresas alemãs ficarão em pé de igualdade!

Quer-se fazer passar a ideia de que a *União Bancária*, qual varinha mágica, nos livrará do 'inferno' atual, governado pelas 'leis' do grande capital financeiro, e nos oferecerá o 'paraíso', pelo menos o *paraíso do crédito*... É pura matéria de *fé*, que só pode salvar os que acreditam nos *dogmas* da ideologia dominante.

Fará sentido acreditar que a *União Bancária* vai proporcionar crédito nas mesmas condições e aos mesmos custos a todas as empresas dos países da Eurozona, sem confiar ao estado a propriedade e a gestão das instituições financeiras? A UE ainda nem sequer conseguiu (nem está preocupada com isso!) que os seus estados-membros (estados soberanos e iguais, segundo os Tratados) tenham acesso ao crédito nas mesmas

---

[206] Em Portugal (que serviu de cobaia para ensaiar este *Mecanismo de Resolução*, utilizado para evitar a falência do Banco Espírito Santo) já vamos conhecendo o que ele significa. O montante já realizado do *fundo de resolução* era pouco mais do que nada. O estado português (os trabalhadores portugueses) é que tiveram de entrar com 4.900 milhões de euros. Como, ao que parece, ninguém quer pagar este dinheiro pelo chamado *Novo Banco* (o 'banco bom' que substituiu o *BES-banco mau*), já muitos dizem que os contribuintes portugueses acabarão por pagar a conta, para além de nova entrada quase certa de avultados capitais públicos para recapitalizar o *Novo Banco*, de modo a que este satisfaça as exigências de Bruxelas. Vão ser mais uns milhares de milhões...

A UNIÃO BANCÁRIA

condições. A UE permite que funcionem no seu seio importantes *paraísos fiscais* para acolher os ganhos do *crime sistêmico* e proteger os seus protagonistas (instituições financeiras, gente rica, empresários de sucesso, políticos bem comportados). A UE favorece a *concorrência fiscal* entre os estados-membros (mesmo dentro da zona euro, constituída por estados que têm a mesma moeda!), pondo de lado qualquer ideia de *harmonização fiscal* e deixando o campo livre aos *paraísos fiscais comunitários* para desenvolver este 'negócio'. A UE não é capaz de alimentar um orçamento comunitário digno deste nome. A UE está longe de caminhar, a sério, para a emissão de *dívida comunitária*. A UE não quer um banco central europeu ao serviço dos estados e dos povos. A própria UE e os 'estados dominantes' dentro dela impõem condições draconianas e cobram taxas de juro agiotas aos estados-membros carecidos de *ajuda*: a Alemanha financia-se a taxas de juro reais abaixo de 1% (às vezes, negativas) e emprestou dinheiro a Portugal (para nos *ajudar*, claro), no âmbito do *Memorando de Entendimento*, a taxas de juro de 5,1%.

17.5. A ideia de *União Bancária* parte do pressuposto de que existe na UE (ou na zona euro) um *mercado bancário interno único*, pressuposto que a realidade não confirma. A este respeito, como a muitos outros, a situação atual na 'Europa' está longe de corresponder a um espaço econômico onde impere a famosa *concorrência livre e não falseada*. Estamos muito mais próximos de um espaço no seio do qual os países mais fortes (os do 'norte') impõem aos mais fracos (os do 'sul') um verdadeiro regime de *pacto colonial*. Só assim se compreende que o estado português e as empresas portuguesas tenham de se financiar junto dos 'mercados' a taxas de juro muito superiores às que os 'mercados' exigem à Alemanha e às empresas alemãs.

Não há mercado bancário interno único, ou então é um *mercado monopolista*, com *poder de mercado* (e *poder político*) bastante para aplicar preços diferentes a clientes que se propõem adquirir o mesmo produto. Os preços (taxas de juro) mais baixos são oferecidos aos clientes mais fortes, que não são, necessariamente, os melhores clientes; os clientes mais fracos são obrigados a pagar preços (taxas de juro) mais elevados, ainda que possam ser melhores clientes (há, certamente, empresas portuguesas que são melhores do que algumas empresas alemãs). Não há concorrência, há domínio.

Em suma: a criação da *União Bancária* significa mais um passo no sentido da consolidação da 'Europa' como uma estrutura federal distorcida (uma espécie de *federalismo de funil...*), funcionando cada vez mais à margem do jogo democrático. Com efeito, o caminho da *federalização encapotada* está a fazer-se, mais uma vez, sem que os povos da Europa fossem ouvidos sobre estes 'avanços', certamente com o argumento (já utilizado em outras circunstâncias pela *inteligentzia* europeísta, herdeira intelectual da velha nobreza feudal) de que os povos são ignorantes e não têm discernimento para opinar sobre tão complexas *questões técnicas*. Cumpre-se a tradição de um processo que tem decorrido sempre "à porta fechada", sem a participação dos povos da Europa e, portanto, contra os povos da Europa. É bom de ver que uma 'Europa' assim não pode ter grande futuro.

Uma coisa é certa: as *reformas estruturais* apregoadas pelas centrais ideológicas e pelos poderes ao serviço do capital financeiro são apenas as que se destinam a privar os trabalhadores do *direito de ter direitos*, e esta 'reforma' do sistema bancário não é a *reforma estrutural* que as circunstâncias há muito impõem.

Na verdade, nada se fez para regressar ao regime (introduzido nos EUA em 1933 pela *Lei Glass-Steagall*) de separação absoluta entre *bancos comerciais* (*bancos de depósitos*) e *bancos de investimento*. Os primeiros aceitam depósitos com base nos quais concedem crédito a curto e a médio prazo às famílias e às empresas, sendo-lhes vedado o acesso aos jogos *de bolsa*, para não comprometerem na especulação os depósitos dos seus clientes. Os segundos são proibidos de receber depósitos, especializando-se na gestão de patrimónios, nomeadamente através de aplicações financeiras de alto risco.

E, no entanto, toda a gente sabe que esta *liberdade do capital* tem sérias responsabilidades nas *crises bancárias* que se foram verificando nas últimas três décadas e, muito claramente, está na base desta crise que rebentou nos EUA em 2007/2008. O setor *banca de investimento* dos grandes bancos joga forte na especulação e acaba por se encharcar de *ativos tóxicos*. Os prejuízos dos *jogos de casino* sugam os recursos do setor

A UNIÃO BANCÁRIA

banca comercial (os capitais próprios e os depósitos dos clientes), e, como estes recursos não chegam, os estados são chamados a salvar os bancos *too big to fail*, endividando-se para financiar estas operações de salvamento e fazendo cair sobre os trabalhadores-contribuintes os custos de todas estas operações, ao mesmo tempo que a banca comercial fica sem dinheiro para financiar as atividades produtivas, agravando assim o clima recessivo resultante das políticas contracionistas adotadas pelos estados-salvadores-do-grande-capital-financeiro-especulador, com o (falso) fundamento de que é necessário combater o despesismo e cortar cerce o vício dos 'povos inferiores' de viver acima das suas posses.

A reforma estrutural mínima do sistema financeiro na Europa tem de começar pela alteração profunda do estatuto 'esquizofrénico' do BCE, para que ele assuma as responsabilidades de um verdadeiro banco central. Tem de rever o princípio neoliberal da *independência dos bancos centrais*. Tem de garantir aos estados nacionais o *controlo dos movimentos internacionais de capitais*. E tem de pôr fim à *liberdade absoluta de circulação de capitais*, ao *princípio da banca universal* e à *liberdade de criação de produtos financeiros derivados*, que não são mais do que fichas para jogos de casino.[207]

A *União Bancária* passa ao lado de tudo isto. Com ela, a *Europa do capital* continuará a ser o *reino dos especuladores* (dos *tipos* que são *a sida [aids] da economia mundial*) e as *liberdades do capital financeiro* continuarão a aniquilar os *direitos fundamentais dos trabalhadores*, a *liberdade dos povos* e a *soberania dos estados*.

Seria importante conseguir que os estados não dependam dos 'mercados' para financiar as suas políticas e que as dívidas soberanas (os estados) não sejam pasto da sanha especulativa desses mesmos 'mercados' (os agentes do *crime sistêmico*). Seria importante subordinar a banca (o sistema financeiro) ao poder político democrático, como manda a CRP. Mas disso não se ocupa a *União Bancária*, porque, para tanto, é indispensável modificar as *regras alemãs* da UEM e os estatutos do BCE.

---

[207] Estas foram algumas das promessas eleitorais de François Hollande. Mas as promessas nem um rato pariram. Ver PLIHON, Dominique. "Uma reforma bancária que encanta os banqueiros". *In: Le Monde Diplomatique*, Ed. Port. p. 13, março de 2013.

XVIII

A FALSIDADE DA SOLUÇÃO FEDERALISTA

18.1. Fiéis à prática seguida desde o *Tratado de Roma*, os defensores do federalismo vão fazendo o seu caminho dando continuidade à política dos pequenos passos, à política do facto consumado, à política de reserva mental, destinada a esconder o significado último das sucessivas alterações aos Tratados estruturantes da UE, sobre as quais os povos da Europa raramente foram ouvidos.

Vários movimentos e grupos federalistas criados após a 2ª Guerra Mundial vêm sendo reativados e outros têm sido criados recentemente (o *Grupo Spinelli*; o *Bruegel*, o *Centre for European Policy Studies* e o *Friends of Europe*, em Bruxelas; o *Centre for European Reform*, em Londres; o *Notre Europe*, em Paris), a par de vários manifestos em favor do avanço do federalismo na 'Europa'.

Em regra, defendem que a solução federal é a única que pode salvar o euro e a Europa, devolvendo ao Velho Continente um lugar de relevo no plano internacional. E todos realçam a necessidade de reforçar a governação econômica da zona euro: a *união monetária* deve ser complementada pela *união econômica*.

Alguns propõem o regresso à ideia da *Constituição Europeia*, que contemplaria um Executivo europeu forte, que seria a Comissão Europeia

261

(um 'governo da economia' com competência orçamental), cujo Presidente passaria a ser eleito diretamente pelos 'cidadãos europeus' ou pelo Parlamento Europeu.

O ex-Presidente do BCE, Jean-Claude Trichet já propôs a criação de um Ministério das Finanças da UE, com competência para supervisionar as políticas orçamentais dos estados-membros e com legitimidade para, em caso de derrapagem grave de um estado-membro, intervir diretamente, tomando ele próprio as decisões necessárias para 'sanear' a situação desse estado-membro.

Em julho de 2014, foi a vez de o atual Presidente do BCE, Mario Dragui, recordar o exemplo do FMI para enaltecer as vantagens de uma "disciplina imposta por autoridades supranacionais".

Como é fácil de ver, o *Tratado Orçamental*, que atrás analiso, vai claramente neste sentido. É a tal política dos pequenos passos.[208]

18.2. Devo dizer que não rejeito, em absoluto (no plano filosófico), a ideia de um *estado federal europeu*. Mas quero igualmente deixar claro que, neste mundo que hoje conhecemos, não vejo nenhuma vantagem que possa resultar da integração de Portugal num qualquer estado federal europeu, com perda absoluta da nossa soberania.

A verdade é que os portugueses *deram novos mundos ao mundo* e chegaram, pelo seu próprio pé (ou pela sua própria caravela), aos quatro cantos do mundo. E, em boa medida, a nossa presença mantém-se nos cinco continentes, sobretudo no plano cultural. Parafraseando Virgílio Ferreira, podemos dizer que da nossa língua (a língua portuguesa) veem-se os mares do mundo inteiro.

Não quero ser 'romântico' e detesto o *patrioteirismo*, mas acredito que a preservação deste *património* (a nossa presença no mundo e a nossa capacidade de relacionamento com todos os povos do mundo) é

---

[208] Ver SCHWARTZ, Antoine. "Para os defensores de uma Europa federal, nem pausa nem dúvidas". *In: Le Monde Diplomatique*, Ed. Port. Setembro de 2014.

A FALSIDADE DA SOLUÇÃO FEDERALISTA

fundamental para escaparmos ao destino de periferia colonial para que nos querem empurrar, amarrados a uma dívida que nunca conseguiremos pagar, embrulhados em euros (poucos..., e cada vez menos) e manietados por *regras de ouro* e outras 'regras' que nos estão a destruir como povo soberano.

O que quero dizer é que, enquanto não mudarmos as 'regras de vida' da Europa e do mundo, não vejo razões que me convençam da bondade do federalismo europeu, que significaria, para o nosso País, a perda daquele património valioso que fomos acumulando ao longo de séculos (séculos de aventuras e desventuras, de heroísmos e de cobardias, de grandezas e de misérias).

18.3. Na situação atual, não admira que os povos da Europa não tenham a "consciência de partilhar um destino europeu comum" e faz sentido a preocupação de muita gente quanto à "possibilidade real do fracasso do projeto europeu".[209]

Tem razão Ulrich Beck quando defende que "a crise do euro tirou definitivamente a legitimidade à Europa neoliberal".[210] É notório o descrédito do neoliberalismo no plano teórico e não há como esconder os resultados calamitosos das políticas neoliberais. Mas a verdade é que os partidos do 'arco do poder' (que assim se assumem, como que confiscando a liberdade de escolha dos cidadãos eleitores) continuam, por toda a Europa, fiéis à tese de que *não há alternativa* às políticas de austeridade de inspiração neoliberal.

Os reformistas de vários matizes estão, verdadeiramente, num impasse. O referido projeto de Habermas de "civilizar e domesticar a dinâmica do capitalismo a partir de dentro" não parece viável, porque, como o próprio Habermas reconhece, a 'filosofia' e as consequências das políticas neoliberais são "dificilmente conciliáveis com os princípios

---

[209] É o caso de HABERMAS, Jürgen. *Um Ensaio sobre a Constituição da Europa*. Lisboa: Edições 70, 2012. pp. 66, 136-139 e 161-167.

[210] Cfr. BECK, Ulrich. *A Europa Alemã*: De Maquiavel a "Merkievel": Estratégias de Poder na Crise do Euro. Trad. port., Lisboa: Edições 70, 2013. pp. 111.

igualitários de um estado de direito social e democrático". A submissão da *Europa neoliberal* ao *Consenso de Washington* (mantendo Keynes 'morto' e ignorando o *consenso keynesiano*) nega qualquer viabilidade a propostas como a de Ulrich Beck: um *novo contrato social europeu*, "uma nova era social-democrata a nível transnacional".[211]

Por não acreditar que, com as atuais lideranças europeias, possa concretizar-se o seu desejo de "aprofundamento da cooperação europeia", Habermas vai ao ponto de defender que a UE se encontra numa encruzilhada entre "um aprofundamento da cooperação europeia e o abandono do euro".[212]

E Ulrich Beck sustenta que todos os povos da Europa estão a ser vítimas da crise financeira e das políticas erradas adotadas para a enfrentar. Em resultado destas políticas, sublinha o sociólogo alemão, "os países devedores formam a nova 'classe baixa' da UE", e "têm de aceitar as perdas de soberania e as ofensas à sua dignidade nacional". A seu ver, tornou-se ambíguo o significado da cooperação e da integração europeia, sendo que a principal vítima desta ambiguidade é justamente "esta nova classe baixa da Europa" (os *países devedores*). "O seu destino – conclui Beck – é incerto: na melhor das hipóteses, federalismo; na pior das hipóteses, neocolonialismo".[213]

Apetece dizer: venha o diabo e escolha... Porque, a meu ver, nestes tempos e com esta 'Europa', a 'solução' federalista não será mais do que uma forma de (ou um caminho para o) *neocolonialismo*.

O que nós sabemos é que as *políticas de austeridade* – impostas por esta 'Europa', pelas *troikas*, pelos FMI, pelos Goldman Sachs, pelas Comisssões Trilaterais, pelos G 20, pelos Forum Davos, em suma, pelas centrais do capital financeiro organizado (pelas centrais reguladoras do

---

[211] Cfr. BECK, Ulrich. *A Europa Alemã*: De Maquiavel a "Merkievel": Estratégias de Poder na Crise do Euro. Trad. port., Lisboa: Edições 70, 2013. p. 93ss.

[212] Cfr. HABERMAS, Jürgen. *Um Ensaio sobre a Constituição da Europa*. Lisboa: Edições 70, 2012. pp. 135-169.

[213] Cfr. BECK, Ulrich. *A Europa Alemã*: De Maquiavel a "Merkievel": Estratégias de Poder na Crise do Euro. Trad. port., Lisboa: Edições 70, 2013. pp. 21 e 64.

A FALSIDADE DA SOLUÇÃO FEDERALISTA

crime sistêmico) – "equivalem a um esvaziamento da autodeterminação", i.é., da capacidade e do direito de os povos decidirem sobre o próprio destino coletivo. Não admira, por isso, que "a adesão a esta ideia de *mais Europa* seja cada vez mais reduzida nas sociedades dos estados-membros da UE". A conclusão é de Ulrich Beck, que, deste modo, parece reconhecer que a mais provável das duas hipóteses que coloca (como digo atrás) é a da condenação dos *países devedores* ao estatuto de *colônias*, com *economias escravas*, para usar o diagnóstico do *Financial Times* a respeito da Grécia.[214]

18.4. Procurei evidenciar nas páginas que antecedem as condições de *retrocesso da democracia*, de verdadeiro *retrocesso civilizacional* que caraterizam a Europa atual. E creio que esta realidade inviabiliza qualquer projeto de um federalismo a sério, porque esta *Europa alemã* está a anosluz de poder garantir os pressupostos exigidos por um autêntico federalismo. A presente crise do euro veio pôr a nu a *desunião europeia*, mostrando que a 'Europa' é um terreno pantanoso, movediço e falso, inapto para nele se construir algum edifício com um mínimo de solidez. E tornou evidente que a *Europa do capital* não é um espaço solidário, um espaço em que seja possível a *cooperação entre iguais*, mostrando que a 'Europa' vive já em regime de *colonialismo interno*: uns (poucos) países são *metrópoles*, outros são *colônias*.

Se este diagnóstico é correto, então não faz qualquer sentido falar do aprofundamento da integração política na Europa e esperar dele alguma melhoria para os povos da Europa. A ideia de *mais Europa* não passa de um *slogan* destinado a alimentar mais um processo de 'fuga para a frente', com o argumento falacioso de que o grau avançado de integração econômica e (sobretudo) monetária a que se chegou não é sustentável se não se avançar para um nível correspondente de *integração política*, que abranja outras áreas para além da área financeira.

O *federalismo possível* não passaria, pois, de um *falso federalismo*, com a centralização do poder em estruturas tecnocráticas carecidas de

---

[214] Cfr. BECK, Ulrich. *A Europa Alemã*: De Maquiavel a "Merkievel": Estratégias de Poder na Crise do Euro. Trad. port., Lisboa: Edições 70, 2013. pp. 12 e 15.

265

legitimidade democrática, que, incapazes de *fazer política* (i.e., de *exercer a soberania*), se limitariam – mais do que já fazem hoje – a *cumprir regras*. Ora as 'regras de ouro' e outras de metais menos nobres, definidas, em última instância, pelos 'mercados', pelo grande capital financeiro, pelas redes do *crime sistêmico*, visam, como disse atrás, sujeitar os *povos do sul* (os países mais fracos ou deliberadamente enfraquecidos) a um *novo colonialismo*, uma espécie de *colonialismo interno*, impedindo-os de gerir o seu presente e de decidir sobre o seu futuro (consolidando e agravando a situação atual).

De algum modo, as coisas já são assim. Tem sido muito falada a declaração do secretário-geral do partido da Sr.ª Merkel num congresso do seu partido (Leipzig, novembro de 2011): "Agora na Europa fala-se alemão".

A ideia de um novo *império alemão* começa a ser agitada em certos meios da *Alemanha alemã*. Em artigo publicado na revista *Merkur* (uma revista muito influente junto da intelectualidade alemã), em janeiro de 2012, o seu autor (Christoph Schoënberger) defende que a hegemonia da Alemanha no seio da UE deve ser entendida como a hegemonia que cabe (como que naturalmente) ao estado mais poderoso no seio de um sistema federal, à semelhança do que aconteceu com a Prússia no seio da federação germânica durante o II Reich: "sendo os estados representados no Conselho Europeu muito desiguais em dimensão e peso, seria irrealista pensar que eles podem coordenar-se em pé de igualdade. (...) Para funcionar, a União exige que o estado com mais população e riqueza lhe dê coesão e direção. A Europa precisa da hegemonia alemã, e os alemães têm de deixar de se mostrar tímidos no seu exercício".

Os trechos transcritos são a síntese de Perry Anderson, que comenta: "A França, cujo arsenal nuclear e lugar no Conselho de Segurança da ONU já não contam grande coisa, tem de rever, por isso, as suas pretensões. A Alemanha deve tratar a França como Otto Von Bismarck fez com a Baviera nesse outro sistema federal que foi o II Reich, mimoseando o parceiro inferior com favores simbólicos e consolações burocráticas". E acrescenta que Bismarck considerava os bávaros "a meio caminho entre um austríaco e um ser humano".

A FALSIDADE DA SOLUÇÃO FEDERALISTA

Como se vê, nos trechos referidos não se fala de estruturas federais, nem de 'poderes federais', nem de políticas federais. A *Europa federal* parece resumir-se à *inter-governamentalidade* do Conselho Europeu, no seio do qual o jogo dos interesses é 'jogado' e decidido segundo as regras impostas pelo jogador mais forte, que se julga no direito de assumir os 'poderes' de dono da bola e os 'poderes' de árbitro. Bem vistas as coisas, é assim que vem funcionando a 'Europa' (a *Europa que precisa da hegemonia alemã*, a *Europa de Vichy*...), nomeadamente desde o início da *crise do capitalismo* que gerou a *crise do euro*: a Alemanha manda e os outros obedecem.

Muito bem (ou muito mal). Um homem que conhece tão bem a 'Europa' como Jean-Claude Juncker (atual Presidente da Comissão Europeia) não foi capaz de calar o que lhe ia na alma, declarando, numa entrevista (era então Presidente do *Eurogrupo*), que "a Alemanha trata a zona euro como se fosse uma sua filial".[215] A Alemanha poderá, finalmente, tornar-se a potência hegemônica da Europa, ambição que parece não abandonar os dirigentes alemães. Esta Europa poderá até *falar alemão*, poderá até aproximar-se do "quarto Reich" de que falam alguns, recuperando a expressão cunhada, em 1995, pelo historiador inglês Andrew Roberts.[216] Mas todos sabemos que uma *Europa de servos* não será nunca uma *Europa de desenvolvimento e de paz*.

Pergunta Perry Anderson: "Irá a França aceitar assim tão facilmente ser rebaixada ao estatuto que foi o da Baviera no II Reich?".[217]

Pergunto eu: aceitarão os povos da Europa oferecer à Alemanha, de mão beijada, o que Hitler não conseguiu pelo recurso à barbárie? Espero bem que não. Mas todos temos de trabalhar para que tal não aconteça.

---

[215] Jornais de 30 de julho de 2012.

[216] Em 2014, foi a vez de dois prestigiados jornalistas italianos, Indro Montarelli e Gennaro Sangiuliano, publicarem um livro que intitularam *O quarto Reich:* como a Alemanha subjuga a Europa.

[217] Ver ANDERSON, Perry. "A Europa face à hegemonia alemã". *In: Le Monde Diplomatique*, Ed. Port. dezembro de 2012.

18.5. Todos concordaremos que não há um *povo europeu*. E todos concordaremos em considerar fora de qualquer propósito a proposta, já atrás referida, de Dominique Strauss-Kahn (nem sei como classificá-la): "Fizemos a Europa, agora é preciso fazer os europeus".[218] Se fizeram uma 'Europa' sem 'europeus', não adianta querer agora pôr de pé esse projeto 'desgraçado' de *fazer europeus* só porque já existe uma 'Europa' que precisa de 'europeus'. É claro que, não existindo um sentimento de pertença a uma mesma comunidade de destino, nenhum 'rolo compressor' pode pôr de pé um *estado europeu* digno deste nome. Os povos e os estados não se constroem por decreto e muito menos por vontade dos *strauss-kahn* que se julgam donos da Europa e se 'armam' em 'fabricantes' de europeus.

Insisto em lembrar a conclusão da Habermas: os povos da Europa não têm a "consciência de partilhar um destino europeu comum". A Europa continua a ser um espaço "com falta de definição e de limites" (Pierre Nora), marcado pela "insegurança identitária" (Hubert Védrine), um espaço que não conseguiu anular, perante cada um dos cidadãos e cada um dos povos da Europa, o papel do *estado-nação* como a matriz e o espaço da soberania, da liberdade e da cidadania.

Quem, como eu, entende que a raiz das dificuldades presentes da 'Europa' está na filosofia que inspirou a sua construção e nas estruturas e regras de funcionamento da UE, nomeadamente após Maastricht (com a "fantasia" da UEM, o euro, o BCE e o PEC, a que depois se juntaram o *Tratado de Lisboa* e o chamado *Tratado Orçamental*), só pode defender que seria um erro gravíssimo embarcar numa 'fantasia' muito mais perigosa, a 'fantasia' da *federalização da Europa*, a 'fantasia' de um *estado estado* europeu, só porque temos *uma união monetária em busca de um estado*, na mira de resolver (ou contornar), com este salto no escuro, erros anteriores. Perante este estado de coisas, só há uma atitude inteligente: deitar fora esta *Europa do capital*, esta 'Europa' falhada, esta 'Europa' petrificada (que não muda nem é reformável), e construir, de raiz, a *Europa dos povos da Europa*, uma Europa de cooperação e de paz.

---

[218] *Apud* CHEVÈNEMENT, Jean Pierre. *Pour l'Europe votez non!*, Paris: Fayard, 2005. pp. 54 e 183.

A FALSIDADE DA SOLUÇÃO FEDERALISTA

A ideia, que alguns defendem, de que temos de criar um *estado europeu* só porque já temos uma *união monetária* que precisa de um estado para sobreviver é tão absurda e fantasiosa como a absurda e fantasiosa proposta de Dominique Strauss-Kahn que referi atrás.

A *Europa do euro* vem *'matando' a política* substituindo-a por *regras* concebidas para dominar os países mais fracos, anulando por completo a possibilidade de políticas alternativas resultantes de eleições (a *morte da política* é a *morte da democracia*). Ainda por cima, é cada vez mais óbvio que estas *regras* nem sequer funcionam, do ponto de vista 'técnico'. Basta recordar que, desde 1997, salvo o Luxemburgo e a Estônia, todos os estados-membros da UEM estiveram sujeitos a procedimentos por défices excessivos (alguns mais do que uma vez). Em novembro de 2014 enfrentavam formalmente procedimentos por défice excessivo oito países da zona euro: Chipre, Eslovênia, Espanha, França, Grécia, Irlanda, Malta e Portugal. Mas, como a Áustria e a Itália estão na mesma situação, eram dez dos dezoito estados da zona euro que não cumpriam as exigências do PEC. Nesse mesmo mês, a Comissão Europeia avisou cinco estados-membros de que as suas propostas de orçamento para 2015 eram inaceitáveis.[219]

Será tudo gente que vive à margem da lei ou haverá algum problema com as ditas *regras*? Estará tudo bem com as estruturas da UEM? Mas então como se compreende que, com tantas *regras* e com tantos 'especialistas' a trabalhar em Bruxelas (regiamente pagos, que para eles não há austeridade...), a 'Europa' não consiga sair da crise em que mergulhou desde a entrada em cena do euro e, mais agudamente, a partir de 2008/2009? Não sofre dúvida: a origem dos problemas parece estar no catecismo, não nos pecadores.[220]

---

[219] Fê-lo por *carta secreta*, certamente por entender que o segredo é a alma do negócio e por querer esconder dos povos da Europa as políticas que ela impõe, contra o crescimento e contra o emprego. A Itália respondeu tornando pública a *carta secreta*. E a Comissão ficou furiosa, como ficou patente na reação dos seus responsáveis ao mais alto nível.

[220] O PEC foi reformado em 2005, no sentido de um abrandamento das suas exigências. E foi de novo reformado em 2012/2013, com o objetivo de tentar evitar a acumulação de grandes desequilíbrios orçamentais no futuro.

18.6. Parece que tudo aconselharia a parar um pouco para pensar. Mas não. Em julho de 2015 foi tornado público um documento intitulado "Concluir a União Econômica e Monetária Europeia", subscrito pelos Presidentes da UE, do Parlamento Europeu, da Comissão Europeia, do BCE e do Eurogrupo, no qual se propõe, ao fim e ao cabo, continuar a navegar com os meus instrumentos, aprofundando os condimentos neoliberais e federalistas da UEM.[221]

Contentes com a obra feita, os *cinco magníficos* proclama que "o euro é uma moeda bem sucedida", apesar de reconhecerem (que remédio...) que a taxa de desemprego na zona euro é de 11,6% (18 milhões de desempregados), subindo para 23% no que toca ao desemprego jovem. Se estes dados refletem a influência do euro, onde está o sucesso?

Mas como "o euro é mais do que uma simples moeda", "é um projeto político", os construtores deste projeto imperialista não desistem de continuar a sua obra, com o objetivo anunciado de chegar a "uma UEM completa e genuína", o que implicará "uma crescente partilha de soberania ao longo do tempo". É, pois, mais uma fuga para a frente no sentido de reforçar o estrangulamento da soberania nacional dos estados-membros da UE (atingindo profundamente a soberania em matéria de governação econômica).

Diz o Relatório que os membros da UEM "partilham a título permanente a soberania monetária com os restantes países da área do euro".[222] Ora a verdade é que a soberania monetária saiu da esfera dos

---

[221] É um Relatório que vem na sequência de outros, no âmbito da UEM: a Comunicação da Comissão (2012) intitulada *Plano pormenorizado para uma União Econômica e Monetária efetiva e aprofundada*; nota analítica (fevereiro de 2015) intitulada *Preparar as próximas medidas para uma melhor governação econômica na área do euro*; o chamado *Relatório dos Quatro Presidentes, Rumo a uma verdadeira União Econômica e Monetária* (maio de 2015).

[222] Este *Relatório presidencial* diz também que todos os membros da UEM "abdicaram definitivamente das suas anteriores moedas nacionais". É caso para perguntar: este *definitivamente* significa a pretensão de impedir qualquer dos estados-membros de sair da UEM? A UEM é um campo de concentração de onde não se sai vivo? E o que teria acontecido à Grécia se a tivessem corrido do *clube dos ricos*? Acham que ela estava impedida de regressar à sua anterior moeda nacional? Ou tinha de ficar numa espécie de território de ninguém?

A FALSIDADE DA SOLUÇÃO FEDERALISTA

estados-membros da UEM e foi transferida para o BCE, o único responsável pela *política monetária única*, um BCE independente, que não partilha a sua soberania com nenhuma outra instituição e que não presta contas perante ninguém (embora ouça os mercados com muita atenção e reverência). A *não-partilha* é que é *a título permanente*, porque os estatutos do BCE constam dos Tratados, o que significa que só podem ser alterados com o voto unânime dos estados-membros. Neste como em outros domínios, a *soberania partilhada* não passa de pura mistificação: é um *confisco da soberania nacional*, transferida para órgãos independentes. Alguém acredita que os interesses (e a correspondente ideologia) que nega a independência (e a soberania) aos estados nacionais aceitará a *independência* (a 'soberania') destes órgãos ditos independentes? Serão independentes dos povos, aos quais não têm de prestar contas, mas são dependentes daqueles interesses que os querem *independentes dos povos*.

Com efeito, deste Relatório não ressalta qualquer preocupação de entregar esses poderes soberanos confiscados aos povos a órgãos políticos da UE (que já gozam de legitimidade democrática muito inferior à dos órgãos de soberania nacionais). Os poderes subtraídos aos estados-membros são confiados a órgãos técnicos ditos independentes. Mais uma vez, não se trata de *federalismo*, mas de *falso federalismo*, um *federalismo de contrafação*, um expediente que se destina (também) a tornar cada vez mais pétrea (mais difícil de reformar) e mais anti-democrática a estrutura de poderes da UEM e da UE.[223]

Diz o Relatório que o "projeto político" do euro "requer a solidariedade em tempos de crise e o respeito das regras definidas de comum acordo entre todos os membros". O problema é que *os tempos de crise* têm mostrado que os *credores* não têm o mínimo de *solidariedade* para com os *devedores*: para descanso do grande capital financeiro, transformaram a *dívida dos bancos a outros bancos* (dívida dos bancos dos países agora cotados como *devedores* a bancos dos países *credores*) em *dívida soberana* dos *países devedores* para com os *países credores*, obrigando os *povos devedores* a

---

[223] O *Eurostat* (o instituto de estatística, um órgão técnico da UE) dispõe desde 2011 de poderes para analisar as contas dos estados-membros e para analisar investigações *in loco* em cada um dos estados-membros.

271

pagá-la, como castigo (o castigo violentíssimo das *políticas de austeridade*) por terem andado a viver acima das suas posses. Como resulta cristalinamente do ultimato imposto à Grécia em julho de 2015, os *credores* esqueceram por completo a solidariedade e obrigaram a Grécia a cumprir as *regras*. A *ditadura das regras* está a matar a solidariedade e a democracia. Esta é regra de vida na 'Europa' dividida em *credores* e *devedores*: os *credores* representam o *grande capital financeiro*; no banco dos *devedores* estão os *trabalhadores*, chamados a pagar a crise.

O Relatório não deixa de referir (*noblesse oblige...*) que todos os países do euro "devem também poder partilhar o impacte dos choques através de uma partilha de riscos no seio da UEM". É necessário reparar, porém, no cuidado da redação: *devem poder partilhar...* Mais parece que se está a falar de um direito do que de um dever: se os países não afectados pelos choques quiserem fazer caridade, *podem partilhar os riscos...* E é necessário reparar também no que vem logo a seguir. O Relatório insiste na tese de que «os países devem ser capazes de absorver os choques a nível interno», na tese de que «quando surgem choques econômicos, cada país deve estar apto a dar-lhes uma resposta eficaz». Assim é que é: cada um que trate de si. É o que tem acontecido desde 2007/2008. As necessidades dos mais débeis transformaram-se em negócio para os *credores*.

18.7. Sem grandes novidades do ponto de vista ideológico, este documento propõe que se avance no sentido de aprofundar as quatro uniões: a *união econômica*, a *união financeira*, a *união orçamental* e a *união política*, para tornar mais vinculativo o cumprimento das metas macroeconômicas e orçamentais (o cumprimento das *regras*!) definidas pelo *eixo Berlim-Bruxelas* (comandado por Berlim).[224]

Os responsáveis pelo documento propõem, por exemplo, a criação, em cada estado-membro, de um *Sistema de Autoridades da Competitividade*, integrado por *Autoridades da Competitividade* nacionais, *entidades independentes* às quais serão atribuídas competências para "acompanhar

---

[224] Ver VIEGAS, Miguel. "Aprofundamento da UEM: Ensaio sobre a cegueira". *In: Avante!*, 9 de julho de 2015.

A FALSIDADE DA SOLUÇÃO FEDERALISTA

o desempenho e as políticas no domínio da competitividade", ou seja "avaliar se os salários estão a evoluir em consonância com a produtividade, por comparação com a evolução noutros países da área do euro e nos principais parceiros comerciais homólogos", de acordo com o que consta no famoso *Pacto para o Euro Mais* (2011).

Segundo este Relatório, "uma economia competitiva é uma economia em que as instituições e as políticas permitem às empresas produtivas prosperar". É evidente: empresas prósperas são a salvação da pátria!

Por isso é necessário levar a cabo as *reformas estruturais* (nunca estão feitas tais reformas...) indispensáveis para garantir "mercados de trabalho eficientes", "aptos a absorver os choques sem gerar um desemprego excessivo". E de novo vem o apelo à *flexi-segurança* (contratos de trabalho *flexíveis*, mas com garantias de segurança no emprego e de apoio nas situações de desemprego: o melhor de dois mundos...). Como quem diz: *os trabalhadores não deixam prosperar as empresas produtivas*. Logo, repressão sobre eles, como *verdadeiros inimigos da pátria*, obrigando-os a comer o pão que o diabo amassou...

É indispensável, por isso, vigiar os salários e impedir que os trabalhadores prosperem: "os parceiros sociais devem utilizar os pareceres das Autoridades para nortear as negociações salariais". Porque salários baixos são a garantia da competitividade da economia europeia. Por este andar, dirá o Xico Buarque, *a Europa ainda vai cumprir seu ideal: transformar-se num imenso Bangladesh...*

Está-se mesmo a ver quem serão as vítimas desta *Autoridade*. E como se propõe que caiba à Comissão Europeia a coordenação deste batalhão de autoridades nacionais, fica à vista este outro objetivo que vem sendo prosseguido à socapa: atribuir à Comissão Europeia competência em matéria de salários.

O Relatório dos cinco Presidentes propõe também o reforço da estratégia contida no chamado *semestre europeu*, para levar mais longe a coordenação das políticas econômicas, promovendo em conjunto a definição das prioridades e a adoção de medidas para as concretizar (um "semestre europeu renovado").

273

No que se refere à *União Orçamental*, o documento em análise defende a necessidade de garantir *políticas orçamentais sustentáveis* por parte de todos os países do euro, que visam, por um lado, assegurar a sustentabilidade da dívida pública e assegurar a atuação dos estabilizadores automáticos, para amortecer os efeitos dos choques econômicos específicos de cada país. E que visam, por outro lado, impedir que seja comprometida a estabilidade dos preços, que seja afetada negativamente a estabilidade financeira e que se provoque a fragmentação financeira à escala da União como um todo. Para "evitar riscos morais e assegurar uma disciplina orçamental comum", o Relatório sublinha a necessidade de "uma maior coordenação e uma maior partilha das decisões relativas aos orçamentos nacionais", na sequência das *regras* do *Six-Pack*, do *Two-Pack* e o *Tratado Orçamental* (regras cuja *complexidade* é reconhecida pelos próprios presidentes, num gesto comovedor de humildade democrática...). O que se pretende, é claro, é reforçar a *coordenação ex-ante dos orçamentos nacionais* pela Comissão Europeia e a *supervisão daqueles países* (os *culpados do costume*) que enfrentam dificuldades financeiras.

Com este objetivo, e inspirado no *Tratado Orçamental*, o Relatório propõe a criação de um *Conselho Orçamental Europeu*, um órgão consultivo (constituído por *peritos nos mais diversos domínios...*) que poderá coordenar e complementar os *conselhos orçamentais nacionais* instituídos ao abrigo da Diretiva da UE sobre os quadros orçamentais, não lhe cabendo aplicar regras nem executar políticas. A este Conselho deve caber a tarefa de avaliação pública e independente (claro!), a nível europeu, do desempenho e da execução dos orçamentos nacionais, à luz dos critérios, das recomendações e dos objetivos formulados no quadro da chamada governação orçamental da UE, e os seus *pareceres econômicos* (não jurídicos) deverão ser tidos em conta pela Comissão Europeia no quadro das decisões por ela tomadas no contexto do chamado *semestre europeu*.

Perdida a soberania monetária e cambial, está na calha a perda da *soberania orçamental* por parte dos estados-membros da zona euro, porque – diz o Relatório –, à medida que a área do euro evolui no sentido de uma verdadeira UEM, algumas decisões terão de ser tomadas cada vez mais a nível coletivo". Coerentemente, os Presidentes deveriam propor

A FALSIDADE DA SOLUÇÃO FEDERALISTA

que se abolissem os parlamentos nacionais, porque eles não servem para nada e sempre se diminuía a despesa nacional. Basta o Parlamento Europeu, que também não serve para nada, mas paga melhor aos deputados. Duvido é que o Parlamento alemão (e os parlamentos de outros países 'alemães') se deixem dissolver e permitam a *perda da soberania orçamental* que se pretende impor aos *povos do sul*, 'compensados' porque passam a ser membros de *uma verdadeira UEM* (que se pretende concluir o mais tardar até 2025). Tudo certo: as leis coloniais só valem para as colônias.

18.7. Até hoje, ninguém ainda definiu o que é a Europa e quais as suas fronteiras. E ninguém parece interessado em fazê-lo. O processo de integração europeia tem sido um grande 'negócio'. E os 'negociantes' não gostam de perder nenhuma oportunidade de bons negócios...

A presente crise do euro veio tornar claro que esta *Europa alemã*, esta *Europa do capital* não é um espaço solidário, um espaço em que seja possível a *cooperação entre iguais*, porque esta 'Europa' entende que *precisa da hegemonia alemã*.

A divisão entre o *norte* e o *sul* configura já, com toda a clareza, uma situação de "drenagem unilateral de recursos" (uso a linguagem 'diplomática' de Étienne Balibar), i.e., uma situação de *colonialismo interno*: os países do *norte* são metrópoles, os do sul são *colônias*, e devem comportar-se como tal.

Por outro lado, a 'desunião europeia' destes anos de crise só veio confirmar que não há condições mínimas para se poder esperar que, como *estados federados*, os estados europeus se assumam, no seio da federação, como *estados iguais uns aos outros* (esta igualdade é assegurada atualmente nos Tratados, mas é visível que uns são mais iguais do que os outros...). Os passos dados à sombra da bandeira de *mais Europa política*, a caminho da *Europa federal*, têm reforçado sempre o défice *democrático* do processo de construção europeia, têm imposto uma 'Europa' construída "à porta fechada", têm acentuado o domínio dos grandes sobre os pequenos, sacrificando a dignidade destes últimos (dos estados e dos 'povos do sul'), tratados como *colônias* ou como *filiais*. Em função do calendário eleitoral da Alemanha, a 'Europa' fica parada à espera dos

275

resultados saídos dos votos dos eleitores alemães, e os governantes de serviço e os comentadores pagos por estes falam disto como se fosse uma coisa natural, resultante de algum tratado internacional ou de algum 'princípio superior' que prevalece sobre tudo o resto...

A História triste da 'Europa' nestes anos de crise veio reforçar a minha convicção de que a proposta de se avançar para a construção de um *estado federal europeu* não parece ser um objetivo político minimamente realista, não passa de uma pura *fuga para a frente*, ou um salto para o lado, para não encarar e resolver os problemas que afligem os europeus e para fugir às soluções que acautelem o nosso futuro. Num artigo recente, Serge Halimi veio defender ponto de vista idêntico ao que venho sustentando publicamente desde 2006 [225]: "No estado atual das forças políticas e sociais, uma Europa federal só poderá consolidar ainda mais os dispositivos liberais que já são asfixiantes e desapossar o povo, um pouco mais, da sua soberania, entregando o poder a opacas instâncias tecnocráticas".[226]

Esta *Europa das regras* – cuja gestão está confiada a *capatazes aplicadores de regras* – não pode alimentar nenhum estado federal sério, que tem de assentar na *igualdade* entre os estados federados e no respeito da capacidade de *decisão política* no âmbito das competências de cada um dos estados federados e de cada um dos órgãos políticos representativos do estado federal. Alguém pensa que a Alemanha (e outros países da atual UE) aceitará considerar-se igual a Malta ou a Portugal? Alguém concebe que a Alemanha aceitará alguma vez sujeitar-se às decisões políticas dos órgãos federais, que poderiam querer, por exemplo, alterar os estatutos do BCE, ou revogar as *regras* do PEC ou as *regras* do *Tratado Orçamental*, impostas pela Alemanha para dominar os povos que estão dentro do seu *espaço vital*?

Na minha leitura, os construtores desta 'Europa' (incluindo os dirigentes dos partidos que integram o espaço da social-democracia

---

[225] Cfr. AVELÃS NUNES, António José. *A Constituição Europeia*: A Constitucionalização do Neoliberalismo. Coimbra/São Paulo: Coimbra Editora/Editora Revista dos Tribunais, 2006/2007.

[226] Cfr. HALIMI, Serge. "Onde está a esquerda?". em *Le Monde Diplomatique*, Ed. Port. novembro de 2011; 9.

A FALSIDADE DA SOLUÇÃO FEDERALISTA

europeia) não mostraram, até hoje, o mínimo interesse em analisar a fundo as raízes da crise atual, o que significa que não estão interessados em aproveitar as lições que dela poderiam extrair para fazer um balanço crítico da sua reflexão e da sua atuação nas últimas décadas. A sua preocupação continua a ser a de *gerir lealmente o capitalismo*.

Perante o espetáculo da *desunião europeia* e da 'colonização' da Europa pela Alemanha imperial, não tiveram o rebate de consciência de reconhecer que não tem futuro esta União Europeia, estrutura neoliberal ao serviço do grande capital financeiro. Nestes anos de aperto, nem sequer tiveram a 'coragem' de regressar a Keynes, à defesa de uma direção centralizada da economia (ainda que esta continue maioritariamente nas mãos do capital privado), à defesa da regulamentação do setor financeiro (contrária à especulação e aos jogos de casino), à defesa do controlo público da poupança nacional e dos investimentos estratégicos. Continuam fiéis ao lema thatcheriano de que *não há alternativa* ao mercado e ao capitalismo e recusam libertar-se da dependência 'química' do neoliberalismo.

Pela minha parte, quero acreditar que os povos da Europa não aceitarão ser transformados em "uma futura sub-província alemã no âmbito da 'marca' alemã".[227] Mais cedo ou mais tarde, hão-de recuperar a sua liberdade e a sua soberania, ocupando o seu lugar de protagonistas e fazedores da História. E então, em condições completamente diferentes, talvez pensem em construir uma Europa solidária, uma Europa para os povos europeus, assente na paz e na cooperação entre eles e com todos os povos do mundo.

---

[227] A expressão é do Gen. Loureiro dos Santos (*Público*, 19 de junho de 2012).

XIX

O PRINCÍPIO MALDITO DA REESTRUTURAÇÃO DA DÍVIDA SOBERANA

19.1. Perante a *crise do euro* (e *crise da 'Europa'*), prevaleceu, até hoje, a tese de que ela se deve aos 'pecados' dos *povos do sul* e a tese de que tal 'doença' se cura pela *penitência* e pelo *sacrifício purificador*, que anda de par com essa outra tese da *austeridade regeneradora*. Esta 'leitura' da crise e as políticas adotadas para a enfrentar estão a destruir as economias europeias, estão a romper o tecido social dos estados europeus, estão a desperdiçar uma geração (os jovens desempregados, quatro em cada dez); podem acelerar o fracasso da "fantasia" da UEM e do euro (nomeadamente do euro enquanto moeda de referência nos pagamentos internacionais, capaz de pôr cobro ao monopólio do dólar) e podem mesmo pôr em causa a Europa de paz a que costuma associar-se a criação da CECA (uma Europa desejosa de integrar, sem riscos, uma *Alemanha europeia*, uma Alemanha despida de projetos imperiais e solidária com os interesses de todo o Velho Continente).

Como muitos entenderam que para se ser bem visto nesta *Europa alemã* era necessário não ser (ou, pelo menos, não parecer) 'pecador', foi deprimente ver-se os *países do sul*, em especial os devedores, a dizer, cada um deles, que era melhor do que os outros. A União Europeia transformou-se numa melodramática *desunião europeia*.

Este 'caldo de cultura' e este desejo de agradar ao 'dono' têm cimentado a ideia de que é pecaminoso falar de reestruturação da dívida soberana dos países que, consabidamente, não têm condições para a pagar.

19.2. Muito falada tem sido a questão da dívida grega.

E de há muito que de vários lados vêm alertas para o facto de a dívida grega ser impagável. No início de fevereiro de 2015, um grupo de 300 economistas e universitários de todo o mundo (entre os quais James Galbraith, Stephany Griffith Jones e Jacques Sapir) publicaram um apelo dirigido às autoridades comunitárias e aos governos dos estados-membros da UE no sentido no sentido de "respeitarem a decisão do povo grego" nas eleições e de estabelecer "negociações de boa fé com o novo governo grego [o governo do Syriza] para resolver a questão da dívida", defendendo o "completo fracasso" das políticas até então impostas à Grécia, que carece de "medidas humanitárias imediatas", para além da "anulação da sua dívida". "O que está em jogo – defenderam estas personalidades – não é apenas o destino da Grécia, mas o futuro da Europa no seu conjunto. Uma política de ameaças, de ultimato, de obstinação e de chantagem significa, aos olhos de todos, um fracasso moral, político e econômico do projeto europeu".[228]

Em junho de 2015, uma *Comissão Internacional de Auditoria* apresentou um Relatório ao Parlamento grego no qual defende que uma boa parte da dívida da Grécia deve considerar-se dívida *ilegal*, *ilegítima* e *odiosa*. E tal caraterização significa, segundo o Direito Internacional, que o povo grego não é obrigado a pagar tal dívida.

Uma parte dessa dívida vem ainda do tempo da ditadura militar. Outra parte foi constituída graças à generosidade de bancos alemães e franceses, sempre disponíveis para alimentar negócios chorudos que em nada beneficiaram o povo grego. Basta recordar os 'negócios' relacionados com os Jogos Olímpicos de Atenas (um empreendimento altamente

---

[228] Ver *Mediapart.fr*, de 5 de fevereiro de 2015.

O PRINCÍPIO MALDITO DA REESTRUTURAÇÃO DA DÍVIDA...

reprodutivo para a economia grega e para o povo grego e que custou o dobro dos Jogos Olímpicos de Sidney), alegremente e levianamente financiados pelos grandes bancos europeus (com os alemães à cabeça). É claro que coube a empresas alemãs a parte de leão dos 'negócios' envolvidos naqueles 'Jogos'.

Já a Grécia respirava mal em virtude das dificuldades resultantes do peso da dívida e a Alemanha emprestava dinheiro ao governo grego com a condição de este não reduzir os programas de aquisição de navios de guerra e outro material bélico que a Alemanha queria vender. E a Alemanha vendeu ao governo grego, por muitos milhares de milhões de euros, cinco submarinos Type-214, ao mesmo tempo que a França lhe vendia (em 2009, em plena crise!) vinte helicópteros militares NH-90, e o RU vendia quatro navios de guerra *Super Vita*, somando mais uns milhares de milhões de euros. O respeitado Instituto sueco SIPRI apurou que a Grécia absorveu, entre 2007 e 2011, 13% das exportações alemãs e 10% das exportações francesas de material de guerra, apresentando-se como um dos maiores importadores mundiais de armamento.[229] E o povo grego, vivendo acima das suas posses, desloca-se agora, de ilha em ilha, viajando em helicópteros, em fragatas ou em submarinos (de preferência estes, para encobrir os sinais exteriores de riqueza...). Se fossem devidamente contabilizados todos os malefícios do grande capital financeiro, dos políticos e das políticas ao seu serviço, o mundo perceberia melhor a origem dos males que nos afligem.

---

[229] Cfr. *Diário Económico* de 20 de março de 2012. Se não nos esquecermos de Portugal, como não recordar a fartura de auto-estradas que semearam por esse Portugal fora (a pedido dos grandes empreiteiros e da banca, que sempre esteve por detrás de todas as negociatas das PPP) e o clima de 'exaltação patriótica' com que "o bom povo português" assistiu à inauguração dos dez estádios de futebol para o Euro/2004 (dois só na capital, para fazer inveja a Milão, que tem dois clubes maiores e mais ricos que os de Lisboa, mas só tem um estádio para ambos!) e o júbilo com que se celebrou depois a compra dos dois submarinos à Alemanha. Felizmente, só quiseram vender-nos dois. Parece que também houve corrupção a olear estes negócios. Na Alemanha já foram condenados alguns dos intervenientes neles, por terem subornado interlocutores portugueses e gregos. Na Grécia, foi preso o próprio Ministro da Defesa, implicado nestes 'negócios de estado'. Em Portugal, as entidades competentes continuam a investigar, mas ainda não apuraram nada... Prova-se a corrupção ativa, mas não se prova a corrupção passiva. Mistérios da justiça em Portugal...

Uns anos atrás, durante mais de uma década, a Siemens conseguiu ganhar na Grécia, com base em subornos dos políticos gregos 'amigos' das empresas alemãs, contratos milionários, praticamente 'encomendados' pelo fornecedor e financiados com créditos concedidos por bancos alemães, que agora acusam os gregos preguiçosos de se terem endividado para viver acima das suas posses. O mínimo que se pode dizer é que não é justo obrigar o povo grego a pagar tal dívida.

Estes e outros 'negócios' contaram certamente com a assessoria do Goldman Sachs (sob a batuta de Mario Draghi, atual Presidente do BCE), com a 'generosidade' dos maiores bancos alemães e franceses (desejosos de não perder a oportunidade de ganhar bom dinheiro, mesmo que tais empréstimos fossem concedidos muitas vezes sem ter em conta as regras mínimas da prudência bancária) e com a cumplicidade das autoridades da UE.

Hoje ninguém nega – porque é impossível negá-lo – que o dinheiro das 'ajudas' das *troikas* à Irlanda, a Portugal, à Espanha e à Grécia foi todo direitinho para os bancos. As economias destes países e os respetivos povos nem viram a cor de tal dinheiro. Phillipe Legrain tem vindo a público (em livro e em outros escritos) denunciar que o 'auxílio' da UE à Grécia (e aos demais 'países devedores') se destinou exclusivamente a salvar os grandes bancos alemães e franceses, fortemente expostos à dívida grega. E mostrou também que o ex-Diretor Geral do FMI, Dominique Strauss-Kahn, deu igualmente o seu aval a vários empréstimos concedidos à Grécia quando o País já estava sobre-endividado, desrespeitando os estatutos do próprio FMI. Muito pode o capital financeiro!

19.3. A História mostra que não é de hoje o recurso à reestruturação das dívidas soberanas nem a invocação do princípio segundo o qual nenhum povo pode ser obrigado a pagar dívidas contraídas para o subjugar.[230]

---

[230] Cfr. LAMBERT, Renaud. "Dívida pública: um século de braço-de-ferro". *In: Le Monde Diplomatique*, Ed. Port. março de 2015.

O PRINCÍPIO MALDITO DA REESTRUTURAÇÃO DA DÍVIDA...

Em 1861, o governo mexicano invocou o referido princípio para justificar a sua recusa de pagar dívidas contraídas pelo antigo ditador para dominar o povo mexicano. Desta vez, os credores (o Reino Unido, a França e a Espanha) impuseram os seus direitos pela força: ocuparam o País e impuseram como 'imperador' do México o príncipe Maximiliano da Áustria.

Nos finais do século XIX, quando os EUA substituíram a Espanha no domínio de Cuba (só formalmente independente), o governo espanhol apresentou-se também para cobrar a Cuba empréstimos que tinham sido concedidos durante o domínio colonial. Desta vez, intervindo em defesa do seu 'protetorado', os EUA invocaram exatamente aquele princípio para libertar o povo cubano do dever de pagar tal 'dívida', que classificaram de *dívida odiosa*, conceito que foi depois integrado no Direito Internacional.

Já em 1918, foi a vez de a Rússia revolucionária se recusar, com aquele fundamento, a pagar a dívida contraída pelo Czar Nicolau II.

Também sabemos que, ao menos durante a primeira década posterior ao fim da 2ª Guerra Mundial, vários países beligerantes (entre os quais o RU e os EUA) conseguiram reduzir o montante das suas dívidas soberanas graças à inflação, que lhes permitiu amortizar a dívida em moeda com menos poder de compra e pagar os juros a taxas reais negativas.

Toda a gente considerou isso natural, e os 'investidores' tiveram de dar o seu contributo, porque os estados controlavam então os movimentos de capitais (a *fuga de capitais* era um crime passível de pena de prisão) e controlavam estritamente a atuação da banca (nacionalizada, em boa parte, no RU, na França e em outros países europeus).

No início deste terceiro milénio, o Governo de Nestor Kirchner comunicou ao FMI que não podia continuar a martirizar o seu povo, pelo que a Argentina suspenderia o pagamento dos encargos da dívida até que pudesse retomá-lo. O povo argentino passou momentos difíceis. Durante dois anos, a Argentina teve de recorrer a uma moeda paralela (o *corralito*), e o PIB baixou 4,5% em 2001 e 11% em 2002. Mas nos anos seguintes a economia cresceu a taxas entre 4% e 8%, o desemprego diminuiu significativamente, o país acabou por conseguir uma redução do montante da dívida e das taxas de juro e a prorrogação dos prazos de pagamento, e pagou a dívida ao FMI em 2006.

Em 2003, depois da ocupação do Iraque, os EUA invocaram o mesmo princípio para legitimar o não pagamento, pelo governo que tinha colocado à frente do Iraque, das dívidas contraídas por Saddam Hussein, alegando que o povo iraquiano não podia ser obrigado a pagar "dívidas contraídas em benefício do regime de um ditador em fuga". E o princípio valeu: os principais credores (Alemanha e França) aceitaram um perdão de 80% dos créditos que tinham apresentado para cobrança.

Como é sabido, no âmbito da presente crise iniciada em 2007/2008, a Islândia recusou as exigências dos seus credores (sobretudo bancos ingleses e franceses, que tinham 'colonizado' os bancos islandeses), julgou e condenou os responsáveis pela bancarrota dos bancos, foi à sua vida e não se deu mal.

Apesar destes antecedentes, no caso da Grécia (de Portugal e de outros países), o princípio da renegociação e reestruturação da dívida tem sido recusado como 'subversivo'. E, no entanto, até o antigo conselheiro de Durão Barroso (atrás referido) defende, sem hesitações, que "Portugal deve procurar obter uma redução da dívida oficial" [a dívida junto dos países do euro], insistindo em que, para além de uma "reestruturação dos bancos", Portugal precisa de "um perdão da dívida que reduza os pagamentos a título de juros".

19.4. A História regista várias outras situações em que os países devedores foram autorizados a suspender o pagamento dos encargos da dívida durante os períodos de recessão e a dosear o montante dos encargos anuais a pagar em função de determinados indicadores (evolução do PIB, das receitas fiscais, do valor das exportações).

A História ensina também que há muitas formas de resolver os mesmos problemas. E a Alemanha deveria estar entre os primeiros países a não esquecer as lições da História. Tal como acontece com as

O PRINCÍPIO MALDITO DA REESTRUTURAÇÃO DA DÍVIDA...

pessoas e as instituições, também a História dos povos é feita de grandezas e misérias. E cada um tem que assumir a sua História por inteiro. Também a Alemanha, sem ter que ignorar as suas grandezas, não pode esquecer as suas misérias.

A Alemanha não pode esquecer que foi o devedor mais relapso ao longo do século XX, durante o qual cometeu, contra os povos da Europa e de todo o mundo, gravíssimos *crimes conta a Humanidade.*

A Alemanha não pode esquecer que as tropas da Alemanha nazi assassinaram, em 1940, mais de um milhão de gregos (muitos deles *deliberadamente mortos pela fome*), infligindo também à Grécia enormes prejuízos materiais, para além do roubo de obras de arte sem preço.

A Alemanha não pode esquecer que, apesar de tudo isso, beneficiou do perdão de dívidas, contando-se a Grécia (e também a Espanha e a Irlanda) entre os países que, nos termos do *Acordo de Londres* (assinado em 27 de fevereiro de 1953), perdoaram dívidas à Alemanha, apenas oito anos depois do fim da Guerra.

Efetivamente, este *Acordo de Londres* reflete a solução encontrada para resolver o problema da dívida da Alemanha (uma dívida avaliada em 32 biliões de marcos), após negociações com 26 países credores (os principais eram os EUA, o RU, a Holanda e a Suíça).

Durante a conferência realizada em Lancaster House, o chanceler da RFA, Konrad Adenauer escreveu uma carta aos credores lembrando-lhes que era necessário "ter em conta a situação econômica da RFA", a necessidade de ter em conta, nomeadamente, "o facto de a dívida e os encargos da dívida não aumentarem ao mesmo tempo que o crescimento econômico diminui".

E os credores não tiveram dificuldade em compreender que impor à RFA políticas recessivas e fazer exigências duras no que toca ao pagamento da dívida não era o melhor caminho para assegurar a melhoria do nível de vida dos alemães e para garantir as condições para que a RFA pudesse pagar a dívida.

ANTÓNIO JOSÉ AVELÃS NUNES

Os EUA propuseram o perdão total da dívida contraída pela Alemanha após a 2ª Guerra Mundial, mas o compromisso acabou por ser estabelecido nestes termos: *a)* perdão de 50% da dívida alemã (entre os credores que perdoaram dívida alemã estavam a Espanha, a Grécia e a Irlanda); *b)* diferimento *sine die* das dívidas de guerra que seriam reclamadas à RFA (alguns autores admitem, por isso, que o perdão das dívidas da Alemanha terá rondado os 90%)[231]; *c)* redução considerável da taxa de juro (limite máximo de 5%); *d)* possibilidade de a RFA pagar na sua própria moeda; *e)* reescalonamento do pagamento dos restantes 50% para um prazo de trinta anos (algo mais para uma parcela desta dívida, de tal forma que a Alemanha só em 1990 pagou dívida contraída em 1920); *f)* o pagamento dos encargos da dívida seria feito apenas se houvesse saldo positivo da balança comercial da Alemanha, que não seria obrigada a lançar mão de outros recursos (reservas de divisas ou dívida nova) se não registasse, em dado ano, aquele saldo positivo (para o conseguir, a Alemanha era mesmo autorizada a introduzir barreiras às importações); *g)* o pagamento efetivo dos encargos da dívida foi condicionado à capacidade de pagamento da Alemanha, não podendo o serviço da dívida absorver mais do que 5% do valor das exportações, e admitindo-se a suspensão dos pagamentos e sua renegociação em caso de dificuldades econômicas; *h)* os credores obrigavam-se a permitir à Alemanha garantir de forma duradoura o crescimento da sua economia e a sua capacidade de negociação; *i)* o objetivo global do Acordo era o de permitir à Alemanha condições para prosseguir o crescimento econômico sem sacrificar o consumo dos alemães.

Todos os autores concordam hoje que estas condições concedidas à Alemanha estão entre os fatores mais importantes para explicar o famoso 'milagre alemão' da década de 1950.[232] No início de julho de 2015,

---

[231] Cfr. LAMBERT, Renaud. "Dívida pública: um século de braço-de-ferro". *In: Le Monde Diplomatique*, Ed. Port. março de 2015.

[232] Em sentido inverso, as condições de pagamento da dívida impostas a Portugal e à Grécia constituem verdadeiras *políticas de subdesenvolvimento*, empurrando estes países para um beco sem saída. Em 2013, Portugal pagou (só de juros!) cerca de 8,5 mil milhões de euros (montante equivalente a 40% das remunerações dos trabalhadores da Administração Pública, que representa três vezes a despesa com a Segurança Social e que é superior à

O PRINCÍPIO MALDITO DA REESTRUTURAÇÃO DA DÍVIDA...

foi a vez de Habermas recordar isto mesmo: "A Alemanha deve o impulso que lhe permitiu o salto de que se alimenta ainda hoje à generosidade dos países credores [entre os quais a Grécia, digo eu. *AN*], que, pelo Acordo de Londres de 1953, eliminaram de uma penada cerca de metade das suas dívidas".[233] Porque não se aplica agora, à Grécia e a Portugal, esta mesma receita milagreira, resultante de uma *deliberação política*? Porque se quer, agora, reduzir a *política* à mera *aplicação de regras*?

O conhecimento da História torna ainda mais estranho e mais 'criminoso' que as autoridades da UE tenham optado pela 'condenação' dos países devedores a *políticas de austeridade* que provocaram recessões gravíssimas (25% de quebra do PIB na Grécia; cerca de 6,5% em Portugal), empobreceram e humilharam povos inteiros, aumentaram a dívida externa, reduziram a capacidade de pagamento da dívida (as dívidas da Grécia e de Portugal são impagáveis!) e minaram gravemente as bases da soberania nacional destes países. A UE, em vez de ajudar os 'países do sul' a melhorar as suas economias, empresta-lhes dinheiro a taxas de juro agiotas e obriga-os a utilizar esse dinheiro apenas para pagar os encargos da dívida e para ajudar os bancos (exigência dos *Memorandos de Entendimento* impostos à Grécia e a Portugal), asfixia-os com *políticas de austeridade*, 'confisca' as suas empresas públicas estratégicas, transforma-os em verdadeiras colónias.

A esta luz, impressiona-me muito que, perante as dificuldades por que passa o povo grego, alguns setores políticos e da comunicação social dominantes na Alemanha (talvez refletindo os sentimentos de uma parte da opinião pública alemã) tenham ido ao ponto de 'aconselhar' os gregos a vender o Parthénon e as ilhas do Mar Egeu, e os portugueses

---

despesa com o SNS). Estima-se que, entre 2015 e 2019, estes encargos representem 5,2% do PIB, cifra muito superior às estimativas otimistas do FMI quanto ao investimento nesse mesmo período: cerca de 2,4% em média anual. Como é possível o crescimento, num país que, ainda por cima, com as privatizações das grandes empresas, vê sair para o estrangeiro (a título de exportação de lucros) uma percentagem importante do rendimento criado em Portugal. É uma situação de *dependência* semelhante à das colónias.

233 Informação colhida em http://luizmullerpt.wordpress.com/2015/07/02/a-escandalosa-politica-da-europa-para-cpm-a-grecia-por-jurgen-habermas/

a embarcar na "jangada de pedra" (tomando o título de um livro de José Saramago) rumo ao Brasil (para se juntarem aos índios da selva amazónica, pensarão eles...). É uma provocação primária e uma ofensa à dignidade de gregos e portugueses.

E impressiona-me ainda mais que o Ministro das Finanças alemão – – que está sempre a dar lições aos *povos do sul*, exigindo-lhes que paguem as suas dívidas e impondo-lhes pesados sacrifícios punitivos –, tenha vindo a público dizer que a questão das reparações de guerra é assunto do passado. É uma arrogância que ofende o mundo inteiro, semelhante à daqueles que negam o holocausto. Triste sinal dos tempos...[234]

Este ministro alemão e todas as autoridades do seu país sabem muito bem que a Alemanha nunca pagou à Grécia um cêntimo que fosse para indenizar o povo grego pelos danos morais e materiais que lhe foram infligidos pelas suas forças armadas. Não é fácil calcular os danos morais: qual a recompensa por uma pessoa assassinada? E por uma pessoa torturada e condenada a morrer à fome em campos de concentração? E qual a recompensa pelo roubo do património artístico e cultural de um povo? Mas poderão calcular-se os danos materiais. O governo grego fez as contas e anunciou ter direito a reclamar da Alemanha uma indenização de 278 mil milhões de euros pelos danos causados pela agressão da Alemanha nazi. Chegava para resolver os problemas financeiros da Grécia, que refletem, aliás, ganhos fartos do capital alemão.

19.5. Apresentadas em regra, 'patrioticamente', como indispensáveis à salvaguarda da soberania do país e ao cumprimento 'honrado'

---

[234] Uma esperança de que seja feita justiça renasce com as declarações de Joachim Glauck, Presidente da Alemanha, que em 2 de maio de 2015 declarou ao jornal *Sueddeutsche Zeitung* que os alemães de hoje são "descendentes daqueles que deixaram atrás de si uma senda de destruição na Europa durante a II Guerra Mundial", e, referindo-se especificamente á Grécia, reconheceu que, "vergonhosamente, há muito tempo que nos preocupamos pouco" com ela. Conclui que "o correto, para um país com consciência histórica como a Alemanha, é considerar as possibilidades existentes para a reparação dos danos causados". Num quadro tão pobre de ética, é um sinal positivo. Cfr. *Avante!*, 7 de maio de 2015.

O PRINCÍPIO MALDITO DA REESTRUTURAÇÃO DA DÍVIDA...

dos compromissos assumidos, as *políticas de austeridade* têm-se traduzido, pelo contrário, no 'confisco' da soberania dos povos 'condenados' a sofrê-las, obrigados a pagar dívidas que alguém contraiu abusivamente em seu nome, dívidas que eles não podem pagar.

"Se quiser ser realista – escreveu Paul Krugman, que invoco de novo –, a Europa tem de se preparar para aceitar uma redução da dívida, o que poderá ser feito através da ajuda das economias mais fortes e de perdões parciais impostos aos credores privados, que terão de se contentar com receber menos em troca de receber alguma coisa".

"Só que realismo – comenta Krugman – é coisa que parece não abundar". No entanto, alguns partidos de esquerda e vários autores (entre os quais me incluo, na minha modéstia) têm vindo a defender que países como a Grécia e Portugal não poderão suportar por mais tempo as consequências das políticas recessivas que lhes estão a ser impostas nem os sacrifícios que estão a ser exigidos aos seus trabalhadores, e a defender a urgência de se pôr de pé, de forma concertada entre vários países vítimas da "paixão europeia pela austeridade", um movimento que se empenhe em organizar e fazer vencer um *programa de reestruturação da dívida* destes países.

Com muitos outros autores, defendo que as negociações com este objetivo devem ser antecedidas de uma *auditoria cidadã* às contas dos estados devedores, para se apurar – *em termos políticos* (e não puramente técnicos), com a participação dos cidadãos, dos sindicatos, dos partidos políticos – em que condições essa dívida foi contraída e qual o destino dos fundos tomados de empréstimo, por forma a saber-se qual a parte dessa dívida que deve ser considerada *dívida ilegítima* (ou mesmo *dívida odiosa*). Porque o Direito Internacional reconhece que os povos têm o *direito* de não pagar as *dívidas ilegítimas* e as *dívidas odiosas* e os governos que respeitem o mandato dos seus eleitores têm o *dever* de não as pagar.[235]

---

[235] Cfr. CHESNAIS, François. *Les Dettes Illégitimes*: Quand les Banques font Main Basse sur les Politiques Publiques. Paris: Raisons d'Agiraris, 2011.

ANTÓNIO JOSÉ AVELÃS NUNES

Passada esta fase, uma *renegociação* e *reestruturação da dívida soberana* deve atender a estes pontos essenciais: fixação de um período razoável de carência (suspensão do pagamento dos encargos da dívida e da sua amortização); redução do montante da dívida (por exemplo, a que ultrapassa 60% do PIB), por perdão, mutualização ou outro instrumento; baixa da taxa de juro; alargamento dos prazos de pagamento; doseamento dos pagamentos a efetuar anualmente em função do volume das exportações ou da taxa de crescimento do PIB; reconhecimento do direito de suspender a satisfação dos encargos da dívida nos anos de recessão.

A verdade, porém, é que, por mais sensata que ela seja, esta ideia da renegociação e reestruturação da dívida tem tido a oposição radical dos santuários mais fundamentalistas do neoliberalismo, entre os quais o BCE, que vê no velho dogma das *finanças sãs* a panaceia capaz de resolver todos os problemas. Acreditam estes fanáticos da *austeridade* (exigida para garantir a estabilidade dos preços e o equilíbrio orçamental) que só ela pode gerar *confiança* (dos 'mercados' e dos investidores) e que só a *confiança* pode criar emprego.

O problema é que a confiança está a fazer-se rogada, exigindo cada vez mais sacrifícios aos trabalhadores. A recessão acentua-se e prolonga-se e o desemprego aumenta... É o resultado conhecido das velhas receitas liberais, pré-keynesianas, que, até ao início da década de 1970, se julgavam mortas e enterradas. Em nome da ortodoxia neoliberal, em vez de se combater o desemprego, atacam-se os desempregados, como se fossem criminosos[236], e "conduzem-se países à falência para evitar a falência de bancos".[237]

19.6. Mesmo nesta *Europa austeritária*, receou-se, a certa altura, que o 'inferno' para que vinham empurrando a Grécia poderia obrigar

---

[236] Não espanta que assim seja, se tivermos presente que todos os *ayatholas* do neoliberalismo (Hayek, Milton Friedman e todos os clérigos desta 'religião') consideram que o desemprego é um problema menor, porque o desemprego é sempre *desemprego voluntário*. Para maiores desenvolvimentos, ver o meu livro *Uma Volta ao Mundo das Ideias Económicas*: Será a Economia uma Ciência? Coimbra: Almedina, 2008. pp. 115ss.

[237] Cfr. CASTELLS, Manuel, *A quién sirve el euro?*, disponível em "http://viva.org.co/cajavirtual/svc/articulo%2014".

O PRINCÍPIO MALDITO DA REESTRUTURAÇÃO DA DÍVIDA...

este país a declarar a cessação de pagamentos e o abandono do euro. E vários autores avisaram que a Grécia poderia não ir sozinha para o 'inferno'. Entre outros, Paul Krugman: "É fácil ver como esta pode ser a primeira peça de um dominó que se estende a grande parte da Europa, (…), que pode tornar-se no centro de uma nova crise financeira".[238]

Neste contexto, começou a ganhar terreno, em meados de 2011, a ideia da inevitabilidade da reestruturação da dívida externa grega, processo que começou a pôr-se em prática, mais na sombra do que às claras, porque a posição oficial era (e ainda é…) a de recusar qualquer ideia de renegociação e reestruturação da dívida.

O então Presidente do *Eurogrupo* começou a falar da necessidade de uma *reestruturação soft* da dívida grega. E, em finais de junho/início de julho de 2011, a Alemanha e a França (que, talvez por defeito de fabrico, sempre gostaram de se substituir à 'Europa') começaram também a dar sinais de alguma flexibilidade, admitindo a renegociação com a participação voluntária dos bancos privados. Talvez tenham concluído que esta poderia ser a solução para acautelar da melhor maneira os interesses dos 'seus' bancos, com elevado grau de exposição à dívida grega, e para não se arriscarem a perder o *deutsche euro*, que tão bons serviços tem prestado aos poderes imperiais.

De acordo com as notícias vindas a lume, no início de julho de 2011, os bancos privados (sobretudo franceses e alemães) aceitaram reformar 70% da dívida de curto prazo e de médio prazo, substituindo-a por títulos de dívida pagável num prazo de trinta anos, com uma taxa de juro entre 5,5% e 8%, conforme a taxa de crescimento do PIB grego que vier a verificar-se. Os especialistas chamaram a atenção para o facto de esta operação (que teve o acordo da entidade que congrega a banca europeia, a *Autoridade Bancária Europeia* – EBA) assentar em um novo 'produto financeiro', particularmente complexo, que poderá conduzir a uma situação idêntica à que decorreu dos empréstimos *subprime* nos EUA.[239]

---

[238] Cfr. KRUGMAN, Paul. *Acabem com esta Crise já!*. Lisboa: Editorial Presença, 2012.

[239] Cfr. MÜNCHAU, Wolfgang. "The Greek rollover pact is like a toxic CDO". *In: Finantial Times* 4 de julho de 2011.

Esta solução teve como contrapartida a condenação da Grécia à adoção de mais medidas de austeridade, pouco compatíveis com o estatuto de um estado soberano. Fortemente pressionadas, as autoridades gregas aceitaram o 'acordo' ("rollover agreement"), que lhes foi imposto. Mas quando o Primeiro-Ministro Papandreou falou em ouvir o povo através de referendo, puseram-no na rua.

Em março de 2012, deram-se mais alguns pequenos passos no mesmo sentido.

No entanto, apesar de o governo grego da altura ter sido 'nomeado' pela *troika* e pelos 'mercados', os créditos dos 'sócios' da *troika* não entraram no acordo. E a *troika* impôs condições (compensação aos credores, recapitalização da banca, etc.) que quase esvaziaram os efeitos positivos desta 'reestruturação'. Para entregar mais uma prestação do empréstimo concedido à Grécia a *troika* impôs ainda um novo *programa de austeridade*, persistindo – apetece dizer *criminosamente* – em condenar o povo grego a mais desemprego e a mais miséria e em destruir a economia do país, obrigando a Grécia a um programa de privatizações que transfere para as mãos do grande capital estrangeiro (com os alemães na primeira linha), a preços de saldo, o que resta do setor empresarial do estado.

Para comemorar a façanha, o Ministro das Finanças alemão e o porta-voz da Comissão Europeia apressaram-se a dizer que, aliviada um pouco a carga, o governo grego tinha de cumprir escrupulosamente as exigências da *troika*…, exigências que, ainda que não escrupulosamente cumpridas, produziram, no período entre 2010 e 2012, uma diminuição acumulada do PIB de 25%, e conduziram a uma taxa de desemprego próxima dos 27%.

Esta reestruturação viciada não corrigiu nada na trajetória da dívida grega, antes agravou a situação geral no país. A tal ponto que foi inevitável uma nova reestruturação, mais uma vez 'comandada' pela *troika* (ou pela Alemanha, disfarçada de *troika*). Após as eleições de junho de 2012 (marcadas pela escandalosa chantagem sobre o povo grego e pela ingerência nos assuntos internos da Grécia por parte das agências e

O PRINCÍPIO MALDITO DA REESTRUTURAÇÃO DA DÍVIDA...

dos estados ao serviço do capital financeiro), o governo de coligação (conservadores e socialistas) anuncia o seu propósito de renegociar as condições da dívida, aceitando cumprir as 'metas' impostas pelos credores. Desta vez, entraram também os créditos das entidades representadas na *troika*. O resultado – tanto quanto se sabe – traduziu-se na concessão de um período de carência; no adiantamento de parte do dinheiro emprestado para financiar a recompra de dívida externa grega no mercado secundário a um preço inferior ao da sua emissão (o que configura, indiretamente, uma redução da dívida); no compromisso de entregar ao estado grego os lucros obtidos pelo BCE nas operações sobre a dívida grega; no perdão de parte da dívida; no aumento dos prazos de maturidade dos empréstimos e na baixa das taxas de juro.

Teriam feito o justo e o correto se estas facilidades tivessem sido concedidas antes de as políticas de austeridade terem destruído a economia grega e terem privado o estado grego de meios para promover o desenvolvimento autónomo do país. É óbvio, de todo o modo, que não se trata de reestruturação a sério, porque, depois dos malefícios infligidos ao povo grego (que o deixaram praticamente exangue), as medidas adotadas não proporcionam à Grécia condições mínimas para poder fazer crescer a sua economia, gerar emprego e criar riqueza.

19.7. Apesar de algumas cedências na prática, o princípio da reestruturação e negociação da dívida soberana dos países mais fracos e mais sujeitos aos chamados choques assimétricos (Grécia, Portugal e outros pequenos países da zona euro) continua a ser oficialmente recusado, em nome da boa moralidade doméstica, segundo a qual quem deve paga! O contrário é algo de 'subversivo'.

A persistência nesta atitude absurda só poderá conduzir a uma situação em que estes países sejam empurrados para fora do euro, ainda que contra a sua vontade. A menos que estes países aceitem ser 'escravos', continuando a aplicar as *políticas de austeridade* que têm criado verdadeiras tragédias humanitárias sem terem resolvido nenhum dos problemas de equilíbrio financeiro que se propuseram resolver.

A verdade é que todos sabem (UE, BCE, FMI, até o Ministro Schäuble) que esta dívida grega (como a dívida contraída pelos governos portugueses) é impagável. No início de 2015, o *Financial Times* reconhece (27.1.2015) que "o reembolso da dívida [da dívida imputada à Grécia] implicaria que a Grécia se transformasse numa economia escrava". É isto mesmo que pretendem os defensores das *políticas de austeridade* e os devotos das *regras alemãs* da UEM: 'escravizar' os *devedores*, transformando os estados do sul em *colónias* da *Europa alemã*, com *economias escravas*. É isto que está em causa. O resto é pura encenação.

Contra este projeto colonialista e esclavagista, é imperioso, a meu ver, desmontar o 'argumento' de que a zona euro tem *regras* e de que todos têm de as aceitar e de as cumprir 'religiosamente'.

Os *aplicadores das regras* (que muitas vezes são aqueles que as definem) vêm-se comportando como verdadeiros administradores coloniais e têm provocado danos gravíssimos à vida democrática, à economia, à soberania e à dignidade dos povos submetidos ao *império das regras*. Exercendo o poder sem qualquer controlo democrático (como é próprio do poder imperial), os *aplicadores de regras* julgam-se por certo politicamente irresponsáveis, porque se limitam a cumprir regras e cumprir regras não é fazer política.[240]

Pois bem. É preciso dizer a esses 'irresponsáveis' que essas *regras* foram impostas por uns para subjugar outros e – como sempre fizeram os colonialistas – sem nunca perguntar aos povos 'colonizados' se estavam de acordo com elas. É preciso recordar-lhes que essas regras são concebidas sempre em função dos interesses do capital financeiro contra os interesses e os direitos dos povos.

E, sobretudo, é preciso dizer-lhes que, se essas *regras* empobrecem, humilham, colonizam e escravizam alguns povos (elas *pecam contra a dignidade dos povos* – J.C. Juncker *dixit*), estes não têm que as aceitar, assim como os presos nos campos de concentração não têm de aceitar as *regras do campo*, impostas pelos opressores.

---

[240] Referindo-se às consequências trágicas das políticas de austeridade impostas a Portugal e à Grécia pelos responsáveis das *troikas*, Philippe Legrain comenta: "Mas as pessoas que cometeram estes erros não foram responsabilizadas. E depois perguntam-se porque é que os europeus já não gostam da Europa. É surpreendente?" (*Público*, 11 de maio de 2014).

O PRINCÍPIO MALDITO DA REESTRUTURAÇÃO DA DÍVIDA...

Como todos os povos colonizados, os países condenados à *escravidão por dívidas* têm o direito e o dever de lutar contra as *regras* impostas pelos colonizadores, que atentam contra a sua dignidade. É um direito reconhecido pela Carta das Nações Unidas. Os democratas só podem estar ao lado dos povos que lutam contra essas *regras* e essas *políticas de austeridade*, tal como estiveram contra o *colonialismo* e contra o *apartheid* (um *crime contra a Humanidade*), porque ninguém tem o direito de ofender a dignidade de povos inteiros e de os condenar ao estatuto de *colônia*s, com *economias escravas*.

XX

A HIPÓTESE DA SAÍDA DO EURO

20.1. Perante o quadro que fica exposto nas páginas anteriores, tem-se discutido a questão de saber se a solução preferível para estes países não será mesmo a cessação de pagamentos, seguida da saída da Eurozona (abandono do euro) e da renegociação forçada da dívida.[241]

---

[241] Sobre esta problemática, ver LAPAVITSAS, Costa; KALTENBRUNNER, Andreas; LAMBRINIDIS, George *et al.* "Eurozone Crisis: Beggar Thyself and Thy Neighbour". *RMF Occasional Report*, março de 2010 e "The Eurozone Between Austerity and Default". *RMF Occasional Report*, setembro de 2010, ambos disponíveis em www. researchonmoneyandfinance.org. CASTELLS, Manuel, *A quién sirve el euro?*, disponível em "http://viva.org.co/cajavirtual/svc/articulo%2014, é uma das muitas vozes que defendem o abandono do euro por parte de países como a Espanha, por não fazer sentido "defender até ao último grego" uma moeda "que está condenada porque exprime economias divergentes e não tem um estado por trás dela". Reconhecendo que o abandono do euro "causará problemas de transição na economia e nos nossos bolsos, em condições que dependem do modo como se verificar a transição", Manuel Castells sublinha as vantagens desta opção: "recuperaríamos a soberania sobre a política econômica, ajustar-se-ia a realidade monetária e financeira à economia real, incrementar-se-ia a competitividade, ganhando mercados externos e internos, haveria uma explosão de turismo [na Espanha]. Poderia reativar-se a economia emitindo moeda. E portanto incrementar-se-ia o emprego. Porque o essencial é crescer, não flagelarmo-nos".
Num livro de 2012, LOUÇÃ, Francisco e MORTÁGUA, Mariana (*A Dívida - (Dura)*: Portugal na Crise do Euro. Lisboa: Bertrand Editora, 2012.) expõem, no Capítulo I da Parte I, as dificuldades e problemas que podem resultar da saída de Portugal do euro, razões perante as quais os autores concluem (p.28) que, "no contexto atual, a saída do

ANTÓNIO JOSÉ AVELÃS NUNES

Em Portugal, esta solução tem sido defendida por João Ferreira do Amaral. Embora admitindo possíveis vantagens de uma *moeda comum da UE* (que coexistisse com as moedas nacionais dos países que desejassem mantê-las), este autor mostrou muitas reservas à criação do euro como *moeda única*, por entender que faltavam em absoluto os requisitos técnicos (e políticos) exigidos para o bom funcionamento de uma *zona monetária ótima*. E nunca viu com bons olhos a nossa entrada para o euro nas condições em que ela se verificou.[242]

Mas já em junho de 2011 J. Ferreira do Amaral sustentava que "os políticos têm de começar a pensar numa saída airosa do euro enquanto ainda há tempo". Impressiona particularmente o paralelismo que faz com a situação desesperada de Portugal perante a guerra colonial, que provocou a rotura revolucionária em 25 de Abril de 1974. "A situação é comparável, com as devidas distâncias, à Guerra Colonial. Durante a guerra – alega Ferreira do Amaral – a única coisa que sabíamos é que ela não era sustentável a prazo, que teria de acabar".[243]

No livro atrás referido, João Ferreira do Amaral regressa ao tema, procurando explicar "porque devemos sair do euro" (é o título do livro). Depois de uma síntese muito clara das razões que, desde o início, o levaram a denunciar o erro da nossa adesão ao euro, faz um diagnóstico das consequências desta decisão errada, com base no qual defende que

---

euro é a pior de todas as soluções", solução que "só se pode aceitar quando não exista rigorosamente nenhuma outra, quando se esgotarem todas as alternativas, quando a sobrevivência o exigir". Os autores admitem, porém, que esta 'solução' possa ser-nos imposta "por vontade do diretório europeu", mas só aceitam que ela seja encarada pelos portugueses se, "perante o descalabro das instituições e das regras europeias", a nossa independência estiver em causa e "Portugal não tiver outra solução que não seja abandonar a União Europeia e, em consequência, o euro, para recuperar a capacidade de decisão". Se se chegar a este ponto, os autores entendem ser "necessário que a maioria da população esteja empenhada nessa resposta, de modo a condicioná-la pela força dos movimentos populares e da defesa dos interesses do trabalho".

[242] Na altura da adesão de Portugal ao euro, em termos partidários só o Partido Comunista Português se manifestou contra esta opção. Entre os autores, para além de J. Ferreira do Amaral, foram poucos os autores que repudiaram publicamente a aventura *eurista*: apenas os autores ligado política ou ideologicamente ao PCP (entre os quais me incluo).

[243] Ver o artigo do Autor em *Diário de Notícias*, 20 de junho de 2011.

A HIPÓTESE DA SAÍDA DO EURO

a própria salvaguarda da nossa sobrevivência como país independente aconselha a saída do clube do euro.[244]

Outro defensor da saída de Portugal do euro é Octávio Teixeira. Num texto de novembro de 2012 defende que a saída do euro "é uma necessidade objetiva para a viabilização do País".[245] Invocando os efeitos negativos para a economia portuguesa da sobrevalorização do euro a partir de 2003 (que estima entre 30% e 40%), sustenta que o relançamento da economia com base no aumento da produção só é viável se forem repostos os equilíbrios estruturais da economia, o que exige necessariamente a "adequação do preço da moeda à realidade e à estrutura econômicas do País". Por outras palavras: o aumento da produção em condições de competitividade externa (quer no que toca às exportações quer no campo da substituição de importações) tem de passar pela "desvalorização estrutural da moeda, o que implica a saída do euro e a recuperação da soberania monetária". Sem se dar este primeiro passo, conclui o Autor, nenhuma estratégia de re-industrialização do País será viável.

Num artigo de 2013, Carlos Carvalhas analisa também a problemática da saída de Portugal do euro e, se bem vejo, a sua análise não

---

[244] Embora com diferente enquadramento ideológico, também BRAZ TEIXEIRA, Pedro (*O Fim do Euro em Portugal?*, Conjuntura Actual Editora, 2012. p. 149) aponta deficiências estruturais ao euro, sustenta que o euro tem sido um fracasso (em termos nacionais e em termos europeus), concluindo que "o euro não tem condições de sobrevivência". No que diz respeito à participação de Portugal no euro, entende que não foi uma boa opção, que "a gestão macroeconômica da [nossa] adesão ao euro não podia ter sido pior" e conclui que da nossa permanência no euro (se ele sobreviver...) só podem esperar-se salários quase congelados e desemprego mais elevado, com muita dificuldade em diminuir. Nas páginas 161ss pode ver-se uma síntese dos argumentos que, segundo o Autor, podem invocar-se a favor e contra a manutenção do (no) euro.

Analisando os prós e os contras da saída do euro, também TELES, Nuno e ABREU, Alexandre ("Sair do euro não é suficiente, mas é necessário". *In: Le Monde Diplomatique*, Ed. Port., maio de 2013) se inclinam a favor da saída do euro por parte de Portugal: "Democracia é poder decidir o nosso futuro. Sair do euro não é suficiente, mas é uma condição necessária".

A problemática de um eventual abandono do euro por parte de Portugal é também equacionada no artigo, já citado, de João Galamba.

[245] Cfr. "Sair do euro é preciso". *In: Avante!*, 8 de novembro 2012.

299

anda longe dos pontos de vista que eu próprio venho defendendo. Escreve o Autor: "O debate não se pode situar, nem numa saída com simplicidade esquemática, nem num quadro de apocalipse wagneriano, no estilo dos helicópteros do filme de Coppola. (...) A saída é complexa; tem desde logo consequências difíceis, negativas, já referenciadas por muitos, pelo que teria de ser negociada e compensada, pois ela também poderá trazer benefícios para a zona euro, designadamente para o seu núcleo duro – Alemanha, Holanda, Finlândia e Áustria. Por isso, a negociação e a compensação, podendo trazer benefícios para várias partes, pode tornar-se realista".[246]

20.2. – Pessoalmente, pesando bem as suas consequências no plano da economia e no plano social, entendo que uma decisão unilateral de saída do euro não pode ser tomada de ânimo leve.

Em geral, os autores salientam as dificuldades que uma saída do euro implicará para os trabalhadores, especialmente os trabalhadores dos países mais débeis, que são aqueles para os quais esta hipótese se coloca com mais premência, por força das circunstâncias ou por imposição dos *credores*. Alguns parecem, no entanto, admitir que uma tal decisão pode, por si só, desencadear efeitos positivos. É o caso de Costas Lapavitsas e outros: "se fosse seguido o caminho do não pagamento, renegociação da dívida e saída do euro, ele conduziria a uma mudança na correlação de forças em favor do trabalho. Por isso ele quebraria as amarras do conservadorismo e do neoliberalismo na Europa".[247]

---

[246] Cfr. CARVALHAS, Carlos. "O euro: questão fundamental na resposta à crise". *In: Le Monde Diplomatique,* Ed. Port., maio de 2013.

[247] LAPAVITSAS, Costas; KALTENBRUNNER, Andreas; LAMBRINIDIS, George *et al.* – "The Eurozone Between Austerity and Default". *RMF Occasional Report*, pp. 47/48, setembro de 2010.
Em entrevista recente concedida a Sebastian Budgen, editor da revista *Historical Materialism* (*https://www.jacobinmag.com/2015/09/grexit-popular-unity-eurozone-bailout-drachma/*), Costas Lapavitsas talvez dê uma perspetiva mais correta do seu ponto de vista. Na sua ótica, para uma "saída progressista" do euro, é necessário entender que a chave reside em que "a união monetária e a moeda estão no ponto central do conflito de classe na Grécia e em muitos outros países europeus. A política de classe é essencial ao debate sobre o euro. A esquerda deveria aspirar a mudar a moeda, não por qualquer

A HIPÓTESE DA SAÍDA DO EURO

Por mim, não vejo como é que a opção pela saída do euro poderia provocar, por si mesma, a referida alteração na correlação de forças em sentido favorável aos trabalhadores. O que poderá dizer-se é que a decisão de 'sair do euro' seria mais fácil de tomar e teria talvez consequências menos gravosas se se verificasse, no país em causa, uma correlação de forças favorável aos trabalhadores e às suas organizações. Creio que, neste momento, não é esta a situação, nem em Portugal nem em nenhum dos demais países vítimas do sistema da moeda única e da especulação contra o euro.[248]

A meu ver, uma análise fria da situação obriga a admitir que os riscos de uma tal decisão são sérios e de vária ordem. Para além dos riscos de fuga de capitais e até de corrida aos bancos para levantamento dos depósitos, o abandono do euro implicaria uma *desvalorização* muito acentuada da nova/velha moeda (há quem estime uma desvalorização próxima de 50%).

---

espécie de fetichismo em torno da moeda, mas porque está consciente de que a moeda é a cúpula de uma série de instituições que representam uma classe, e, no caso do euro, uma dominação nacional.

(...) Mudar a moeda na Grécia e mudar os acordos monetários na Europa exigiria mudar tantas coisas que se daria a possibilidade de uma profunda transformação social a favor do trabalho e contra o capital. (...) Para mudar a moeda seria bom um perdão da dívida. Esta é uma questão de classe central. (...) Para mudar a moeda, seria necessário acabar com a austeridade. Mas acabar com a austeridade significa atacar o capital financeiro e reverter a financeirização da economia de modo radical. Isso significa também mudar o rumo da política fiscal para servir os interesses das classes trabalhadoras, reduzindo o desemprego. Estas são também questões de classe.

Para mudar a moeda, seria necessário também nacionalizar os bancos e colocá-los sob o controlo do estado, ao mesmo tempo que se implementa um perdão da dívida para as famílias e para as empresas familiares. Esta é de novo uma questão de classe.

Mudar a moeda exigiria também um plano de desenvolvimento para a Grécia que se centrasse no desenvolvimento da agricultura e da produção industrial e não no do mundo das finanças. Isto é de novo uma questão de classe que tem de ser resolvida a favor dos interesses dos trabalhadores.

Por último, mudar a moeda significaria transformar o estado para permitir a sua intervenção na economia a favor dos interesses dos trabalhadores, ao mesmo tempo que se reforçam os seus direitos democráticos".

[248] Há quem invoque a experiência da Argentina, na sequência da crise que a afetou no início da década de 2000. Mas esta foi uma experiência paralela (não idêntica) à dos atuais países do euro. O mesmo se diga da experiência da Islândia, na sequência da crise aberta em 2007/2008.

Reconheço sem dificuldade que Portugal precisa de desvalorizar a moeda com que opera, porque com a adesão ao euro sofremos uma sobrevalorização não inferior a 40%, que constitui uma barreira muito forte à nossa competitividade (nos mercados externos e no mercado interno) e à nossa capacidade de crescimento económico. E sei bem que essa desvalorização não é possível no quadro da UEM.

Não podemos esquecer, porém, que as políticas seguidas nos últimos trinta anos se traduziram numa verdadeira gestão danosa de fundos públicos, assente em esquemas de alta corrupção, para enriquecer clientelas (são casos notórios os fundos destinados à agricultura e à formação profissional e os que foram 'enterrados' nas PPP) e para favorecer as atividades económicas centradas em produtos não-transacionáveis (auto-estradas e grande distribuição), cujo financiamento é responsável por uma boa parte da dívida externa portuguesa. A gestão dos fundos comunitários, em vez de promover a necessária reestruturação e modernização da nossa economia e a melhoria da qualificação académica e da formação profissional dos trabalhadores portugueses, orientou-se no sentido da destruição da nossa estrutura produtiva, deitando fora os investimentos feitos na siderurgia, na metálico-mecânica pesada, na construção naval, na marinha mercante, e liquidando a nossa agricultura e as nossas pescas.

É certo que a desvalorização potencia o aumento das exportações e dificulta as importações, ajudando a resolver, conjunturalmente, os problemas da balança de pagamentos correntes. Mas não pode esquecer-se que o valor das exportações portuguesas inclui 40% de bens importados (nomeadamente combustíveis, matérias-primas, equipamentos, *know how*), cujos preços aumentariam por força da desvalorização, o que provocaria o aumento dos custos e dos preços dos produtos exportados.

Isto significa que a desvalorização resultante da saída unilateral do euro arrastaria consigo dificuldades não descartáveis no que toca ao crescimento económico (e, portanto, à criação de emprego), uma vez que o país teria de pagar muito mais caros os bens que tem de importar para garantir a alimentação dos portugueses e para continuar a produzir (e, por maioria de razão, para acelerar o ritmo do crescimento económico).

A HIPÓTESE DA SAÍDA DO EURO

Acresce que a inflação resultante da desvalorização da nova moeda reduziria o poder de compra dos salários, com a consequente diminuição da procura interna, o que afetaria negativamente o conjunto (importante) das pequenas e médias empresas (trabalho-intensivas) que produzem essencialmente para o mercado interno, reduzindo o crescimento e aumentando o desemprego.

A desvalorização da moeda traria também novas dificuldades no acesso ao crédito junto dos mercados internacionais e induziria também o aumento significativo dos encargos da dívida externa (amortização do capital e juros), a pagar em euros.[249]

Apesar de tudo, creio que há boas razões para pensar que as consequências negativas da (forte) desvalorização da moeda e da inflação dela resultante podem ser menos gravosas do que a chamada *desvalorização interna* (tão acarinhada por alguns expoentes da ideologia neoliberal), operada diretamente através dos cortes nos salários, nas pensões e nas prestações sociais do estado, ou seja, através do empobrecimento das pessoas e das famílias e dos portugueses enquanto povo, assim reduzido a um estatuto próximo do das colônias à moda antiga.

Como o peso dos salários nos produtos em que assentam as exportações portuguesas é relativamente pequeno nos custos totais (25%/30%), mesmo um corte 'terrorista' nos salários de 30% não traria um aumento de competitividade superior a 9%. Uma *desvalorização da moeda* de 30% produziria efeitos muito mais rapidamente e de maior impacte na dita competitividade, com a vantagem acrescida de que os efeitos da desvalorização da moeda beneficiariam os setores dos bens transacionáveis (os bens exportados ou que substituem importações), enquanto a redução dos salários atinge todos os setores (incluindo os que dominam monopolisticamente o mercado interno) e gera consideráveis efeitos recessivos na economia.

Por outro lado, embora desfavorável para os que vivem dos rendimentos do trabalho, a *desvalorização da moeda* atinge mais generalizadamente

---

[249] Quanto a este último ponto, não falta, porém, quem entenda (com alguma razão) que a inflação "é a melhor receita para reduzir dívidas". Assim, CASTELLS, Manuel. *A quién sirve el euro?*, disponível em http://viva.org.co/cajavirtual/svc/articulo 14. html.

todos os estratos sociais do que a referida *desvalorização interna*, que se abate exclusivamente sobre os salários e as pensões.

Antecipando alguns dos custos da desvalorização da moeda, Octávio Teixeira admite que dela resultaria alguma pressão inflacionista, calculando que uma desvalorização de 30% da nova moeda provocaria uma inflação entre 8% e 9%, da qual resultaria uma diminuição dos salários reais à volta destes valores. Em sentido contrário, argumenta que as políticas adotadas desde 2011, no quadro do euro e por causa do euro, já provocaram uma erosão do poder de compra dos salários superior à que ele estima como resultado da saída do euro.

Sabendo que as exportações portuguesas contêm uma percentagem importante de bens e serviços importados, Octávio Teixeira, faz as contas com base nas matrizes *input-output* da economia divulgadas pelo INE e conclui que uma desvalorização de 30% da futura moeda portuguesa provocaria uma baixa dos preços das exportações de cerca de 24%, com efeitos positivos imediatos no aumento da produção e do emprego, dando início a um novo ciclo de crescimento econômico.[250]

20.3. A solução da saída do euro implicará sacrifícios, sem dúvida. No entanto, parafraseando Manuel Castells, reconheço ser imperioso impedir que o povo continue a ser flagelado e continue a autoflagelar-se, por culpas que não lhe cabem. E entendo que é igualmente imperioso, para um país como Portugal, recuperar a sua soberania monetária e cambial, que significa a capacidade de decidir soberanamente em questões tão centrais como o recurso à emissão de moeda para financiar políticas públicas, o recurso à manobra da taxa de juro para condicionar e orientar as políticas de investimento e de consumo, o recurso à variação da taxa de câmbio para facilitar a reestruturação do nosso tecido produtivo e para enfrentar dificuldades externas de natureza conjuntural.

---

[250] Em maio de 2013, o Autor retoma o tema, num artigo publicado em *Le Monde Diplomatique* ("Sair do euro e desvalorizar, a opção". *In: Le Monde Diplomatique,* Ed. Port., maio de 2013) e conclui nestes termos: "A questão a colocar é a de como sair do euro, tão cedo quanto possível, e preparar essa saída para limitar os efeitos negativos".

A HIPÓTESE DA SAÍDA DO EURO

Não faltam razões aos que defendem que a permanência de Portugal na Eurozona só agravará a dependência do País, desequilibrando ainda mais a sua estrutura produtiva, que já apresenta um peso muito pequeno da indústria (à volta de 15% do PIB) e um peso quase insignificante do setor primário (2% a 3% do PIB). Depois dos 'aperfeiçoamentos' introduzidos na estrutura da UEM, com as 'regras de ouro' do *Tratado Orçamental* e da *União Bancária*, a permanência na zona euro pode significar, para Portugal, a incapacidade permanente para se desenvolver autonomamente, o empobrecimento humilhante e aniquilador do povo português, a sua redução a um estatuto 'colonial'. Por isso, a hipótese de saída do euro não pode descartar-se em absoluto.

Creio, aliás, que a ausência de crescimento da produção na *Europa do euro*, as crescentes dificuldades colocadas pela *crise do euro* e as políticas cada vez mais violentas impostas pelos países dominantes aos países mais débeis, acentuando a divergência entre os níveis de desenvolvimento e de condições de vida de uns e outros, são fatores que vêm reforçando a razão dos defensores da saída do euro e vêm tornando esta hipótese cada vez mais plausível (talvez inevitável). Serge Halimi faz uma espécie de ponto da situação a este respeito que vale a pena transcrever aqui: "Neste momento, já todos compreenderam que a moeda única e a quinquilharia institucional e jurídica que a sustenta (Banco Central independente e Pacto de Estabilidade e Crescimento) impedem qualquer política que combata, ao mesmo tempo, o aprofundamento das desigualdades e o confisco da soberania por uma classe dominante subordinada às exigências do sistema financeiro".[251]

Não parece legítimo pedir aos povos destes países que continuem a suportar sacrifícios cada vez mais duros e humilhantes para salvar uma 'Europa' sem identidade nem fronteiras, uma 'Europa' que não passa de um grande mercado unificado, à medida dos interesses das grandes potências europeias (nomeadamente a Alemanha), uma 'Europa' governada pelo grande capital financeiro com a cumplicidade de uma mega-estrutura de tecnocratas neoliberais regiamente pagos. Conhecendo esta

---

[251]Ver "Estratégia para uma reconquista" *In: Le Monde Diplomatique*, Ed. Port., setembro de 2013;

'Europa', os *países do sul* só terão a ganhar se forem discutindo e concertando entre si as suas ideias acerca das propostas a apresentar em conjunto às instituições da UE sobre a definição de uma estratégia global para uma eventual saída do euro, de modo a conseguirem reduzir ao mínimo as consequências negativas dessa decisão, se ela vier a revelar-se inevitável.

20.4. Há quem entenda que uma estratégia possível pode passar pelo regresso a uma hipótese muito discutida antes da criação da UEM e que, com certas variantes, tem sido retomada por alguns autores. Refiro-me à consagração do euro como *moeda comum* da UE (a única convertível em moedas de países exteriores a esta zona euro mais reduzida e com novo figurino), que teria o estatuto de *moeda de reserva* para as *moedas nacionais* dos países integrantes desta nova zona monetária mais flexível. No seio desta zona monetária, alguns países que entre si reunissem os requisitos técnico-políticos exigidos por uma *zona monetária ótima* poderiam continuar a adotar o euro como a sua moeda, mas os países que não podem suportar uma moeda tão valorizada poderiam recuperar a sua *moeda nacional,* recuperando do mesmo passo a soberania em matéria de política monetária e cambial. [252]

É, em certa medida, a confissão do falhanço do euro e o reconhecimento de que, ao menos para os países mais débeis da zona euro, a saída da Eurozona é a única solução possível. O problema ganha uma dimensão nova se admitirmos (e não faltam razões para isso) que países grandes e com economias mais fortes têm revelado grandes dificuldades em lidar com as exigências do *deutsche euro.* Estou a pensar – porque creio que a realidade dá crédito a esta hipótese – em países como a Espanha, a Itália e mesmo a França.

---

[252] Num artigo de 2013 Frédéric Lordon ("Sair do euro, mas como?" *In: Le Monde Diplomatique,* Ed. Port., p. 12, agosto de 2013.) defende o abandono deste "euro liberal" ou "euro anti-social", apontando a criação de uma *moeda comum* (talvez não recomendável para todos os atuais países do euro), que permitisse um grau maior de autonomia aos diferentes países no que toca à emissão de moeda, à desvalorização externa da moeda nacional, aos níveis de inflação, à política de taxas de juro, ao montante da dívida pública e do déficit das contas públicas.

A HIPÓTESE DA SAÍDA DO EURO

Concebidos como um instrumento de 'domesticação' dos povos considerados incapazes de autogoverno, o euro (e as 'regras' que o acompanham) são uma das marcas da Europa imperialista e têm-se revelado um poderoso instrumento da *ditadura do grande capital financeiro* no quadro da violenta luta de classes que se desenrola em toda a Europa. A saída do euro aparece, por isso, cada vez mais, como o caminho da 'libertação' para os países que, manifestamente, não têm uma economia capaz de suportar uma moeda tão forte e que não podem esperar da União Europeia (dada a sua natureza e o seu modo de funcionamento) a solidariedade e o impulso para que possam atingir níveis de desenvolvimento compatíveis com as caraterísticas do euro.

A solução da saída do euro implicará sacrifícios, sem dúvida. No entanto, creio ser imperioso, para um país como Portugal, recuperar a sua *soberania monetária e cambial* (a capacidade de decidir soberanamente sobre a emissão de moeda para financiar políticas públicas; o recurso à manobra da taxa de juro para condicionar e orientar as políticas de investimento e de consumo; o recurso à variação da taxa de câmbio para facilitar a reestruturação do tecido produtivo e para enfrentar dificuldades externas de natureza conjuntural; a possibilidade do controlo dos movimentos de capitais; a possibilidade de jogar com a inflação). E recuperar a sua *soberania plena*, para impedir a pilhagem dos recursos naturais e das empresas estratégicas que constituem o pilar da soberania, e para readquirir a capacidade de decidir soberanamente sobre o próprio futuro.

A saída do euro é, pois, uma atitude patriótica. E como a essência da democracia reside na possibilidade de ser o povo a decidir livremente o seu destino coletivo, a saída do euro é também uma atitude de defesa e salvaguarda da democracia. É hoje claro que dentro da Eurozona não é pensável uma política de esquerda, nem sequer uma política de inspiração keynesiana. A única política admitida na *Europa do euro* é a que consta das *regras alemãs* do Tratado de Maastricht, da UEM e do Tratado Orçamental, que traduzem as *opções políticas do grande capital financeiro* e visam substituir a *política democrática* pela *aplicação de regras*. A saída do euro começa a surgir, aos olhos de muitos, como um imperativo das forças de esquerda, interessadas em pôr de pé uma política de defesa dos interesses dos trabalhadores. Poderá não ser suficiente, mas é indispensável.

307

ANTÓNIO JOSÉ AVELÃS NUNES

Sustentam outros que a saída destes países mais débeis do clube do euro pode ser vista também como uma 'libertação' para os países dominantes, que deixariam de perder tempo com as perturbações e os desequilíbrios provocados pelos povos que, segundo a leitura dos 'países dominantes', gostam de viver acima das suas posses.

Se este diagnóstico for correto, talvez possam reunir-se as condições que evitem uma saída do euro unilateral (litigiosa), por parte de países como Portugal, condições que permitam que esta saída seja convenientemente preparada, no plano técnico e no plano político, no âmbito de um acordo negociado com as autoridades da UE.

Vale a pena refletir sobre um outro aspeto. Se bem vejo, a saída do euro só faz sentido se for enquadrada por um conjunto de medidas que teriam de passar pela nacionalização da banca e pelo controlo dos movimentos de capitais[253]; pela nacionalização de setores estratégicos da economia (nomeadamente os serviços públicos, a energia, os transportes, as telecomunicações); por uma política econômica voltada para o aumento da produção, valorizando os recursos naturais e humanos; pela reforma do estado, para acabar com a corrupção e instituir mecanismos de eficiência administrativa e de transparência governativa; pelo combate à evasão e à fraude fiscal; pela tributação mais pesada das grandes fortunas e dos rendimentos do capital e pela redução dos impostos indiretos; por grandes investimentos (semeadores de futuro) na educação,

---

[253] Não pode esquecer-se que a nacionalização transfere para a titularidade do estado o capital e os créditos dos bancos, mas transfere também as suas dívidas (dívidas para com os depositantes e dívidas para com os seus credores, em regra outros bancos estrangeiros). Se os créditos dos bancos (junto das famílias, das empresas e da administração pública) passarem a ser denominados na nova moeda desvalorizada (como é desejável e inevitável do ponto de vista das famílias e das empresas, que passam a receber os seus rendimentos nesta moeda), os bancos ficarão em grande dificuldade, com um enorme desequilíbrio nos seus balanços, porque veem os ativos desvalorizados, mas as suas dívidas para com o estrangeiro continuam a ser denominadas e a ter de ser pagas em euros. E a dívida dos bancos nacionalizados passa a ser dívida do estado português, que poderá ser obrigado a reforçar fortemente o capital desses bancos para evitar a sua falência. Se não houver cooperação das instituições comunitárias, a rotura resultante da saída do euro terá de ser mais radical e mais violenta e as consequências negativas da saída do euro serão mais difíceis de suportar.

A HIPÓTESE DA SAÍDA DO EURO

ciência e tecnologia, na saúde e nas políticas tendentes a reduzir significativamente as desigualdades sociais.[254]

Todos concordaremos que este programa político só poderá levar-se a cabo por decisão soberana do povo português e só terá êxito se existirem condições que configurem uma correlação de forças favorável aos trabalhadores e às suas organizações sindicais e políticas, circunstância que, manifestamente, não se verifica hoje em nenhum dos países 'candidatos' a sair do euro.

Mas, para além de um forte apoio social interno, este programa terá de contar com um reconhecimento internacional que respeite a opção dos portugueses, que não empurre o país para a autarcia e que o liberte de um qualquer bloqueio imposto pelas potências imperialistas.

Até hoje, a 'Europa' do *deutsche euro* tem-se limitado a *punir exemplarmente* os 'países do sul', condenando-os a pagar sozinhos o custo dos desequilíbrios estruturais provocados pelo euro (em desfavor dos países mais débeis), bem como o custo desta *crise do euro* e da especulação contra o euro.

À luz da História, entendo, porém, que, se e quando chegar o momento de um qualquer país (Portugal, Grécia, ou outros) abandonar o euro, a UE e os seus estados-membros têm o estrito dever de ajudar estes países a reduzir o impacte negativo do abandono do euro. E o BCE terá de assumir também a sua quota de responsabilidades, ajudando a diminuir o peso da dívida pública externa (por exemplo, permitindo a Portugal a sua recompra em condições favoráveis). É o mínimo que se lhes pode exigir. Quem nos empurrou para a armadilha do euro prometendo-nos o *paraíso* (escondendo que o propósito último era o de nos arrastar para o *inferno* dos países colonizados, com *economias escravas*), tem, nessa circunstância, a obrigação de ajudar o país que sai a cortar as amarras que nos prendem ao *inferno* da UEM e do Tratado Orçamental (e

---

[254] Sobre *o que fazer no dia seguinte à saída de Portugal do euro*, recomendo a leitura do livro com este título de LOUÇÃ, Francisco; FERREIRA DO AMARAL, João. *A Solução Novo Escudo*: O que fazer no dia seguinte à saída de Portugal do euro. Lisboa: Lua de Papel, 2014.

309

das suas *regras de ouro*). É claro que a situação em análise configura uma 'guerra', a *guerra de classes*, a guerra entre *credores* e *devedores* (entre 'colonizadores' e 'colonizados' no seio da UE). Mas os 'senhores da guerra' não podem ignorar que mesmo as leis da guerra proíbem que se matem à fome os prisioneiros de guerra.

20.5. Resta uma questão por resolver. A saída do euro não nos livrará das sujeições resultantes da permanência nesta União Europeia, com as suas 'regras do jogo' neoliberais, que conduziram à desestruturação do nosso tecido industrial (e consequente *desindustrialização*), à destruição da nossa agricultura, ao abandono da pesca e do aproveitamento dos recursos marinhos, ao desmantelamento da marinha mercante e da construção naval, em suma, à destruição da nossa capacidade de desenvolvimento autônomo.

A verdade é que a UEM é apenas um dos pilares da *Europa imperialista*: a saída do euro não significa, por isso, a nossa 'libertação' das regras do jogo da *Europa do capital*: a entrega aos 'mercados' do 'governo' da economia e da sociedade (*economia de mercado regulada* e *economia social de mercado*); a liberdade absoluta de circulação de capitais; as regras da concorrência e das ajudas de estado, ao serviço dos interesses dos mais fortes; as exigências asfixiantes do *Tratado de Maastricht* e do PEC; a perda da autonomia financeira resultante do *Tratado Orçamental*; a perda de influência relevante na definição das políticas comunitárias, sobretudo depois da integração na UE dos países do centro e do leste da Europa que integram o 'espaço vital' da Alemanha, e, de modo irreparável, depois da entrada em vigor das novas regras de funcionamento aprovadas no *Tratado de Lisboa* (em virtude das quais desapareceu, na prática, a votação por unanimidade, a 'bomba atômica' dos pequenos países).

XXI

'PROBLEMA GREGO' OU 'PROBLEMA ALEMÃO'?

21.1. Este texto estava praticamente concluído quando se iniciou, em junho de 2015, o dramático processo de 'negociações' entre os *países e instituições credores* da Grécia e o governo deste país, eleito com um mandato para pôr termo à austeridade que arruinou a economia do país e provocou uma grave crise social.

Sucessivas reuniões *decisivas para o futuro da Grécia* iam tornando claro que não havia *negociações* nenhumas, apenas 'combates' em que os *credores* procuravam impor à Grécia *devedora* mais medidas de austeridade, batendo sempre a tecla da necessidade de cumprir as *regras*, ainda que estas tenham sido já classificadas de "estúpidas" e "medievais" por um Presidente da Comissão Europeia em exercício de funções.

Os 'responsáveis' europeus deram, durante esses longos dias, um triste espetáculo de mediocridade, de hipocrisia e de falta de cultura democrática. Em condições de democracia, *a política* e *os políticos* servem para construir soluções para os problemas que afligem os povos (é isto a democracia: *governo para o povo*), ainda que para tanto tenham de *meter as regras na gaveta*. Porque *cumprir regras* é tarefa de burocratas, não de políticos.

311

Sabe-se que o Governo grego propôs medidas de combate à corrupção e à evasão e fraude fiscais, bem como o aumento dos impostos sobre o rendimento dos mais ricos, sobre os lucros das grandes empresas e sobre os produtos de luxo.

É certo que rejeitou as propostas absurdas (provocatórias) dos *credores* de alcançar um saldo primário positivo de 3% do PIB em 2015 e 4,5% em 2016, mas aceitou trabalhar para um saldo positivo de 0,6% do PIB em 2015, 1,5% em 2016, 2,5% em 2017 e 3,5% nos cinco anos seguintes. Em consequência, teve de aceitar também o aumento do IVA sobre os medicamentos para 6,5% e do IVA sobre produtos alimentares básicos, água e eletricidade para 11% (os credores queriam impor taxas mais elevadas para quase todos os bens e obrigar o Governo a acabar com os descontos fiscais para as ilhas gregas).

O Governo de Atenas aceitou igualmente um programa de privatizações que renderia 3,2 mil milhões de euros em 2015/2016, mil milhões de euros em 2017-2019 e 10,8 mil milhões de euros no período posterior a 2020. Mas propôs que se constituísse, com essas receitas, uma provisão para garantir os direitos dos trabalhadores das empresas privatizadas e para investimento e que o restante fosse canalizado para financiar a Segurança Social e um banco de investimento que o Governo pretendia criar.

Tsipras aceitou aumentar progressivamente a idade de reforma e diminuir gradualmente as reformas antecipadas aos 62 anos. E admitiu adiar para depois de 2016 a reposição do salário mínimo ao nível de 2010, mas propôs igualmente a adoção de medidas de combate ao 'trabalho negro' e à fuga aos descontos para a Segurança Social.

Perante estas cedências relativamente ao seu programa eleitoral (o chamado *Programa de Salónica*), o Governo do Syriza acreditou (por ingenuidade ou porque queria creditar) que os *credores* iriam aceitar algumas medidas de alívio no que toca ao montante dos juros a pagar em 2015/2016 e proporcionariam à Grécia um programa de financiamento de medidas destinadas a promover o crescimento econômico do país no período 2016-2021.

'PROBLEMA GREGO' OU 'PROBLEMA ALEMÃO'?

21.2. Está visto que, quando se trata de negócios, a 'fé' não ajuda muito... Sobretudo nesta 'Europa' reduzida a um ringue de luta livre ente *devedores* e *credores*, com estes a recorrer a toda a espécie de *golpes baixos*. Neste contexto, apesar destas cedências do Governo grego, os representantes dos *credores* iam fazendo proclamações verdadeiramente insultuosas para os governantes gregos e para o povo da Grécia. O Governo da Grécia e o seu Primeiro-Ministro (que apresentou um programa social-democrata moderado, cometendo talvez o 'crime' de ressuscitar' Keynes e as políticas keynesianas) eram rotulados de *radicais*.[255]

---

[255] Quem ler o *Programa de Salónica* (o programa eleitoral do Syriza) não pode deixar de concluir que ele não vai além do que, segundo os critérios de há um quarto de século, seria considerado um programa social-democrata moderado.

Quanto a Yanis Varoufakis, ele tornou-se, rapidamente, o alvo mais apetecido das críticas da eurocracia e dos *comentadores orgânicos*, talvez porque, pouco depois de ter tomado posse, ele próprio se rotulou de *marxista heterodoxo*. Talvez porque a sua atuação e as suas frequentes declarações públicas dão dele a imagem de um indivíduo algo exibicionista, desejoso de projeção mediática, imprevisível, por vezes desconcertante, o que o torna um bom objeto de notícia. Mas ele é também um provocador incómodo dos políticos 'oficiais' e um iconoclasta relativamente a certos comportamentos sociais e políticos. Já o vi comparar aos 'traidores' Julien Assange (fundador do *WikiLeaks*, que divulgou milhares de documentos secretos dos EUA) e Edward Snowden (o quadro dos serviços secretos dos EUA que divulgou os programas de espionagem à escala mundial do *Big Brother* americano), porque, como eles, Varoufakis transgrediu as regras do silêncio e do segredo vigentes nos meios da política e da finança (o que é praticamente a mesma coisa), em homenagem a valores e a interesses que os *burocratas aplicadores de regras* querem matar e anular.

No plano da ação política, sabe-se que, antes de se aproximar de Tsipras e do Syriza, Varoufakis foi assessor do Primeiro-Ministro George Papandreou. Segundo li há tempos, a sua preocupação (ou o seu objetivo) fundamental é *salvar o capitalismo de si próprio*, uma preocupação tipicamente keynesiana. Ainda há pouco (agosto de 2015) Varoufakis 'chorou', num depoimento publicado em *Le Monde Diplomatique*, o fim da "Europa que, desde a adolescência, sempre considerei [ele, Varoufakis] como uma bússola". Li algures que uma outra preocupação de Varoufakis é a de salvar a UE dos 'abusos da Alemanha', por entender – presume-se – que, sem estes 'abusos', a sua "bússola" seria infalível. Quem pensa assim não pode considerar-se um *perigoso esquerdista*.

Pelo que conheço dele, creio que Yanis Varoufakis é um neo-keynesiano, à maneira de Paul Krugman, Joseph Stiglitz e James Galbraith, o que já é ser muito de esquerda, num tempo em que os sociais-democratas europeus são cúmplices dos neoliberais na *morte de Keynes* e na salga da sua sepultura, para que não volte a nascer. E a entrevista ao *New Statesman* é um documento interessante que ajuda a compreender o que passou a seguir ao referendo de 5 de julho de 2015, uma história de que creio sabemos ainda muito pouco.

313

O ministro Schäuble classificou o Ministro das Finanças grego de "estupidamente ingénuo".

A Diretora-Geral do FMI disse um dia que era preciso continuar a dialogar, mas que o diálogo só valia a pena "com adultos na sala". Incrível a falta de educação desta senhora. Não é admissível que um funcionário internacional chame garoto ao Primeiro-Ministro de um estado-membro da Organização em que trabalha. O ordenado principesco que aufere justifica que se espere dela, pelo menos, que seja bem educada, uma vez que a competência dela e do FMI andam pelas ruas da amargura, depois dos erros crassos que cometeu e reconheceu (mas não emendou), das previsões erráticas e erradas que vem fazendo e das políticas que vem defendendo (umas vezes num sentido, outras vezes em sentido contrário).

Do que transpirava dessas reuniões ia resultando também que continuava a discutir-se a partir do pressuposto de que o chamado *problema da dívida da Grécia* é um *problema dos gregos*, que têm de aceitar todas as 'penas' impostas pelos *credores* (creio que só o Primeiro-Ministro grego insistia em continuar a falar de *parceiros*...).

Em entrevista ao *New Statesman* (julho de 2015), Yanis Varoufakis diz-nos que, no seio do Governo, defendeu que, quando os credores obrigassem as autoridades gregas a fechar os bancos (o que significava, a seu ver, o propósito dos *credores* de "arrastar a Grécia para um acordo humilhante"), o Governo, embora não devesse ativar um processo de saída imediata do euro, deveria "responder de forma enérgica", dinamizando o processo de abandono do euro, "mas sem passar para lá do ponto de não retorno". A proposta do então Ministro das Finanças não era, pois, a de "ir diretamente para uma nova moeda", antes passava pela adoção de três medidas: 1) "emitir os nossos próprios títulos ou, pelo menos, anunciar que iríamos emitir a nossa própria liquidez denominada em euros"; 2) "cancelar os títulos gregos de 2012 detidos pelo BCE ou anunciar que o iríamos fazer"; 3) "assumir o controlo do Banco da Grécia".

Segundo ele, o governo do Syriza sempre entendeu que o momento de fechar os bancos nunca chegaria, porque os *credores* não fariam

'PROBLEMA GREGO' OU 'PROBLEMA ALEMÃO'?

tal coisa, e não aprovou esta estratégia, tendo impedido que tivessem sido tomadas, em devido tempo, as medidas necessárias para preparar o povo para a saída do euro. Esta revelação do ex-ministro das finanças do Governo do Syriza confirma as notícias já antes vindas a público, segundo as quais o Governo grego tinha ido para as negociações com os *credores* (fevereiro de 2015) sem ter um plano B (um plano de saída do euro), com base na ideia de que, na sua grande maioria, os gregos queriam permanecer no euro e com base na tese da direção do Syriza de que, no quadro da UEM, era possível encontrar uma solução que servisse os interesses do povo grego, fazendo da UEM uma estrutura ao serviço dos trabalhadores e transformando o *euro alemão* numa espécie de 'euro bom', potenciador da libertação dos povos 'colonizados' pelo *euro alemão*.

Posso compreender aquela ideia, porque, segundo as sondagens, as reportagens e os comentários que tenho visto e lido, os gregos dão muita importância ao facto de terem a mesma moeda de outros (grandes) países da Europa. Há quem veja nesta ligação afetiva ao euro por parte do povo grego o reflexo do sentimento de que a entrada no euro significou, para este povo tão martirizado (que foi berço da civilização europeia), o regresso definitivo à Europa (à sua *casa europeia*), depois da dureza da ocupação otomana e da quebra de identidade que ela terá significado.

Mas, politicamente, creio que o Syriza falhou, porque, sabendo que cerca de 80% dos gregos defendem a manutenção do seu País na zona euro, não disse aos seus eleitores que os credores poderiam forçar a Grécia a sair do euro, e muito menos explicou ao povo grego que a saída do euro poderia ser uma condição indispensável para libertar o País do garrote das austeridade, da 'colonização' e da perda da soberania e da dignidade nacional.

E não posso acompanhar o pressuposto de que é possível permanecer no euro e, ao mesmo tempo, pôr termo às *políticas de austeridade* e ao *retrocesso civilizacional* que elas representam. Esta foi, de resto, logo em fevereiro de 2015, a opinião de alguns dirigentes do Syriza (Stathis Korvalakis, por ex.), que criticaram a recusa de Tsipras em assumir de

315

imediato a necessidade de romper com o euro. E o velho resistente à ocupação nazi, Manolis Glezos (deputado eleito pelo Syriza), veio a público pedir perdão ao povo grego por ter contribuído para alimentar a ilusão de que era possível permanecer na zona euro e romper com a austeridade.

E porque assim penso, não me surpreende o resultado negativo e muito desgastante daquela ronda de negociações para o Governo do Syriza, que caiu na armadilha que ele próprio ajudou a preparar. Deixando claro que não tinha um plano alternativo (a possibilidade de utilizar a saída do euro como arma negocial), e proclamando que o seu objetivo prioritário era o de manter a Grécia na zona euro, o Governo grego só podia esperar uma pesada derrota no combate que ia travar com os 'credores inimigos', mais experientes e mais fortes (até porque sabiam muito bem que o governo grego precisava de financiamento e que o sistema bancário grego precisava de liquidez), e peritos no manejo da arma do *medo*, ameaçando expulsar a Grécia do 'paraíso eurista'.

De todo o modo, a estratégia de tentar mudar as regras de funcionamento da zona euro para, dentro dela, transformar a economia e a sociedade gregas, ficou esvaziada após as 'negociações' falhadas de fevereiro de 2015. Porque a 'Europa' é o que é: uma construção imperialista hoje inteiramente dominada pelo grande capital financeiro. E esta 'Europa' não muda. E muito menos muda a sua natureza. Porque isso não está na sua natureza.

21.3. Os episódios dramáticos do combate que se desenrolou (quase transmitido em direto pelas televisões) entre as "instituições" representantes dos *credores* e o governo grego (*devedor*) deixaram claro, a meu ver, que, como já vi escrito, "a Europa não tem um problema grego, tem um problema alemão", um problema que se traduz no regresso da irracionalidade, da arrogância, da embriaguez do poder por parte da elite dirigente da Alemanha, que se vangloria de que "agora na Europa fala-se alemão" e que parece continuar a contar com um povo fiel e obediente aos desígnios dos chefes. Um problema que reside no regresso da *Alemanha alemã* a uma *Europa alemã*. A *Alemanha alemã* reconstituiu o seu *espaço vital* (o famoso *lebensraum* da literatura nazi) no

'PROBLEMA GREGO' OU 'PROBLEMA ALEMÃO'?

centro e no leste da Europa e vai 'colonizando' os *povos do sul*, todos a trabalhar para a Alemanha. E a *Europa do euro* transformou-se numa espécie de *Europa de Vichy*, capitulacionista e colaboracionista, fazendo exatamente o contrário do que pedia Thomas Mann em 1953: uma *Alemanha europeia* numa *Europa europeia*, não uma *Europa alemã* comandada por uma *Alemanha alemã*.

Entretanto, com os fumos saídos dessas reuniões vinham ciscos incandescentes e incendiários, acenando com a possibilidade de a Grécia ter de sair da zona euro, uma arma utilizada a preceito porque os *credores* conheciam as sondagens indicativas de que a maioria dos gregos é favorável à permanência da Grécia no euro, sendo que esta é também a posição oficial do Governo do Syriza. Ameaçar com a 'expulsão' da Grécia do clube do euro era, pois, uma maneira de semear junto dos gregos o *medo* de serem expulsos de casa (da 'Europa'), remetidos de novo, talvez, para as garras do império otomano...

Esta música ia permanecendo em antena por inspiração de Schäuble, que contou, como sempre, com alguns ajudantes. O Ministro das Finanças da Áustria proclamou aos quatro ventos (3 de julho de 2015) que "o problema da saída da Grécia do euro resolve-se facilmente". Mais brilhante foi Cavaco Silva, que veio explicar ao mundo que a zona euro tem 19 membros, pelo que, se sair um, ainda ficam 18. Lindo menino! Mostrou que sabe fazer uma conta de diminuir que se aprende na 1ª classe. Mas mostrou também que não percebe nada do que é a UEM, nem percebe o que significa o euro, nem percebe nada da Europa, e mostrou ainda que é completamente ignorante no domínio da História e da política. Uma vergonha.

Apesar destas 'lições', muita gente se foi apercebendo de que a saída da Grécia da zona euro punha a 'Europa' a navegar por *mares nunca dantes navegados*. E o medo do Adamastor ressurgiu: poderia ficar em causa o futuro do euro e o futuro da Europa.

Pouco antes de Cavaco Silva falar, o Presidente em exercício do Conselho Europeu declarava: "não tenho dúvidas de que este é o momento mais crítico da história da Europa e da zona euro".

ANTÓNIO JOSÉ AVELÃS NUNES

Por essa altura, foi também a vez de a Sr.ª Merkel vir a público, assustada: "Se perdermos a capacidade de encontrar compromissos, então a Europa está perdida"; "se o euro falha, a Europa falha".[256]

Mas falta classe e clarividência a estes 'chefezinhos' da 'Europa': não têm qualquer visão política do que seja a Europa e não fazem a mínima ideia do que querem fazer com a Europa. A 'Europa' está à deriva.

21.4. O Ministro das Finanças da Grécia (Yanis Varoufakis) confessou que em 25 de junho o governo grego tinha "cedido em nove décimos das exigências dos seus interlocutores (...), quase só com uma excepção: uma ligeira reestruturação da dívida, sem cortes nos montantes, através da troca de títulos". Nem assim o Governo grego conseguiu o mínimo dos mínimos que estava disposto a aceitar: "qualquer coisa que se parecesse com um acordo honroso". "Com a esperança de que um dia eles aceitassem negociar e encontrar-nos a meio caminho – confessa Varoufakis –, nós aceitámos continuar a participar nesta mascarada". O problema é que os *credores* "tinham apenas um objetivo: humilhar o nosso governo e forçar-nos a capitular ["uma capitulação espetacular, que mostrasse aos olhos do mundo que nos tínhamos ajoelhado"], mesmo que isso significasse a impossibilidade definitiva de os países credores recuperarem o investimento feito ou o fracasso do programa de reforma que só nós podíamos convencer os gregos a aceitar".

Perante esta leitura do processo de falsas negociações e em desespero de causa (vendo que os socialistas europeus lhe negavam o apoio que talvez esperasse, dada a moderação das suas propostas), o Primeiro-Ministro grego anunciou, em 27 de junho de 2015, a realização de um referendo, marcado para 5 de julho de 2015, para que o povo se pronunciasse (SIM ou NÃO) sobre o *programa de austeridade* que os *credores* lhe queriam impor.

---

[256] Transcrevo dos órgãos de comunicação social de 29 de junho de 2015. Na minha opinião, as aparentes divergências entre Merkel e o seu Ministro das Finanças talvez traduzam apenas um acordo entre eles (expresso ou tácito) no sentido de um fazer o papel de *polícia bom*, encarregando-se o outro (Schäuble, neste caso) do papel de *polícia mau*.

'PROBLEMA GREGO' OU 'PROBLEMA ALEMÃO'?

Tsipras justificou a sua decisão como uma reação às propostas do *Eurogrupo*, que considerou um "ultimato dirigido contra a democracia grega", destinado a "humilhar todo um povo". Desta vez, os *credores* não conseguiram fazer a Tsipras o que fizeram em 2012 a George Papandreou: despedi-lo e pôr em seu lugar uma "junta civil" comandada por um banqueiro. Mas os dirigentes dos *países credores* e da UE ficaram furiosos. E não o esconderam.

Entretanto, em 30 de junho 2015, a Grécia falhou o pagamento de 1,6 mil milhões de euros ao FMI. Poucos dias antes do referendo, o BCE (desrespeitando claramente o seu mandato, que o obriga a garantir a estabilidade financeira na zona do euro) suspendeu a linha de assistência de emergência destinada a fornecer liquidez à banca (a chamada ELA – *Emergency Liquidity Assistance*). O Governo grego teve de fechar os bancos para evitar a corrida aos depósitos e impor o controlo de capitais (na tentativa de esgtancar a fuga de capitais), fixando um limite de sessenta euros diários para levantamentos em caixas multibanco.

Como se diz atrás, o Ministro Varoufakis terá defendido, no seio do Governo, que, quando se chegasse a esta situação de os credores obrigarem as autoridades gregas a fechar os bancos, o Governo deveria reagir pondo em marcha o processo de abandono do euro por parte da Grécia. Na interessante entrevista que concedeu à *New Stateman*, sublinha a importância de saber "lidar corretamente com um *Grexit*", reconhecendo que "a gestão do colapso de uma união monetária exige uma grande perícia" e admitindo não ter a certeza de que a Grécia tenha essa capacidade "sem a ajuda de pessoas de fora". De todo o modo, revela ter criado no Ministério das Finanças um pequeno grupo que estava a estudar a problemática envolvida numa eventual saída do euro. Sublinha, porém, que "uma coisa é fazer isso a nível de quatro ou cinco pessoas e outra bem diferente é preparar o país para uma situação dessas". Tem razão Varoufakis: "para preparar o país tem de ser tomada uma decisão ao nível do Governo, e essa decisão nunca foi tomada".

21.5. Com a campanha para o referendo a decorrer, vários responsáveis da UE e algumas "instituições" intensificaram a *sementeira do medo*, acenando com o papão da saída do euro e com o inferno que se seguiria. Mais um episódio da costumada ingerência da eurocracia e dos governantes de vários estados-membros da UE nos assuntos internos de outros estados. Mesmo os socialistas com responsabilidades de governo alinharam nesta 'guerra', à semelhança dos que, ao votarem no *Bundestag* os créditos da guerra, no dia 4 de agosto de 1914, abriram caminho à 1ª Guerra Mundial.

Em 3 de julho de 2015, o Presidente da Comissão Europeia foi claro: "a vitória do NÃO deixará a Grécia dramaticamente enfraquecida". Jean-Claude Juncker é muito claro: "não pode haver escolhas democráticas contra os Tratados europeus".[257] Isto quer dizer que pertencer à UE significa, para os povos que nela se integram, a *perda da soberania*, porque a soberania deixa de residir no *povo soberano* para residir nos Tratados estruturantes da UE. Perante as *regras* impostas por estes Tratados, o povo soberano não pode fazer escolhas democráticas: a UE e a UEM estão a submeter toda a 'Europa' a um verdadeiro *estado de excepção*, decretado por um 'soberano' que não é, neste caso, o povo soberano, mas o grande capital financeiro. É o *totalitarismo das regras* impostas pelo grande capital financeiro! É a *ditadura do grande capital financeiro*!

E o Presidente do Parlamento Europeu, o social-democrata alemão Martin Schultz (que gosta de se fazer passar por *homem de esquerda*), não poupou no 'chumbo' sobre o povo grego, avisando que o voto NÃO significaria o *fim imediato do financiamento europeu*, pelo que a Grécia ficaria "sem dinheiro, os salários não poderiam ser pagos, o sistema de saúde deixaria de funcionar, o fornecimento de eletricidade e o sistema de transportes públicos ficaria paralisado".[258] A fúria dos 'deuses' abate-se, impiedosa, sobre os 'pecadores'!

---

[257] *Le Figaro*, 3 de julho de 2015. Em junho de 2015 (ainda antes da convocação do referendo na Grécia), Olivier Blanchard, que é o economista-chefe do FMI, fez este comentário pensando ainda nas eleições em que o povo grego tinha dado a vitória a um partido que pediu um mandato para pôr termo às políticas de austeridade: "pelo jogo democrático, os cidadãos gregos disseram que não queriam certas reformas. Mas nós acreditamos que estas reformas são necessárias". E pronto. Os tecnocratas é que sabem. O povo é ignorante. Para bem do povo, quem manda são os tecnocratas. É esta a 'filosofia' inspiradora de todos os ditadores.

[258] *Expresso* de 7 de julho de 2015.

'PROBLEMA GREGO' OU 'PROBLEMA ALEMÃO'?

Segundo a comunicação social, o Primeiro-Ministro grego, assustado, terá chegado a propor inverter a sua posição e apelar ao voto no SIM se houvesse algumas cedências da parte dos *credores*. Mas estes não aceitaram este 'sacrifício' de Alexis Tsipras.

Reagindo ao fogo inimigo, o Ministro das Finanças da Grécia deixou cair o verniz diplomático e disse uma verdade do tamanho do mundo: "o que estão a fazer à Grécia tem um nome: terrorismo".

Contra a corrente, surgiam também vários apoios ao povo grego, pouco divulgados nos *media*, porque não encaixavam nos critérios jornalísticos da imprensa livre. Um deles foi o do Prêmio Nobel Joseph Stiglitz (29 de junho de 2015), segundo o qual o voto NÃO "deixaria pelo menos aberta a possibilidade de a Grécia agarrar o seu destino com as suas próprias mãos".

21.6. O referendo realizou-se sem problemas (quem diria que um estado ineficiente seria capaz de organizar um referendo com esta importância e com esta envergadura em tão poucos dias?). Apesar dos bancos fechados, da falta de dinheiro e da campanha de terror, as *políticas de austeridade* receberam um rotundo NÃO de 67% dos gregos (os que anularam os votos porque queriam ir mais longe também recusaram estas políticas).

Conhecido o resultado do referendo, o vice-chanceler alemão (Presidente do SPD) fez a declaração de guerra (5 de julho de 2015): "destruíram a última ponte sobre a qual um compromisso poderia ter sido alcançado". Para bom entendedor, o recado estava dado: agora é a guerra total e só aceitaremos uma *rendição incondicional*, caso contrário são 'chutados' para fora do euro.

O Presidente do *Eurogrupo* (social-democrata holandês) tocou a mesa música: "este resultado é muito lamentável para o futuro da Grécia".

O BCE (ao qual cabe – recordo de novo – a responsabilidade de manter a estabilidade do sistema financeiro no seio do *Eurosistema*) recusou um pedido do Banco Central da Grécia para aumentar o montante da linha de emergência ELA, mantendo o limite fixado em 26 de

321

junho de 2015, mas exigindo garantias mais fortes para conceder o mesmo montante de liquidez. É claro que foi necessário continuar com os bancos fechados, com graves prejuízos para as famílias e para as empresas (a economia).

Foi comovente assistir à vitória da coragem sobre o medo, da resistência sobre o colaboracionismo, da dignidade sobre o servilismo, dos homens sobre os 'carneiros', da cidadania sobre o terrorismo, da política sobre as 'regras', da democracia sobre o "fascismo de mercado", da paz sobre a guerra, da verdade sobre a manipulação dela pela 'comunicação social dominante'.[259]

No entanto, ao admitir que é possível manter-se na Eurozona e, simultaneamente, libertar-se do garrote das *políticas de austeridade* e das ofensas à sua dignidade que elas implicam, o povo grego colocou a si próprio um problema tão impossível de resolver como a *quadratura do círculo*, uma equação que o fragiliza na 'guerra' que os *credores*, vorazes e insaciáveis, vêm travando contra ele, manejando com mestria a arma do medo, ao ameaçar com a 'expulsão' da Grécia da zona euro (o famoso *Grexit*), como se tal significasse a *expulsão do paraíso*.

Um dito popular português ensina que *não se podem pedir peras ao olmo*. O povo grego deve dizer isto mesmo, desta ou de outra maneira. Quer dizer: nem o povo português, nem o povo grego, nem os povos da Europa podem pedir a esta 'Europa' desenvolvimento econômico, justiça social, solidariedade, soberania, democracia. Porque isto não está na natureza desta *Europa do euro*, que não é a *Europa dos povos* de que em tempos falava a propaganda europeísta, mas a *Europa do capital*, no seio da qual os estados nacionais, uma vez 'roubada' aos povos a sua soberania, não passam de simples aparelhos de repressão dos povos (através do Direito, do sistema judiciário, das forças armadas e das forças de polícia) ao serviço dos interesses dominantes. É o *estado de excepção* transformado em *estado regra*.

---

[259] José Vítor Malheiros (*Expresso*, 7 de julho de 2015) mediu o tempo dedicado nas seis principais estações de TV do nosso país às duas grandes manifestações a favor do SIM e do NÃO. A cobertura da primeira preencheu 46 minutos, a da 2ª não mereceu mais do que oito minutos. Esta é a liberdade de imprensa do capital!

'PROBLEMA GREGO' OU 'PROBLEMA ALEMÃO'?

Recordo o que escreve o *Financial Times* (27 de janeiro de 2015): "o reembolso da dívida [da dívida imputada à Grécia] implicaria que a Grécia se transformasse numa economia escrava". É isto mesmo que pretendem os defensores das *políticas de austeridade* e os devotos das *regras alemãs* da UEM: 'escravizar' os *devedores* (os *povos do sul*) transformando em *colónias* da *Europa alemã* os *estados do sul*. É isto que está em causa. O resto é pura encenação. Como Paul Krugman explicita, a *austeridade* "exige *sacrifícios humanos* para apaziguar deuses invisíveis" (mas sobejamente conhecidos, digo eu).

Ignorando tudo isto, a direção do Syriza e o governo de Tsipras continuaram a defender que só a permanência no *'paraíso' do euro* salvaguardaria o bem-estar e a dignidade do povo grego. Por isso proclamaram aos quatro ventos, para que os credores ouvissem (e eles ouviram!), que o seu objetivo prioritário (irrenunciável) era o de manter a Grécia na zona euro.

21.7. Na minha maneira de ver, o Governo grego e o partido que o apoia cometeram o erro político de acreditarem numa 'Europa' que não existe. 'Esqueceram' que os valores da 'Europa' nunca foram e não são a solidariedade, a coesão social, a harmonização no sentido do progresso. 'Esqueceram' que a UEM é uma estrutura imperialista do grande capital financeiro, que se traduz, para os países mais débeis do euro, em empobrecimento, submissão e colonização. Cometeram o erro de não assumir que as *políticas de austeridade* são, em grande medida, filhas do euro e das *regras* da UEM, das malhas tecidas no *Tratado de Maastricht* e reforçadas com o *Tratado Orçamental*, o erro de não assumir que o *Tratado Orçamental* (verdadeiro "golpe de estado europeu", como lhe chamou R.-M. Jennar) é um autêntico *pacto de subdesenvolvimento*, um *pacto colonial*.

Este erro político poderá ajudar a fazer alguma luz sobre o estranho episódio da convocação do referendo e da transformação do NÃO da resistência no SIM capitulacionista.

É legítimo perguntar: para que foi convocado o referendo?

Parece-me claro que esta decisão não se enquadra em nenhuma estratégia previamente definida de pôr cobro às políticas de austeridade.

323

Perante o resultado do referendo, o ministro Varoufakis ainda acreditou que o "impulso incrível" dado pelo povo grego iria possibilitar a "resposta enérgica" por ele defendida, nos termos que ficam referidos atrás. Se a convocação do referendo estivesse integrada em alguma estratégia daquele tipo, o natural seria esta "resposta enérgica".

Mas o que se passou foi exatamente o contrário, a capitulação perante os *credores* (o que levou Varoufakis a pedir imediatamente a demissão do cargo de Ministro das Finanças). Segundo informa Varoufakis (versão confirmada pelos relatos da comunicação social), "naquela mesma noite, o Governo decidiu que a vontade do povo grego – o retumbante NÃO – (…) deveria levar a grandes concessões à outra parte". Com efeito, numa reunião do chamado conselho de líderes políticos (do Syriza e dos partidos conservadores e sociais-democratas na oposição), Alexis Tsipras assumiu o compromisso – logo tornado público – nos termos do qual, acontecesse o que acontecesse, fizesse a outra parte o que fizesse, o governo grego nunca responderia de uma forma que desafiasse os credores. "E isso, na prática – conclui Varoufakis, com inteira razão, a meu ver – significa curvarmo-nos. Deixamos de negociar". O que é certo é que Alexis Tsipras e a maioria do Governo do Syriza mantiveram a prioridade concedida ao objetivo de permanecer no euro a qualquer preço e o Primeiro-Ministro reafirmou isso mesmo publicamente. Ou seja: *afirmou que estava disposto a render-se aos credores, abdicando de negociar*. E assim fez.

Lamento dizê-lo, mas não vejo outra leitura possível: a convocação do referendo foi um ato de instrumentalização do povo grego ao serviço de meros jogos de tática política (ou politiqueira). Acreditando que o SIM ganharia, Tsipras convocou o referendo para, com a vitória do SIM, ficar de mãos livres para anular a ala esquerda do Syriza, ao mesmo tempo que ganhava a legitimidade de invocar a vontade dos gregos para aceitar o *diktat* dos *credores*. A verdade é que, antes da realização do referendo, Varoufakis declarou que, em caso de vitória do SIM, se demitiria do cargo de Ministro das Finanças. Tsipras, por seu lado, garantia que (democraticamente…) respeitaria a vontade do povo grego, qualquer que ela fosse, aceitando, por isso, ser o *Primeiro-Ministro da austeridade*, dispondo-se a rasgar assim (democraticamente…) o compromisso

'PROBLEMA GREGO' OU 'PROBLEMA ALEMÃO'?

assumido nas eleições legislativas que o tinham conduzido ao cargo. Na minha modesta opinião, creio que, honradamente, Tsipras deveria ter anunciado que, em caso de vitória do SIM, se demitiria, como fez De Gaulle, no seu tempo.

Se acreditava na vitória do NÃO, fica difícil de entender o que relata Varoufakis, segundo os jornais: conhecido o resultado do referendo, o Ministro das Finanças encontrou o Primeiro-Ministro melancólico no seu gabinete. E fica difícil de entender que não tenha ao menos respeitado a lição de dignidade do povo grego, deitando para o lixo, através de uma votação no Parlamento, o voto do povo soberano no referendo de 5 de julho de 2015.

O que sabemos é isto: Tsipras convocou o povo a pronunciar-se em referendo e fez campanha pelo NÃO. O povo grego, corajosamente, deu-lhe o apoio que pediu. Perante esta lição de dignidade, o Primeiro-Ministro grego fez aprovar no Parlamento, logo a seguir, um *programa de austeridade* ainda mais violento do que aquele que tinha sido rejeitado em referendo, programa que teve a oposição de dois dos ministros do seu Governo e de vários deputados do Syriza, mas que contou com os votos favoráveis dos partidos que há anos vêm explorando e 'endividando' o povo grego, que entregaram a Grécia à *troika*, que submeteram o povo grego às *políticas de austeridade* dos 'programas de resgate' (contra os quais o Syriza sempre tinha votado), e que votaram SIM no referendo. Não era de esperar que a direção do Syriza e o seu governo passassem também a 'falar alemão', juntando-se aos *credores* e ao grande capital financeiro, dispostos a continuar a 'escravização' do povo, ferindo a sua dignidade.[260]

É caso para dizer: os deuses enlouqueceram. Alguém já viu as políticas de austeridade gerar crescimento econômico? Mas então, se da austeridade só pode resultar recessão e desemprego, que sentido faz obrigar um país que já não pode pagar a sua dívida a acentuar a austeridade

---

[260] Por portas travessas, Tsipras acabou por se ver livre da dita ala esquerda do Syriza, porque muitos dos seus elementos (incluindo alguns membros do governo e vários deputados) abandonaram o partido e constituíram uma nova força política.

para conseguir que ele pague a dívida, que só poderia eventualmente ser paga se a economia crescesse significativamente? Os *deuses da austeridade* estão mesmo loucos. Ou talvez não: eles são, na verdade, *mercenários* ao serviço dos interesses e das políticas imperialistas, que visam *colonizar* os povos sujeitos à austeridade, impondo-lhes "economias escravas".

21.8. Com o voto do Parlamento na mala, o Primeiro-Ministro (que, horas depois do referendo, perdeu o seu Ministro das Finanças, que se tinha tornado incómodo para os *credores* e talvez também para ele próprio) partiu para Bruxelas, pensando que iria jogar um jogo só para cumprir calendário, com a vitória assegurada, talvez sonhando com uma qualquer *austeridade de rosto humano*. Enganou-se redondamente, porque esqueceu que *Roma não paga a traidores*, e os 'romanos-credores' sentiram-se *traídos* (a palavra é de Jean-Claude Juncker) por Tsipras quando decidiu convocar o referendo e muito mais traídos se sentiram quando viram o resultado do referendo e perceberam que o povo grego não cedeu à chantagem nem ao medo, fazendo valer a sua dignidade, para além dos cálculos políticos.

O Primeiro-ministro grego partiu para a 'guerra' confiante na vitória (até porque as suas exigências eram mínimas e as cedências eram muitas e importantes, em confronto com o *Programa de Salónica* e o programa da coligação no Governo), mas sem se ter preparado para a 'guerra', porque não tinha estudado e estruturado um plano B para a hipótese (previsível, dado o currículo das *troikas*) de correrem mal as negociações com os *credores*.

Seguiram-se reuniões várias, de dia e de noite, numa verdadeira maratona, porque, afinal, os *credores* também tiveram medo de que a Grécia saísse do euro (poderia abrir-se uma fenda no dique que poderiam não conseguir tapar...) e também porque, do outro lado do Atlântico, Obama lhes fez ver a importância do que estava em causa, para além das contas de merceeiro, no plano da economia mundial e no plano geoestratégico global do imperialismo.

No meio disto tudo, custa a perceber que as questões em cima da mesa, tão importantes (*decisivas* é a palavra mágica...) à escala da Grécia,

'PROBLEMA GREGO' OU 'PROBLEMA ALEMÃO'?

à escala da UE e da Europa, à escala da OTAN e à escala mundial, tenham sido analisadas e decididas em reuniões do *Eurogrupo*, ao nível de 'contabilistas', confiadas a uma estrutura que não existe nos Tratados como instituição europeia, um órgão informal, mas que tem, afinal, sem qualquer apoio legal expresso, um papel decisivo na análise e na resolução do falsamente chamado *problema grego*, que é, sem sombra de dúvida, o mais grave problema político que a 'Europa' já enfrentou.[261]

Todos sabemos que a CECA foi criada por razões políticas. Que a CEE foi criada por razões políticas. Que foram razões políticas que justificaram a entrada da Grécia na CEE (1981); que levaram à entrada de Portugal e da Espanha na CEE, estimulada e apoiada 'carinhosamente' pela 'Europa' (1986); que ditaram o alargamento aos países da Europa central e de leste (nomeadamente aos que tinham integrado a comunidade socialista europeia e que, historicamente, fazem parte do *espaço vital* da Alemanha); que conduziram à criação da UEM e do euro.

O que estão a fazer as *instituições políticas* da UE, o Parlamento Europeu, a Comissão Europeia e até o Conselho de Chefes de Estado e de Governo? Quem decide sobre os problemas políticos mais importantes da 'Europa' são os ministros das finanças? Os problemas em discussão não são problemas de contas e muito menos problemas de aplicação de regras. São *problemas políticos*, cuja solução exige uma discussão prévia no âmbito da macroeconomia. E nada disto se discute nas reuniões do Eurogrupo, onde se fala apenas de *regras*, as *regras alemãs* que é imperioso cumprir custe o que custar, como se elas fossem uma emanação dos deuses. E talvez o sejam para os *burocratas-aplicadores-de-regras*.[262] Esta

---

[261] Na já citada entrevista à *New Statesman*, Varoufakis classifica assim o *Eurogrupo*: "é um grupo que não está previsto em nenhum dos Tratados, mas que tem o maior poder para determinar a vida dos europeus. Não responde perante ninguém, dado que é inexistente, não está previsto na lei. Não são guardadas atas e é confidencial. Assim, nenhum cidadão jamais saberá o que é dito lá dentro. As suas decisões são quase de vida ou de morte, mas nenhum membro tem de responder perante ninguém".

[262] Vi esta leitura confirmada por Varoufakis, na referida entrevista à *New Statesman*, na qual relata um episódio que retrata bem o 'estilo de trabalho' deste *organismo inexistente*. Um dia, diz Varoufakis, "tentei falar de Economia no *Eurogrupo*, o que ninguém faz. (…) Não houve nenhum comentário. (…) Se tivesse cantado o hino nacional sueco

327

'Europa' é uma vergonha para os europeus. Oxalá não venha a ser o coveiro da democracia e da paz na Europa, neste ano em que passam cem anos (bem medidos) sobre o início da 1ª Guerra Mundial (que começou nos Balcãs, lembram-se?) e setenta anos sobre o fim da 2ª Guerra Mundial.

21.9. Em 12 de julho de 2015 foi tornada pública a plataforma de entendimento que os *credores* impuseram à Grécia e da qual constam as exigências apontadas como a condição *sine qua non* para um eventual futuro terceiro resgate com base em empréstimos concedidos pelo Mecanismo Europeu de Estabilidade (MEE). É um ultimato mais humilhante para o povo grego do que o *Tratado de Versalhes* para a Alemanha vencida na 1ª Guerra Mundial.

Esta operação ainda não recorreu ao "modelo chileno dos anos 1970" (cito de novo Wolfgang Streeck), talvez porque, como refere o sociólogo alemão, esta é *uma opção que não está ainda atualmente disponível*. A subjugação do 'inimigo' derrotado, espezinhando, como no Chile de Allende, a vontade democraticamente expressa pelo povo soberano, não recorreu, desta vez, aos tanques de um qualquer Pinochet. E não utilizou sequer os meios técnicos mais sofisticados que dispensam os tanques: os aviões, os *drones*, os bombardeamentos cirúrgicos (que só produzem *danos colaterais*). Mas é um golpe do mesmo tipo: um golpe contra a democracia e contra a soberania de um povo, impiedosamente sacrificado aos interesses do *império dos credores* (o capital financeiro que governa o mundo). A guerra está a regressar à Europa, mas os soldados invasores usam fardas e armamento muito diferentes dos utilizados anteriormente. Os 'senhores da guerra', porém, são praticamente os mesmos: os grandes bancos (o grande capital financeiro), que dispõem de um poderoso exército de *mercenários*, os eurocratas, os políticos de serviço, os jornalistas orgânicos, os comentadores a soldo, os senhores

---

teria obtido a mesma reação. (...) Nem sequer houve aborrecimento, foi como se eu não tivesse falado". Anotação do Prof. Yanis Varoufakis (que diz ter trabalhado muito a sua intervenção, para lhe dar coerência e credibilidade): "isso é surpreendente para alguém que está habituado ao debate acadêmico".

'PROBLEMA GREGO' OU 'PROBLEMA ALEMÃO'?

engravatados das *troikas* (ou das *instituições*), que vasculham todas as instituições e ditam as leis dos países 'ocupados'.

Tal como por ocasião do *Pacto de Munique*, em 1938, toda a 'Europa democrática' aceitou agora também a *vergonha* deste *diktat* humilhante imposto ao povo grego para satisfazer a voracidade insaciável dos *credores*. Dramaticamente, os dirigentes socialistas (na oposição ou no poder, como na Alemanha, na França e na Itália, alguns dos quais estão entre os que chamavam Tsipras de *radical irresponsável* e agora o apelidam de *realista corajoso*) proclamam aos quatro ventos, orgulhosos do seu feito, que, graças a eles, foi conseguido este 'acordo' (recusam ver nele um *ultimato humilhante*), que salvou a Grécia, o euro e a Europa. Não aprenderam nada com a História. E mentem despudoradamente: eles sabem que este *diktat* não salvou a Grécia de nada (nem do *Grexit*), nem salvou o euro, nem salvou a 'Europa'. *Este diktat condenou o povo grego a décadas de trabalho escravo ao serviço dos senhores-credores.*

O FMI veio agora dizer (um dia destes dirá exatamente o contrário...) que, no caso da Grécia, a dívida é *altamente insustentável*, adiantando que, com as medidas propostas pelos *credores*, "a dívida pública grega permanecerá em níveis muito elevados ao longo de décadas e altamente vulnerável a choques", admitindo que atinja um pico de 200% do PIB em 2018, prevendo que só lá para 2040 a dívida venha a situar-se à roda de 70% do PIB, e defendendo, por isso mesmo, a necessidade de uma *reestruturação da dívida bastante ampla* (perdão de 30% da dívida, concessão de um prazo de carência de trinta anos e prorrogação do prazo de vencimento da dívida por outros vinte anos).[263]

---

[263] Quando, antes de anunciado o referendo, se pensou que poderia chegar-se a um acordo, os jornais deram conta de um documento de trabalho distribuído aos deputados alemães (na previsão de que viessem a ser chamados a votar esse acordo), no qual se dizia que, mesmo depois de aplicadas as medidas nele previstas, a dívida grega se situaria ainda, em 2030, à volta de 120% do PIB.

A própria Comissão Europeia prevê que a dívida grega possa representar 187% do PIB em 2020, 176% em 2022 e 143% em 2030. Esta dívida não é nem nunca será pagável, tanto mais que, com a 'ajuda' do *programa de austeridade* aceite pelo Primeiro-Ministro grego, há já previsões que apontam para uma quebra do PIB que pode chegar a -10% em 2015/2016 (com uma quebra de 4% anuais durante os próximos anos). A pergunta

Mas a verdade é que a Alemanha (e outros 'alemães' da *Europa do capital*) tentou impedir a publicação do Relatório em que o FMI defende este ponto de vista. Acabou por vir a público por pressão dos EUA (quem pode, manda...). E o 'acordo' imposto à Grécia ignora, olimpicamente (talvez em homenagem à Grécia...) tal questão. Limita-se a declarar que "existem graves preocupações quanto à sustentabilidade da dívida grega", mas logo acrescenta que tal situação se deve ao "afrouxamento das políticas durante os últimos doze meses".[264] E continua: "o Eurogrupo mantém-se disposto a ponderar, se necessário, possíveis medidas adicionais (eventual alargamento dos períodos de carência e dos prazos de pagamento)", mas adverte que "estas medidas ficarão dependentes da aplicação integral" do tratamento de choque austeritário imposto pelos credores. E remata: "a Cimeira do Euro salienta que não podem ser efetuados cortes nominais da dívida". Acabou a conversa.[265]

---

que se impõe é esta: como poderá sobreviver um regime democrático a mais esta hecatombe, num país em que o PIB já teve uma quebra de 26% do PIB nos últimos cinco anos e tem uma taxa de desemprego de 27%, sem conseguir uma saída para os seus jovens?

[264] O que é, consabidamente, uma mentira. Além do mais, é público que o PIB tinha baixado 0,4% no último trimestre de 2014 (ainda no tempo do *governo amigo dos credores*), e é público também que o governo do Syriza conseguiu aumentar o saldo primário positivo e conseguiu também alguns resultados positivos em matéria de balança de pagamentos.

[265] Mas todos sabemos que não há regra sem excepção. Veja-se o que se escreve no editorial do *Financial Times* de 11 de junho de 2015: "Os credores da Ucrânia têm de partilhar a dor do país" e "têm de aceitar um perdão de dívida", pelo que há já um "pacote de apoios internacional [aposto que a Alemanha de Schäuble é um dos apoiantes!] (...) que admite a reestruturação da dívida e cortará em 15,3 mil milhões de euros os juros a pagar nos próximos quatro anos", para que a dívida seja gerível tendo em conta a produção do país. O mesmo editorial acrescenta que alguns credores privados "resistem a um perdão de dívida", mas logo dá a sentença: "terão de ceder! Têm a obrigação moral de concordar com uma reestruturação que permita reduzir a dívida para níveis sustentáveis". E defende o *Financial Times* "a utilização de mecanismos de indexação ao PIB", porque esta é a solução "melhor para todas as partes". E tira a seguinte moralidade: "em matéria de tal importância geopolítica, não se pode permitir que os interesses financeiros privados ditem as políticas públicas".
Apoiado! Isto é que é *fazer política* em vez de *aplicar regras*! Os inexistentes do Eurogrupo deviam ler este editorial e meditar no que nele se diz. E os Chefes de Estado e de Governo deveriam fazer o mesmo esforço de leitura e meditação. Recomendo o mesmo

'PROBLEMA GREGO' OU 'PROBLEMA ALEMÃO'?

O medo do *Grexit* por parte dos *credores* e, muito provavelmente, a pressão da Administração americana, terão levado o FMI a declarar, em 14 de julho de 2015, que "a dívida da Grécia só pode tornar-se sustentável através de medidas de alívio que vão muito além daquilo que a Europa está, até agora, disposta a conceder".

Por outro lado, Mario Draghi vem revelando um discurso do BCE não inteiramente coincidente com o de Schäuble (que continua a defender em público a saída da Grécia da zona euro, pelo menos temporariamente), sustentando que a Grécia precisa *urgentemente* de um "alívio da dívida" (no âmbito do que permitem os Tratados da UE, claro...), recordando que o BCE tem "um mandato para cumprir" e que não deixará de o cumprir, e concluindo que "a Grécia é e continuará a ser um membro da zona euro". Até parece que é o BCE que manda na *Europa alemã*...

A própria Comissão Europeia vem-se pronunciando no sentido de que a dívida grega só poderá tornar-se sustentável se beneficiar de "uma alteração de perfil muito substancial", com maturidades mais longas para os empréstimos atuais e futuros, moratória no pagamento de juros e taxas de juro mais baixas (taxas AAA). Alguma coisa mexe...

Porque todos sabem, a começar pelos *credores*, que este ultimato não resolve nada, nem o problema da dívida, nem o problema da permanência da Grécia na zona euro. Bem prega a Comissão Europeia (e alguns 'comentadores orgânicos') que este 'acordo' permitiu ultrapassar definitivamente a ameaça de um *Grexit*. Mas ninguém leva a sério estas 'sentenças'.

---

exercício aos responsáveis do FMI. Recusaram ao Nepal qualquer perdão de dívida, apesar de este país ter sofrido há tão pouco tempo os efeitos de uma catástrofe natural particularmente devastadora. Têm dito que não poderão apoiar a Grécia (as *regras* estatutárias não o permitem...) se este país não oferecer garantias de sustentabilidade da dívida e se o governo grego não der provas de empenhamento na execução do *programa de austeridade* contido no *diktat* de 12 de julho de 2015. Mas garantiram à Ucrânia que "os fundos do FMI continuarão disponíveis mesmo que o país falhe nos pagamentos aos seus credores privados".
Informações colhidas em CADIMA, J. "Prisão de povos". *Avante!*, 16 de julho de 2015.

ANTÓNIO JOSÉ AVELÃS NUNES

Mais grave ainda. Este ultimato deu passos atrás no que toca à resolução do verdadeiro problema da Grécia: uma estrutura produtiva distorcida,[266] fraco crescimento econômico, forte dependência da importação de produtos essenciais (alimentos, energia, medicamentos, equipamentos).

21.10. A referida plataforma de entendimento começa por enfatizar o seguinte: "A Cimeira do Euro sublinha a necessidade crucial de restabelecer a confiança com as autoridades gregas". Mas é claro que não é de *confiança* que se trata, porque, neste capítulo, as autoridades que representam os *credores* é que não oferecem confiança nenhuma. Quem precisa de justificar a *confiança* nelas são as autoridades europeias, as mesmas que patrocinaram negócios escuros, inspirados pelo *Goldman Sachs* e outros, que levaram a Grécia à ruína, em proveito das empresas alemãs e dos grandes bancos alemães e franceses e dos seus amigos gregos (conservadores e socialistas).

Em 'tradução' minha (e acredito que, neste caso, o tradutor não é traidor), o que a afirmação que transcrevi significa é isto: os *credores vitoriosos* sublinham que a Grécia vencida tem de se *render incondicionalmente* aos nossos comandos e o governo grego tem de 'colaborar' com as 'tropas ocupantes' (que vão regressar ao território ocupado, talvez não fardadas de *troika* mas fardadas de *instituições*), ainda que para tal tenha de desrespeitar e castigar o seu povo. Só assim as autoridades gregas terão a nossa *confiança*.

Para merecer esta *confiança*, o governo da Grécia tem de cumprir a sentença a que foi condenado de revogar, por via legislativa, decisões do Supremo Tribunal da Grécia favoráveis aos pensionistas e de revogar, a curtíssimo prazo, a legislação que ele próprio promulgou durante os cinco meses de governo de Syriza com a qual a *troika* não concorda.

---

[266] Desde a adesão à CEE, em 1981, a parte da indústria no PIB baixou de 17% (1980) para 10% (2009), tendo-se registado uma quebra da produção industrial de 30% entre 2009 e 2013 (uma quebra maior do que a do PIB, que se cifra em -26%: de 242 mil milhões de euros em 2008 para 179 mil milhões em 2014). A agricultura enfraqueceu e perdeu peso na economia, estando muito longe de garantir ao povo grego uma razoável *autonomia alimentar* (uma das bases da soberania).

'PROBLEMA GREGO' OU 'PROBLEMA ALEMÃO'?

Para "restabelecer a confiança", o *ultimato dos credores* obriga o Governo grego a reconhecer que são fruto das suas políticas algumas das dificuldades por que passa atualmente a Grécia. Obriga-se a vítima das *políticas de austeridade* que lhe foram impostas a atribuir a si própria a culpa dos seus sofrimentos, ilibando os carrascos dos 'crimes' que cometeram contra o bem-estar e a dignidade do povo grego. É puro sadismo.

O *diktat* de 12 de julho de 2015 obriga também o Parlamento grego a aprovar, no prazo de dois ou três dias, legislação vária e complexa, que, inclusivamente, obriga o governo grego a "introduzir cortes quase automáticos nas despesas no caso de desvio em relação aos objetivos ambiciosos relativos ao saldo primário, depois de consultado o Conselho Orçamental e sob reserva de aprovação prévia pelas Instituições" (FMI, UE e BCE). É uma humilhação para o Parlamento grego, obrigado a *votar de cruz* (incluindo a perda de competências próprias dos parlamentos, e obrigado a aceitar que, em certas condições, haja *cortes automáticos das despesas*, i.e., sem qualquer intervenção do Parlamento).

É mais um sinal preocupante da *crise da democracia representativa*, assim desrespeitada por aqueles que se dizem os seus mais fiéis defensores. Tal 'democracia' só serve para enfeitar discursos, mas ninguém a leva a sério. Talvez estejam a brincar com o fogo.

Para além de medidas mais gravosas do que as aplicadas nos últimos cinco anos, aquela plataforma impõe ainda: "um programa de privatizações significativamente reforçado" (o saque depois da vitória!); a "modernização rigorosa da contratação coletiva" (realce-se o cinismo da palavra *modernização* quando se impõe um regresso ao passado, contrariando as Convenções da OIT); a facilitação dos despedimentos coletivos "segundo as melhores práticas da UE nesta matéria"; a revisão da legislação laboral "alinhada pelas boas práticas internacionais e europeias", evitando "o regresso a políticas do passado, incompatíveis com os objetivos da promoção do crescimento sustentável e inclusivo"; a adoção de "um vasto programa de reforma do sistema de pensões"; a "racionalização do sistema do IVA" (i.e., o aumento brutal da carga fiscal que vai incidir sobre os mais pobres e que vai afetar negativamente o turismo, que é o setor mais importante da economia grega e o único que tem vindo a crescer); a adoção de medidas para "reduzir ainda mais os custos da Administração Pública" (traduzindo: baixar ainda mais os salários e despedir mais trabalhadores); a publicação a curtíssimo prazo de um Código de Processo Civil (que os operadores judiciários e a opinião pública tinham rejeitado, obrigando o governo de coligação entre conservadores e socialistas a metê-lo na gaveta!), certamente para tornar mais expeditos e mais céleres os processos de penhora, execução de hipotecas e despejo de pessoas que não conseguem pagar as prestações do empréstimo para comprar a casa em que habitam ou as prestações e outros encargos das oficinas, lojas, escritórios ou restaurantes em que ganham a sua vida; a obrigação do governo grego de apresentar um pedido de assistência financeira ao MEE, obrigatoriamente acompanhado de pedido idêntico junto do FMI (estranha exigência, que é uma confissão da 'menoridade' das instituições da UE; será porque, dado o seu passado, o FMI dá mais garantias como 'polícia de última instância'?).

Em cada linha, uma afronta ao governo da Grécia e ao povo grego!

Como se vê pela terminologia utilizada, este texto é um monumento ao cinismo e à hipocrisia políticas, utilizando uma linguagem que humilha o povo grego, ao mesmo tempo que procura esconder a verdadeira dimensão do *castigo* que lhe está a infligir.

Para suprema humilhação, o 'acordo' obriga a Grécia a constituir um "fundo independente" constituído por "ativos gregos de valor", esperando os *credores* que a sua venda venha a render 50 mil milhões de euros (cerca de ¼ do PIB grego), que serão assim distribuídos: 25 mil milhões vão diretamente para os *credores-vencedores*; 12,5 mil milhões de euros ficam cativos como contrapartida (garantia) de um eventual abatimento dos créditos do devedor-vencido; 12,5 mil milhões ficarão disponíveis para investimento sob a vigilância dos *credores*. Trata-se, em boa verdade, de uma *caução* exigida pelos *credores*, que não poderá garantir que eles recebam tudo o que a Grécia deve, mas que é mais uma humilhação ao povo grego. Humilhação que esteve para ser muito maior, porque, quase até ao fim, esteve previsto que este fundo fosse sediado no Luxemburgo e gerido por uma entidade independente.

'PROBLEMA GREGO' OU 'PROBLEMA ALEMÃO'?

Pergunto: se as empresas públicas já foram privatizadas ou devem ser privatizadas imediatamente, que ativos são estes? Fala-se do velho aeroporto de Hellinikon (abandonado desde 2001), dos correios, da empresa petrolífera e da companhia de eletricidade. Mas estamos longíssimo dos 50 mil milhões de euros. O que resta então? As ilhas do Mar Egeu, as praias, o Parthénon, obras de arte, o recheio dos museus?

Hipocritamente, o *diktat dos credores* faz uma declaração tipo *polícia bom*: "A Comissão irá trabalhar em estreita colaboração com as autoridades gregas para mobilizar até 35 mil milhões de euros para financiar a economia".

Mas é claro que não se dispensa o acompanhamento dos representantes dos credores. Mais. Esta mesma Comissão Europeia tem bloqueado o pagamento à Grécia de 35 mil milhões de fundos estruturais a que a Grécia tem direito como membro da UE. Por outro lado, esta promessa de agora está a contar, diria o nosso povo, com *o ovo no cú da pita*, i.e., com o famigerado *Plano Juncker*, que nunca mais arranca e que, na minha opinião, não passa de uma quimera, assente na miragem de uma chuva de investimentos privados...[267]

Com estas 'armas' os credores derrotaram o povo grego, vão continuar a tarefa de destruir a sua economia, vão aumentar o desemprego, a pobreza e a exclusão social, com a certeza de que a dívida só

---

[267] As estatísticas mostram que, para além da baixa do PIB entre 2008 e 2014, a Grécia sofreu também uma quebra acentuada do investimento: a Formação Bruta do Capital Fixo (FBCF) passou de 23,7% do PIB em 2008 para 11,6% do PIB em 2014. Para termos uma noção da dimensão do desastre, comparemos com o que passou, a este nível, no mesmo período, em Portugal e na Espanha: em Portugal a FBCF baixou de 22,8% do PIB em 2008 para 14,9% em 2014; na Espanha, baixou de 22,2% do PIB em 2008 para 18,9% em 2014. Não é arriscado concluir que o investimento em capital novo ficou abaixo da amortização do capital fixo, o que significa que a capacidade produtiva instalada na Grécia é hoje inferior à que existia antes da crise e do *tratamento de choque* a que o país foi sujeito pelas *políticas de austeridade*. Fica uma pergunta: quais são os privados (os *salvadores* esperados pelos artífices do *Plano Juncker*) que vão investir num país em tais condições, um país que as próprias autoridades da UE classificam como um país com uma administração pública ineficiente, desestruturado, endividado até aos ossos, com um povo preguiçoso... Alguém acredita que os investidores privados investem para salvar países carecidos de ajuda? Leiam Adam Smith!

poderá aumentar e de que a capacidade da Grécia para a pagar vai continuar a ser cada vez mais reduzida. "Não há exemplos de países que tenham recuperado de uma crise através da austeridade" (Joseph Stiglitz).

O que os credores estão a impor ao povo grego são décadas de *trabalho escravo* ao serviço dos *senhores-credores*. É o regresso da *escravidão por dívidas*. Este *diktat* é o retrato da *Europa do euro*, da *Europa alemã* que confiscou a *soberania* dos estados-membros com a promessa de a trocar por uma *solidariedade* que agora lhes nega. Os povos da 'Europa' ficaram sem uma coisa e sem a outra. E, sem *soberania*, perderam também o único espaço em que podem exercer a *cidadania*, praticar a *democracia* e organizar a luta contra a *ditadura do capital financeiro*.

Com razão, as condições da 'ajuda' a países como Portugal e a Grécia já foram comparadas às *propostas irrecusáveis* do 'padrinho' Don Vito Corleone, retratado no célebre filme de Francis Ford Coppola (que é, na minha leitura, uma teoria sobre o poder). São, realmente, propostas ilegítimas à luz do Direito Internacional. Como qualquer criminoso de direito comum, o estado português foi colocado numa espécie de *prisão domiciliária*, sujeito à visita periódica das autoridades responsáveis pela aplicação das penas: durante o período de vigência do 'programa de ajustamento', os inspetores da *troika* visitaram-nos de três em três meses, para verificar se estávamos a cumprir todas as penas impostas. É uma situação humilhante. Mas os senhores inspetores continuarão a 'visitar-nos' até que Portugal pague pelo menos 75% da dívida. Nunca mais saem de cá... E, mesmo quando não vêm, têm as *regras* do Tratado de Maastricht e do Tratado Orçamental a fazer o trabalho por eles.

Tudo é hoje é muito claro. Em tempos passados, os países credores ocupavam militarmente os países devedores impossibilitados de pagar as suas dívidas e passavam a gerir as alfândegas, cobrando em seu favor os direitos alfandegários (o único imposto com receitas relevantes) até recuperarem o dinheiro que tinham emprestado. Agora, os nossos 'parceiros' na UE, vestindo a pele de *credores* e esquecendo tudo o resto, fazem pior: disfarçados de *troika* (ou de *instituições*), levam, a título de juros, uma fatia importante da riqueza que produzimos e dos impostos

'PROBLEMA GREGO' OU 'PROBLEMA ALEMÃO'?

que pagamos; impõem a venda ao desbarato das empresas que constituem os alicerces da nossa soberania; destroem a economia, desmantelam a escola pública, o serviço nacional de saúde e o sistema público de segurança social; empobrecem os trabalhadores, humilham os povos e os estados; dizem-nos se podemos ou não aumentar o salário mínimo, dizem-nos quantas freguesias podemos ter; fazem chantagem sobre o Tribunal Constitucional, não respeitando sequer as 'barbas brancas' de um país como Portugal, independente há quase 900 anos. Já alguém viu tratar deste modo os estados endividados no seio dos EUA, no seio da União brasileira ou da federação alemã?

21.11. No plano pessoal, posso oferecer toda a compreensão a quem tem de tomar decisões em circunstâncias tão dramáticas. Mas, no plano político, não posso deixar de dizer que esses decisores têm de assumir a responsabilidade política por se terem deixado cair na emboscada que lhes foi preparada pelo poderoso e sagaz 'inimigo' cuja força não poderiam desconhecer.

Falhada, nas condições que refiro atrás, a ronda negocial de fevereiro de 2015, o prolongamento por mais quatro meses do Programa de assistência financeira anterior não serviu para nada. Enganaram-se redondamente os que 'acreditaram' que esse prazo permitiria ao governo grego preparar-se para um segundo *round* vitorioso. Na minha opinião, o Governo do Syriza deveria ter percebido que a sua fé na bondade da estratégia de permanecer no euro e conseguir um 'bom acordo' com os *credores* (estratégia que, a meu ver, tinha ficado esvaziada em fevereiro) só poderia ter algum êxito se os credores fossem confrontados com a hipótese da saída da Grécia da zona euro em caso de fracasso das negociações.

Não foi essa a opção de Tsipras e do seu Governo, que iniciou este segundo *round* do combate com os *credores* sem ter preparado o complexo dossiê da saída do euro, apesar de o Syriza ter dito, durante a campanha eleitoral de que saiu vitorioso, não estar disponível para suportar "nenhum sacrifício pelo euro". E não se preocupou em fazer pedagogia política junto da opinião pública grega com vista a ganhar o

337

seu apoio para a 'batalha' que iria travar contra os *credores* no mês de junho de 2015. Partiu para ela desarmado, com a mesma 'ingenuidade' com que tinha encarado a ronda de fevereiro. E, sem poder utilizar a possibilidade de saída do euro como arma negocial, o resultado deste *round* foi ainda mais desastroso do que o do primeiro.

A ausência de um plano B explica-se, certamente, pelo facto de a direção do Siryza não concordar politicamente com ela. Como sublinha Lapavitsas, "nunca houve um plano B sério por parte da direção do Syriza" porque eles "nunca estiveram realmente interessados em ter um". Com inteira razão, Lapavitsas salienta que, "para ter um plano B, é necessário entender a política de classe da UEM e da UE, é necessário estar preparado para a luta de classes mais extrema e é necessário preparar o povo para o conflito". Parece inequívoco que esta não é a perspetiva da direção do Syriza.[268]

Os factos dão plena razão a Varoufakis: como digo atrás, o Primeiro-Ministro grego colocou-se num beco sem saída, e foi obrigado a *capitular*, aceitando (quase ajudando a preparar) a *rendição incondicional* que o 'inimigo' sempre desejou. E é claro que não se tratou aqui de *recuar um passo para depois avançar dois*. Tratou-se de uma verdadeira capitulação, uma humilhação para o povo grego, depois da lição de dignidade que deu no referendo.

Estas considerações não apagam a minha ideia de que a responsabilidade política dos *credores* da Grécia no castigo e na humilhação que infligiram ao povo grego é muito maior do que a de Tsipras e do seu Governo. Porque os *credores* tinham plena consciência de que o povo grego queria permanecer no euro e de que o governo grego não estava preparado nem disponível para lutar até às últimas consequências por uma alternativa à austeridade punitiva e empobrecedora. Certos da sua força e da sua vantagem negocial, puxaram a corda até que, já quase sem poder respirar, Tsipras aceitou o *ultimato de rendição incondicional*. Esta mascarada de negociações terminou de *forma desastrosa* para a Grécia, mas terminou de *forma desonrosa* para os *credores*.

---

[268] Entrevista concedida a Sebastian Budgen, acima citada.

'PROBLEMA GREGO' OU 'PROBLEMA ALEMÃO'?

Quanto ao que se passou no Parlamento grego na noite de 15 para 16 de julho de 2015, tenho de dizer que estou ao lado da Presidente do Parlamento grego, na justificação do seu voto contra o *ultimato dos credores*: "Não temos o direito de interpretar o NÃO dos eleitores como um SIM". E não posso apoiar o gesto político daqueles deputados que declararam "votar contra as nossas [deles] consciências e apoiar o acordo", sabendo que 67% dos seus concidadãos tinham acabado de rejeitar, clara e corajosamente, as *políticas de austeridade* impostas por tal 'acordo'.

Os deputados que votaram a proposta do Primeiro-Ministro mostraram que não estão no Parlamento para respeitar a vontade de quem os elegeu. Aceitaram substituir a *soberania nacional* (a soberania do *povo soberano*) pela *soberania dos credores*, a *soberania dos mercados*. Aceitaram que os problemas do povo grego se podem resolver pela *austeridade*, a solução imposta pelos *mercados soberanos*.

Deixando de lado os deputados em si mesmos, o que vale a pena sublinhar é que a dita *democracia representativa* está a tornar-se uma farsa. Não podendo ignorar a vontade do povo grego expressa em referendo dias antes, os que se dizem seus *representantes* (os que votaram a favor da aceitação do *ultimato*) não honraram o mandato democrático que receberam através do sufrágio universal e desrespeitaram o *povo soberano* que os elegeu. Podem dar as voltas que quiserem, podem adulterar o significado das palavras, mas isto não é democracia, é a negação dela.

Uma nota mais: o Parlamento grego votou a submissão ao *ultimato dos credores*, com 64 votos contra e seis abstenções. Durante o debate, o Primeiro-Ministro Alexis Tsipras voltou a dizer que *não acreditava* nas medidas constantes na proposta final dos credores e que *não concordava* com elas, mas votou a favor da sua aceitação, alegando que não tinha outra alternativa. Alguém pensa que este Primeiro-Ministro (que agiu, confessadamente, sob coação, em *estado de necessidade*) tem condições pessoais e políticas para executar um programa em que *não acredita* e com o qual *não concorda*? Obrigá-lo a aceitar tal programa e a comprometer-se a executá-lo foi um gesto deliberado de humilhação, tanto mais que, para além da confissão pública do FMI, não é admissível que algum dirigente europeu *acredite* em tal programa e entenda que a Grécia poderá algum dia pagar a sua dívida. Como disse um dirigente finlandês, "o que era importante para nós, desde o início, era conseguir condicionantes duras. Sentimos que isso foi conseguido no acordo". É claro que este foi o objetivo de todos os *credores* que impuseram o *ultimato* a Tsipras no dia 12 de julho de 2015: obrigá-lo a aceitar *condições duras*. E ele acabou por aceitar *condições muito duras*.

E duas perguntas finais. Será válido um 'acordo' assinado sob coação por quem *não acredita* nas (e *não concorda* com as) medidas nele inscritas? As dívidas resultantes deste *diktat* poderão ser exigidas ao povo grego, que tão expressivamente rejeitou as propostas dos *credores*? Não se tratará de *dívidas ilegítimas* ou mesmo de *dívidas odiosas*, que, segundo o Direito Internacional, os povos não têm que pagar?

21.12. Esta guerra dos *credores* contra o povo grego foi travada (e ganha pelos *credores-agressores*) também para deixar claro aos *povos das colônias do sul* que, nesta *Europa do euro*, nesta *Europa do capital*, nesta *Europa alemã*, quem dita as regras são os *senhores-credores* da 'metrópole'. Aos povos das 'colônias' resta aceitar, submissamente, a sua sorte de colonizados, humilhados e ofendidos, 'escravizados'.

O exemplo recente da Grécia mostra, a meu ver, entre outras coisas, que, no quadro da UEM, não tem qualquer viabilidade nenhum programa sério de renegociação e reestruturação da dívida soberana, por mais insustentável que seja essa dívida. Nesta 'Europa' agora dividida em *credores* e *devedores*, os primeiros recusam qualquer possibilidade de reestruturação da dívida que asfixia os devedores.

A Alemanha, que lidera as tropas dos *credores* nesta *guerra* contra os *devedores*, esqueceu o *Acordo de Londres* (1953) que garantiu o seu desenvolvimento e impõe às 'colônias' condições que vão em sentido inverso ao daquelas que lhe foram generosamente oferecidas. Porquê este 'esquecimento' da História? A verdade é que a Grécia ofereceu dura resistência ao invasor nazi e não pode hoje, por força das circunstâncias, ser uma peça importante na defesa do 'mundo livre' contra a 'ameaça comunista', no quadro da guerra fria. Querem castigar o povo grego por isso? Recordem-se, senhores *credores*, que, por umas e por outras, a

'PROBLEMA GREGO' OU 'PROBLEMA ALEMÃO'?

Grécia pagou o preço elevadíssimo de uma guerra civil particularmente dramática, que lhe foi imposta para 'combater o perigo comunista'. No referendo de 5 de julho de 2015, o povo grego deu à Europa e ao mundo mais uma lição de dignidade: de novo a *resistência* venceu o *colaboracionismo*. O povo grego tem direito a não ser tratado com menos respeito do que aquele que o povo alemão mereceu (inclusivamente por parte da Grécia) oito anos apenas depois de os povos da Europa (e o povo grego está no quadro de honra!) terem libertado o mundo da barbárie nazi.

Concluo com Jürgen Habermas, em entrevista ao *Guardian* (16 de julho de 2015): o governo da Sr.ª Merkel, ao impor a Tsipras a *rendição incondicional*, praticou um "ato de punição" contra o governo do Syriza e contra o povo grego. E acrescenta: "o governo alemão, incluindo a sua fação social-democrata, (...) revelou-se desavergonhadamente como o disciplinador-chefe da Europa e pela primeira vez pediu abertamente uma hegemonia alemã na Europa", o que justifica o temor do filósofo alemão de que este gesto "tenha deitado fora numa noite todo o capital político que uma Alemanha melhor acumulou ao longo de meio século".

A análise do dramático processo que forçou o Primeiro-Ministro grego a assinar um documento em que *não acredita* e com o qual *não concorda* pôs em evidência que a *Europa de Maastricht* e do *Tratado Orçamental* apagou do chamado 'espírito europeu' qualquer ideia de *coesão* e de *solidariedade*.

Pôs em evidência que, talvez na sua maioria, os cidadãos de cada um dos estados-membros não se sentem *concidadãos* dos naturais de outro país da UE (sobretudo se este for *devedor*). Pôs em evidência que o *povo europeu* não existe. Já sabemos que Dominique Strauss-Kahn disse um dia que, depois de feita a 'Europa', era preciso *produzir os europeus*. Mas ele saiu da cena política, e o projeto deve ter sido posto de lado...

Pôs em evidência também que esta *Europa do capital e do euro* não muda. Os povos que querem salvar a sua independência como estados e a sua dignidade como povos têm de libertar-se das cadeias do euro.

341

ANTÓNIO JOSÉ AVELÃS NUNES

À luz do que fica dito, é inevitável reconhecer que sai reforçada a razão dos que, em Portugal, defendem a urgente necessidade de analisar todas as implicações da saída do euro, preparando o País para tomar essa decisão quando as condições o aconselharem, sem se deixar colocar na situação de ser corrido, como agora quiseram fazer à Grécia (temporariamente, por um período de cinco anos, ou a título definitivo).

Toda a gente diz que Schäuble tem o sonho (e um plano para o realizar) de correr a Grécia do euro. Numa das reuniões do *Eurogrupo* antes do 'acordo' imposto a Tsipras após o referendo de 5 de julho de 2015 foi presente uma proposta formal da Alemanha no sentido de afastar a Grécia do euro durante cinco anos, proposta que foi posta de lado dada a oposição da França. Mas o Presidente da Comissão Europeia já tinha admitido antes que "a Comissão tem um cenário de *Grexit* preparado e em detalhe" (*Público*, de 8 de julho de 2015). A premeditação é clara... De resto, em devido tempo, a comunicação social deu conta de que já em 2011 o Ministro das Finanças alemão terá proposto ao governo grego uma saída negociada (apoiada) do euro.

Segundo o jornal *Libération* (12 de julho de 2015), o Presidente da Comissão Europeia (que aparece nos telejornais a dar beijinhos fraternos a Tsipras) terá dito ao Primeiro-Ministro grego numa das reuniões entre os *credores* e o governo grego: "Se o Eurogrupo funcionasse como uma democracia parlamentar, tu já estarias fora, porque quase todos os teus parceiros o desejam".[269]

O *euro alemão* não oferece outra alternativa: aos 'pobres' só resta aceitar «as perdas de soberania» e "as ofensas à sua dignidade nacional" (Ulrich Beck) e o seu papel de *povos-escravizados-pela-dívida* e pela *impossibilidade de crescer* (repito: é este o objetivo do *Tratado Orçamental* enquanto

---

[269] Já alguém imaginou o Congresso americano (que é um parlamento que funciona segundo as regras da *democracia parlamentar*, ou não?) votar, democraticamente, a expulsão dos EUA (da união monetária americana) de um qualquer dos estados federados que têm tido gravíssimos problemas de natureza financeira? Passa pela cabeça de alguém que o Parlamento alemão encare uma solução deste tipo para qualquer dos estados federados alemães? E são estes senhores os defensores do *federalismo europeu*! Que beleza de federalismo!

'PROBLEMA GREGO' OU 'PROBLEMA ALEMÃO'?

pacto colonial/pacto de subdesenvolvimento). Se não aceitarem a sua 'sorte', acabam por ser escorraçados do clube do euro.

Uma proposta mais refinada (mais cínica) foi apresentada por François Hollande já no início de agosto de 2015 (a França de Hollande passou a integrar a *Europa de Vichy*, capitulacionista e colaboracionista): reservar o euro para um núcleo duro de sete países (os *sete magníficos*, os *donos da 'Europa'*) e criar um euro fraco para os restantes. Estes são os mais fracos (os *devedores*), que se sabe vão continuar a ficar cada vez mais fracos e mais pobres. Para isso estão a destruir as suas economias e baixar os salários e os direitos dos trabalhadores, sabendo que uma economia assente em mão-de-obra barata só poderá tornar-se ainda mais pobre. E, pelos vistos, os 'pobres' não têm lugar no *clube dos ricos* que é a UE. A menos que aceitem transformar-se em *economias escravas* (*Financial Times*) no seio da UE imperialista. Se alguém pensou que o euro poderia ser uma espécie de cimento da 'Europa', a história da moeda única europeia desfez esse 'sonho lindo': o *euro alemão* está a destruir a Europa e, se os povos europeus não tomarem em mãos o seu destino, ele acabará por forçar a implosão da Europa.

De muitos lados vem a previsão (sobretudo à luz do que agora se passou no embate entre o povo grego e os *credores*) de que, mais cedo do que tarde, a Grécia vai ter de sair da zona euro. E de muitos lados vem também a previsão de que Portugal virá a seguir.

O melhor é os portugueses estarem preparados para o que aí vier. Porque só deste modo estarão em condições de acertar com os 'donos' da UEM uma saída que diminua os custos que ela implica para os trabalhadores e para a economia nacional. Deste episódio 'grego' resulta claro que Portugal pode vir a ser forçado a uma 'saída sem rede'. Portugal nunca deve assumir esta solução, mas não deve fugir a ela, se os *credores* a impuserem. Historicamente, esta foi, aliás, a situação da generalidade dos povos colonizados, que tiveram de conquistar a sua independência em guerra aberta com os colonizadores e enfrentar ainda, após a independência, a hostilidade e o boicote político e econômico da antiga potência colonial.

Dito isto, é fora de dúvida que a solução preferível é sempre uma saída negociada e apoiada. E talvez possamos ser otimistas e esperar que

343

esta seja a solução preferível também para a aristocracia dos *credores*, que se veriam livres dos 'problemas' que lhes criam os incivilizados *povos do sul* (os *devedores*). Só não pensarão assim se assumirem, sem reservas, que o seu objetivo último é o de *colonizar* e *escravizar* os *devedores*.

Uma coisa é certa. Depois do que os *credores* fizeram à Grécia, é obrigatório extrair pelo menos esta lição, como fez Varoufakis: "Negociar com medo é algo que nunca mais deve acontecer a nenhum povo da região".

O processo de saída iniciar-se-á com a declaração da impossibilidade de pagar a dívida e os encargos dela. Mas a dívida não desaparece. Por isso é que é importante a colaboração das instituições da UEM, que poderá traduzir-se na redução do montante da dívida e na definição de outros pontos da necessária reestruturação da dívida, bem como na garantia do BCE relativa à sustentabilidade do sistema bancário do país que abandona o euro e no seu apoio à manutenção da inevitável desvalorização da nova moeda dentro de limites toleráveis (20%–25%), ajudando o país a defender-se de movimentos especulativos contra a nova moeda.[270]

---

[270] Sobre esta problemática, ver LOUÇÃ, Francisco; FERREIRA DO AMARAL, João. *A Solição Novo Escudo*: O que fazer no dia seguinte à saída de Portugal do euro. Lisboa: Lua de Papel, 2014.

XXII

A 'EUROPA' ESTÁ TODA ERRADA, É PRECISO PASSÁ-LA A LIMPO

22.1. A "paixão europeia pela austeridade" (Paul Krugman) está a impor políticas que "salvam bancos com quantias de dinheiro inimagináveis mas desperdiçam o futuro das gerações jovens" (Ulrich Beck), políticas que "conduzem países à falência para evitar a falência de bancos" (Manuel Castells).

Escreveu Mark Blyth que, "na essência, a democracia e as redistribuições que ela possibilita são uma forma de seguro de ativos para os ricos, e, mesmo assim, através da austeridade, descobrimos que aqueles que têm a maioria dos ativos andam a fugir ao pagamento do seguro". É isto mesmo. Mas Michel Rocard aceita passivamente "as regras do jogo do capitalismo internacional" ("regras do jogo cruel") que "impedem qualquer política social audaciosa". E Joschka Fisher conclui que "ninguém pode fazer política contra os mercados".

Acontece que *as políticas que não vão contra os mercados*, as *políticas neoliberais* da *austeridade regeneradora e salvadora*, impostas pela UE e pelo FMI e executadas por *troikas* "sem legitimidade democrática" são, consabidamente, políticas que "pecam contra a dignidade dos povos". Quem o reconheceu (em fevereiro de 2015) foi o próprio Presidente da Comissão Europeia, Jean-Claude Juncker. No que me diz respeito, entendo que

345

estas políticas, sejam pecado ou não, talvez configurem um qualquer tipo legal de crime, inadmissível em democracia, porque nenhuma democracia pode acolher políticas que *atentam contra a dignidade dos povos*. Postas assim as coisas friamente, como classificar os *crimes que atentam contra a dignidade dos povos*? Não estaremos perante verdadeiros *crimes contra a humanidade*? *Quo vadis*, Europa?

Olhando para esta 'Europa' em crise profunda, perdida de si mesmo, a discussão sobre o *fim do estado social* – que a crise tem dramatizado – talvez seja um sinal de que, como o aprendiz de feiticeiro, o capitalismo pode morrer imolado pelo fogo que está a atear. Como em Munique (1938), os dirigentes de serviço parece aceitarem as *regras do jogo* impostas pelo "fascismo de mercado" (Paul Samuelson).

22.2. Os redutos de defesa do capitalismo são cada vez mais difíceis de conquistar. O capitalismo globalizado ganhou força. Mas as suas contradições e as suas debilidades estão sujeitas aos efeitos tão bem traduzidos na velha máxima segundo a qual *maior a nau, maior a tormenta*.

O feudalismo medieval acabou por ceder o seu lugar à nova sociedade capitalista, após um longo período de degradação, quando as relações de produção, assentes na propriedade feudal da terra e na servidão pessoal, deixaram de poder assegurar as rendas, os privilégios e o estatuto dos senhores feudais, que já não tinham mais margem para novas exigências aos trabalhadores servos. Talvez estas crises do capitalismo e esta fúria de tentar resolvê-las, com tanta violência, à custa dos salários, dos direitos e da dignidade dos trabalhadores sejam o prenúncio de que as atuais estruturas capitalistas (incluindo o seu *estado regulador-garantidor*) já não conseguem, nos quadros da vida democrática, garantir o estatuto das classes dominantes.

Com Eric Hobsbawm, acredito que "o futuro não pode ser uma continuação do passado, e [que] há sinais, tanto externamente como internamente, de que chegámos a um ponto de crise histórica. (…) O nosso mundo corre o risco de explosão e de implosão. Tem de mudar".[271]

---

[271] Ver HOBSBAWM, Eric. *A Era dos Extremos:* Breve História do Século XX: 1914-1991. Lisboa: Editorial Presença, 1998.

A 'EUROPA' ESTÁ TODA ERRADA, É PRECISO PASSÁ-LA A LIMPO

A revista *The Economist* reconhecia já em 2000 (número de 23.9.2000) que "os que protestam contra a globalização têm razão quando dizem que a questão moral, política e econômica mais urgente do nosso tempo é a pobreza do Terceiro Mundo. E têm razão quando dizem que a onda de globalização, por mais potentes que sejam os seus motores, pode ser travada". É verdade: os motores da globalização podem ser travados.

22.3. Recordarei aqui mais algumas ideias que ficaram expressas ao longo deste livro.

1) "O neoliberalismo é a expressão ideológica da ditadura do grande capital financeiro".

2) "O neoliberalismo não é compatível com um estado democrático" (Wolfgang Streeck).

3) O neoliberalismo "exige sacrifícios humanos para apaziguar deuses invisíveis" (Paul Krugman).

4) "O estado capitalista está incondicionalmente ao serviço do *crime sistêmico*".

5) "Os cidadãos dizem não à Europa porque recusam a Europa como ela é". (Jacques Chirac).

6) "A integração europeia transformou-se numa catástrofe política e econômica" (Wolfgang Streeck).

7) "A crise do euro tirou definitivamente a legitimidade à Europa neoliberal" (Ulrich Beck).

8) "A Europa alemã viola as condições fundamentais de uma sociedade europeia na qual valha a pena viver" (Ulrich Beck).

9) "As eleições não mudam nada" (Wolfgang Schäuble).

10) "Nós, na UE, não mudamos de política em função de eleições" (J. Kartainen, Vice-Presidente da Comissão Europeia).

11) Apercebi-me da "possibilidade real do fracasso do projeto europeu" (Jürgen Habermas).

A situação atual na Europa – digo-o de novo com Ulrich Beck – carateriza-se pela "assimetria entre poder e legitimidade. Um grande poder e pouca legitimidade do lado do capital e dos estados, um pequeno poder e uma elevada legitimidade do lado daqueles que protestam". É o retrato da *Europa do euro*, da *Europa que fala alemão*.

Não quero ser pessimista, mas a verdade é que a persistência da UE (disfarçada de *troika*, atuando como tal ou como BCE ou envergando a farda dos *credores* na guerra contra os *devedores*) nas *políticas de austeridade* que estão a arruinar a economia dos *países devedores* e a minar a sua soberania, bem como a insolência com que os governantes dos *países do norte* vêm enxovalhando a dignidade dos *países do sul*, têm todas as caraterísticas de uma verdadeira guerra.

Porque é de 'guerra' que se trata quando os estados mais fortes e mais ricos da Europa humilham os povos dos países mais débeis, 'castigando-os' em público com 'penas infamantes' e condenando-os a um verdadeiro *retrocesso civilizacional* em nome da *verdade* dos 'catecismos' neoliberais impostos pelo grande capital financeiro. Acompanho mais uma vez Ulrich Beck: "os países devedores formam a nova 'classe baixa' da UE", e "têm de aceitar as perdas de soberania e as ofensas à sua dignidade nacional". Até quando os povos vão aceitar as ofensas à sua dignidade?

Como se diz atrás, o chamado *Tratado Orçamental* constitui um verdadeiro "golpe de estado europeu", que, sob a capa de soluções 'técnicas', dá corpo a uma visão totalitária que suprime o que resta das soberanias nacionais, ignora a igualdade entre os estados-membros da UE, ofende a dignidade dos chamados *povos do sul* e dos seus estados, e aponta para a *colonização* dos pequenos países pelos grandes. Os 'colonizados' vão ficar quietos e calados?

Pode estar em perigo a paz na Europa. Jean-Claude Juncker tem razão, por uma vez, quando diz que "está completamente enganado quem acredita que a questão da guerra e da paz na Europa não pode voltar a ocorrer. Os demónios não desapareceram, estão apenas a dormir, como mostraram as guerras na Bósnia e no Kosovo".[272]

---

[272] Entrevista a *Der Spiegel*, 10 de março de 2013.

A 'EUROPA' ESTÁ TODA ERRADA, É PRECISO PASSÁ-LA A LIMPO

O novo poder da Alemanha, nesta Europa à deriva, que parece perdida de si mesma e perdida na História, está, com razão, a assustar muita gente. Em julho de 2012, o semanário inglês *New Statesman* proclamava: "A mania da austeridade de Angela Merkel está a destruir a Europa".[273] Sem querer ser agoirento, creio que vale a pena recordar aqui, uma vez mais, este alerta de Joschka Fischer (antigo ministro alemão dos Negócios Estrangeiros): "A Alemanha destruiu-se – a si e à ordem europeia – duas vezes no século XX. (…) Seria ao mesmo tempo trágico e irónico que uma Alemanha restaurada (…) trouxesse a ruína da ordem europeia pela terceira vez". Dá que pensar.

Já o escrevi mais do que uma vez: a História não se reescreve, mas também não se apaga. Não tenho tanta certeza de que não se repita. Para evitar o regresso da barbárie, é essencial que preservemos a memória. E é fundamental que todos tiremos todas as consequências das lições da História e que não demos tréguas ao "cesarismo amnésico" (Serge Halimi) que por aí campeia. A *Europa alemã* está a levar demasiado longe a sua arrogância e a sua desumanidade para com os *povos do sul*. O mal-estar cresce por toda a Europa.

"Nos países mediterrânicos – escreve Wolfgang Streeck[274] –, e em certa medida na França, a Alemanha é hoje mais detestada do que nunca desde 1945". A verdade é que até o Primeiro-Ministro italiano anunciou a sua preocupação: "Eu digo à Alemanha: basta! Humilhar um parceiro europeu é impensável". Mas aconteceu… Na França, foi o secretário-geral do PS francês que escreveu e tornou pública uma carta aberta ao povo alemão, de que os jornais deram conta, em que propõe que a Alemanha repense o seu lugar na Europa. Escreve ele: "A Europa, meu querido amigo, não entende a obstinação do vosso país em seguir

---

[273] É uma *Europa destruída* a que temos hoje, como se tivesse acabado de sair de uma guerra particularmente destruidora: uma Europa que não consegue garantir emprego a pelo menos 1/4 dos seus jovens, uma Europa em que uma em cada quatro pessoas corre risco de pobreza e de exclusão social (dados de um Relatório da ONG Oxfam, publicado em Londres no dia 8 de setembro de 2015).

[274] STREECK, Wolfgang. "Uma hegemonia fortuita". *In: Le Monde Diplomatique,* Ed. Port., maio de 2015.

o caminho da austeridade. Será que o vosso país esqueceu o apoio dado pela França depois daqueles crimes atrozes cometidos em vosso nome? (...) A França e a Europa deixaram a Alemanha tornar-se a potência que é hoje. (...) Mas, querido amigo, a Alemanha tem de se organizar e depressa". Antes que seja demasiado tarde, digo eu.

22.4. Não quero terminar sem deixar claro que as questões em aberto não se resolvem pondo bigodes à Hitler nos retratos da Srª Merkel. O regresso da *Grande Alemanha* fez regressar os medos históricos da Europa, cujos povos têm sido secularmente martirizados e dizimados por guerras que não são as suas. E a extrema direita fascistóide já está no governo na Hungria e na Finlândia. E domina a Ucrânia, com o aplauso e o apoio incondicional das chamadas democracias ocidentais, que nunca mais aprendem a história do aprendiz de feiticeiro.

No entanto, sabemos hoje que a 1ª Guerra Mundial não ocorreu porque um nacionalista sérvio (um fanático, dirão alguns) matou um arquiduque numa rua de Sarajevo. E sabemos também que o nazi-fascismo não se confunde com a personalidade psicopática e com as ideias criminosas do fanático Adolf Hitler. O nazi-fascismo foi o resultado da aliança entre o partido nacional-socialista e os grandes monopólios alemães (da indústria e da finança) em determinadas condições históricas (da história do capitalismo). O que hoje se passa aos nossos olhos é o fruto da *ditadura do grande capital financeiro*, que ganhou supremacia relativamente às atividades produtivas (Keynes alertou para os perigos de uma situação deste tipo), produziu a ideologia neoliberal e tornou o mundo dependente dela, para seu proveito. Estes têm de ser os alvos do nosso combate, em especial no plano da *luta ideológica*, um terreno privilegiado da *luta de classes* nestes nossos tempos. E este combate obriga-nos a retirar a discussão destes temas dos ambientes almofadados do *bunker* de vidro de Bruxelas e dos corredores de todas as *comissões trilaterais* do mundo, trazendo-a para a praça pública, onde está o povo e a cidadania, onde acontece a História.

A crise atual do capitalismo tem vindo a acentuar e a evidenciar as contradições do 'mundo velho' que se julga predestinado para ser *eterno*, um sistema econômico e social que não vive sem situações recorrentes

A 'EUROPA' ESTÁ TODA ERRADA, É PRECISO PASSÁ-LA A LIMPO

de desemprego e de destruição do capital em excesso e que hoje só sobrevive à custa do agravamento da exploração dos trabalhadores, para tentar contornar os efeitos da *tendência para a baixa da taxa média de lucro* e para tentar satisfazer as *rendas* (verdadeiras *rendas feudais*) que são o suporte da hegemonia do grande capital financeiro.

Parafraseando um poeta brasileiro (Álvaro Moreyra), apetece dizer que *esta Europa está toda errada. É preciso passá-la a limpo*. Para tanto, é necessário romper com os dogmas neoliberais e mudar radicalmente as estruturas em que assenta a construção europeia. E não é de esperar que os atuais dirigentes o façam. Mesmo os bem intencionados, ainda nem sequer reconheceram que a 'Europa' que puseram de pé *está toda errada*. E, sem esse primeiro passo, não poderão dar os passos seguintes.

Só a luta organizada e consciente dos povos da Europa e do mundo pode evitar que este *poder ilegítimo*, que representa já um grave retrocesso democrático, arraste, mais uma vez, a Europa e o mundo para uma nova era de barbárie, e pode permitir que a crise abra o caminho para uma nova ordem europeia e mundial, assente na cooperação e na paz entre os povos. As condições não parecem particularmente favoráveis, mas não resta outro caminho, se queremos salvar a democracia.

Os poetas ajudam-nos a alimentar *o sonho que comanda a vida*. Por isso, vale a pena enfrentar os tiranos que governam o mundo, dizendo-lhes, com Xico Buarque: "apesar de você, amanhã há-de ser outro dia". E vale a pena levar a sério o conselho do poeta paraíbano Geraldo Vandré, vítima da ditadura militar: "Quem sabe marca a hora, não espera acontecer". Porque, como também nos diz o Xico, "quem espera nunca alcança".

Redação concluída, no essencial, em finais de julho de 2015

(Quinta dos Casões, Fornotelheiro, Celorico da Beira)

REFERÊNCIAS BIBLIOGRÁFICAS

AMARAL, João Ferreira do. *Porque devemos sair do euro:* O divórcio necessário para tirar Portugal da crise. Lisboa: Lua de Papel, 2013.

ANDERSON, Perry. "A Europa face à hegemonia alemã". *In: Le Monde Diplomatique*, Ed. Port., dezembro de 2012.

ANDRESS, Hans-Jürgen; LOHMANN, Henning (eds.). *The working poor in Europe:* employment, poverty and globalization. Edward Elgar, 2008.

ARAÚJO, J. A. Estévez. "Constitución Europea y mutación del espacio jurídico-político" *In: Boletim de Ciências Económicas* (Faculdade de Direito de Coimbra), Vol. XLVII, pp. 181-202, 2004,

ATTAC, *'Constitution' Européenne:*Ils se sont dit Oui. Paris: Mille et Une Nuits, 2005.

ATTALI, Jacques. *Verbatim I.* Paris: Fayard, 1993.

AVELÃS NUNES, António José ."A garantia das nacionalizações e a delimitação dos setores público e privado no contexto da Constituição Económica Portuguesa". *In: Boletim da Faculdade de Direito de Coimbra*, Vol. LXI, pp. 23-70, 1985;

―――. "Apontamento sobre a origem e a natureza das políticas de austeridade", *In*: *A austeridade cura? A austeridade mata?*, Paz Ferreira, Eduardo (coord.), Lisboa, Lisbon Law School Editions, 2013;

―――. "Nota sobre a independência dos bancos centrais". *In: Ensaios de Homenagem a Manuel Jacinto Nunes.* Lisboa: ISEG-UTL, 1996, pp. 405-423;

ANTÓNIO JOSÉ AVELÃS NUNES

————. "A institucionalização da União Económica e Monetária e os estatutos do Banco de Portugal". *In: Boletim de Ciências Económicas* (FDUC), Coimbra, Vol. XLV-A (especial), pp. 65-98, 2002;

————. *A Constituição Europeia:* A Constitucionalização do Neoliberalismo. Coimbra/São Paulo: Coimbra Editora/Editora Revista dos Tribunais, 2006/2007.

————. *Os Tribunais e o Direito à Saúde*, Porto Alegre: Livraria do Advogado Editora, fevereiro de 2011. pp 11-72;

————. *A Crise do Capitalismo:* Capitalismo, Neoliberalismo, Globalização. 6ª Ed., Revista e ampliada. Lisboa: Página a Página, 2013. (Edição brasileira com prefácio do Prof. Eros Roberto Grau: *A Crise Atual do Capitalismo:* Capital Financeiro, Neoliberalismo, Globalização. São Paulo: Editora Revista dos Tribunais, 2012).

————. *O Estado Capitalista e as suas Máscaras.* 3ª Ed., Revista. Lisboa: Edições Avante!, 2013.

————. "O euro: das promessas do paraíso às ameaças de austeridade perpétua". *In: Boletim de Ciências Económicas*, Vol. LVI, pp. 3-166, 2013.

————. *Uma Volta ao Mundo das Ideias Econômicas:* Será a Economia uma Ciência?. Coimbra: Almedina, 2008.

BALIBAR, Étienne. "Um novo impulso, mas para que Europa?", *In: Le Monde Diplomatique*, Ed. Port., pp. 10-13, março de 2014.

BARNIER, Michel. "Um grande passo para a estabilidade bancária". *In: Diário Económico*. 13 de março de 2013.

BARZEBAT, Eugène. "L'offensive de Macron et Valls contre les chômeurs". *In: L'Humanité*, 12 de outubro de 2014.

BECK, Ulrich. *A Europa Alemã:* De Maquiavel a "Merkievel": Estratégias de Poder na Crise do Euro. Trad. Port. Lisboa: Edições 70, 2013.

BLYTH, Mark. *Austeridade*: A História de uma Ideia Perigosa. Trad. Port. Lisboa: Quetzal, 2013.

CADIMA, Jorge. "Crise Estrutural". em *Avante!*, 3 de outubro de 2013; "Prisão de povos". em *Avante!*, 16 de julho de 2015.

CARVALHAS, Carlos. "O euro: questão fundamental na resposta à crise", *In: Le Monde Diplomatique*, Ed. Port., maio de 2013.

354

REFERÊNCIAS BIBLIOGRÁFICAS

CASSEN, Bernard. "Ressurreição da 'Constituição' Europeia". *In: Le Monde Diplomatique,* Ed. Port., dezembro de 2007.

CASTELLS, Manuel. *A quién sirve el euro?* Disponível em http://viva.org.co/cajavirtual/sve/articulo 14.html

CHESNAIS, François. *Les Dettes Illégitimes:* Quand les Banques font Main Basse sur les Politiques Publiques. Raisons d'Agir: Paris, 2011.

CHEVÈNEMENT, Jean-Pierre. *Pour l'Europe votez non!.* Paris: Fayard, 2005.

CUNHA, Paulo Ferreira da. *Novo Direito Constitucional Europeu.* Coimbra: Livraria Almedina, 2005.

DENORD, François. "Desde 1958, a 'reforma' pela Europa". *In: Le Monde Diplomatique*, Ed. Port., novembro de 2007.

DENORD, François; SCHWARTZ, Antoine. "Desde os anos 50 que cheira a oligarquia". *In: Le Monde Diplomatique*, Ed. Port., julho de 2009.

FERNANDES, Jorge Almeida. "Temos razões para detestar Merkel?". *In: Público*, pp. 22-24, 11 de agosto de 2012.

FERREIRA, Domingos. "O império do mal" *In: Público*, p. 53, 4 de maio de 2012.

FERREIRA, João. "O inclinado 'plano Juncker'". *In: Avante!*, 23 de dezembro de 2014.

GALAMBA, João. "Game Over". *In: Le Monde Diplomatique*, Ed. Port., maio de 2013.

GALBRAITH, James K. "Que Europa para controlar os mercados?". *In: Le Monde Diplomatique,* Ed. Port., junho de 2010.

GAMBLE, Andrew. *The Free Economy and The Strong State:* The Politics of Thatcherism. 2ª Ed. Londres: Macmillan, 1994.

GÉNÉREUX, Jacques. *Manuel Critique du Parfait Européen.* Paris: Seuil, 2005.

GEUENS, Geoffrey. "Os mercados financeiros têm rosto". *In: Le Monde Diplomatique*. Ed. Port., maio de 2012.

HABERMAS, Jürgen. *Um Ensaio sobre a Constituição da Europa.* Lisboa: Edições 70, 2012.

ANTÓNIO JOSÉ AVELÃS NUNES

HALIMI, Serge. "As promessas do Não". *In: Le Monde Diplomatique*, Ed. Port., junho de /2005;

————, "A esquerda governamental conta a sua história", *In: Le Monde Diplomatique*, Ed. Port., abril de 2007;

————, "O crime compensa". *In: Le Monde Diplomatique*, Ed. Port., março de 2010;

————, "Onde está a esquerda?". *In: Le Monde Diplomatique*, Ed. Port., novembro de 2011;

————, "Estratégia para uma reconquista". *In: Le Monde Diplomatique*, Ed. Port., setembro de 2013;

————, "Balanço para preparar uma reconquista". *In: Le Monde Diplomatique*, Ed. Port., maio de 2013.

HESPANHA, António Manuel. "A revolução neoliberal e a subversão do 'modelo jurídico': Crise, Direito e Argumentação Jurídica". *In: Revista do Ministério Público*, n. 130, pp. 9-80, abril-junho de 2012.

HOBSBAWM, Eric. *A Era dos Extremos:* Breve História do Século XX: 1914-1991. Lisboa: Editorial Presença, 1998.

JANNE, Henri. *Le Temps de Changement*. Paris: Marabout, 1971.

JENNAR, Raoul-Marc. "Dois tratados para um golpe de estado europeu". *In: Le Monde Diplomatique*, Ed. Port., junho de 2012.

JUDT, Tony. *Pós Guerra:* História da Europa desde 1945. Trad. Port. Lisboa: Edições 70, 2007.

KALECKI, Michael. "Political Aspects of Full Employment"*In:* HUNT, E. K. Hunt; SCHWARTZ, Jesse G. (Eds.). *A Critique of Economic Theory:* Selected Readings. Penguin Books, 1972, pp. 420-430 (ensaio publicado originariamente em *Political Quarterly*, Vol. 14, 1943, pp. 322-331.

KRUGMAN, Paul. "Quando a austeridade falha". *The New York Times*, 25 de maio de 2011 (publicado em Portugal pelo *Jornal i*);

————. *Acabem com esta Crise já!*, Lisboa: Editorial Presença, 2012.

LAMBERT, Renaud. "Dívida pública: um século de braço-de-ferro". *In: Le Monde Diplomatique*, Ed. Port., março de 2015.

REFERÊNCIAS BIBLIOGRÁFICAS

LAPAVITSAS, Costa; KALTENBRUNNER, Andreas; LAMBRINIDIS, George *et al*. "The Eurozone Between Austerity and Default". *RMF Occasional Report*, setembro de 2010. Disponível em www.researchonmoneyandfinance.org.

LAPAVITSAS, Costa; KALTENBRUNNER, Andreas; LINDO, Duncan *et al*. "Eurozone Crisis: Beggar Thyself and Thy Neighbour". *RMF Occasional Report*, março de 2010. Disponível em www.researchonmoneyandfinance.org.

LEÃO, Pedro. "Economia Portuguesa: Que Fazer?". *In: Le Monde Diplomatique*, Ed. Port., maio de 2011.

LECHEVALIER, Arnaud; WASSERMAN, George. *La Constitution Européenne*: Dix clés pour comprendre Paris: La Découverte, 2005.

LOPES, Agostinho. "Em defesa da Constituição da República e do nosso futuro colectivo: Não!" *In: Avante!*, 25 de maio de 05.

LORDON, Frédéric. "A desglobalização e os seus inimigos". *In: Le Monde Diplomatique*, Ed. Port., agosto de 2011;

―――. "Sair do euro, mas como?". *In: Le Monde Diplomatique*, Ed. Port., agosto de 2013;

―――. *La Malfaçon*: Monnaie européenne et souveraineté démocratique. Paris: Éditions Les Liens qui Libèrent, 2014;

―――. "A esquerda não pode morrer", *In: Le Monde Diplomatique*, Ed. Port., setembro de 2014.

LOUÇÃ, Francisco; FERREIRA DO AMARAL, João. *A Solução Novo Escudo*: O que fazer no dia seguinte à saída de Portugal do euro. Lisboa: Lua de Papel, 2014.

LOUÇÃ, Francisco; MORTÁGUA, Mariana. *A Dívida (Dura)*: Portugal na Crise do Euro. Lisboa: Bertrand Editora, 2012.

MÉSZÁROS, István. *O Século XX:* Socialismo ou Barbárie?. Trad. Bras. São Paulo: Boitempo, 2006.

MIRANDA, Jorge. "Sobre a chamada Constituição Europeia", em *Público*, 2 de julho de 2003.

MORTON, Arthur Leslie; TATE, George. *O movimento operário britânico*. Trad. Port. Lisboa: Seara Nova, 1968.

ANTÓNIO JOSÉ AVELÃS NUNES

MOURA RAMOS, Rui de. "O projecto de Tratado que Estabelece Uma Constituição para a Europa". *In: Temas de Integração*, n.s 15-16, pp. 271-280, 2003.

MÜNCHAU, Wolfgang. "The Greek rollover pact is like a toxic CDO". *In: Finantial Times*, 4 de julho de 2011.

NAVARRO, Vicenç; LÓPEZ, Juan Torres; ESPINOSA, Alberto Garzón. *Hay Alternativas:* Propuestas para crear empleo y bienestar social en España. Madrid: Ediciones Sequitur, 2011.

PAGLIARINI, A. Coutinho. *A Constituição como signo:* Da superação dos dogmas do estado nacional. Rio de Janeiro: Editora Lumen Juris, 2005.

PANIER, Frédéric. "Arranjos contratuais: a arma fatal", *In: Le Monde Diplomatique*, Ed. Port., abril de 2014.

PLIHON, Dominique. "Uma reforma bancária que encanta os banqueiros", *In: Le Monde Diplomatique*, Ed. Port., março de 2013.

QUELHAS, José Manuel. "Sobre a criação do Comité Europeu do Risco Sistémico". *In:* AVELÃS NUNES, António José; CUNHA, Luís Pedro; MARTINS, Maria Inês de Oliveira. *Estudos em Homenagem ao Prof. Doutor Aníbal Almeida.* Colecção Studia Iuridica. Coimbra: Universidade de Coimbra/Coimbra Editora, 2012, pp. 877-899;

————. "Dos objetivos da União Bancária". *In: Boletim de Ciências Económicas*, Vol. LV, pp. 241-303, 2012.

RIBEIRO, Sérgio. *Não à Moeda Única*: Um Contributo. Lisboa: Edições Avante!, 1997.

ROBERT, Anne-Cécile. "Golpe de estado ideológico na Europa", *In: Le Monde Diplomatique*, Ed. Port., novembro de 2004.

ROSAS, J. Cardoso. "Euro versus Europa". *In: Diário Económico*, 27 de fevereiro de 2013.

SALAIS, Robert. *Le Viol de l'Europe:* Enquête sur la disparition d'une idée. Paris: PUF, 2013.

SANTOS SILVA, Augusto. *Os valores da esquerda democrática:* Vinte teses oferecidas ao escrutínio público. Coimbra: Almedina, 2010.

SARRE, Georges. *L'Europe contre la Gauche.* Paris: Eyrolles, 2005.

REFERÊNCIAS BIBLIOGRÁFICAS

SCHWARTZ, Antoine. "Para os defensores de uma Europa federal, nem pausa nem dúvidas". *In: Le Monde Diplomatique*, Ed. Port., setembro de 2014.

SEN, Amartya. *Desenvolvimento como liberdade*. Trad. Bras. São Paulo: Companhia das Letras, 2000.

SMITH, Adam. *Riqueza das Nações,* Vols. I e II. Lisboa: Edição da Fundação Calouste Gulbenkian, 1981 e 1983.

SCHÖMAN, Isabelle. "O direito contra a austeridade europeia". *In: Le Monde Diplomatique*, Ed. Port., novembro de 2014.

STIGLITZ, Joseph E. *El Malestar en la Globalización*. Trad. Cast. Madrid: Santillana Ediciones Generales, 2002. Tradução de Globalization and its Discontents (2002);

————. *O Preço da Desigualdade*. Trad. Port. Lisboa: Bertrand, 2013.

STREECK, Wolfgang. *Tempo Comprado:* A Crise Adiada do Capitalismo Democrático. Trad. Port. Lisboa: Conjuntura Actual Editora, 2013;

————. "Uma hegemonia fortuita" *In: Le Monde Diplomatique*, Ed. Port., maio de 2015.

TAFALLA, Joan. "Hay que salir de la jaula del euro y de la Unión Europea". *In: Laberinto:* revista da Universidade de Málaga, pp. 1-11, n. de junho de 2015.

TEIXEIRA RIBEIRO, José Joaquim. *Sobre o Socialismo*. Coimbra: Coimbra Editora, 1991.

TEIXEIRA, OCTÁVIO. "Sair do euro é preciso". *In: Avante!*, 8 de novembro de 2012;

————. "Sair do euro e desvalorizar, a opção". *In: Le Monde Diplomatique,* Ed. Port., maio de 2013;

————. "O País está pior. Urge a ruptura". *In: Seara Nova*, n. 1731, pp. 4-6, Primavera de 2015.

TEIXEIRA, Pedro Braz. *O Fim do Euro em Portugal?*. Conjuntura Actual Editora, 2012.

TELES, Nuno; ABREU, Alexandre. "Sair do euro não é suficiente, mas é necessário". *In: Le Monde Diplomatique*, Ed. Port., maio de 2013.

TREECK, Till Van. "Vitória de Pirro para a economia alemã". *In: Le Monde Diplomatique*, Ed. Port., setembro de 2010.

VIEGAS, Miguel. "Aprofundamento da UEM:Ensaio sobre a cegueira". *In: Avante!*, 9 de julho de 2015.

WARD, Ibrahim. "Tony Blair, Ltda". *In: Le Monde Diplomatique,* Ed. Bras., dezembro de 2012.

ÍNDICE DE ASSUNTOS

A

Acordo de Londres (1953) – 340

Acordo de Parceria Transatlântica – 170

Agenda 2010 – 59, 62, 108

Alçapão da liquidez – 139

Alemanha europeia – 127, 153, 279, 317

Anschluss – 127

Argumento *TINA* – 11, 87

Arrocho salarial – 63, 91, 114, 130

Ato Único Europeu – 26

Austeridade expansionista – 200

Austeridade regeneradora – 197, 204, 206, 279, 345

Autoridades da Competitividade – 272

B

Baixa tendencial da taxa média de lucro – 59

Banco Central Europeu (BCE) – 26

Banksterismo – 82

Basileia III – 252

C

Capitalismo de casino – 56, 68, 164, 181, 222

Capitalismo do crime sistêmico – 54, 56, 68, 78, 82, 84, 181, 207

Capitalismo sem risco e sem falências – 56, 68, 207

Cidadania europeia – 21, 194

Coesão econômica e social – 96, 116

Colonialismo – 264, 265

Colonialismo interno – 265, 266, 275

Competência das competências – 132

Comunidade Econômica Europeia – 25, 39

Comunidade Europeia da Energia Atômica – 25

Comunidade Europeia de Defesa – 23

Comunidade Europeia do Carvão e do Aço – 23

Conselho Orçamental Europeu – 274

Consenso de Washington – 50, 196, 197, 264

Consenso keynesiano – 50, 264

Constituição Europeia – 5, 11, 25, 27, 28, 29, 30, 31, 32, 33, 34, 35, 36, 41, 43, 44, 45, 58, 97, 104, 117, 124, 141, 163, 175, 261, 276, 354

Contra-revolução monetarista – 41, 51

Contratação coletiva – 59, 69, 91, 109, 114, 170, 181, 204, 333

Convenção sobre o futuro da Europa – 26

Crime sistêmico – 54, 56, 68, 74, 76, 77, 78, 79, 82, 84, 89, 90, 139, 140, 181, 198, 207, 222, 228, 257, 259, 265, 266, 347

Crise da democracia – 70, 124, 145, 172, 333

Crise das dívidas soberanas – 81, 82, 148, 152

Curva de Laffer – 206

D

Défice democrático – 43, 45, 145, 148, 275

Democracia do capital – 155

Democracia representativa – 36, 44, 46, 124, 155, 172, 232, 333, 339

ÍNDICE DE ASSUNTOS

Desemprego voluntário – 205, 290

Deslocalização de empresas – 92, 98, 113

Desunião europeia – 151, 265, 275, 277, 279

Desvalorização da moeda – 206, 303, 304

Desvalorização interna – 91, 109, 130, 303, 304

Deutsche euro – 63, 128, 131, 149, 186, 238, 291, 306, 309

"Dinheiro organizado" – 68, 82, 84, 90, 181

Direitos fundamentais dos trabalhadores – 68, 109, 205, 215, 216, 217, 218, 223, 259

Diretiva Bolkestein – 116, 117

Ditadura do grande capital financeiro – 17, 52, 54, 67, 71, 143, 168, 173, 207, 307, 320, 347, 350

Dívida comunitária – 128, 133, 233, 236, 237, 238, 257

Dívida federal – 128, 133

Dívida ilegítima – 289

Dívida odiosa – 289

Dívida soberana – 6, 80, 81, 134, 135, 234, 235, 271, 279, 280, 290, 293, 340

Dumping fiscal – 92, 98, 114, 129

Dumping salarial – 92, 98, 114

Dumping social – 60, 92, 98

E

"Economias escravas" – 326

Economia social de mercado – 49, 51, 106, 310

EFTA – 25

Empobrecimento salvador – 66

Escravidão por dívidas – 149, 200, 295, 336

"Esquerda choramingas" – 47

Estado capitalista – 17, 52, 54, 56, 67, 70, 71, 78, 84, 89, 90, 143, 228, 229, 230, 347

Estado capitalista – 12, 228, 354

Estado de excepção – 217, 320, 322

Estado federal europeu – 141, 262, 276

Estado forte – 67, 68, 69

Estado mínimo – 67

Estados Unidos da Europa – 19, 20, 21, 22

Estratégia exportadora – 62, 63

Esvaziamento da democracia – 69, 232

Euro alemão – 6, 63, 148, 183, 186, 315, 342, 343

Euro–bonds – 233, 234

Eurogrupo – 88, 154, 155, 156, 267, 270, 291, 319, 321, 327, 330, 342

Euro–obrigações – 6, 233, 234

Europa alemã – 17, 153, 154, 172, 184, 187, 265, 275, 279, 294, 316, 317, 323, 331, 336, 340, 347, 349

Europa alemã – 55, 71, 150, 154, 263, 264, 265, 354

Europa das regras – 276

Europa de Vichy – 160, 166, 187, 267, 317, 343

Europa do capital – 41, 43, 74, 75, 91, 104, 107, 136, 146, 152, 153, 159, 160, 167, 170, 172, 186, 189, 194, 259, 265, 268, 275, 310, 322, 330, 340, 341

Europa federal – 120, 123, 262, 267, 275, 276, 358

Europa imperialista – 153, 160, 307, 310

Europa neoliberal – 28, 104, 108, 119, 131, 146, 196, 263, 264, 347

Europa social – 41, 104

F

Fascismo amigável – 51, 231

Fascismo de mercado – 51, 220, 231, 322, 346

Federalismo – 21, 252, 258, 263, 265, 271, 342

Federalismo europeu – 263, 342

Formas atípicas de trabalho – 109

Fundo de resolução – 256

G

Gestão leal do capitalismo – 49, 164

ÍNDICE DE ASSUNTOS

Globalização neoliberal – 56, 91, 163, 228

Goldman Sachs – 73, 74, 75, 77, 82, 145, 188, 222, 264, 282, 332

"Golpe de estado europeu" – 159, 160, 175, 323, 348

Grexit – 300, 319, 322, 329, 331, 342

H

Harmonização no sentido do progresso – 96, 323

I

Império das regras – 128, 163, 294

Imposto sobre as Transações Financeiras – 79, 240, 245, 239

Independência dos bancos centrais – 11, 68, 70, 86, 122, 128, 141, 143, 259, 353

L

Leviathan – 172, 173

Liberdade absoluta de circulação do capital – 106

Liberdades do capital – 41, 68, 101, 149, 173, 259

LuxLeaks – 87

M

Mecanismo Único de Resolução – 250, 254

Método Monnet – 43

Mini-empregos – 61

Modelo chileno – 69, 70, 328

Modelo social europeu – 42, 91, 104, 106, 119, 123

Moeda sem estado – 133

Morte da política – 56, 57, 168, 228, 269

Multiplicador da austeridade – 200

Mundialização do mercado de trabalho – 195

N

Neocolonialismo – 264, 295

Neoliberalismo – 5, 11, 12, 17, 41, 43, 47, 48, 50, 51, 52, 56, 67, 69, 70, 71, 74, 87, 90, 91, 115, 116, 119, 121, 124, 129, 131, 141, 148, 162, 163, 164, 181, 199, 209, 219, 230, 232, 263, 276, 277, 290, 300, 347, 354

O

Obrigações de estabilidade – 234, 235, 236, 237

Orçamento comunitário – 97, 98, 99, 100, 130, 132, 257

P

Pacto de Estabilidade e Crescimento – 26, 119, 128, 159, 169, 236, 305

Pacto de Responsabilidade (Hollande) – 5

Pacto para o Crescimento e Emprego – 5, 176, 177

"Paixão pela austeridade" – 204

Pan-Europa – 20

Pan-europeísmo – 19

Paradoxo da poupança – 200

Paraísos fiscais – 78, 86, 89, 90, 92, 97, 122, 137, 143, 181, 198, 210, 253, 257

Parcerias público-privadas – 103, 221

Plano Juncker – 103, 335, 355

Pobres que trabalham – 61, 66, 112, 181, 190, 205

Políticas de austeridade – 6, 56, 67, 113, 137, 145, 149, 152, 154, 156, 162, 177, 193, 197, 200, 201, 202, 203, 204, 205, 206, 207, 211, 217, 229, 242, 243, 245, 255, 263, 264, 272, 287, 289, 293, 294, 295, 315, 320, 321, 322, 323, 325, 333, 335, 339, 348

Princípio das finanças sãs – 161

Programa de Salónica – 312, 313, 326

Q

Quantitative Easing – 138, 154

R

Reestruturação da dívida – 103, 146, 279, 280, 284, 289, 290, 291, 318, 329, 330, 340, 344

Regra de Friedman – 163

"Regra de ouro" – 114, 161, 163, 164, 175, 184, 236

Relatório dos Cinco Presidentes – 250, 273

ÍNDICE DE ASSUNTOS

Relatório Podimata – 78, 208, 209, 233, 239, 240

Rent-seeking – 55

Risco sistêmico – 248, 249, 254, 255

S

Saída do euro – 6, 297, 299, 300, 301, 304, 305, 306, 307, 308, 310, 315, 316, 319, 337, 338, 342

Sida [aids] da economia mundial – 68, 76, 78, 146, 259

Six Pack – 159

Soberania partilhada – 101, 131, 196, 271

Super PAC's – 53

Suspensão da democracia – 212, 215

T

Taxa Euribor – 83, 84

Taxa Libor – 82

Tendência para a baixa da taxa média de lucro – 189, 228, 351

Teoria da Convergência dos Sistemas – 51

Teoria das expetativas racionais – 168

Títulos de dívida comunitária – 233, 238

Too big to fail – 87, 254, 259

Too big to jail – 85, 90

Trabalho precário – 61, 109, 110, 181

Trabalho temporário – 60, 109, 115

Tratado de Amesterdão – 106, 108

Tratado de Lisboa – 28, 41, 45, 58, 104, 123, 124, 132, 159, 172, 195, 268, 310

Tratado de Maastricht – 5, 26, 31, 33, 42, 119, 123, 131, 148, 163, 164, 195, 237, 307, 310, 323, 336

Tratado de Nice – 26

Tratado de Roma – 5, 25, 26, 28, 39, 40, 41, 43, 108, 153, 163, 261

Tratado Orçamental – 5, 11, 28, 42, 45, 101, 123, 151, 159, 160, 161, 163, 164, 166, 167, 168, 169, 170, 171, 172, 173, 175, 176, 177, 183, 195, 236, 237, 238, 247, 248, 262, 268, 274, 276, 305, 307, 309, 310, 323, 336, 341, 342, 348

Tratado que Estabelece uma Constituição para a Europa – 27, 28, 32, 357

Troika – 64, 75, 88, 115, 137, 151, 154, 181, 184, 200, 202, 212, 216, 217, 218, 220, 226, 227, 230, 292, 293, 325, 332, 336, 348

Two Pack – 247

U

"Um dólar, um voto" – 54

União Bancária – 6, 241, 244, 247, 248, 249, 250, 251, 252, 253, 254, 255, 256, 257, 258, 259, 305, 358

União dos Mercados de Capitais – 250

União Econômica – 11, 119, 160, 261, 270, 272

União Econômica e Monetária (UEM) – 119

União Financeira – 272

União Orçamental – 272, 274

União Orçamental – 274

União política – 272

Z

Zona monetária ótima – 130, 141, 298, 306